监检衔接机制的系统完善

主 编：钱小平
副主编：冀 洋

东南大学出版社
·南京·

图书在版编目(CIP)数据

监检衔接机制的系统完善/钱小平主编.—南京：东南大学出版社,2022.12
ISBN 978-7-5766-0633-1

Ⅰ.①监… Ⅱ.①钱… Ⅲ.①监察-工作-中国-文集②检察机关-工作-中国-文集 Ⅳ.①D630.9-53②D926.3-53

中国版本图书馆CIP数据核字(2022)第251204号

◎ 江苏高校哲学社会科学优秀创新团队成果
◎ 江苏高校"青蓝工程"项目
◎ 东南大学中央基本业务经费项目(2242022S0023)

监检衔接机制的系统完善
Jian-jian Xianjie Jizhi De Xitong Wanshan

主　　编	钱小平
出版发行	东南大学出版社
社　　址	南京四牌楼2号　邮编：210096　电话：025-83793330
网　　址	http://www.seupress.com
经　　销	全国各地新华书店
排　　版	南京星光测绘科技有限公司
印　　刷	兴化印刷有限责任公司
开　　本	787 mm×1092 mm　1/16
印　　张	16.5
字　　数	422千字
版　　次	2022年12月第1版
印　　次	2022年12月第1次印刷
书　　号	ISBN 978-7-5766-0633-1
定　　价	75.00元

本社图书若有印装质量问题,请直接与营销部联系。电话：025-83791830
责任编辑：刘庆楚　责任印制：周荣虎　封面设计：窦一豪

《东南法学文存》

总　　序

东南大学法学院承三江、中央之学脉,恢复法科教育已逾廿载。本年,正值复建学院十岁,气象初成。立院之本,在育人海海,不厌其倦;求道之志,在为学旦旦,不厌其精。院龄尚短,但朝气蓬勃;资历虽浅,贵求是创新。

办学之路艰,偏隅之处更甚。幸东南法学学人多年来孜孜以求,不懈励进,东南大学法学院已发展为法学学术研究重镇。学院立基宪法与行政法、刑事法学等传统法学学科领域上深厚理论、实践优势,笃志交叉学科办学、科研之积淀,于工程法、交通法以及医事法等特色领域辟径拓新,为我国法科教育和法学研究事业贡献良多。大学之所谓,实汇大师矣。学院一贯注重优秀学人的吸纳培养,以"双江双杰"为代表的高端人才优势尤为突出。多人次入选国家百千万人才工程、教育部新世纪优秀人才支持计划、江苏省"333高层次人才培养工程"、江苏省教育厅"青蓝人才工程"、东南大学"校优青计划"等。有名士,更聚英才。东南大学法学院教学科研队伍的年轻化、国际化建设成效显著,先后引进多位专业领域内知名学者,同时吸引了一大批海内外知名高校优秀博士毕业生。中青年教师已逐渐成为学院教学、科研工作的中坚力量,人才梯队的层次构筑更加合理化,这为学术人才长期储备、学术研究可持续奠定了坚实基础。

秉人才适其才、尽其用的科研组织管理理念,响应国家关于推动高校智库建设的指导方针,东南大学法学院致力于科研活动的平台化建设。在传统法学学科教研室组织构架的基础上,发挥自身交叉学科研究的优良传统,不囿于传统学科分野,聚焦问题,有的放矢。先后创建"反腐败法治研究中心""交通法治与发展研究中心""中国法治发展评估研究中心"等国内具有较大影响力的专业化学术研究平台。通过各个学术研究平台,更加科学高效地整合配置院内科研力量,引导多元化的科研团队建设,初步形成各学科教研室与各专门研究平台的多维度、立体化管理,实现科研人才在既有传统学科类别的基本框架下,充分挖掘个人研究的兴趣专长,在更加多样的科研团队间相互自由流动,更加有力地促进了学院内研究者之间的交流与沟通。这也为各个研究者开拓研究视野,创新研究思路,实现学术研究资源、信息的共享,不同观点、思想的碰撞,提供了更多的机会与便利,营造出法学院浓厚的学术氛围以及良性竞争的学术环境。

立足自身法学学术研究的深厚基础,以交叉学科、特色领域研究为着眼点,法学院一直致力于积极推动相关领域的学术交流、研讨活动。广邀海内外博学有志之士,共议善治良法之题。先后举办"海峡两岸工程法治""城市停车治理论坛""法治发展量化评估研讨会""刑事法治指数的指标构建与修订研讨会""员额制与司法改革实证研讨会""医疗纠纷预防与处理法律机制研究"等一系列法学学术或实践议题研讨活动,为国内外相关领域研究打造优质的学术交流平台,获得积极的社会反响和良好的学术声誉。

当然,孤芳自赏必固步自封。兴办论坛研讨,绝非单纯搭台唱戏。热闹止于一时,深思方存长久。东南大学法学院希冀借此文存,将共同参与学术探究诸君的所思所言,付梓发行。一来,为不吝赐言的海内外专家学者记录下观点交锋、思想碰撞之盛况,力图重现那一场场精彩绝伦的学术盛宴。二来,记录亦为传播。结集成书,将精彩涂墨于文卷,便于重复研读,反复思虑,为没能即时参与的研究者提供可资借鉴的材料,为今后更加深入细致的探讨研究提供有益的帮助,为进一步开展交流讨论提供论题论理的文献基础。最后,也是满足东南大学法学院的一点小小私心,记录下学院学术研究走过的道路,厘清本院法学学术上论理学养发展变迁的脉络。不为流芳,但求自我审视,自我检讨,自我激励。

一言可蔽之:治学明德,止于至善。

是为序。

东南大学法学院
2016 年 5 月

前　言

为解决传统腐败治理体制的弊端，提高腐败治理效能，2016年底国家启动了监察委员会制度试点改革。作为"事关全局的重大政治体制改革"，监察委员会制度改革对国家权力结构体系进行了调整，将反腐权力集中于监察委员会统一行使，实现了腐败治理"中国模式"的系统升级。在监察体制改革背景下，我国腐败案件追诉机制出现了重大变化，即从检察机关的一元主体追诉模式转向了监察机关与检察机关的二元主体追诉模式，如何加强监检衔接，优化反腐追诉程序设计、推进追诉制度完善，在提高立法规范的腐败发现能力与惩治能力的同时，加快反腐追诉程序的法治化构建，便成为进一步深化监察体制改革、提高国家腐败治理能力迫切需要解决的重大问题。

构建有效的监检衔接关系，要求监察机关与检察机关在腐败犯罪案件办理上相互配合、相互制约。相互配合，要求监察机关与检察机关相互支持、协调一致、全力合作；相互制约，则要求监察机关与检察机关应当依照法律规定的职权，相互制约、彼此监督，防止和纠正监察活动中可能出现或已经出现的错误。监察机关与检察机关相互配合、相互制约关系的形成，涉及中国特色监检关系法治建构的理论逻辑、监察法律与刑事法律之间的功能构建、监察追诉与刑事追诉制度的协同完善等诸多问题。围绕上述问题进行深入研讨具有重要的理论与实践价值。有鉴于此，东南大学反腐败法治研究中心在2020年10月22日举办了"监检衔接机制的系统完善"学术研讨会，来自中央党校（国家行政学院）、中国人民大学、四川大学、西南政法大学、上海社科院法学研究所等高校、研究机构以及监察委员会、检察机构等实务机构的专家代表围绕"监检关系的基本原理"和"监检衔接的程序建构"两个专题，分别就监察监督与检察监督衔接机制的基础理论、对合互补监检衔接关系、退回补充调查、非法证据排除等理论与实践问题展开了具体研讨，为解决监检衔接机制构建中的现实性问题提供了具有借鉴价值的研究成果。此次会议共收到论文60余篇，收录进会议文集共54篇。本书则是在会议文集的基础上，经东南大学反腐败法治研究中心学术委员会筛选，优选其中32篇论文予以结集出版。

东南大学反腐败法治研究中心（以下简称"研究中心"）是根据党的十八大以来党风廉政

建设和反腐败斗争的新常态和新需要,经江苏省教育厅批准,由东南大学组建的致力于反腐败法治研究的综合性智库。在新时代国家反腐战略发展的背景下,为国家监察体制改革提供理论支撑、智力支持与人才保障,是研究中心发展的重要方向和品牌特色。在国家监察体制试点改革之初,研究中心即举办了监察体制改革学术研讨会,围绕着监察委员会的权力定位、国家监察权制度的法律依据和理论基础、监察委员会的权力配置和运行模式、监察体制改革背景下检察权配置等问题进行了广泛而深入的讨论,会议文集——《创新与发展:监察委员会制度改革研究》在2018年由东南大学出版社予以正式出版。本书则是在国家监察体制改革进入深化期之后,聚焦监检衔接机制构建的具体问题所进行的深化研究,反映了研究中心以中国问题为导向,积极关注国家监察体制改革的现实需求,积极参与国家腐败治理重大问题决策的研究特色。

本书系"东南大学法学文存"的系列成果之一,由刘艳红教授担任总主编,钱小平(副教授、法学博士、博士生导师,反腐败法治研究中心执行主任)担任主编,由冀洋(副教授、法学博士,反腐败法治研究中心研究人员)担任副主编。由于编者水平有限,论文选编未必精当,若有不妥之处,垦请学界同仁和广大读者指正。本书的出版要特别感谢东南大学出版社为本书的编辑和及时出版付出的辛勤而卓有成效的劳动,也感谢闻梓安、崔莹、张镒薪、杨芸、徐小羽等五位硕士研究生在书稿校对上的辛劳付出。在此一并表示谢忱。

2021年1月国家监察委员会、最高人民法院、最高人民检察院、公安部在总结各地做法的基础上,联合制定下发了《关于加强和完善监察执法与刑事司法衔接机制的意见(试行)》,聚焦突出问题,进一步完善了监检衔接制度。然而,本书所探讨的监检衔接机制构建中的相关问题并没有得到彻底解决,准确理解监察机关与检察机关的相互配合、相互制约关系,积极探寻监察权运行的法治路径,全面优化监检衔接的制度构建与运行机制,仍然是当下理论研究的重要命题。希望本书的出版,对深化监察法学研究,推进中国特色国家监察制度建设,能够提供积极而有益的参考。

钱小平 谨识
2021年12月1日于
东南大学九龙湖畔

目 录

上编　监检关系的基本原理

1. 我国监察监督与检察监督衔接机制的基础问题研究 ·················· 尹吉 / 003
2. 检察机关与监察委员会衔接、监督机制研究
　　·············· 无锡市锡山区人民检察院课题组 / 016
3. 监察机关职务犯罪调查案件的检察衔接及其制约 ··········· 陈伟　郑自飞 / 022
4. 对合互补监检衔接关系研究 ····················· 淮安市人民检察院课题组 / 034
5. 监察调查的检察法律监督实质化研究 ············· 凌萍萍　阮楚杰　焦冶 / 041
6. 《刑事诉讼法》与《监察法》衔接的规范分析与完善路径 ······ 高童非　李世佳 / 055
7. 形式法治观下监察检察案件衔接若干问题分析 ··················· 樊华中 / 065
8. 案管视角下检察机关向纪检监察机关传索工作浅述 ··············· 王涟平 / 072
9. 监察体制下职务犯罪案件"检—监"工作衔接若干问题的探讨
　　·· 尹开源　尹利威 / 078
10. 职务犯罪中被调查人认罪反悔问题的检视与破解 ············ 张宏宇　连洋 / 084
11. 后监察体制改革时代监检衔接相关实务问题探讨 ··················· 王聚涛 / 093
12. 检察侦查权与监察委调查权衔接机制研究 ························· 孙丽品 / 102
13. 监察体制改革背景下检察机关在职务犯罪案件中法律监督职能探析
　　·· 范璐璐 / 107
14. 论法律监督视角下监察职能的司法化路径 ··················· 吴高飞　梅志军 / 113
15. 监察调查与检察公诉衔接机制研究 ························· 孙莉　范梦洋 / 118
16. 职务犯罪案件适用认罪认罚从宽制度问题研究 ··············· 李营　张云瑞 / 124
17. 行政检察监督与监察委监督的关系辨析 ····················· 赵卿　池通 / 130

下编　监检衔接的程序建构

18. 监察委员会办理职务犯罪案件程序问题研究 ··························· 韩旭 / 143

19. 监检衔接中的证据问题研究 …………………………………… 王建国　周　剑 / 162
20. 人民检察院退回监察机关补充调查案件中的程序性问题 …………… 申君贵 / 169
21. 监察机关与司法机关案件管辖上的衔接机制研究
　　　　　　　　　　　　　　　　………………… 邹多品　常永斌　梁继东 / 175
22. 职务犯罪调查（侦查）同步录音录像的功能异化及其矫正
　　　　　　　　　　　　　　　　……………………………… 张兆松　谷心蕙 / 179
23. 监检衔接之互涉、介入、证据机制的梳理与重构 ………… 戚　翔　解传光 / 191
24. 监检衔接视野下自行补充侦查问题研究 ………… 杨雪松　郑　莉　张　薇 / 197
25. 监察检察主体互涉案件管辖问题检视 ……………………………… 林艺芳 / 203
26. 配合与制约：监察调查与检察公诉的衔接 ………………………… 王　敏 / 213
27. 监察体制深化改革背景下司法渎职侵权案件的查办与处理 ……… 单奕铭 / 221
28. 司法渎职侵权犯罪留置与刑事强制措施衔接问题研究 …… 王园园　李　乐 / 228
29. 监察调查与检察公诉衔接实务问题研究 …………………………… 顾万炎 / 233
30. 新形势下检察机关自行补充侦查权完善 …………………… 顾　权　张　荟 / 239
31. 职务犯罪案件审理谈话笔录的证据效力辨析及司法衔接 ………… 姚叙峰 / 244
32. 司法渎职侵权案件监检衔接证据转换研究 ………………… 杨　杨　田　庚 / 248

上编 监检关系的基本原理

我国监察监督与检察监督衔接机制的基础问题研究

尹 吉*

摘 要：监察监督与检察监督都是国家法治监督体系和法治反腐体系的重要组成部分，在人大监督框架下，监察监督与检察监督需要进一步合理分工、优化协同关系；在职务犯罪办理领域，应当加强监察机关与检察机关的相互制约关系；在诉讼监督领域，对公职人员的全覆盖的监察监督与专业性的检察监督之间的衔接机制需要完善；在预防职务犯罪和行政违法监督领域，监察机关与检察机关的衔接关系需要重新构建。

关键词：监察监督 检察监督 衔接机制

我国的监察体制改革，是近年来对国家监察体制与检察体制的最大调整，增加了中国特色社会主义制度的新内容，形成了与世界各国、各地区的监察机关的定位与职能等方面的显著区别，同时，也使得我国检察制度更加不同于欧美国家，也不同于越南等社会主义国家。监察体制改革不仅是重大政治体制改革，也是对我国法治监督资源的重新配置和其体系的更新，它对于我国检察制度的影响尤为深远。目前，我国监察机关的监督范围，有些类似于新中国成立初期至"文化大革命"时期检察机关的一般监督[1]。我国监察监督与检察监督的衔接机制关系可以分为基础关系与具体关系，其基础关系主要包括：在宪法层面及国家法治监督体系等方面的相互关系；其具体关系主要包括：监察调查与检察公诉、监察调查与检察侦查以及在诉讼监督、刑罚执行和行政违法监督、国家赔偿等领域的衔接关系。从配合与制约的角度，监检的关系还可以分为协同性与制权性的关系，这与其基础关系和具体关系具有交叉性，而监检的基础关系又决定着其各类具体关系的走向。梳理近几年来有关我国监察体制改革与司法体制改革的研究成果，在论及监察监督时，多为监察机关三大职能之一的"监督"[2]，而非监察机关的属性。在论及检察监督时，通常把它作为人民检察院是国家的法律监督机关的简称，如在诸多的三大诉讼法的教科书中，多表述为检察监督原则，而本文所言的检察监督则是指检察机关的属性。

---

* 尹吉：东南大学法学院教授，最高人民检察院研究基地"东南大学民事检察研究中心"主任，江苏省高校哲学社会科学重点研究基地"反腐败法治研究中心"副主任。

本文系 2020 年国家社科基金年度重点项目"监察监督与检察监督衔接机制的系统完善研究"（20AFX010）中的部分成果。

[1] "一般监督"是根据列宁主义中的法律监督思想构建的苏联检察机关对公职人员、行政机关、地方权力机关、企业事业单位和国民实施的法律监督。目前，俄罗斯、越南等国家的检察机关仍然实施一般监督。

[2] 《监察法》第 11 条规定："监察委员会依照本法和有关法律规定履行监督、调查、处置职责。"

一、我国监察机关与检察机关的发展沿革与属性

明晰我国监察机关与检察机关的基本属性,是构建并且完善监检衔接关系的基础。众所周知,御史制度是我国当代监察制度与检察制度共同的本土渊源。御史制度是我国两千余年里封建主义国家的具有纠举、监督职能作用的国家制度。我国近代社会与现代社会均重视对官员进行有效的监督。孙中山在我国第一次提出了"监察权"的概念,至今仍为理论界和实务界所采用。孙中山所提出的五权宪法构架是为了防止个人专权,他认为三权分立在中国仍然是不够的,为了防止出现封建专制主义的回潮,他十分强调监察院的独立性和制权性。目前,我国台湾地区的"监察院"由于监督功能不足,而其"检察署"的反腐败功能凸显,十余年来,台湾地区对"监察院"的存废问题一直争论不休。

我国人民检察制度不仅源自御史制度,而且贯彻了列宁主义中的法律监督理论,借鉴了苏联的社会主义检察制度。列宁认为:"检察长的唯一职权和必须做的只有一件事:监视整个共和国对法制有真正一致的理解,而不管任何地方差别,不受任何地方影响。"[1]苏联的检察制度虽然消亡了,但是它开创的法律监督模式的社会主义检察制度仍然充满活力。现行俄罗斯检察制度并没有模仿英美或者欧洲大陆国家的检察制度,而是在很大程度上继承了苏联检察机关的一般监督的定位、独立的组织体制和广泛的职权配制。《俄罗斯联邦检察院法(上)》第一篇第2条规定:"……2. 为了保障法律至上、法制的统一和加强、维护公民的权利和自由以及社会和国家受法律保护的利益,俄罗斯联邦检察院行使以下职能:对各联邦行政机关、俄罗斯联邦侦查委员会、俄罗斯联邦各主体的代议制机关(立法机关)和行政机关、地方自治机关、军事管理机关、监督机关、它们的公职人员、对各强制羁押场所保障人权和保障对强制羁押场所人员进行帮助实行社会监督的主体、商业组织和非商业组织的管理机关和领导人、遵守人和公民权利和自由的情况实行监督。"[2]

(一)新民主主义革命时期我党创建的监察机关与检察机关的发展与属性

1. 新民主主义革命时期党的监察制度。为了加强党内监督和其他各项组织建设,1927年6月1日,中共中央政治局会议通过了《中国共产党第三次修正章程决案》,首次设立了"中央监察委员会";随着形势发展的需要,1928年7月,中国共产党第六次全国代表大会通过的《中国共产党党章》,将"监察委员会"改为"审查委员会";1933年9月,中共中央作出《关于成立中央党务委员会及中央苏区省县监察委员会的决议》;1934年1月,党的六届五中全会选举产生了以李维汉为书记的中央党务委员会。这一时期党的监察机关的基本属性为党内的监督机关,它在严肃党纪、纯洁党员队伍和推进党的建设等方面发挥了重要作用。

2. 新民主主义革命时期人民检察制度。1931年11月7日至20日,在中共中央领导下,中华苏维埃第一次全国代表大会在江西瑞金召开,成立了中华苏维埃共和国临时中央政

---

[1]《列宁全集》(第43卷),人民出版社1987年版,第195页。

[2] 黄道秀译:《俄罗斯联邦检察院法(上)》,载《国家检察官学院学报》2015年第4期。

府。苏维埃大会闭会期间,中央执行委员会是最高权力机关,它下设的中央人民委员会设有包括工农检察人民委员部在内的九个部以及国家政治保卫局。何叔衡任工农检察人民委员,即为工农检察人民委员部部长。[1]《工农检察部的组织条例》第5条规定:"工农检察部的任务,是监督着国家企业和机关及有国家资本在内的企业和合作社企业等,要那些企业和机关,坚决地站在工人、雇农、贫农、中农、城市贫苦劳动群众的利益上,执行苏维埃的劳动法令、土地法令及其他一切革命法令,要适应某阶段的革命性质,正确地执行苏维埃的各种政策。"其具体任务还包括惩治"行贿、浪费公款、贪污等"腐败和其他各类犯罪。

这一时期党领导的检察机关的属性为红色政权的法律监督机关,它在革命苏区以及在抗日战争和解放战争时期我党建立的革命根据地,通过监督红色政权的公职人员和打击犯罪,为革命事业作出了积极的贡献。

3. 新民主主义革命时期监察机关与检察机关的属性。监察委员会(审查委员会、党务委员会)始终属于党内的机构,承担实施党内监督和其他党的建设工作;检察机关则作为红色政权的法定机构,承担对红色政权的公职人员实施监督和打击各类犯罪等的职能。根据《工农检察部的组织条例》《陕甘宁边区暂行检察条例》《关东各级司法机关暂行组织条例草案》等规定,人民检察制度充分贯彻了列宁关于法律监督的思想理论。检察机关既是红色政权的法律监督机关,也是司法机关。在中国共产党的领导下,监察机关与检察机关分设于党内与政权之内,在制度设计上,监检职能明确,不具有交叉性;但是,由于党的干部与红色政权的干部具有高度的兼容性,加之在战争环境下,监察权与检察权的运行也存在大量的交织情形。这一时期,党内的监察机关和红色政权框架下的检察机关共同为完成新民主主义革命时期的基本任务作出了积极的贡献。

(二) 社会主义时期监察机关与检察机关的发展与属性

1. 社会主义时期的监察机关。1949年10月,中央人民政府政务院设立了"人民监察委员会",同年11月,中共中央作出了《关于成立中央及各级党的纪律检查委员会的决定》。1954年9月,政务院人民监察委员会改为国务院监察部。1955年3月,中国共产党全国代表会议通过了《关于成立党的中央和地方监察委员会的决议》,决定成立党的中央和地方监察委员会,代替各级党的纪律检查委员会。1959年4月,因国家管理体制调整,撤销监察部。1969年4月,中国共产党第九次全国代表大会通过的《中国共产党章程》取消了党的监察机关的条款,撤销了中央监察委员会。1977年8月,中国共产党第十一次全国代表大会通过的《中国共产党章程》重新恢复了党的纪律检查委员会,并且规定各级纪委由同级党委选举产生。1986年12月,第六届全国人民代表大会常务委员会第十八次会议决定设立中华人民共和国监察部。1993年1月,党中央、国务院决定中央纪律检查委员会与监察部合署办公,实行一套工作机构、两个机关名称,履行党的纪律检查和政府行政监察两项职能。2018年3月,国家设立国家监察委员会,并且撤销了国务院监察部。

2. 社会主义时期的检察机关。1949年12月20日,经中央人民政府主席毛泽东批准颁

---

[1] 报刊评论员:《人民检察制度80年历史概览》,载《人民检察》2011年第19期。

布了《中央人民政府最高人民检察署暂行组织条例》《各级地方人民检察署组织通则》。1954年9月21日，第一届全国人民代表大会通过了《宪法》和《人民检察院组织法》，人民检察署更名为人民检察院；检察机关在组织上实行垂直领导，在职权上实施一般监督。1966年"文化大革命"爆发，全国的各级检察院都受到了不同程度的冲击。1968年12月，最高人民检察院军代表、最高人民法院军代表、内务部军代表和公安部领导小组联合提出《关于撤销高检院、内务部、内务办三个单位，公安部、高法院留下少数人的请示报告》。"文化大革命"结束后，为了恢复国家秩序，1978年6月1日，经党中央决定，最高人民检察院正式恢复，地方各级人民检察院和专门性检察院也逐步得到了恢复。

3. 新中国成立初期至"文化大革命"时期，监察机关与检察机关的职能关系。新中国成立初期至"文化大革命"时期，就政务院或者国务院的监察监督与检察监督比较而言，首先，检察机关一般监督的范围十分广泛，既覆盖了政务院或者国务院的监察部的监督范围，又明显地超出现在的监察机关的监督范围。1951年9月3日，中央人民政府委员会第十二次会议通过的《中央人民政府最高人民检察署暂行组织条例》第3条规定："最高人民检察署受中央人民政府委员会之直辖，直接行使并领导下级检察署行使下列职权：（一）检察全国各级政府机关、公务人员和全国国民是否严格遵守中国人民政治协商会议共同纲领、人民政府的政策方针和法律法令……"同日通过的《各级地方人民检察署组织通则》亦有对应的规定。检察机关的一般监督的范围与苏联的检察制度较为接近。

其次，检察监督的层次明显高于政务院或者国务院的监察部和现在的监察监督。当时的检察监督具有一定的宪法监督功能。1954年9月20日，第一届全国人民代表大会第一次会议通过的《宪法》第81条规定："中华人民共和国最高人民检察院对于国务院所属各部门、地方各级国家机关、国家机关工作人员和公民是否遵守法律，行使检察权。地方各级人民检察院和专门人民检察院，依照法律规定的范围行使检察权。"同年9月通过的《人民检察院组织法》第3条规定："最高人民检察院对于国务院所属各部门、地方各级国家机关、国家机关工作人员和公民是否遵守法律，行使检察权"；该法第4条规定："地方各级人民检察院，依照本法第二章规定的程序行使下列职权：（一）对于地方国家机关的决议、命令和措施是否合法，国家机关工作人员和公民是否遵守法律，实行监督……"该宪法将检察监督的范围扩大到"地方各级国家机关"，即检察机关依法有权对地方人民代表大会及其常务委员会的决议等进行监督。

从《宪法》《监察法》《人民检察院组织法》等的规定看，我国监察机关的监督范围是较大的，可以说它是完整意义上的法律监督机关，而检察机关则是监督范围较小的法律监督机关，其监督范围主要限于三大诉讼法。总之，监察机关与检察机关都是国家的法律监督机关，或者是具有法律监督属性的专门性、专责性的国家监督机关，政治属性明显。同时，监检都是国家法治监督体系和法治反腐体系中的重要角色。

二、我国监察机关与检察机关的基本属性

厘清我国监察机关与检察机关的基本属性是科学构建并且系统完善监检衔接关系的基础。综合《辞海》《辞源》《现代汉语词典》的解释,"监察"是指监督各级国家机关和机关工作人员的工作并检举违法失职的机关或工作人员;"检察"则是指审查被检举的犯罪事实。当然,这些解释更多地基于传统文化,就现代法治而言,它已经显得不够贴切。

(一) 我国监察机关的属性

《宪法》和《监察法》并未对监察机关的法律性质作出规定。高层对于监察机关的属性有三类表述:第一,监察机关是国家监督的专责机关。习近平总书记在十九届中央纪委三次全会上的讲话中指出"纪检监察机关是党和国家监督专责机关"。第二,监察机关是中国特色的反腐败机关。与世界各国及我国台湾地区的监察机关不同,我国的监察机关具有查办职务犯罪职能,并且具有检察机关侦查权的一切手段,可以限制被调查人的人身自由和财产权利,也可以采取技术调查措施。十三届全国人大一次会议举行新闻发布会,大会新闻发言人张业遂在回答中外记者提问时说:"国家监察委员会就是中国特色的反腐败工作机构。国家监察委员会同中央纪委合署办公,履行纪检、监察两项职责。监察法就是反腐败国家立法。"[1]监察体制改革的目标是,"整合反腐败资源力量,加强党对反腐败工作的集中统一领导,构建集中统一、权威高效的中国特色国家监察体制,实现对所有行使公权力的公职人员监察全覆盖。……监察法是反腐败国家立法,是一部对国家监察工作起统领性和基础性作用的法律"[2]。第三,监察机关是政治机关。中共中央于2019年3月28日印发的《关于加强和改进中央和国家机关党的建设的意见》中提出:"中央和国家机关首先是政治机关,必须旗帜鲜明讲政治……"该意见下发之前,在中央纪律检查委员会和国家监察委员会的多项文件中,经常强调监察机关是政治机关。

综上所述,监察机关具有多重属性。从其法律属性看,监察机关是国家的法律监督机关或者国家监督的专责机关;从其功能属性看,监察机关是反腐败机关;从我国国体的性质看,监察机关是政治机关。我们认为,监察机关的基本属性为:国家的法律监督机关或者国家监督的专责机关。

(二) 我国检察机关的属性

我国检察机关的属性与资本主义国家不同,它在机构上不属于行政机关系统,在属性上也不是公诉机关。第一,检察机关是国家专门性的法律监督机关。《宪法》第134条规定:"中华人民共和国人民检察院是国家的法律监督机关"。据此,我国检察机关的各项职权配

---

[1] 张业遂:《国家监察委就是中国特色的反腐败工作机构》,载《中国纪检监察报》2018年3月5日,第1版。

[2] 李建国:《关于〈中华人民共和国监察法(草案)〉的说明》,2018年3月13日在第十三届全国人民代表大会第一次会议上。

置,均以法律监督为内涵而展开。当然,学界对此有不同观点。"过去的30年中,'监督'二字在检察理论上引起的争议可以说是检察理论研究中'永恒的主题'。各种学说纷呈,大量的词语交织、缠绕,剪不断,理还乱。"[1]最高人民检察院张军检察长在工作报告中非常倚重"监督"概念,将检察院的工作分解为刑事诉讼、民事诉讼、行政诉讼、公益诉讼之"四大检察",同时又称其为"法律监督总体布局"。[2] 第二,检察机关是国家的司法机关。纵观欧美国家的宪法,只有法院是司法机关,检察机关则是行政机关或者是准司法机关。我国特色社会主义的检察制度与之不同,检察机关也是司法机关。中共十五大报告指出:"推进司法改革,从制度上保证司法机关依法独立公正地行使审判权和检察权,建立冤案、错案责任追究制度。"自党的十五大启动司法改革以来,始终将审判改革和检察改革列为司法改革的主要内容。《中共中央关于进一步加强人民法院、人民检察院工作的决定》(中发〔2006〕11号)进一步指出"人民法院和人民检察院是国家的司法机关"。根据我国检察学基础理论的通说,人民检察院是具有复合性的法律监督机关和司法机关。国家主席习近平于2017年9月11日致第二十二届国际检察官联合会年会暨会员代表大会的贺信中指出:"中国检察机关是国家的法律监督机关,承担惩治和预防犯罪、对诉讼活动进行监督等职责,是保护国家利益和社会公共利益的一支重要力量。"[3]第三,检察机关也是政治机关。根据《关于加强和改进中央和国家机关党的建设的意见》,最高人民检察院张军检察长于2020年6月29日在最高人民检察院党组理论学习中心组举行(扩大)学习会上强调:"为什么说最高检乃至省级检察院首先是政治机关?如果对这个问题的认识流于表面,不深入、不透彻,就很难自觉、主动强化政治机关意识。……进入新时代,人民群众对民主、法治、公平、正义的要求更高了,我们的一些同志还没有努力跟上。如果不切实增强政治意识、不自觉从政治机关定位开展工作,就抓不好任务更重、难度更大的检察工作。"[4]从《宪法》和其他法律看,还没有区分政治机关与非政治机关的明确标准,但是,根据我国的国体以及《关于加强和改进中央和国家机关党的建设的意见》,各国家机关均有其显著的政治属性。

总之,监察机关除了不具有司法属性之外,其法律监督属性、政治属性与检察机关相同。虽然监察机关与检察机关都是国家的法律监督机关,但是,监察机关监督范围比较广泛,包括公职人员的职务违法与职务犯罪,而且是对公职人员的全覆盖监督。而检察机关的监督范围则侧重于违反三大诉讼法领域的职务违法和职务犯罪,并非完整意义上的法律监督机关。

---

〔1〕 王志坤:《"法律监督"探源》,载《国家检察官学院学报》2010年第3期。

〔2〕 最高人民检察院张军检察长于2019年3月12日,在十三届全国人民代表大会第二次会议上所作的工作报告。

〔3〕 新华社:《习近平致信祝贺第二十二届国际检察官联合会年会暨会员代表大会召开》,载《检察日报》2017年9月12日,第1版。

〔4〕 邱春艳:《政治机关如何强化政治意识? 张军讲授专题党课》,载《检察日报》2020年6月30日,第1版。

三、我国宪法等层面的监察机关与检察机关

我国《监察法》采用原则性立法的模式,现有大量的监检衔接机制需要系统地完善,而明晰监察机关与检察机关在宪法层面上的关系是正确把握监检其他具体关系的基础。《宪法》第127条和《监察法》第4条均规定:"监察机关办理职务违法和职务犯罪案件,应当与审判机关、检察机关、执法部门互相配合、互相制约。"然而,监察监督与检察监督的相互关系是多层面的,它并不限于"办理职务违法和职务犯罪案件"之中,甚至在刑事诉讼中,也不能完整地囊括监察机关与检察机关的各类关系。

我国监察机关与检察机关的关系,如果用大中小来区分,它不同于俄罗斯的大检察(宪法地位高,职权广泛)与小监察(政府内部非部级建制,职权范围窄),不同于民国时期以及现在我国台湾地区的大监察(宪法地位高,专司监督之职)与中检察(类似于部级建制,单纯的公诉机关),不同于越南的大检察(宪法地位高,职权广泛)与中监察,不同于美国的中检察(检察长即司法部部长)与小监察(政府内部非部级建制,职权范围窄),不同于瑞典、英国议会框架下的监察专员机构(专司监督之职)与检察机关的关系。

(一)监察监督与检察监督的宪法地位

1. 从基本面看,监察机关与检察机关具有相同的宪法地位。它主要表现为:监检均由人民代表大会产生,对人民代表大会负责,受人民代表大会监督;监检均依照法律规定独立行使监察权或者检察权,不受行政机关、社会团体和个人的干涉;监检的主要负责人的任期相同。

2. 从细节上看,宪法对监察机关与检察机关的规制确有差异。一是地方各级检察长较监察委员会主任的任免程序更为严格。我国《宪法》第101条规定:"选出或者罢免人民检察院检察长,须报上级人民检察院检察长提请该级人民代表大会常务委员会批准。"这是国家基于保持检察机关的独立性,强化检察权是国家事权和检察权去地方化的需要。当然,我们并不能据此而推导出检察机关比监察机关的宪法地位更高的结论。二是《宪法》赋予检察机关依法对公民通信的检查权。而《宪法》《监察法》并没有赋予监察机关对公民通信的检查权。《宪法》第40条规定:"中华人民共和国公民的通信自由和通信秘密受法律的保护。除因国家安全或者追查刑事犯罪的需要,由公安机关或者检察机关依照法律规定的程序对通信进行检查外,任何组织或者个人不得以任何理由侵犯公民的通信自由和通信秘密。"三是各级检察长及其他检察官任职的法律资质要求显著高于各级监察委员会主任及其他监察工作人员。《人民检察院组织法》第42条规定:"检察官从取得法律职业资格并且具备法律规定的其他条件的人员中选任。初任检察官应当由检察官遴选委员会进行专业能力审核。上级人民检察院的检察官一般从下级人民检察院的检察官中择优遴选。检察长应当具有法学专业知识和法律职业经历。"《监察官法》中对监察官不要求法学专业背景,只要求具备本科及以上学历。

（二）监察机关与检察机关的政治地位

众所周知，国家机关的宪法地位并不等同于政治地位，根据我国的现实国情，国家机关的政治地位较其宪法地位更为重要。

首先，监察机关与纪检机关合署，其政治地位高的主要原因并非其职权广泛，而是因为中央纪律检查委员会书记是中共中央政治局常委，地方各级纪律检查委员会及监察委员会的主要负责人是同级党委的常委甚至是副书记。1977 年 8 月，中国共产党第十一次全国代表大会通过的《中国共产党章程》重新恢复设置了党的纪律检查委员会，至 1993 年 1 月之前，根据党中央当时的顶层制度设计，地方各级纪律检查委员会书记并非同级党委的常委，且党的纪律检查机关与政府的行政监察机关尚未合署办公，地方各级纪律检查委员会与地方各级检察机关基本处于平行协作的关系。笔者于 1988 年在江苏省人民检察院担任刑事检察处副处长，与江苏省及其省辖市的纪律检查委员会打交道较多，感受到地方各级纪律检查委员会书记从未进入同级党委常委到进入同级党委常委后，纪检监察机关与检察机关的关系发生了巨大的变化。简单地说，就是在办理职务犯罪（当时称之为经济犯罪和法纪犯罪）领域从平等协商并且往往是检察机关更具话语权，到某级地方党委常委、纪律检查委员会书记听取检察机关的相关汇报，尽管在形式上称之为召开"某案件的协调会"。对该协调会其常态的分歧点为：检察机关认为证据不足，而纪律检查委员会坚持要诉、要判时，有提请双方各自的上级进一步协调的情形发生。有时检察机关迁就了纪检监察的处理意见，可到了审判环节，纪检监察与法院又起纷争。

其次，我国反腐败工作领导体制和工作机制也决定了监察机关的政治地位高于检察机关。中共中央纪委、最高人民检察院、监察部《关于纪检监察机关和检察机关在反腐败斗争中加强协作的通知》（高检会〔1993〕31 号）中指出："中央纪委、最高人民检察院、监察部建立联席例会制度。联席例会原则上每三个月召开一次。特殊情况下，经一方提出，可随时召开。联席例会由中央纪委负责召集，中央纪委分管案件的常委、最高人民检察院分管案件的副检察长、监察部部长（或副部长）应参加联席例会。"中共中央于 2005 年 1 月 3 日下发的《建立健全教育、制度、监督并重的惩治和预防腐败体系实施纲要》明确指出："必须坚持和完善反腐败领导体制和工作机制，形成反腐败斗争的整体合力。党委统一领导、党政齐抓共管、纪委组织协调、部门各负其责、依靠群众支持和参与的反腐败领导体制和工作机制，是深入开展反腐败斗争的组织保证。只要坚持反腐败领导体制和工作机制，认真贯彻党风廉政建设责任制，切实抓好各项任务的落实，就能巩固和发展全党动手反对和防止腐败的良好局面。"改革开放至中共十五大之后，纪检监察机关与检察机关的关系由平行的联席会议制度的协作关系，发展为党委领导下的纪委组织协调，检察、法院等多方参与的反腐败领导体制和工作机制。

事实上，在国家监察体制改革之前，我国还存在另外一个对外的反腐败工作机制，2005 年 10 月 27 日，全国人大常委会批准了《联合国反腐败公约》，该公约是目前国际上双边、多边反腐败条约中内容最全面的公约。该公约是在对国际组织和地区组织各种反腐败公约、决议的有效性和可行性全面评估的基础上拟订的，内容广泛。该公约要求"各缔约国均应当指定一个中央机关……"负责与联合国秘书长、各缔约国的一个中央主管机关,开展司法协助等各项联络事宜。根据该公约总则的规定,"指定一个中央机关"应当具有反腐败的侦查权,而纪检监察机关不具有侦查权。根据中央的决定,"指定一个中央机关"为最高人民检察院,国家监察体制改革后,则调整为国家监察委员会。

总之,在国家反腐败领导体制和机制中,检察机关应当接受党委领导下的"纪委组织协调",充分发挥检察监督职能作用,加强与纪检监察机关的协作,同时,检察机关必须坚持以事实为根据,以法律为准绳的法治原则,在惩治职务犯罪中维护社会公平正义。

(三) 监察法规、监察解释与司法解释的位阶

国家监察体制改革后,《立法法》有待修改,建议增加:国家监察委员会具有与最高人民检察院相同的,向全国人民代表大会及其常务委员会提出法律案和提出法律解释要求等权力。[1]

1. 监察法规与司法解释的位阶。制定监察法规并且明确其位阶具有重要意义。"2019年8月,国家监察委员会致函全国人大常委会办公厅提出,随着国家监察体制改革不断深入,监察工作中一些深层次问题逐渐显现,《监察法》中一些原则性表述需要进一步具体化。为便于各级监察机关更好地执行和适用法律,国家监察委员会拟制定出台《监察法实施条例》,建议全国人大常委会修改《立法法》或者作出相关决定,为国家监察委员会制定监察法规提供法律依据。"[2]2019年10月26日,第十三届全国人民代表大会常务委员会第十四次会议通过了《全国人民代表大会常务委员会关于国家监察委员会制定监察法规的决定》,使监察法规成为我国一种新的立法类别;但是,该决定并未明确监察法规与行政法规、司法解释的位阶关系。有观点认为监察法规的位阶高于司法解释。"国务院制定的行政法规与国家监察委员会制定的监察法规在效力位阶上也应当是平行的"[3];"考虑到监察法规与行政法规在效力、位阶、功能上的高度相似性,参考《立法法》中关于行政法规监督的相关规定,未来的《立法法》修改在授予国家监察委立法权的同时,应确立相应的立法监督机制……"[4]

一方面,监察法规与司法解释都是国家法治层面的重要组成部分,具有普遍的约束力;监检都是"坚定不移走中国特色社会主义法治道路,全面推进依法治国,坚持依法治国、依法执政、依法行政共同推进,坚持法治国家、法治政府、法治社会一体建设,加快形成完备的法

---

[1]《立法法》第14条规定:"全国人民代表大会主席团可以向全国人民代表大会提出法律案,由全国人民代表大会会议审议。全国人民代表大会常务委员会、国务院、中央军事委员会、最高人民法院、最高人民检察院、全国人民代表大会各专门委员会,可以向全国人民代表大会提出法律案,由主席团决定列入会议议程。"该法第46条规定:"国务院、中央军事委员会、最高人民法院、最高人民检察院和全国人民代表大会各专门委员会以及省、自治区、直辖市的人民代表大会常务委员会可以向全国人民代表大会常务委员会提出法律解释要求。"

[2] 沈春耀:《关于〈全国人民代表大会常务委员会关于国家监察委员会制定监察法规的决定(草案)〉的说明》,2019年10月21日在第十三届全国人民代表大会常务委员会第十四次会议上的报告。

[3] 祝捷、杜晞瑜:《论监察法规与中国规范体系的融贯》,载《上海政法学院学报》2020年第3期。

[4] 李红勃:《监察法规的法律地位及其规范体系》,载《现代法学》2019年第5期。

律规范体系、高效的法治实施体系、严密的法治监督体系、有力的法治保障体系"[1]中的重要内容;另一方面,在国家法治体系中,监察法规属于立法范畴,而司法解释并非立法本身,它来自最高权力机关的授权,并且写在国家基本法中。"从司法解释自身属性来看,最高司法机关的司法解释,要么是对法律规定的内容的阐明,要么是对法律规定的内容的具体化,包括对法律规范的扩张、限缩、补充,甚至可能存在类推的情形。"[2]在国家治理体系中,司法解释发挥着独特的作用,如《刑事诉讼法》中增加的许多内容来源于成熟的司法解释。

我们认为,监察法规的位阶低于行政法规,它与司法解释的位阶平行。首先,国家行政机关、监察机关、审判机关、检察机关虽然由人民代表大会产生,对它负责,受它监督,但是,国务院毕竟是中央人民政府,而政府是国家存在的基本形式和突出特征。根据政治学、宪法学等通说,国家通常是指长期占有一块固定领土,政治上结合在一个主权政府之下的人民的实体,一种特定形式的政府、政体或政治上组织起来的社会。中央人民政府制定的行政法规的位阶理应高于监察法规和司法解释。如果单纯地以人民代表大会制度框架下的行政机关、监察机关、审判机关、检察机关形式上的相同宪法地位为判断依据,那么,行政法规与司法解释的位阶也是平行的关系,这显然是不妥的。其次,也不能简单地以监察法规属于立法范畴,而司法解释不属于立法范畴为依据,得出监察法规的位阶高于司法解释的结论。国务院的部委等的规章也属于《立法法》规制的立法活动,根据《立法法》的规定其位阶当然低于司法解释。此外,也不能简单地以名称上的"法规"为依据,将监察法规的位阶等同于行政法规,因为,地方性法规[3]的位阶低于司法解释。

2. 监察解释与司法解释的位阶。在我国的现行法律制度体系中,尚没有监察解释的概念。监察解释对于监察机关执法办案是十分重要的,它是目前尚无法治名分的一种客观需求,不可回避。监察体制改革之前,监察部对其制定的规章也有过解释。监察体制改革之后,监察解释将"涉及四种情形:一是国家监察委员会作出的属于监察工作中具体应用'法律、法令'问题的解释,即严格意义上的监察解释。考虑到此次全国人大常委会授权《关于国家监察委员会制定监察法规的决定》并未涉及监察解释有关事项,故而此种解释不同于《立法法》明确规定的司法解释,仅属准法律规范。二是国家监察委员会作出的属于监察法规本身需要进一步明确界限或者作出补充规定的解释,即立法性的监察解释。从法理上讲,此种解释与监察法规具有同等效力。三是省级监察委员会作出的属于监察工作中具体应用'地方性法规'的解释。从目前来看,省级人大及其常委会是否有权就监察事项制定地方性法规

---

[1] 《中共中央关于坚持和完善中国特色社会主义制度 推进国家治理体系和治理能力现代化若干重大问题的决定》,2019年10月31日中国共产党第十九届中央委员会第四次全体会议通过。

[2] 王群、杨杰:《司法解释制定科学化:逻辑博弈和一个新的视角》,载《河北法学》2020年第6期。

[3] 《立法法》第72条规定:"省、自治区、直辖市的人民代表大会及其常务委员会根据本行政区域的具体情况和实际需要,在不同宪法、法律、行政法规相抵触的前提下,可以制定地方性法规。设区的市的人民代表大会及其常务委员会根据本市的具体情况和实际需要,在不同宪法、法律、行政法规和本省、自治区的地方性法规相抵触的前提下,可以对城乡建设与管理、环境保护、历史文化保护等方面的事项制定地方性法规,法律对设区的市制定地方性法规的事项另有规定的,从其规定……"

尚存疑虑,但不妨碍做此假设。四是地方各级监察委员会在职权范围内作出的属于监察工作中具体应用'监察法规'问题的解释"[1]。国家监察体制改革后,《立法法》尚未进行修改,监察解释的内容有待增加。但遗憾的是,《监察法》《关于国家监察委员会制定监察法规的决定》并没有写入监察解释的相关内容。

检察机关司法解释权源于1981年6月10日第五届全国人民代表大会常务委员会第十九次会议通过的《全国人民代表大会常务委员会关于加强法律解释工作的决议》。[2] 根据《宪法》《立法法》《人民检察院组织法》等法律,行政法规的位阶高于司法解释。

我们认为,根据《宪法》《立法法》《监察法》《人民检察院组织法》等进行研判,监察解释的位阶应当与司法解释相同。首先,检察机关是国家的法律监督机关,其法律监督的依据只能是法律和行政法规,否则,法律监督的机理、功效将会被瓦解或者稀释。其次,监察机关与检察机关在《宪法》上的平行关系也决定了监察法规的位阶与司法解释相同。《监察法》第4条规定:"监察机关办理职务违法和职务犯罪案件,应当与审判机关、检察机关、执法部门互相配合,互相制约。""相互制约"是对向性的,而不是单向性的,如果检察机关要依据监察法规、监察解释来制约监察机关,那么,其"相互制约"的法治效果将大打折扣。再次,若监察法规、监察解释与司法解释不一致时,应当向全国人民代表大会常务委员会提出法律解释要求,也可以由监察机关或者检察机关根据《立法法》第99条的规定:"向全国人民代表大会常务委员会书面提出进行审查的要求",还可以提请全国人民代表大会的监察和司法委员会进行协调。

此外,需要解决好监察监督与检察监督的共涉领域,选择适用制定监察法规、监察解释,还是制定司法解释的问题。如对于各种职务犯罪的追诉标准或者立案标准,监察体制改革之前是以检察机关主导制定司法解释的,监察体制改革之后,需要研究制定相关标准的主体与程序。在国家刑事治理体系中,刑事追诉的标准以及追诉期限的延长属于检察权。《人民检察院组织法》第2条规定:"人民检察院通过行使检察权,追诉犯罪,维护国家安全和社会秩序……";《刑法》第87条规定:"……法定最高刑为无期徒刑、死刑的,经过二十年。如果二十年以后认为必须追诉的,须报请最高人民检察院核准"。对于各种职务犯罪的追诉标准或者立案标准,宜由检察机关主导,监察机关配合,同时,还应当充分征求最高人民法院的意见。

四、监察监督与检察监督在国家法治监督体系中的基本关系

法治体系是国家治理体系的基础。我国新时代的法治体系包括:形成完备的法律规范体系、高效的法治实施体系、严密的法治监督体系、有力的法治保障体系。加强对法律实施

---

[1] 秦前红:《人大监督监察委员会的主要方式与途径》,载《法律科学》2020年第2期。
[2] 《全国人民代表大会常务委员会关于加强法律解释工作的决议》规定:"凡属于检察院检察工作中具体应用法律、法令的问题,由最高人民检察院进行解释。"

的监督目的是保证行政权、监察权、审判权、检察权得到依法正确行使,保证公民、法人和其他组织合法权益得到切实保障,坚决排除对行政执法活动、监察活动和司法活动的干预。党的十九大报告指出:"构建党统一指挥、全面覆盖、权威高效的监督体系,把党内监督同国家机关监督、民主监督、司法监督、群众监督、舆论监督贯通起来,增强监督合力。"这为优化监察监督与检察监督的衔接机制指明了方向。国家法治监督体系包括诸多要素,有制度要素、体制要素、主体要素、能力要素等,其中主体要素是不可缺少的。

众所周知,缺少监督和制约的权力,极易滋生腐败,加强国家法治监督体系建设,离不开监察监督与检察监督。目前,对监察机关的外部监督制约不足,是一个不争的事实。建议由检察机关在制约的基础上,增加对监察机关调查职务犯罪活动实施法律监督,宜参照检察机关对侦查机关实施的立案监督和侦查活动监督的法律架构进行规制。

(一) 监察监督与检察监督的价值取向

监察监督的价值取向主要是惩治与预防腐败。"深化国家监察体制改革是以习近平同志为核心的党中央作出的事关全局的重大政治体制改革,是强化党和国家自我监督的重大决策部署。改革的目标是,整合反腐败资源力量,加强党对反腐败工作的集中统一领导,构建集中统一、权威高效的中国特色国家监察体制,实现对所有行使公权力的公职人员监察全覆盖。"[1]检察监督的价值取向为保障宪法和法律的统一正确实施,维护社会公平正义。《人民检察院组织法》第2条规定:"人民检察院通过行使检察权,追诉犯罪,维护国家安全和社会秩序,维护个人和组织的合法权益,维护国家利益和社会公共利益,保障法律正确实施,维护社会公平正义,维护国家法制统一、尊严和权威,保障中国特色社会主义建设的顺利进行。"虽然监察监督与检察监督的侧重点有所不同,但是,监检都是坚持和完善中国特色社会主义法治体系,提高党依法治国、依法执政能力的重要主体。

(二) 监察监督与检察监督的相互独立性

在国家法治监督体系中,监察监督与检察监督是否排除相互干预?《宪法》第127条规定:"监察委员会依照法律规定独立行使监察权,不受行政机关、社会团体和个人的干涉。"该法第136条还规定:"人民检察院依照法律规定独立行使检察权,不受行政机关、社会团体和个人的干涉。"《宪法》没有明确监察监督是否应当排除检察干预,或者检察监督是否应当排除监察干预。《监察法》和《人民检察院组织法》对此也没有明确的规定。

我们认为,这如同检察机关与审判机关依法独立行使检察权、审判权一样,相互分工、配合与制约,共同维护社会的公平正义。检察机关与审判机关相互制约,与各自独立行使职权并无矛盾,关键在于是否依法行使职权。监察监督与检察监督"他们之间构成了自主独立与相互监督的制衡关系。通过这种权力机关之间制衡的宪法设计,借以实现对公权力本身的监督,使其在'制度的笼子'里依法运行,从而限制公权的任性、规制公职人员的行为,并最终

---

[1] 李建国:《关于〈中华人民共和国监察法(草案)〉的说明》,2018年3月13日在第十三届全国人民代表大会第一次会议上。

保障和实现公民的基本权利和社会的公共利益"[1]。当前的问题是监察机关过于强势,而检察机关依法独立行使职权需要加强。

(三) 监察监督与检察监督在诉讼监督领域的关系

一方面,根据《监察法》的规定,监察机关对所有行使公权力的公职人员实行全面覆盖的监督,另一方面,检察监督是三大诉讼法的基本原则。监察机关与检察机关在立案、侦查和各类审判活动中,对侦查人员和审判人员的职务违法,均有监督的权力。在制度设计上,如何优化监检的协作关系,成为构建"严密的国家法治监督体系"中的重要问题。

我们认为,监察机关与检察机关在诉讼监督领域的基本关系框架为:检察监督为主责性监督、专业性监督,监察监督为救济性监督、后继性监督。首先,检察机关不能因为国家监察体制改革而放松诉讼监督,监察机关也不应大包大揽,越俎代庖。在通常情况下,监察机关不宜先于检察机关实施诉讼监督。其次,监察机关认为检察机关怠于诉讼监督或者滥用诉讼监督权力的,应当实施救济性监督,或者监督检察机关履行诉讼监督的职责,以强化对行使侦查权和审判权的公职人员职务违法的监督,维护司法公正。再次,对于侦查人员和审判人员是否存在职务违法,有重大分歧的,检察机关与监察机关可以提请同级人大常委会监察与内务司法委员会或者各自的上级机关进行协调。

梳理上述监察衔接的基础关系:第一,在宪法和国家法治监督体系领域,人大监督、行政监督、监察监督、检察监督等都是我国法治监督体系的主要组成部分,各监督主体在法律依据、职能范围以及运行程序上均有较大差异。在人大监督的框架下,监察监督与检察监督作为专门性的国家法律监督机关,需要进一步合理分工、有序交叉和优化协同。第二,在办理职务犯罪案件领域,依据《宪法》《监察法》,监察机关办理职务违法和职务犯罪案件,应当与审判机关、检察机关、执法部门互相配合、互相制约;由于顶层设计不足,监检在事实上还未真正形成平行地位上的制约关系,如2018年4月16日下发的《国家监察委员会与最高人民检察院办理职务犯罪案件工作衔接办法》第33条规定:"……对拟作不起诉决定,或者改变犯罪性质、罪名的,应当报最高人民检察院,由最高人民检察院与国家监察委员会协商"。由此可见,最高人民检察院也不能独立地对案件作出处理决定。第三,在诉讼监督领域,检察监督被列入三大诉讼法的基本原则,并且写入了《人民法院组织法》《人民警察法》《国家安全法》和《监狱法》等。对公职人员的全覆盖的监察监督与专业性的检察监督之间的衔接机制有待完善。第四,在预防职务犯罪领域,监检需重新构建衔接机制,并且形成合力。监察体制改革之前,其预防职务犯罪由检察机关主导,多年来地方人大常委会出台了50件有关预防职务犯罪的条例,其预防模式参照《联合国反腐败公约》的相关规定,实行社会化的大预防,从国家机关、公有制企业事业单位到群众组织、社会团体,从小学到大学的法制教育和媒体宣传,从民营企业到外资企业等均纳入该预防体系。遗憾的是,监察体制改革之后,原有的社会化的大预防格局已经消失,又回归到单纯在党员干部队伍中开展党风廉政教育及媒体宣传的传统格局。第五,在行政违法监督等领域,监检衔接的机制近乎空白,亟待构建。

---

[1] 汪江连:《论监察机关依法独立行使监察权》,载《法治研究》2018年第6期。

检察机关与监察委员会衔接、监督机制研究
——以无锡市锡山区检察院为例

无锡市锡山区人民检察院课题组 *

摘　要：国家监察体制改革是事关党和国家全局的重大政治体制改革。监察体制改革的一大核心便是将职务犯罪侦查权平移至监察委，但顶层设计只是构建了监察委办理职务犯罪案件的基本框架，对于监察委调查如何与检察机关的批捕、起诉职能进行衔接尚在探索中。因此，研究检察机关与监察委的衔接、监督机制将具有十分重要的理论和实践意义。本课题将以锡山区检察院为例，探索如何建立与监察委员会相互衔接、相互制衡的有效机制，实现监察委员会调查与检察机关刑事诉讼程序无缝衔接，保持惩治腐败高压震慑态势，为检监衔接配合机制的建立提供实践参考。

关键词：检监衔接　监督制约　线索移送　制衡机制

一、"检规监随"还是"革检鼎监"：职务犯罪诉讼流程改造的价值选择

随着检察机关职务犯罪侦查权和侦查人员的转隶，监察委承接检察机关的侦查权后，不能自诉、自审，必然要涉及与刑事诉讼中的检察机关进行职能衔接，那么是"检规监随"还是"革检鼎监"，这关系到立法层面的重大价值选择，要解决这个问题，必须对监察委员会与检察院的宪法定位和关系界定予以厘清。

（一）监察委员会与检察院监督职能的厘清与构建

独立监察权作为我国政治权力的"新族"已正式加入权力体系。[1]检察机关的职务犯罪侦查权被整合至监察委员会后，检察院的监督职权依然厚重，且不断向涉及公共利益的公益诉讼领域拓展，因此在监督权的边界问题上，二者可能存在冲突，需要予以厘清和构建。

监察委员会的基本职能是查处行使公权力的公职人员腐败案件，强调对人的监督，覆盖范围包括所有的公权力领域，包括职务犯罪以及行政机关公务员的职务违法。[2]检察院强调对司法领域各类案件办理活动是否合法的监督。公益诉讼则强调对事的监督，即对具体行政行为的监督。

---

* 课题组组长何莹：无锡市锡山区人民检察院党组书记、检察长；课题组成员张伟：无锡市锡山区检察院综合管理部副主任；课题组成员李春歌：无锡市锡山区人民检察院刑事二部检察官助理。

[1] 魏昌东：《国家监察委员会改革方案之辨正：属性、职能与职责定位》，载《法学》2017年第3期。

[2] 胡锦光：《论监察委员会"全覆盖"的限度》，载《中州学刊》2017年第9期。

监察权的内容分为三类：监督权、调查权和处置权。[1] 监督权是基础，其运行载体为调查权，而处置权的实现也需要借助调查权来完成，且以调查权为前提。因此，调查权在监察权中处于核心地位。处置权主要表现为提请权和建议权，如对构成职务犯罪的公职人员有权提请检察院批准逮捕，对不构成犯罪的违法违纪行为建议相关机关予以行政处分和行业惩戒。检察院是司法机关，对监察委员会移交的案件进行审查起诉。

（二）监察委员会与检察院的监督与制约

1. 监察委员会对检察院的监督范围。对检察院公职人员有无职务犯罪及违法违纪情形进行监督，对检察院是否履行法定职责进行监督，对检察院在法定职能之外有无违反法律政策情形进行监督。

2. 检察机关对监察委员会的制约方式。检察院基于在办理刑事案件中"相互分工、相互配合、相互制约"的宪法原则，有权对监察委员会职务犯罪调查权进行制约，对监察委员会职务犯罪调查活动进行合法性监督。根据最新《刑事诉讼法》的规定，检察机关决定对职务犯罪嫌疑人采取何种强制措施，决定对移送的涉嫌职务犯罪案件是否提起公诉。监察委员会办理的职务犯罪案件进入审查起诉阶段后，检察院应当审查案件证据的主体、来源、形式、程序、手段等是否合法，对非法证据应当运用非法证据排除规则予以排除，既体现了对职务犯罪调查权的制约，又体现了对犯罪嫌疑人的人权保障。[2]

（三）监察委员会与检察院诉讼流程的再造与衔接

随着《监察法》的出台和《刑事诉讼法》的修改，"革检鼎监"模式已得到认同，采取这种方式也具有重大的意义。因为国家监察体制改革是事关全局的重大政治改革，必然依靠国家法律体系的重大调整来保障改革落到实处。此外，职务犯罪的复杂性和监察委地位的特殊性决定需要授予特别权力并制定特殊程序。

二、监察委移送案件与检察院衔接、监督现状

现实司法实践中，二者的关系已基本明晰。随着职务犯罪侦查权和侦查人员的转隶，无锡市锡山区监察委员会与锡山区检察院无论是在线索移送还是案件办理等机制衔接上，均较为顺利地实现了对接。

（一）严格清理遗留案件和线索，顺利完成移交工作

按照省检察院统一部署要求，院党组多次召开专题会议，全面掌握未办结的职务犯罪案件和缓查、待查职务犯罪线索的情况，做到摸清底数、心中有数。一把手挂帅，分管检察长主抓，督促举报中心、侦防局在转隶前高标准完成职务犯罪案件在办案件的核查、自侦未结案件的核对、犯罪案件核对统计、线索移送和涉案款物的统计及其相关表格数据向上报送。案管部门对转隶前自侦案件、线索情况与统一业务应用系统的记载是否相符，未侦结案件数据

---

[1] 马怀德：《国家监察体制改革的重要意义和主要任务》，载《国家行政学院学报》2016年第6期。
[2] 汪进元：《非法证据排除规则的宪法思考》，载《北方法学》2012年第1期。

项是否存在漏录、错录,线索移交工作是否已完成等进行全面梳理、逐案清查,列明案件明细及列出问题详细清单,指令相关部门和具体责任人对错漏事项及时更正、补录。在规定时间节点前,高质量、无遗漏向监察委圆满完成未侦结案件及线索移交等事项。为打击侵害国家利益、社会公益的职务违法犯罪行为,早在2017年7月,锡山区检察院在全市率先与监察委员会签《关于在履行行政公益诉讼职能促进依法行政中加强协作配合的意见》,其中明确了检察院在行政执法检察监督过程中,如发现相关执法人员存在违反行政纪律行为的,应及时通报区监察局。该意见后被区委办公室、区政府办公室联合转发。

(二) 对接后台配置,为案件网上流转畅通流程

为确保检察机关通过统一业务应用系统顺利接收、办理监察委移送起诉的一审公诉案件,按照省院部署,在职务犯罪侦查权剥离后特别是《刑事诉讼法》修改颁布后立即实施两个重要节点,该院案管部门配合检察技术管理员利用周末加班加点完成法律文书修改、配置等工作,确保职务犯罪案件办案流程规范、程序合法以适应监察委移送案件"捕诉合一"办案模式的需要,办案人员提前研究讨论统一业务应用系统关于侦查监督条线新增职务犯罪案件逮捕决定书、逮捕通知书和审查起诉意见书等法律文书模板运用和相关注意事项,确保在审查起诉案件的办理权限内完成职务犯罪案件的审查、作出采取强制措施决定和审查起诉,规范办理监察委案件的操作流程,确保案件从"入口"到"出口"全程在统一业务应用系统中规范流转,保证网上办案业务活动流程畅通、全程留痕,实现案件信息网上实时采集。2018年1月至11月,该院通过统一业务应用系统顺利受理监察委移送起诉案件2件3人(含1单位犯罪)。

(三) 提前介入引导调查,规范案件移送操作规程

主动加强与监察委的沟通交流和协作配合,有效解决监察机关留置措施与检察机关羁押性强制措施、审查起诉办案期限的无缝对接问题。在《刑事诉讼法》修正案未颁布前,双方一致达成共识,对监察委正在调查的职务违法犯罪案件,需要检察院提前派员介入的,向检察院发出派员提前介入调查函。对被调查人采取留置措施的,监察委在正式移送起诉前10日书面通知检察院移送事宜。检察院接到书面通知后,及时派员查阅案卷材料、听取案件调查人意见、查看讯问同步录音录像,同时派员提前介入确保检察官有充足办案时间完成案件移送后犯罪嫌疑人羁押必要性审查,做好留置案件调查与审查决定逮捕工作对接,确保监察委在移送起诉前解除留置措施的同时,检察院当即精准决定采取不同的强制措施,既保障了犯罪嫌疑人合法权益,又保障了诉讼活动顺利开展。2018年5月22日,该院对区监察委撤销留置措施后当天移送起诉的张某受贿案,即日作出逮捕决定同时进入审查起诉环节,确保职务犯罪案件移送起诉、决定强制措施、审查起诉无缝衔接。

(四) 起草规范性文件,加强线索移送、办案协作配合

锡山区检察院与区监察委共同起草《锡山区监察机关与检察机关查办职务犯罪工作衔接暂行规定(征求意见稿)》,积极探索区监察委办理职务犯罪案件工作的有效衔接和制度建设。该规定共32条,主要明确了联席会议制度、线索移送期限、双方对口衔接部门等,规范职务犯罪案件的移送受理、退回补充调查、撤回移送案件案卷材料及涉案款物等案件流转操作规程,明确检察官提前介入的程序、方式和制作提前介入书面报告等规定,有效地健全职务犯罪案件移送机制、留置措施与刑事强制措施衔接机制、涉案款物及卷宗移送机制等,实现了无缝对接。同时,为进一步增强打击腐败协调工作合力,锡山区检察院与区监察委、区法院、锡山公安分局共同起草《锡山区加强查办职务违法犯罪案件协作配合实施意见(征求意见稿)》,进一步加强在查办职务犯罪案件中的协作配合。主动派员协助监察委制定《锡山区反腐败工作协调小组工作制度》,从源头和制度层面深入推进全区党风廉政建设和反腐败工作扎实开展。在《刑事诉讼法》修正案颁布后,锡山区检察院第一时间会同相关机关及时修改未出台的上述规定,进一步细化锡山区检察院与锡山区监察委员会衔接机制,进一步完善锡山区打击职务犯罪协作机制,努力促进反腐败斗争不断深入开展。

三、监察委员会与检察院在衔接、监督机制上存在的问题

监察委员会与司法机关的衔接,实质上是其与刑事诉讼程序的衔接,因监察委员会的特殊属性现实上导致实务衔接出现无章可循、不紧密、不及时、责任十分不清晰等问题。

(一)案件性质不明

立案是我国刑事诉讼的基本制度,立案即宣告刑事案件成立,由此确立犯罪嫌疑人,开启侦查程序。而《监察法》实质上是将监察委的调查程序设置为一种异于检察机关职务犯罪侦查的特殊程序进而中止执行《刑事诉讼法》相关程序规定。《监察法》第39条规定:"对监察对象涉嫌职务违法犯罪,需要追究法律责任的,监察机关应当按照规定的权限和程序办理立案手续",此处所称的"违法犯罪"表现为两种形态:一种是职务违法,一种是职务犯罪,并非我们平常所理解的违反刑法构成犯罪。此处的"追究法律责任"也并非我们平常所理解的刑事责任,而是包括职务违法在内的法律责任。由此可见,涉嫌职务违法即构成监察立案条件。因未专设刑事立案程序,监察委员会所立案件性质不明,自然无法直接进入刑事诉讼程序,由此产生衔接难题。

(二)程序和时效规定不明

《监察法》第11条第3款规定:"对涉嫌职务犯罪的,将调查结果移送人民检察院依法审查、提起公诉",第47条第1款规定:"对监察机关移送的案件,人民检察院依照《中华人民共和国刑事诉讼法》对被调查人采取强制措施"。新修改的《刑事诉讼法》也明确提出对于监察机关移送起诉的已采取留置措施的案件,人民检察院应当对犯罪嫌疑人先行拘留,留置措施自动解除。人民检察院应当在拘留后的十日以内作出是否逮捕、取保候审或者监视居住的决定。在特殊情况下,决定的时间可以延长一日至四日。人民检察院决定采取的强制措施的期间不计入审查起诉期限,但在实际操作中,由于监察委移送案件直接进入审查起诉环节,在审查起诉环节,对犯罪嫌疑人先行拘留后,再审查决定逮捕或取保候审,相当于在审查起诉环节做了批准逮捕环节的工作,有程序"倒流"之嫌。此外,是否需要24小时讯问和通知家属规定不明。关于律师何时可以介入案件,在拘留后决定逮捕或取保候审环节能否允许律师介入,也无法律明文规定。

(三) 退回补充调查期间羁押规定不明

《监察法》第 47 条第 3 款规定检察机关对证据不足的案件应当退回监察机关补充调查。新《刑事诉讼法》第 170 条规定："人民检察院对于监察委员会移送起诉的案件,认为需要补充核实的,应当退回监察机关补充调查,必要时可以自行补充侦查。"这就衍生出一个程序衔接的问题,即已经被执行逮捕并羁押于看守所的犯罪嫌疑人,在案件退回补充调查期间,是否需要变更强制措施、是否需要更换羁押地点。也就是说,留置转为逮捕时,已将犯罪嫌疑人从留置场所转押至看守所,在退回补充调查期间,是继续将嫌疑人羁押于看守所,计算逮捕时限,还是退回留置场所,计算留置时间。若羁押于看守所,监察委员会在提讯犯罪嫌疑人时,是否需要检察机关予以协助,如果需要,如何协助,规定不明。

(四) 是否可作撤销案件处理规定不明

在职务犯罪侦查职能剥离前,检察机关直接受理立案侦查的案件可由检察长或检察委员会决定撤销,职务犯罪侦查职能剥离后,职务犯罪案件是否立案由监察委员会决定。然而,《监察法》对检察机关是否有权对监察机关立案活动进行监督,未有明确规定。笔者认为,对于由人大产生对人大负责的同级监察委员会,检察机关不宜对其内部权力运行进行监督。对该立不立、不该立而立、该移送不移送、不该移送而移送的案件由监察委员会内部案件监督部门、人大等进行监督。同时,对于监察委员会移送的案件,人民检察院作出决定只能是起诉或不起诉,不能撤销案件。

(五) 检察机关是否需要对监察委员会调查的案件进行监督规定不明

监察委员会调查公职人员违法和职务犯罪行为时,可以采取谈话、讯问等 12 项措施。其中讯问、查封、扣押、冻结等 9 种调查措施与刑诉法的侦查措施无异,调取、留置 2 种调查措施属于实质上的侦查措施。目前对是否监督无明确法律规定。

四、如何进一步完善监察委员会与检察院的衔接、监督机制

(一) 建立职务犯罪检察与监察委衔接制衡机制

把建立职务犯罪检察部门与监察委员会衔接制衡机制作为工作的重点,用法治思维、法治方式来强化落实,形成制度化、常态化机制。建立监察委员会移送涉嫌职务犯罪案件制度,规范移送和受理程序,加强检察机关对移送涉嫌职务犯罪案件的监督,建立检察机关和监察委员会联席会议、案件协商、信息通报和共享等办案衔接工作机制。建议全国人大常委会专门出台关于加强检察机关与监察委员会办案衔接工作的规定,对两个部门的职责、移送案件的程序和标准、证据效力、信息共享的案件范围和内容、检察监督及责任追究等问题作出明确具体的规定。或者由国家监察委员会与最高人民检察院联合制定相关的规范性文件,明确监察委员会与检察机关之间的工作衔接,以更好地接受检察机关的法律监督。[1]

---

[1] 吴建雄:《国家监察体制改革背景下职务犯罪检察职能定位与机构设置》,载《国家行政学院学报》2018 年第 2 期。

（二）明确刑事立案制度

监察委员会立案以职务违法为启动条件是必要、可行的，但应在立案之初就案件性质做甄别，明确区分职务违法立案与职务犯罪立案，为后期司法衔接及诉讼程序的正常高效运转打下坚实基础。或者，监察委员会可在两者之间设定转化条件，明确规定职务违法案件达到一定条件即转化为职务犯罪案件，在案件移送司法机关前即确定其刑事案件性质，以顺利适用刑事诉讼程序的相关法律规定。

（三）确立审查和强制措施执行程序

根据《刑事诉讼规则》相关规定，笔者建议，监察委员会调查终结移送检察机关审查起诉的职务犯罪案件，检察机关立即采取拘留措施后，上级机关应该明确给出规定或指导性文件，要求按照公安机关的规定，拘留24小时内进行讯问并通知拘留人家属。在执行拘留强制措施上与公安机关协商到位，明确由公安机关与监察委员会对接，送看守所前对犯罪嫌疑人的体检手续由公安机关办理，并由公安机关执行。如果对犯罪嫌疑人采取取保候审强制措施，检察机关开具决定释放通知书，由公安机关予以释放。建议进一步明确检察机关对监察委员会移送的案件决定释放犯罪嫌疑人时所使用的具体法条。

（四）成立职务犯罪检察办案组

检察机关在检察机关内部设立职务犯罪检察办案组，整合多项职能，依据《监察法》《刑事诉讼法》《刑事诉讼规则》的相关规定，决定采取强制措施、审查起诉和提起公诉等检察权。具体职能包括：一是根据监察委员会商请，提前介入职务犯罪案件调查工作；二是对监察委员会移送的职务犯罪案件决定刑事立案；三是对监察委员会移送的职务犯罪案件犯罪嫌疑人决定采取强制措施；四是办理职务犯罪案件管辖；五是对职务犯罪案件审查起诉；六是办理职务犯罪案件退回补充调查或自行补充侦查；七是对职务犯罪案件提起公诉。

（五）明确退回补充调查程序

就性质而言，留置与逮捕均剥夺被调查人的人身自由，就程序而言，逮捕是留置的递进阶段。在退回补充调查期间，若退回留置，则可能需要改变羁押场所，待补充调查终结后还需重新办理逮捕手续，移交被调查人，程序繁琐且缺乏实际意义。笔者建议，退回补充调查的案件，可以维持逮捕或者取保候审决定，参照新《刑事诉讼法》第171条、《刑事诉讼规则》第382条关于补充侦查的规定，起算补充调查一个月的羁押时限，以二次为限。监察调查因未进入刑事诉讼程序，其调查人员不具有讯问主体资格，在补充调查期间监察调查人员须到看守所会见并提讯犯罪嫌疑人的，检察机关应提供必要协助（如陪同前往确保其主体资格合法、提供换押及提讯手续等）。

监察机关职务犯罪调查案件的检察衔接及其制约

陈 伟 郑自飞[*]

摘 要：监察机关对职务犯罪的调查权是监察权的重要体现，检察权与监察权之间的关系需要进一步厘清。监察调查权应当体现程序法治与人权保障理念，通过检察权有序行使来实现宪法规定的"相互制约"。监察机关职务犯罪调查权具有司法属性，检察机关对监察案件的司法监督符合其法律监督机关的宪法定位。在相互衔接及制约关系中，检察机关应合理利用宪法赋予的法律监督权，确立监察机关重大职务犯罪调查下的检察引导机制，完善检察机关对留置措施的事后司法审查，保证检察权独立审查起诉之下后续强制措施的规范适用，同时强化检察机关对监察案件的证据审查功能，实现职务犯罪审前程序证据审查的实质化。

关键词：监察机关　检察机关　职务犯罪调查权　司法监督

中国特色国家监察体制改革塑造了我国全新的公权力监督机制，是推进国家治理体系和治理能力现代化的重大制度保障。但是，正如英国学者阿克顿所言：权力导致腐败，绝对权力导致绝对腐败。"监察权作为一种综合性的、高效而强大的权力，其滥用会造成非常可怕的后果"[1]，尤其是作为其核心权能的职务犯罪调查权在实践运用中如果得不到有效的监督制约，必然会偏离监察体制改革的初衷。因此，在推进全面依法治国和深化监察体制改革的进程中，如何有效监督监察机关的职务犯罪调查权始终是理论和实践的重要课题。[2] 通过法律机制监督和制约监察机关的职务犯罪调查权的行使，是将监察权关进法律制度的笼子的最可靠手段。鉴于监察机关职务犯罪调查权的运行需要与检察机关相衔接，且宪法明确了检察机关法律监督机关的职能定位，因而本文试图在现行法律规范体系内探讨检察机关对监察机关职务犯罪调查权行使的司法制约机制。

---

[*] 陈伟：法学博士，西南政法大学法学院教授，博士生导师，重庆市新型犯罪研究中心执行主任；郑自飞：西南政法大学法学院博士研究生。
基金项目：教育部哲学社会科学重大课题攻关项目"推进国家监察全覆盖研究"（18JZD037），湖北省人民检察院检察理论研究重点课题"检察机关与监察机关办案衔接问题研究"（HJ2018A03）的阶段性研究成果。

[1] 夏金莱：《论监察体制改革背景下的监察权与检察权》，载《政治与法律》2017年第8期。
[2] 童之伟：《对监察委员会的自身监督何以强化》，载《法学评论》2017年第1期。

一、监察机关职务犯罪调查权的正面价值与潜在风险

在我国法治反腐深化进阶中,监察权力集约化行使的逻辑思维和实践展开既彰显着显著优势,也蕴含着潜在风险。在推进国家监察全覆盖进程中,我们应当积极发挥监察体制创新的制度优势,并理性看待和防范其中的权力运行风险。

(一) 我国职务犯罪侦查权转隶所产生的正面价值

我国《监察法》对监察体制改革成果的确认,标志着我国法治反腐体制的形成,为我国反腐法治化和规范化带来了不可估量的价值。有学者指出,从高效反腐的角度看,国家监察体制改革至少存在三大益处,即减少权力运作阻力、实现反腐资源的集约化以及减少由于程序回流或重复调查对调查效率的影响。[1] 不过,笔者认为,作为我国监察体制改革的核心内容,职务犯罪侦查权转隶所带来的积极价值主要表现在以下两个层面:

一方面,职务犯罪侦查权的转隶有利于反腐权力集约化行使,促进高效反腐目标的实现。在监察体制改革前,我国的反腐败权力行使呈现"多元化"格局,多样化的反腐权力各行其是,纪法衔接、法法衔接等问题突出,国家反腐败工作的深化展开举步维艰。从全面推进依法治国层面看,我国监察委员会的创设标志着中国特色监察体制的形成。监察机关依照《监察法》集中行使纪检监察权、行政监察权和职务犯罪调查权,打破了传统的"多元监察"格局,为国家反腐败权力的集约化行使提供了宪法和法律的制度保障,能够保证党纪国法得到一体化遵循,亦能将国家所有公权力的监督和制约纳入法治轨道。概言之,我国职务犯罪侦查权转隶的首要意义在于:监察机关能够在统一的法律规范指引下实现集中高效反腐,并将我国反腐权力统一纳入法治轨道内运行。

另一方面,职务犯罪侦查权转隶打破了我国传统的职务犯罪刑事追诉权的一体化运行机制,开创了职务犯罪刑事追诉权的分治式新机制。长期以来,我国检察机关将职务犯罪侦查权、逮捕权和起诉权集于一身,形成了"自侦、自捕、自诉"一体化的职务犯罪刑事追诉机制。在此种刑事追诉权的一体化运行机制中,职务犯罪侦查权与逮捕权、起诉权彼唱此和,使得职务犯罪刑事追诉的扩张性和攻击性暴露无遗。同时,这种权力运行的一体化机制所带来的更致命的问题是造成了职务犯罪刑事追诉"侦查中心主义"的困境,这与我国"审判中心主义"司法改革的基本要求背道而驰。自然,这种权力的一体化运行机制由于缺乏有效的外部监督制约而在所难免地引发了对程序正当性的强烈质疑。相反,在我国监察体制改革进程中,职务犯罪侦查权的转隶意味着职务犯罪侦查权和逮捕权、起诉权被分而治之,传统的职务犯罪"侦查中心主义"格局分崩离析。这种重大的制度变革既可以有效避免检察机关在职务犯罪刑事诉讼过程中滥用追诉权,也为职务犯罪侦查权与逮捕权、起诉权相互制约提供了制度保障。当然,从法治逻辑看,权力的分离虽然可以防止检察机关滥用职务犯罪追诉权,但是监察机关作为新的权力主体仍然有滥用该权力的可能。对此,我们应当秉持实事求

---

[1] 刘艳红:《监察委员会调查权运作的双重困境及其法治路径》,载《法学评论》2017 年第 6 期。

是的态度审慎对待。

(二) 我国职务犯罪侦查权转隶带来的潜在风险

自监察体制改革将职务犯罪侦查权转隶后,我国权力运行的制约和监督体系建设被有效实施,监察体制改革取得的成效斐然。但是,在全面推进依法治国进程中,我们也应当理性地认识到:如果转隶后的职务犯罪调查权的实践运行得不到有效监督和制约,那么它在助推我国法治建设飞跃式发展的同时,也可能成为法治建设的绊脚石。

一方面,因为职务犯罪调查权和纪检监督权、行政监察权融为一体之后,如若不加规范运行,可能阻碍程序法治的实现。程序法治是我国法治建设的重要内容。"让人民群众在每一个司法案件中感受到公平正义",是对程序法治与实体正义的共同要求。程序法治的核心是程序正义,主要表现为两个层面:通过正当的法律程序实现诉讼结果的公正性和保障法律实施过程中的正当性与合理性。[1] 职务犯罪调查权实践运行的复杂环境,决定了该权力运行面临的潜在程序法治风险。其一,监察调查涉及职务违法和职务犯罪的界分问题,对二者界限的混淆和法律责任的不当追究,势必阻碍通过正当法律程序实现诉讼结果正当性的目标实现。事实上,在监察调查程序中存在着"四转三"的做法,即将严重违纪涉嫌违法立案审查的情况进行党纪重处分或重大职责调整。这种模糊化或者软化的变通做法,从法律角度而言,直接影响了案件性质和责任承担,操作不当可能会危害程序正义并影响法治反腐的力度和效度。其二,监察机关在进行监察调查过程中,《监察法》与《刑法》《刑事诉讼法》等规范性内容难以割裂,监察机关职务犯罪调查势必牵涉监察程序和刑事诉讼程序的衔接以及证据转化等诸多现实问题。如果监察机关职务犯罪调查权的行使忽略不同程序和实体规范的衔接,仅以高效反腐为目标,必然难以保障《监察法》实施过程的正当性与合理性。概言之,转隶后的职务犯罪调查权行使必须严格遵循程序法治原则,以防背离我国法治建设的初衷。

另一方面,我国职务犯罪侦查权转隶后,若集中强化的反腐权力得不到规范行使,可能存在侵犯人权的风险。"人权保障是宪法立法和宪政建设的主要内容,是衡量一国宪政进步与否的重要标尺"[2],而"刑事法治直接影响实践中宪法人权保障原则的实现情况"[3]。当前,监察机关权力运行存在闭合性倾向,监察机关办理监察案件不需遵循《刑事诉讼法》、不允许律师介入监察调查职务犯罪程序等规定,使得职务犯罪被调查人的人权保障未在获得整个国家资源支撑的集合性监察权面前得以彰显。在《监察法》实施过程中,若以腐败犯罪控制理念主导职务犯罪调查,那么极有可能激活职务犯罪调查权运行所潜藏的人权保障风险。显然,在我国推进监察全覆盖进程中,不能因为职务犯罪侦查权转变为监察调查权就将刑事诉讼中来之不易的权利保障规定化为乌有。[4] 特别是,在推进刑事辩护全覆盖的制度改革背景下,监察调查职务犯罪案件不应当特立独行而成为众矢之的。

---

[1] 卜建林:《监察机关办案程序初探》,载《法律科学》2017年第6期。
[2] 董和平:《关于中国人权保障问题的若干思考》,载《法学》2012年第9期。
[3] 皮勇、王刚:《我国宪法人权保障立法的发展与刑罚制度的进步》,载《法学杂志》2013年第3期。
[4] 陈光中、姜丹:《关于〈监察法(草案)〉的八点修改意见》,载《比较法研究》2017年第6期。

"法与时转则治,治与世宜则有功。"以法治原则为导向,是我国监察体制改革始终遵守的基本原则。法治原则应当成为我国监察权运行不可逾越的藩篱。换言之,监察机关的职务犯罪调查权运行必须遵循法治原则,和其他公权力一样接受监督和制约。否则,它就会成为法治建设的"法外飞地",这必然是我国法治建设需要竭力避免的。我国《监察法》的出台既是为了构建法治反腐机制、加大反腐力度,更是为了规范反腐机构及其工作人员履行监察职责和行使监察权力。《监察法》第53条、第54条、第55条分别规定了监察机关要接受人大监督、民主监督、社会监督、舆论监督和内部监督,便是最佳例证。

监察体制改革所取得的巨大成绩,仍然无法掩饰监察权运行的潜在风险。否则,我们将会在自我陶醉中欺骗他人。职务犯罪调查权是监察机关监察权的核心组成部分,该权力行使的潜存风险是监察权运行风险防范的核心领域,使其受到有效的监督制约是保障监察权良善行使的关键。对监察机关职务犯罪调查权的监督需要结合该权力的特殊权力属性,在中国特色社会主义法律体系内构建行之有效的监督机制。

二、检察机关对监察调查权进行司法监督的法理基础

尽管当前监察机关的"政治机关"定位使得监察权被蒙上了鲜明的政治色彩,但是作为其核心权力的职务犯罪侦查权仍难以掩饰其司法权属性。肯定检察机关对职务犯罪调查权运行进行司法监督,符合宪法对检察机关法律监督机关的职能定位,符合职务犯罪调查权的权力本质和实践逻辑。

(一) 检察机关国家法律监督职能的宪法定位

《监察法》颁布以后,社会上对我国检察机关作为国家法律监督机关的宪法定位产生了忧虑甚至质疑。"应该承认,国家监察体制改革所带来的检察机关职务犯罪侦查权的转隶,确实已对检察机关的职能定位产生了重要影响,但却并未因此动摇《宪法》赋予检察机关的法律监督定位。"[1]无论在法律层面还是在实践层面,我国检察机关作为法律监督机关的职能定位并未因监察体制改革而改变。[2]而且,在全面依法治国进程中,立足于法律实施的客观环境和法治建设的现实需要,进一步强化检察机关的法律监督效能是大势所趋。

---

[1] 李奋飞:《职务犯罪调查中的检察引导问题研究》,载《比较法研究》2019年第1期。
[2] 从法律层面看,我国《宪法》第134条、《人民检察院组织法》第20条、《刑事诉讼法》第8条均从不同角度强调了人民检察院的法律监督职能。而且,《宪法》第127条和《监察法》第4条第2款一致规定了检察机关与监察机关"相互配合、相互制约"的关系。在实践层面,为保障全面依法治国的实现,强化检察机关的法律监督职能、完善检察监督体系向来是国家顶层制度改革所关注的重点。例如,党的十八届四中全会通过的《中共中央关于全面推进依法治国若干重大问题的决定》,要求强化检察机关的法律监督职能,以便使其在维护国家法律正确实施、全面推进依法治国中能够发挥更大的职能作用。2018年7月20日,最高人民检察院检察长曹建明在第十四次全国检察工作会议上强调,要以深化司法体制改革为契机,以维护社会公平正义和司法公正为目标,完善检察监督体系、提高检察监督能力。这是最高检首次提出"检察监督体系"的概念。检察监督体系包括刑事检察、职务犯罪侦查预防、民事检察、行政检察、控告申诉检察等五个工作机制。其中,刑事监督是检察机关法律监督的重要组成部分。

刑事监督是检察机关法律监督的重要组成部分。《人民检察院组织法》第5条和第20条规定的检察机关刑事监督内容主要包括侦查活动的合法性等。在监察体制改革前,我国职务犯罪侦查权归属检察机关行使,其理所当然属于检察机关刑事监督的范围。检察机关直接通过内部监督的方式监督着该权力的实践运行情况。监察体制改革的核心内容,是将职务犯罪侦查权由检察机关转隶到监察机关,并将其重新界定为职务犯罪调查权,作为监察权的组成肌体。

显然,这种制度变革所带来的影响并非职务犯罪侦查权行使主体由此及彼的变更这么简单,实质上更为关键的是,检察机关是否还能对职务犯罪调查权进行法律监督?如果可以,那么检察机关又该如何行之有效地进行法律监督?毋庸置疑,检察机关作为法律监督机关的宪法职能定位未曾改变,检察机关有权对刑事司法活动进行法律监督,至于职务犯罪调查权是否属于检察机关刑事监督的对象则需结合该权力的性质及其运作机理予以具体分析。

(二) 监察机关职务犯罪调查权的司法属性

随着《宪法》和《监察法》对监察体制改革成果的确认,我国监察体制得以重新架构,监察权力得以重新布局。监察权成为独立于立法权、行政权和司法权的"第四权",由监察机关依法独立行使。从权力性质和内容来看,"国家监察委员会行使的国家监督权,是监督国家公权力依法规范运转,发现、揭露、查处和预防公职人员违法犯罪的执法权力"[1]。这种监察权的集约化行使思维及其实践展开,使我国监察权所蕴藏的无限潜能被有效激发出来,产生了良好的腐败治理效果。

然而,在新监察体制下,监察机关集党纪调查权、政纪调查权与刑事调查权于一身,有权调查党内违纪、行政违法和职务犯罪三类腐败行为。监察权所包括的纪检监督权、职务违法调查权和职务犯罪调查权在权能来源、规范依据和法律效果上具有明显差异。首先,监察机关的党纪监督权源于监察体制改革前的纪委审查权,其规范依据既包括《监察法》,也包括《中国共产党纪律处分条例》等党纪党规,其规范责任主要表现为党内纪律处分。其次,监察机关职务违法调查权主要源于监察体制改革前的行政监察权,其规范依据则是《监察法》《公务员法》等法律法规,其规范责任主要表现为政务处分。最后,监察机关的职务犯罪调查权源于职务犯罪侦查权,其法律依据除《监察法》之外,还包括《刑法》等规范,其法律责任主要表现为刑事责任。不可否认,虽然监察权的不同子权力均需遵照《监察法》行使,但是它们仍有上述明显的实质性差异。例如,对职务犯罪调查的法律后果直接牵涉刑事诉讼程序。

通过对比分析发现,监察机关的职务犯罪调查权是监察权中最为特殊的权力,其目的在于依法查明职务违法或犯罪事实并追究被调查人的刑事责任,具有《刑事诉讼法》上侦查权的法律效果,与公安机关、检察机关的侦查权性质一样,本质是一种"求刑权"。[2] 在审判中心主义改革中,职务犯罪调查作为国家犯罪追诉机制的有机组成部分,其实践运行最终要实

---

[1] 吴建雄、李春阳:《健全国家监察组织架构研究》,载《湘潭大学学报(哲学社会科学版)》2017年第1期。
[2] 汪海燕:《监察制度与刑事诉讼法的衔接》,载《政法论坛》2017年第6期。

现"对接公诉"并"承接审判"。[1] 相比而言,党纪监督权和职务违法调查权更倾向于遵循行政程序追求效率的基本原理,而职务犯罪调查权要遵循司法程序注重公平的基本原理。[2] 概言之,从权力的现实运行机理来看,监察机关的职务犯罪调查权具有司法属性。虽然监察机关是推进公权善治的国家"政治机关",其首要目标在于实现政治目标,把政治效果作为反腐败的重要任务,但监察机关既是党的机构,又是国家机构。[3] 监察机关在全面依法治国与全面从严治党的时代背景下肩负着政治和法律的双重任务。需要指出的是,肯定监察机关的"政治机关"属性定位并非否定监察机关职务犯罪调查权具有司法属性的实质性理由。

显然,在我国全面推进依法治国的进程中,构建集中统一、权威高效的法治反腐机制并非表示监察机关的权力行使可以不受外部监督和制约。尽管监察机关的职务犯罪调查权亦是一种国家公权力,理应受到监察机关自身的内部监督,但是中外权力监督历史证明:"以权力制约权力"具有较强的实用性和可操作性,是最有效的权力监督制约模式。[4] 由于监察机关职务犯罪调查权具有司法属性,其运行涉及司法程序,而司法程序往往牵涉人身自由或者重大财产的查封、扣押、没收等,故而需要对其进行严格的外部法律监督。当然,这也是因为国家刑事诉讼的启动具有强大的损益性,因而必须基于人权保障理念对刑事诉讼的发动进行实体和程序等层面的限制和约束,以防范监察机关滥用职务犯罪调查权。

毋庸置疑,监察机关的职务犯罪调查权具有司法权的属性,当其运行涉及检察机关法律监督领域时,必然应当受到检察机关的监督。"检察机关的制约属于外部监督机制,虽然监察法没有将人民检察院对监察机关的制约作为监督权的一部分作出规定,但从检察院的法律监督机关的性质以及检察院在刑事诉讼中制约侦查和审判的规定来看,检察机关对监察机关的制约具有外部监督的性质。"[5] 因此,在《监察法》的实施过程中,"检察机关和监察委员会除了加强合作,建立业务衔接机制,也需要探索适合各自情况的监督制衡机制"[6]。一言以蔽之,在尊重监察机关独立行使职权的前提下,强化检察机关依法对监察机关职务犯罪调查权行使法律监督职能,符合我国法治建设的逻辑要求,具有法律和理论上的正当性,具有实践操作层面的可行性。[7]

---

[1] 张云霄:《〈监察法〉与〈刑事诉讼法〉衔接探析》,载《法学杂志》2019年第1期。

[2] 姜涛:《国家监察法与刑事诉讼法衔接的重大问题研究》,载《南京师大学报(社会科学版)》2018年第6期。

[3] 姜洁:《以宪法为遵循健全党和国家监督体系——中央纪委副书记肖培就宪法增写监察委员会有关内容答记者问》,载《人民日报》2018年3月11日。

[4] 喻中:《权力制约的中国语境》,法律出版社2013年版,第2页。

[5] 朱福惠:《论检察机关对监察机关职务犯罪调查的制约》,载《法学评论》2018年第3期。

[6] 叶青、王小光:《检察机关监督与监察委员会监督比较分析》,载《中共中央党校学报》2017年第3期。

[7] 甚至有学者提出,通过积极有效的制度安排、制度论证,力争通过法律的形式把检察权对监察权的监督制约机制固定下来,从而在国家宪政体制中形成一种新型的国家权力配置结构,即在国家监察机关与检察机关之间形成分工负责、相互配合、互相制约的新机制。参见张兆松:《论构建国家监察权检察监督制约机制的法理基础》,载钱小平主编:《创新与发展:监察委员会制度改革研究》,东南大学出版社2018年版,第223页。

三、检察机关对监察调查权司法监督的制度保障

在全面推进依法治国背景下,要想检察机关对监察机关职务犯罪侦查权的行使进行有效法律监督,既需要检察机关立足于现行制度安排充分利用自身的法律监督权能,更需要我们为之作出部分特殊的法律制度安排。

(一) 职务犯罪侦查"双轨制"下检察机关应合理适用自侦权

2018年《监察法》第39条第1款[1]、第45条第1款第4项[2]对监察机关的职务犯罪调查程序运作进行了规定。随后,中纪委和国家监察委员会颁行《国家监察委员会管辖规定(试行)》,进一步明确监察机关管辖的案件范围包括6类88个罪名,共涉及刑法条文95条。尽管监察体制改革实现了职务犯罪侦查权的整体转隶,但是通过分析会发现,《刑事诉讼法》在《监察法》全面施行之后依然保留了检察机关部分职务犯罪侦查权限,这无疑是保障检察机关行使法律监督职能的重要制度安排。

当前,我国实际上形成了"监察为主、检察为辅"的职务犯罪侦查格局。[3] 在职务犯罪侦查"双轨制"格局下,检察机关如何正确认知并有效运用自身享有的侦查权尤为关键。首先,从检察机关侦查权的组成及其内容看,该权力实质上由《刑事诉讼法》第19条规定的职务犯罪侦查权以及《刑事诉讼法》第170条规定的退侦权和自侦权共同构成。前者主要针对在诉讼活动中发现的司法工作人员利用职权实施的非法拘禁、刑讯逼供、非法搜查等侵犯公民权利、损害司法公正的犯罪;后者则可以针对任何职务犯罪。因此,检察机关应当充分认识其享有的自行侦查权的重要性,以便合理运用该项法律监督最核心的威慑性力量,提升自身法律监督的效能。

其次,检察机关应当依法充分利用其享有的基本侦查权监督监察机关职务犯罪调查权的行使。《人民检察院组织法》第20条明确规定检察监督的对象包括侦查活动合法性等内容。虽然《刑事诉讼法》修改了"侦查"的概念,并未将监察机关职务犯罪调查纳入刑事侦查之列,但是承前所述,"职务犯罪调查具有犯罪侦查之实"[4],本质上和职务犯罪侦查具有同质性,故而检察机关对其进行法律监督具有理论上的正当性与合理性。不过,由于监察机关与党的纪律检查机关合署办公,其监督对象包括党内违纪行为、职务违法行为和职务犯罪行为,因而检察机关对监察机关进行监督是实行"党纪"和"违法、犯罪"一体化监督还是实行区分式监督?显然,检察机关应当对监察机关进行区分式监督,将监督焦点放在监察机关的职

---

[1] 《监察法》第39条规定:"经过初步核实,对监察对象涉嫌职务违法犯罪,需要追究法律责任的,监察机关应当按照规定的权限和程序办理立案手续。"

[2] 《监察法》第45条第1款第4项规定:"对涉嫌职务犯罪的,监察机关经调查认为犯罪事实清楚,证据确实、充分的,制作起诉意见书,连同案卷材料、证据一并移送人民检察院依法审查、提起公诉。"

[3] 卞建林:《配合与制约:监察调查与刑事诉讼的衔接》,载《法商研究》2019年第1期;顾永忠:《公职人员职务犯罪追诉程序的重大变革、创新与完善》,载《法治研究》2019年第1期。

[4] 龙宗智:《监察与司法协调衔接的法规范分析》,载《政治与法律》2018年第1期。

务犯罪调查上。一方面,监察权行使的最大风险在于职务犯罪调查容易违反刑事法治甚至侵犯人权,故而应将其作为检察机关的重点监督对象。另一方面,检察机关职务犯罪侦查部门及其人员转隶后,势必导致检察机关监督能力降低,将监督重心放在职务犯罪调查上,有利于集有限之力实现最佳的监督效果。

在新形势下,"对于检察机关而言,只有找准自己的定位,聚焦监督主责主业,提升监督工作的质效,才能担负起法律监督机关的宪法定位"[1]。为了解决检察机关相关部门和人员转隶导致的监督能力弱化问题,笔者认为应当从两个方面予以改进:其一,对《刑事诉讼法》第19条规定的检察机关有侦查权的刑事案件,应当由省级检察机关统一立案管辖,如此方便协调统筹侦查力量保障检察机关提升法律监督效能。其二,检察机关如果发现监察机关的职务犯罪调查人员涉及《刑事诉讼法》第19条规定的相关犯罪,应当主动立案侦查。理由如下:第一,《刑事诉讼法》第19条规定:"人民检察院……可以由人民检察院立案侦查。"通常,"可以型"规定是一种授权性的法律规定,检察机关可以根据案件的具体情况决定是否实现《刑事诉讼法》规定的内容,但是该规定同时表明了立法者的倾向性意见,即除特殊情况外,检察机关应当实现法律规定的内容。第二,从职权论角度即权力的实质论解释,行使职务犯罪调查权的监察人员与普通的司法工作人员并无差别,因而在现有刑事立法尚未修订的前提下,将监察人员解释为司法工作人员有其现实合理性,这是实现《监察法》与《刑法》规范对接的必然要求。[2] 第三,检察机关对监察机关人员涉嫌《刑事诉讼法》第19条规定的相关犯罪进行立案侦查,是对监察机关进行外部监督以防范其调查职务犯罪不作为或乱作为的有效举措,有利于消除监察机关对此类案件进行自我监督的合理性的质疑。

(二) 确立监察机关重大职务犯罪案件调查的检察引导机制

"如果职务犯罪的调查能够得到检察公诉的引导,不仅可以防止调查权蜕化为一种不受任何外部约束和控制的'法外特权',还有助于减弱因证据排除而引发的程序动荡。"[3]应当承认,在监察机关调查职务犯罪过程中确立检察引导机制,契合检察机关和监察机关在职务犯罪追诉上的共同利益,有利于保障职务犯罪调查权在法治轨道上的良性运作,符合我国高效法治反腐的制度初衷。但是,监察机关职务犯罪调查的检察引导机制构建需要结合我国的法治实际情况,尤其是要顺应当前监察体制改革的初衷,即通过构建集中统一、高效权威的法治反腐机制,实现不敢腐、不能腐、不想腐的长效反腐目标。当前我国《监察法》规定监察机关进行职务犯罪调查不适用《刑事诉讼法》,正是为了通过闭合性程序操作提升反腐效能。

然而,基于"目前我国监察人员的基本素养——特别是证据意识——与查办贪腐案件的

---

[1] 李奋飞:《检察机关的"新"自侦权研究》,载《中国刑事法杂志》2019年第1期。
[2] 李翔:《论〈监察法〉实施对刑事实体法的影响及完善》,载《东南大学学报(哲学社会科学版)》2019年第1期。
[3] 李奋飞:《职务犯罪调查中的检察引导问题研究》,载《比较法研究》2019年第1期。

需求之间存在着相当的距离"[1]的隐忧,提倡检察机关介入监察机关所有的职务犯罪调查,实质上忽略了一个重要现实:当前监察机关中办理职务犯罪调查案件的人员原本就来自检察机关,完全具备职务犯罪调查的规范意识和办案能力。如果允许检察机关介入监察机关办理的所有职务犯罪案件并为其提供检察引导,会因为检察机关的介入引导而加剧职务犯罪调查程序的复杂性,降低职务犯罪案件调查的效率。因此,应当为监察机关职务犯罪调查确立检察引导机制,但是这一机制的适用应当局限于监察机关办理的重大职务犯罪案件。

在确立监察机关重大职务犯罪调查案件的检察引导机制过程中,可以参照《刑事诉讼法》关于案件管辖的相关规定,以"刑期"和"案件的社会影响"为标准将以下类型案件列入检察机关的检察引导范围:可能判处无期徒刑、死刑的职务犯罪案件;省、自治区、直辖市的重大职务犯罪案件;全国性的重大职务犯罪案件;监察机关办理的其他案情重大、复杂的职务犯罪案件。

同时,在确立监察机关重大职务犯罪调查的检察引导机制过程中,检察机关应当注意介入引导监察调查重大职务犯罪的方式。就检察引导调查而言,可以通过被动式和主动式两种方式实现,被动式是指由监察机关邀请检察机关派员介入调查;主动式是指检察机关认为有必要时主动介入调查并引导取证。一方面,由于监察机关调查重大职务犯罪案件最终必须实现"对接公诉"并"服务审判",因而监察机关在面临重大职务犯罪案件调查时,应当破除职务犯罪调查"独断专行"的思维,适时邀请检察机关介入,适度弱化职务犯罪调查程序的闭合性,通过检察机关和监察机关的"相互配合",帮助监察机关在收集、固定、审查和运用证据时与审判的标准和要求相一致,避免监察机关重大职务犯罪案件调查因不符合审判中心主义关于证据的要求而出现不必要的程序回流或者因非法证据排除而引发程序动荡。另一方面,在监察机关调查重大职务犯罪案件未邀请检察机关介入引导调查时,检察机关应当适时主动介入引导。检察机关主动介入监察机关调查重大职务犯罪案件是其行使法律监督职能的表现,具有坚实的法律依据和理论正当性。而且,这样有利于提升监察机关调查重大职务犯罪的效率,强化"调查—诉讼"的程序衔接。当然,检察机关主动介入监察调查重大职务犯罪案件的基本前提,是检察机关了解监察调查职务犯罪的立案情况。因此,着力构建监察机关和检察机关的立案沟通机制也是确立监察机关重大职务犯罪调查案件的检察引导机制的重要配套制度。不过,从监察对象广泛性的现实来看,不可能要求监察机关就其职权范围内的所有立案都与检察机关进行立案沟通,可以通过构建根据监察案件类型区分立案的模式,要求监察机关就职务犯罪调查立案情况与检察机关进行立案沟通,避免对职务犯罪理解上的偏狭及立案之后对监察对象的权利保障不足之现象发生。

(三) 强化检察机关对"留置"措施的司法审查转化机制

《监察法》以留置措施取代"双规"是摆脱纪法兼容困境、整合反腐资源的重要改革举

---

[1] 李奋飞:《职务犯罪调查中的检察引导问题研究》,载《比较法研究》2019 年第 1 期。

措[1],符合中国法治建设的实践逻辑。但是,如何规范监察机关适用留置措施则是《监察法》颁布实施后面临的重大问题。尽管《监察法》第22条明确规定了监察机关可以留置的四种情形,但是这种规定并不符合法治实践要求,突出表现在:留置审批权和执行权集中后没有引入外部监督机制,不利于人权保障的实现。[2] 通常,监察机关在调查职务犯罪时会根据案情作出是否适用留置措施的预判,但是实践表明,基于提升监察效率、防范调查风险的考虑,监察机关往往会增加适用留置措施的可能性,加之《监察法》关于留置措施适用条件的规定较为模糊,在相当程度上为监察机关宽泛适用留置措施提供了便利。

为了防范监察机关留置权的滥用,除了强化审批程序之外,重要的还在于外部制约方式的推进。毋庸置疑,在我国全面推进依法治国进程中,对所有限制人身自由的强制性措施进行司法审查是大势所趋。在当前中国法治建设环境中,虽然检察机关和审判机关无法对监察机关适用留置措施进行事前或事中的司法审查,但是当监察机关将职务犯罪调查案件移送检察机关审查起诉后,检察机关即可依据《刑事诉讼法》对职务犯罪被调查人是否适用羁押措施进行必要性审查。

基于此,笔者认为,应当强化检察机关对监察机关适用留置措施的司法审查转化机制,即在程序对接中强化检察机关对被留置人的羁押必要性的司法审查机能,通过检察机关的外部监督强化监察机关适用留置措施的合法性和正当性,加强对被留置人的人权保障价值,突出检察机关的独立审查功能。鉴于我国《监察法》和《刑事诉讼法》并未规定检察机关可以在监察调查程序运行中审查监察机关留置措施适用的权力和程序,因此,检察机关对留置措施进行司法审查只能从职务犯罪调查程序进入检察院审查起诉环节开始。检察机关在审查起诉过程中,应当依照《刑事诉讼法》第170条对职务犯罪嫌疑人是否存在羁押的必要性进行独立审查,并根据职务犯罪及犯罪嫌疑人的实际情况决定是否适用强制措施以及适用强制措施的种类。换言之,检察机关和监察机关在职务犯罪刑事诉讼程序中均独立承担各自不同的职能,并依据不同的法律规范独立行使相应的权力,监察机关对职务犯罪被调查人适用留置措施并不意味着检察机关在后续程序中必须对其适用强制措施。检察机关在对职务犯罪案件审查起诉过程中,有独立审查决定是否以及如何适用强制措施的权力。

检察权源于人民,意味着人民可以运用法律所预设的模式来检测权力运行的状况,并适时矫正权力的运行状态。[3] 尽管检察机关无法审查监察机关适用留置措施的合法性和必要性,但是当职务犯罪案件移送检察机关审查起诉时,检察机关应当充分发挥宪法赋予的法律监督职能,为职务犯罪嫌疑人提供相应的司法保护和权利保障。值得注意的是,在推进国家监察全覆盖的背景下,检察机关必须找准职能定位,严格遵循刑事诉讼规范及程序要求,

---

[1] 刘艳红、夏伟:《法治反腐视域下国家监察体制改革的新路径》,载《武汉大学学报(哲学社会科学版)》2018年第1期。

[2] 刘艳红:《程序自然法作为规则自治的必要条件——〈监察法〉留置权运作的法治化路径》,载《华东政法大学学报》2018年第3期。

[3] 卓泽渊:《法治国家论》,法律出版社2008年版,第120页。

有效运用宪法和《刑事诉讼法》赋予的权力,切不可盲目地对监察机关的职务犯罪调查亦步亦趋。否则,一旦检察权丧失了独立性,职务犯罪审查起诉阶段的程序正义与结果正义将无从体现,职务犯罪嫌疑人权利保障及其实现必将举步维艰。就此而言,强化检察机关对"留置"措施的事后司法审查转化机制,最大限度地及时救济和保障职务犯罪嫌疑人的权利尤为重要。

(四)强化检察机关对监察调查职务犯罪的证据审查功能

监察体制改革形塑了我国职务犯罪侦查的"双轨制"格局,使监察机关主导的"调查—起诉—审判"模式成为职务犯罪刑事诉讼的主要模式。这也表明,监察机关主导的职务犯罪调查与检察机关和审判机关存在着无法割裂的密切关联。因为,一方面,受制于刑事诉讼程序完整性的要求,监察机关的职务犯罪调查既需要"对接公诉"更需要最终"服务审判";另一方面,监察机关职务犯罪调查只是"求刑权"的启动,而职务犯罪被调查人"刑事责任"的有无及其程度则需要审判机关依据《刑法》运用"量刑权"予以确认。显然,在职务犯罪调查向刑事审判进发的过程中,检察机关承担的"起诉"职能是职务犯罪"调查"和"审判"衔接的桥梁和纽带。因此,强化检察机关对监察机关职务犯罪调查证据的事后审查,既是实现调查程序和刑事诉讼程序有效对接,依法追究职务犯罪被调查人刑事责任的要求,更是检察机关对监察机关的职务犯罪调查进行法律监督的有效手段。

我国《监察法》第33条第2款规定:"监察机关在收集、固定、审查、运用证据时,应当与刑事审判关于证据的要求和标准相一致。"相关权威机关在对该条文进行解读时,明确指出:"监察机关调查取得的证据,要经得起检察机关和审判机关的审查,经得起历史和人民的检验"[1]。在审判中心主义改革背景下,该目标的实现既需要监察机关在调查职务犯罪时"牢固树立证据意识和程序意识"[2],严格遵守《监察法》的证据要求,更需要检察机关在审查起诉过程中依《刑事诉讼法》加强对监察机关收集、固定、审查、运用证据的事后司法审查。

公诉权独立是检察独立的核心内容,而检察独立已成为各国公认的普遍性要求和共同遵循的诉讼活动准则。证据审查是公诉权的主要职责,因而如何保障检察机关对监察调查职务犯罪的证据审查的独立性和有效性,事关检察权的独立行使,也关系到检察机关法律监督职能的发挥。"法律是权力存在并得以运行的正当性来源。"[3]检察机关对监察调查职务犯罪证据进行独立审查具有充分的法律依据。首先,《刑事诉讼法》关于证据和起诉的相关规定赋予了检察机关独立审查监察调查职务犯罪证据的权力。其次,检察机关承担着职务犯罪调查的后续起诉职能,在审判中心主义改革视域下,《监察法》第33条第2款的规定实际上也要求检察机关在审查起诉时严格独立地对职务犯罪调查证据进行审查。从职务犯罪

---

[1] 中共中央纪律检查委员会、中华人民共和国国家监察委员会法规室:《〈中华人民共和国监察法〉释义》,中国方正出版社2018年版,第168-169页。

[2] 姜涛:《国家监察法与刑事诉讼法衔接的重大问题研究》,载《南京师大学报(社会科学版)》2018年第6期。

[3] 冯景合:《监察权及其独立行使问题研究》,中国检察出版社2012年版,第205页。

调查的证据审查角度看,"检察机关的制约行为是监察机关在职务犯罪调查中贯彻审判中心主义要求的重要媒介和通道"[1]。

强化检察机关对监察机关职务犯罪调查的证据审查,需要从犯罪事实是否存在、犯罪罪名及情节等方面着手。第一,审查证明犯罪事实的证据。对监察机关移送起诉的职务犯罪调查案件,检察机关应当依据《刑事诉讼法》对是否存在职务犯罪事实以及证明职务犯罪事实成立的证据是否"形成相互印证、完整稳定的证据链"进行严格审查。第二,审查证明职务犯罪情节与罪名的证据。监察机关"制作起诉意见书"对职务犯罪罪名及情节的认定,直接关系到被调查人刑事责任的承担,从更深层次讲直接关系到惩治腐败犯罪的成效。因而,检察机关应当依照刑事实体法对监察机关调查认定的职务犯罪罪名及情节进行严格审查。审查后,如果监察机关关于罪名及情节认定不符合法律规定,检察机关应当依据刑事实体法、《刑事诉讼法》及《监察法》的规定,通过协商和沟通的方式作出及时妥当的处理。第三,检察机关应坚持"证据确实、充分"的标准审查职务犯罪调查证据。检察机关应当重点审查监察机关移送证据的真实性与合法性,对于程序、形式和方式不合法的证据要严格依照《刑事诉讼法》进行非法证据排除,做到庭审前职务犯罪证据审查的实质化。

四、结　　语

监察体制改革尚处于起步阶段,相关问题的揭示与解决均处于摸索之中,如何在肯定监察权合宪性与合法性的前提下有序运行,仍然需要长期的研究与不懈的探索。有权必有责,用权必受限,"把权力关进制度的笼子"是我国全面依法治国过程中实践逻辑的自然要求。虽然《监察法》对监察机关的职务犯罪调查进行了法治化表达、制度构建和程序设计,但是我们仍然需要从我国法治建设的经验和逻辑出发,审慎思考对监察权尤其是职务犯罪调查权的有效监督和制约。唯有如此,才能积极稳妥地推进我国的监察全覆盖工作,同时保证监察权规范化地在法治轨道上有序运行。

---

[1] 左卫民、唐清宇:《制约模式:监察机关与检察机关的关系模式思考》,载《现代法学》2018年第4期。

对合互补监检衔接关系研究

淮安市人民检察院课题组 [*]

摘　要：检察机关的公益诉讼职能是在发现国家利益或者社会公共利益损害后，一方面寻找行政职能部门要求其履职或改进履职；另一方面就是对侵权行为人发出赔偿的要求。其系检察机关一项主动性职责，与监察机关审查调查和职务犯罪侦查具有一定的相似性，且行政公益诉讼主要系对行政行为合法性的审查判断及作出相应处置，广义上系"从事到人"的检察监督，而审查调查主要是"由人到事"的监察监督，两者在职能上存在对合互补。

关键词：公益诉讼　审查调查　对合互补　监检衔接

一、问题的提出

监察体制改革后，检察机关职务犯罪侦查权转隶，从改革后两者职能衔接的角度来看，整体上是审查调查和审查起诉前后程序，监察机关的角色类似于侦查，可以定性为"前后相承"的监检衔接关系。修改后的《刑事诉讼法》赋予检察机关在司法渎职侵权领域部分侦查权，承担着反腐败重要职能，同时在该领域与监察机关形成职能管辖的交叉互涉，可以定性为"双轨并行"的监检衔接关系。此外，随着公益诉讼检察职能的发展完善，其系检察机关的一项主动性职责，与审查调查和职务犯罪侦查具有一定的相似性，且行政公益诉讼主要系对行政行为合法性的审查判断及作出相应处置，广义上系"从事到人"的检察监督，而审查调查主要是"由人到事"的监察监督。检察机关的公益诉讼检察职能作为一项新生职能，本文认为有必要从"对合互补"的监检衔接角度，开展公益诉讼和审查调查职能衔接研究。

二、公益诉讼和审查调查对比研究

（一）公益诉讼

1. 概念

从广义上讲，公益诉讼是指"国家、社会组织或公民个人以原告的诉讼主体资格，对侵犯公共利益的行为，向法院提起诉讼，通过法院依法审理，追究违法者法律责任，恢复公共利益

---

[*] 本文系 2020 年高检院检察应用理论课题"监检衔接三重维度整体构建研究"的阶段性成果。课题组负责人：王新阳，江苏省淮安市人民检察院党组成员、副检察长；杨怡，江苏省淮安市人民检察院研究室副主任；唐新宇，江苏省淮安市淮阴区人民检察院第一检察部副主任；任欢，江苏省淮安市淮阴区人民检察院第五检察部副主任。

的诉讼制度"[1]。从狭义上讲,公益诉讼指检察机关公益诉讼,是由检察机关依法定职权,以维护公共利益为目的,向法院提起公益诉讼,从而保护社会公共利益。而本文研究的对合互补监检衔接是从监察职能和检察公益诉讼职能角度展开。

2. 特征

(1) 公益性是公益诉讼的主要特征。公益诉讼是为保障公共利益而引发的诉讼。何为公共利益? 在我国,关于公共利益有诸多界定:有人认为,公共利益是抽象的范畴,涵盖国家利益、集体利益和个人利益;有人认为,公共利益是将社会利益包括在内的,而非单指国家利益;还有人认为,公共利益是针对某一共同体内的少数人而言,客体是对该共同体内的大多数人有意义。笔者认为,公共利益不仅包括国家利益、社会公共利益,也包括特定群体的公共利益。公益诉讼的根本目的是维护国家和社会的公益,而实践中也在维护不特定大多数人的利益。

(2) 以诉讼为兜底手段。检察机关的公益诉讼职能是在发现公益损害后,一方面寻找行政职能部门要求其履职或改进履职;另一方面就是对侵权行为人发出赔偿的要求,包括提前赔偿、磋商协议以及诉讼等,而诉讼是检察机关维护公益的兜底手段。

3. 类别

公益诉讼包括民事公益诉讼和行政公益诉讼。民事公益诉讼是检察机关以企业、个人等非行政职能单位为被告,对侵犯公共利益的民事行为,向法院提起诉讼,由法院依法审理作出判决的诉讼。行政公益诉讼则是指检察机关以行政职能单位为被告向法院提起诉讼,要求行政职能单位履职或者改进履职的公益诉讼案件。民事公益诉讼通常涉及私人,而行政公益诉讼通常涉及行政职能单位。本文所讨论的对合互补监检衔接主要指行政公益诉讼检察职能与监察职能的衔接。

4. 法律规定

(1) 民事公益诉讼。《民事诉讼法》第55条增加1款,作为第2款。新增加的第2款规定:"人民检察院在履行职责中发现破坏生态环境和资源保护、食品药品安全领域侵害众多消费者合法权益等损害社会公共利益的行为,在没有前款规定的机关和组织或者前款规定的机关和组织不提起诉讼的情况下,可以向人民法院提起诉讼。前款规定的机关或者组织提起诉讼的,人民检察院可以支持起诉。"

(2) 行政公益诉讼。《行政诉讼法》第25条增加1款,作为第4款。该款规定:"人民检察院在履行职责中发现生态环境和资源保护、食品药品安全、国有财产保护、国有土地使用权出让等领域负有监督管理职责的行政机关违法行使职权或者不作为,致使国家利益或者社会公共利益受到侵害的,应当向行政机关提出检察建议,督促其依法履行职责。行政机关不依法履行职责的,人民检察院依法向人民法院提起诉讼。"

可见,一方面检察公益诉讼职能在法律上是限定在以生态环境保护为主的固定领域;另一方面在对合互补监检衔接关系中,监察机关和检察机关主要在行政公益诉讼部分存在对

---

[1] 赵许明:《公益诉讼模式比较与选择》,载《比较法研究》2003年第2期。

合互补。

(二) 审查调查

1. 概念

这里的审查调查是指纪委的审查和监委的调查，鉴于实际上纪委、监委合署办公，本文讨论的监检衔接，也包含纪委职能。审查调查是公职人员违法犯罪后，由纪委和监委实施的违法违纪案件办理，体现了党的纪律检查和国家监察的有机统一。

2. 特征

(1) 执纪和执法的统一。各级纪委和监委在党的统一领导下开展工作，履行纪律检查和国家监察两项职能，这是执纪和执法的统一，纪委监委既是执纪机关又是执法机关，既履行党章规定的监督执纪问责职责，又履行《宪法》《监察法》规定的监督调查处置职责。

(2) 监察全覆盖。纪委监委的合署办公，实现了对行使公权力的公职人员监管的全覆盖。改革以来，监察对象既包括行政机关工作人员，也包括法律、法规授权或者国家机关依法委托管理公共事务的组织中从事公务的人员、国有企业管理人员等。目前使用的"政务处分"较之前"政纪处分"可以说更加宽泛，能够做到全覆盖。

3. 法律规定

根据《中国共产党纪律检查机关监督执纪工作规则释义》第 40 条规定："审查调查组可以依照党章党规和监察法，经审批进行谈话、讯问、询问、留置、查询、冻结、搜查、调取、查封、扣押（暂扣、封存）、勘验检查、鉴定，提请有关机关采取技术调查、通缉、限制出境等措施。"而调查权行使的法律依据来源于《监察法》，该法第 3 条规定各级监察机关依法对所有行使公权力的公职人员进行监察，第 11 条更是明确了对职务违法和职务犯罪进行调查。

(三) 对比研究

《宪法》第 127 条和《监察法》第 4 条均规定监察委员会依照法律规定独立行使监察权，不受行政机关、社会团体和个人的干涉；监察机关办理职务违法和职务犯罪案件，应当与审判机关、检察机关、执法部门互相配合、互相制约。可见监察、检察机关之间关系的总基调是互相配合、互相制约的关系。

1. 差异性研究

(1) 属性不同。监察机关是政治机关，而检察机关是法律监督机关，两者在设置的意义、目的方面还是存在很大的差异的，从根本上来讲，检察机关工作人员也在监察范围之内。

(2) 监督对象不同。从《监察法》的规定来看，监察机关的监督对象是自然人，而检察机关公益诉讼针对的是国家机关的行为，监督对象则是国家机关，包括司法机关和行政机关。从某种意义上来说，监察机关是对"人"的监督，而检察机关公益诉讼是对"事"的监督。

(3) 监督范围不同。监察机关监督的范围涵盖了职务犯罪及一般违纪、违法，甚至是违反道德的行为。而检察机关公益诉讼则是对损害国家和社会公益的公权力机关及私人的监督。

(4) 监督方式不同。监察机关可以对违法乱纪的公职人员作出实体的违纪处罚，同时对犯罪的公职人员作出移送司法机关处理的处置。而检察机关公益诉讼一方面是督促职能部门履职或者改进履职;另一方面是以诉讼为兜底手段,要求被告恢复社会公益或者赔偿国家和社会的公益损失。

2. 对合性研究

以行政公益诉讼为例,实质上监察职能和检察公益诉讼职能存在交叉互涉对合之处。

(1) 都要对"事"进行调查。不管是由人到事,还是由事到人,无论监察审查调查还是行政公益诉讼的调查,均要把违反党纪国法背后的事情调查清楚。只有调查清楚了公职人员在"事"里面的所作所为,才能作出相应的处理。只不过监察机关直接处置人,而检察机关对相关单位发出检察建议或者提起诉讼,主要针对的不是个人。

(2) 取证手段存在交叉。监察机关会采用谈话、询问等措施进行案件调查,检察机关在对行政公益诉讼案件调查时也会使用谈话、询问等措施。但是在对人和财的强制措施上,监察机关可以依法使用,而行政公益诉讼案件办理过程中则原则上不采用。

3. 互补性研究

监察职能和检察公益诉讼职能在行政公益诉讼方面虽然存在对合性,但同时更是存在一定的互补性。

(1) 由人到事和由事到人线索的互补。监察机关一般都是对人的处置,通常是由人到事的查处,最后是对人的处置;而检察机关行政公益诉讼则是由事到人,以单位为对象说事情,而不在意是哪个人具体办理的事情。这样导致监察机关有"事"的线索,而检察机关有"人"的线索,可以移送互补。

(2) 证据的互补。监察机关和检察机关由于案件办理的侧重点不同,导致搜集的证据不同,显示出的证明力自然也是不同。监检可能由于证据的不全面导致对整个人、整个事的定性的不准确。监检之间证据的互补有助于更准确地对人或事进行定性,避免信息不对等出现的误判。

(3) 处置方式的互补。行政公益诉讼的兜底手段虽然是诉讼,一般情况下都可以挽回公益损失,但是当通过诉讼无法挽回公益损失时,或者说公益损害既成事实无法改变时,检察机关能做的唯有将违法线索移送监察机关,由监察机关对人和单位进行处置。

这里需要考虑的是,如果因为行政单位的履职不力造成了不可挽回的损失,那么检察机关将相关违法或者违纪线索移送监察机关应当是最优选项,而不应该再作无意义的诉讼。

三、"对合互补"的价值意义和实践困境

2019年,上海市虹口区检察院在办理上海物华大楼国有资产流失行政公益诉讼案件过程中,发现时任虹口区公房资产经营有限公司总经理乐某某向该国有资产伸出了黑手,随即检察院将职务犯罪线索移交当地监委,后虹口区检察院以贪污罪对乐某某提起公诉。本案中,国有资产流失属于公益诉讼检察职能履职范畴,而贪污国有资产属于监察职能履职范畴,正因为检察机关线索的移送,不仅有效维护了国家利益,更是有效清除了腐败分子。

该案的成功办理,应该说体现了监检"对合互补"的价值和意义。

(一) 价值和意义

1. 有效形成反腐合力。办案是检察工作的基础和核心,各级检察机关要以办案为中心,通过充分行使检察职能,为反腐败斗争作出贡献。[1] 以公益诉讼检察职能为代表形成的"对合互补"监检衔接关系,说到底是对国家反腐的支持,保护的是国家和社会公共利益、国家职务的廉洁和履职的正当,监检衔接能更好地形成反腐合力,避免死角和漏洞的出现。

2. 有效实现公益保护。新时代政法改革任务涉及面广,不仅需要政法机关之间密切协作,也仰仗人大、政府、政协、监察机关等各方面的大力支持。[2]《监察法》规定各级监察机关对所有行使公权力的公职人员实行监督全覆盖,可见监察机关的职能是总体、全面的。应当对检察机关开展检察工作进行兜底的支持。检察机关开展公益诉讼检察工作,旨在保护国家和社会公共利益,与监察职能的衔接,有利于检察机关该项职能的实施。从另外一个角度讲,国家机关的高效履职和公务人员职务的廉洁性更是更大的国家和社会公共利益。

3. 有效促进社会治理体系现代化建设。"两山"理论已经提出15年,生态环境治理建设体现着党和国家的治理能力。而生态环境保护正是行政公益诉讼保护的重中之重。我国以行政职能部门履职、环境民事公益诉讼和生态环境损害赔偿诉讼为核心发展出了一套私法主导的生态损害救济体系。该体系的建立对环境保护和法治发展具有重要意义。[3] 可见由宪法赋予职能的监察机关和检察机关,在社会治理现代化建设中承担着重要角色,一方面其本身便是社会治理体系中的一个重要节点,另一方面监检各自在促进社会治理方面有着重要作用,两个机关根本的出发点也是提升社会治理效能,更好地做好监检衔接,便是更好地促进社会治理体系现代化建设。

4. 有效促进法治化营商环境建设。监察职能和检察机关公益诉讼职能的衔接,实质是更好地体现职能部门办事的高效以及生态环境的良好。高效、务实、廉洁的政务服务以及天蓝、地绿、水清的生活环境更是留住人才、发展经济必不可少的选项。

(二) 实践困境

1. 规范指引不足。不管是国家层面还是地方层面,出台的有关公益诉讼检察职能与监察职能衔接规范较少,实践中的操作方式方法也是不同。在刑事法律层面,要考虑《监察法》和《刑事诉讼法》的衔接,但是在民事和行政法律层面,监检职能的衔接并没有明确的规定。

2. 实践成果较少。实践中由于对衔接移送的标准和要求理解不一致,往往会出现怠于移送案件线索和不当移送案件线索的情形。同时由于由人到事和由事到人的不同理念,很难要求对事和对人的相关证据到达确实充分的程度,从而将案件线索进行互相移送,即使出于避免线索过滥过多的考虑,也会有意无意地不进行线索移送。

3. 履职能力差异。监察机关履职情况应该说已经处于从过渡到逐渐成熟的一个过程,毕竟机构的转隶和改革都是反腐资源的重新配置。而检察机关的公益诉讼职能则是新生事

---

[1] 尹伊君:《充分行使检察职能为反腐败斗争作出贡献》,载《人民检察》2019年第3期。
[2] 黄文艺:《新时代政法改革论纲》,载《中国法学》2019年第4期。
[3] 刘静:《论生态损害救济模式的选择》,载《中国法学》2019年第5期。

物,短短3年,在履职中也存在探索和创新,仍然有一个发展的过程,履职能力、履职方向都存在差异。

四、"对合互补"衔接路径研究

2018年,海南省儋州市洋浦经济开发区检察院与当地纪工委和监察委员会签文件,建立日常联络机制。每季度通报案件数据,建立案件线索双向移送机制。洋浦纪检监察机关在工作中发现公益诉讼案件线索应及时向检察机关移送,洋浦检察机关在办理公益诉讼案件中,发现涉嫌职务违法、职务犯罪线索,应及时向纪检监察机关移送。同时,建立纪检监察机关支持公益诉讼工作机制,依法查处在公益诉讼过程中不配合的消极行为。对监察机关和检察机关公益诉讼职能的衔接大有借鉴意义。

(一)完善办案衔接机制

1. 建立线索移送共享机制。正如前文海南洋浦的做法一样,两个机关应当建立两类线索的移送共享机制及线索移送后的跟踪反馈机制。检察机关应跟踪案件的进展,如遇重要案件也可提请上级检察机关与同级监察机关沟通处理。对于监察机关移送检察机关的线索,后续情况也应及时报备反馈。

2. 建立提前介入机制。对检察机关在履行公益诉讼检察职能时发现的一般贪污、渎职线索以及违纪、违法线索,监察机关可以提前介入检察机关案件办理,对证据收集等作出指导。尤其在国有财产保护方面,监察机关更是大有可为。

3. 建立证据通识机制。监察机关和检察机关都是宪法赋予职能的公权力机关,虽然所涉及职能有区别,但是最终指向的价值是一致的,在监检衔接过程中基于查办案件获得的证据,应当具有通识认可功能。

(二)监检衔接平台建设

1. 办案平台建设。信息化时代下,两个机关可以根据两类职能建立统一的信息推送平台,在案件线索进入移送环节时,可以通过平台进行智能化推送,在案件处理终结后,程序性信息和实体处置结果也可以及时通过统一平台推送共享。

2. 办案装备建设。随着科技日新月异的发展,侦查技术、办案装备等也都在发展,外脑、专业人士、无人机的使用等也成为案件办理的重要资源,更好地做好监检职能衔接,必然要加强装备等硬件设施的协调配置使用,优化资源共享。

(三)强化队伍交流建设

监察职能和检察职能有太多的相似之处,同时也存在很大的差异。业务和队伍的交流显得极为重要,良性互助的交流不仅有利于工作程序上的便捷开展,更有利于在案件实质上形成共识,体现政治、法律、社会效果。监检双方需要坚持原则性与灵活性相统一,依法解决好互相配合、互相制约的问题。在工作中,要坚持程序和实体两手抓。[1] 在业务上,要加强

---

[1] 苗生明、张翠松:《职务犯罪案件监检衔接问题研究》,载《国家检察官学院学报》2019年第3期。

人员同堂培训。促进办案观念、理念一致,促进对法条、规范的认识,减少误判,立足人员同堂培训,共同提升案件效果。

(四)协作参与社会治理

监察机关从人到事以监察建议发出社会治理意见,而检察机关的载体是检察建议和诉讼。法治治理现代化必然要求监检共同协作,以监察建议、检察建议互补形式促进社会治理,从而加强人员管理和依法、依规执法办事,通过监察建议和检察建议的结合,推动人的变化和事的变化,促进社会治理。

结　语

习近平总书记对生态环境保护工作提出"四治"要求,即治山、治水、治气、治城一体推进。公益诉讼检察职能正是通过履行检察职能来保护国家利益、社会公共利益。而腐败往往是损害国家利益、社会公共利益的罪魁祸首,监察职能履职目的正是保证国家机关履职的高效、合法以及保证公职人员的廉洁、自律。对合互补监检衔接关系下的监察职能和检察机关公益诉讼职能在公益保护的领域内重叠区较大,建立健全机制,更好形成工作合力,仍需大胆创新和尝试。正如前文所述,国家机关履职的高效、合法、廉洁更是国家和社会最关键的公共利益。

监察调查的检察法律监督实质化研究

凌萍萍　阮楚杰　焦　冶*

摘　要：检察院作为国家法律监督机关由来已久,监察体制改革后其作为法律监督者的职能愈加凸显。职务犯罪侦查权从检察院职能中剥离,划归到监察委,形成集政务违纪、职务违法、职务犯罪于一身且具备"准侦查"性质的监察调查。在监察调查完结后,属于刑事犯罪的仍需交由检察院审查起诉,由于监察委存在政治地位高、权力厚重的特点,以及监察调查过程中的证据收集、留置措施等也存在诸多问题,难以实现有效的内部监督,需要检察院作为法律监督机关及公诉机关对监察委进行的监察调查施行外部监督。检察院的宪法地位、以审判为中心的诉讼体制改革等为检察院对监察调查进行法律监督提供理论基础,并通过对监察委进行监察立案、强制措施与审查起诉进行全过程的监督,实现法律监督的实质化与监检衔接的顺畅。

关键词：监察调查　检察法律监督　监检衔接

一、检察法律监督的概述

1982年《中华人民共和国宪法》(以下简称《宪法》)就已在第129条规定,人民检察院为国家的法律监督机关。经过时代的发展,检察院法律监督所涵盖的范围愈加广泛,监察体制的改革没有取代检察院作为国家法律监督机关的地位,检察院行使法律监督权的宪法地位也随着制度的发展变革得到进一步的巩固。

(一) 检察法律监督的发展历程

检察院历经起步、中断与重建、发展与改革的阶段,其监督职能从起初的"一般监督＋诉讼监督"到监察体制改革下的检察院法律监督体系转型化发展。

1. 起步阶段——一般监督与诉讼监督的确立

1954年,《宪法》与《中华人民共和国人民检察院组织法》(以下简称《检察院组织法》)相继颁布,对于检察院法律监督职能做出更加具象化的规定。相比于1951年颁行的《中央人民政府最高人民检察署暂行组织条例》,《检察院组织法》增加了对侦查、审判程序的监督,检察院对诉讼程序的监督更加全面,"一般监督＋诉讼监督"模式在我国正式确立。

---

* 凌萍萍：女,1979年3月出生,江西九江人,刑法学博士,南京信息工程大学副教授;阮楚杰：男,1996年11月出生,湖北黄冈人,南京信息工程大学法政学院硕士研究生;焦冶：男,1968年2月出生,青海西宁人,南京信息工程大学法政学院教授。

2. 中断与重建阶段——一般监督的弱化与诉讼监督的拓展

经过一段时期被撤销后重新恢复,1979年《检察院组织法》取消检察院的一般监督职能,将原属于"一般监督"中的"国家机关的决议、命令和措施的合法性监督"转由人民代表大会负责,并将对于国家工作人员的监督分化为贪污受贿犯罪与渎职犯罪,对公民个人的监督则被提起公诉所吸纳,诉讼监督的内容也被局限在"刑事案件"范围之内。1996年修改的《中华人民共和国刑事诉讼法》(以下简称《刑诉法》)将经济犯罪侦查权划归至公安机关,检察院"一般监督权"被进一步弱化;[1]同时随着《中华人民共和国行政诉讼法》(1989年)与《中华人民共和国民事诉讼法》(1991年)的颁行,检察院的诉讼监督职能则在形式上被拓展。

3. 发展与改革阶段——法律监督的转型

2017年全国人大常委会通过的《关于修改〈中华人民共和国民事诉讼法〉与〈中华人民共和国行政诉讼法〉的决定》赋予检察院依法提起民事及行政公益诉讼的职能。同年,监察体制改革也如火如荼地进行,2018年通过修改《宪法》确立监察委员会(以下简称监察委)与监察权的宪法地位,并在后续的修法中将职务犯罪侦查(调查)权由检察院转隶至监察委,仅保留检察院在诉讼活动中发现司法工作人员利用职权实施的特定类型的犯罪侦查权,其审查起诉与法律监督职能也渐渐得到更多的关注。

(二)监察体制改革下检察法律监督的发展态势

监察体制改革的初衷在于重塑我国的监督体系,无意于从根本上变革检察院的法律监督机关地位。这种改革有效解决了检察院"重刑事监督、轻行政民事监督"的问题,凸显检察院作为法律监督者的性质。[2]

1. 宪法地位未被动摇

有学者指出,监察委在取得职务犯罪侦查权后,加之其对公职人员违纪违法的调查权,实际上取得远比检察院更大的"法律监督权",且事实上替代了检察院成为真正意义上的"法律监督机关"。[3]然而,将侦查权的转隶视为改变了检察院法律监督机关地位,这是对检察院法律监督权的误读。虽然检察院独立行使的"检察权"与"法律监督权"的"一元性"存在争议,但是对于侦查权不能成为检察院法律监督权或是检察权的全部内涵,已达成共识;[4]如果将职务犯罪侦查权的转隶视为检察院法律监督权的划离,这是对检察权概念的以偏概全,更是全然罔顾检察院法律监督权中诉讼监督的属性。另外,从形式上来看,2018年修订的《宪法》未改变1982年《宪法》将检察院作为国家法律监督机关的表述,从宪法地位上,检察院、法院、监察委均为全国人民代表大会选举产生的国家机关。虽然职务犯罪侦查权进行了

---

[1] 李龙、彭霞:《新中国成立70年来法律监督内涵之演变》,载《广西社会科学》2019年第11期。
[2] 周新:《论我国检察权的新发展》,载《中国社会科学》2020年第8期。
[3] 胡勇:《监察体制改革背景下检察机关的再定位与职能调整》,载《法治研究》2017年第3期。
[4] 叶青、王小光:《检察机关监督与监察委员会监督比较分析》,载《中共中央党校学报》2017年第3期。

转隶,监察委对所有公权力的公职人员施行监察,但监察体制改革的目的在于"建立集中统一、权威高效的监察体系",而非将其作为"法律监督机关",同时检察院也保留在诉讼活动中实行法律监督时对相关犯罪行为的侦查权,此外监察委仍需将"涉嫌职务犯罪的,……移送人民检察院依法审查、提起公诉"。监察委的权限与检察院的法律监督权不存在必然的冲突或矛盾。

2. 法律监督地位强化

党的十八届四中全会提出要"完善检察机关行使监督权的法律制度"。在此基础上,2019年中央《关于政法领域全面深化改革的实施意见》中提出"完善人民检察院法律监督体系",其中很重要的三项是:探索重大监督事项案件化办理模式,完善重大监督案件办理机制,推动重大监督案件专业化办理。[1] 在检察院身负职务犯罪侦查重任时,原本的法律监督职权难以得到有效的施展,而监察体制改革这一契机,则有望重新激活检察院行使法律监督的动力。在2017年6月通过的《关于修改〈中华人民共和国民事诉讼法〉和〈中华人民共和国行政诉讼法〉的决定》,全面赋予检察院提起公益诉讼的权力,2019年颁行的《检察院组织法》更是将维护国家利益和社会公共利益作为检察院行使法律监督权的目标。此皆表明监察体制改革后,非但未动摇检察院法律监督机关的地位,反而使其法律监督的空间被拓宽。

二、监察调查程序属性的界定

《宪法》设立监察委改变了我国自新中国成立以来维系的"一府两院"权力架构,形成了"一府一委两院"新的权力格局。监察行为中最为核心的"调查"权具有准侦查的特性,同时承载着政务违纪、职务违法与职务犯罪三种不同类型行为的调查任务,构建三元化模式对其进行分类化研究,为监检衔接中检察院对监察调查进行实质化法律监督提供理论与实践价值。

(一)"调查"程序的本质审查

监察调查从调查权力归属于监察委以及调查所规制的对象上来看,似乎不符合刑事案件中的侦查权要件,但从监察调查权的权力来源、调查内容以及调查案件的最终走向均表明监察委的调查具备"准侦查"的属性。

1. 调查的准侦查性

根据《监察法》的规定,监察委所承担的职责包括监督、调查、处置。监察委所"调查"的对象不仅限于职务犯罪,还包括职务违法行为。从立法本意来看,应当认定监察委对职务犯罪的调查具有准侦查性。

第一,检察院自侦部门整体划分到监察委,而在《刑诉法》中删除贪污贿赂犯罪、国家工

---

[1] 北京检察网:《检察监督改革重在案件化、规范化、专业化》,网址:https://www.bjjc.gov.cn/bjoweb/minfo/view.jsp?DMKID=162&XXBH=58833,访问时间:2020年10月5日。

作人员的渎职犯罪由检察院侦查的规定，也就意味着这部分职能伴随着检察院的自侦部门转移至监察委。也就是说，监察委虽然没有被法律赋予侦查机关的身份，但是从其在刑事诉讼过程中所承担的职能来看，其针对职务犯罪调查职能是来源于检察院的侦查职能。第二，无论监察委之前通过何种程序进行案件调查，最终案件进入司法程序仍然需要遵从司法程序对案件的证明力要求。《监察法》和《刑诉法》也分别对案件的证据标准作出了相应的规定，而且从刑事诉讼的程序来看，侦查也是整个诉讼流程中必不可少的阶段，即使没有侦查这一称谓，具有侦查本质的调查也是诉讼流程不可或缺的部分，否则刑事司法流程就必然陷入缺损。第三，监察委的调查权历经初步调查、证据收集、职务犯罪侦查这三个阶段[1]，其中对职务违法犯罪进行"侦查"并最终将调查结果移送检察院审查起诉，进入刑事司法程序，其证据的收集与证据标准都应当按照刑事司法标准来确立，以保障后续移交司法的可行性。此时，监察委的职能由单纯的"调查"被赋予具有准确法律属性的"准侦查行为"[2]。第四，《监察法》第34条规定，意味着当被调查对象犯数罪时，只要其中存在符合监察条件的案件，无论其他犯罪性质如何，都应当由监察委对其进行"调查"，针对关联案件的"必要侦查"也应当成为监察委所应当具备的职能。

2. 非侦查本质的确认

从程序层面上看，监察委的调查程序具有明显的准侦查性，但是立法机关从法源角度对监察委专门设置的"调查"程序与一般意义上的"侦查"还是有着一定区别的。

第一，规制对象导致的差异。"调查"行为规范的是可能涉及违法或者犯罪的被监察对象。《监察法》第15条规定，监察对象的主要确认方式是其是否行使了公权力，当某个人被赋予国家权力时，身份就发生了根本性的变化，其所承载的权利与义务也将发生本质的变化。在权力行使出现违规甚至是犯罪时，其身份就不仅仅是司法规范的对象，而是应当使用特殊形式来规范的对象。在对监察对象进行调查时，应当与一般刑事案件在程序与适用方法上均有着明显的区别。第二，职能范围导致的差异。监察委履行国家的监督职能，其职能主要分为四种：一是职务违法调查职能；二是职务犯罪调查职能；三是监察建议职能；四是宏观监察职能。对职务犯罪行为的专门性调查不是司法行为，而是监察委站在国家立场上，对公权力行使者职务行为的全面监察，职务犯罪的调查行为是为国家监察模式的完善提供方向与指引，是实现针对性监察与长效性监察的一种方式。因此，职务犯罪的监察职能相较

---

[1] 监察委员会对职务违法行为与职务犯罪行为的认定需要经过三个阶段：第一阶段是调查阶段，搜集证据，由于违法行为与犯罪行为的证据要求不同，搜集证据的模式会因为案件类型有着一定程度的差异。第二阶段的主要工作是证据认定与性质判断，职务违法行为与职务犯罪行为有时会存在"同质不同量"的情形，在证据搜集过程中针对证据内容进行案件性质的认定，实现职务违法行为与职务犯罪行为的分流。职务违法行为进入违法处置流程，而职务犯罪行为则由监察委员会按照相关规定进行具有侦查实质意义的"调查"。第三阶段是职务犯罪的"侦查"，这一阶段是为职务犯罪行为处置的司法阶段做前期的准备工作。

[2] 这里之所以称之为"准侦查行为"是因为监察委员会的独立属性，侦查职能无法涵盖其所有的职能，侦查职能仅仅是监察委员会在一定阶段具体行为性质的判断，并不具有整体性与独立性，因此，冠以"准侦查性"更加合适。

检察院对职务犯罪的侦查工作显然内容更为丰富,职能更为全面。从这一角度看,监察委的"调查"与"侦查"有着一定本质上的区别。

(二)"调查"内容的规范性解析

根据《监察法》的规定可以看出,监察委享有政务违纪、违法调查和职务犯罪调查的复合性权力。[1] 监察的集中性、全面性对"调查"的复合性提出了较高的要求,"调查"内容、方式的确定直接决定监察的效果。"调查"的内容应当包括三个部分:第一,政务违纪,即指监察委有权调查被监察人是否存在违背依法履职、秉公用权、廉洁从政等行为,延续了之前纪检监察的工作。第二,职务违法,职务违法行为在《监察法》中并没有明确的概念,职务违法行为违背的是何种法律也并没有配套性规定来予以说明。根据现有的法律规定来看,职务违法行为应当有两种类型:一种是公务员的职务违法行为,另一种则是公务员之外的其他国家公职人员以及其他人员的违法行为。[2] 第三,职务犯罪,《监察法》中对职务犯罪的描述并不是以罪名形式进行的,而是以"贪污贿赂、滥用职权、玩忽职守、权力寻租、利益输送、徇私舞弊以及浪费国家资财"行为模式的描述来实现的,相对于前两种监察委的调查内容,职务犯罪行为的法律指向性最强,也最具有可操作性,也是监察委与检察院衔接中的重点。

(三)"调查"的递进式统一

监察委调查内容所包含的三部分均存在不同性质,监察委的地位表明其调查行为的独立性,但是调查的职务犯罪最终仍需司法化,说明调查行为的走向并不是完全脱离司法而独立存在。

1. 三元层次的法律模式

第一层次的纪律处罚或者单纯警示与威慑,即依据《监察法》第 45 条的处置措施、秉承《关于实行党政领导干部问责的暂行规定》的宗旨、结合《中华人民共和国公务员法》的规定进行党纪政纪处分。第二层次与第三层次则是司法的分流。《监察法》对职务违法与职务犯罪是以"归一性"条款进行表述的,但是给出了不同的处置模式,前者给予政务处分决定,后者移送检察院审查、依法提起公诉。这种复合性调查带来的问题主要是认定标准的不一致性。

2. 行为属性认定的标准化与明确性

职务犯罪行为的认定标准具有确定性。《中华人民共和国刑法》中明确了职务犯罪行为的各类罪名与认定方式,无论《监察法》的立法模式如何,所有对犯罪行为的描述只要刑事立法中有明确的规定,在符合罪刑法定的前提下,罪名的认定都有着严格的入罪标准与准确的

---

[1] 冯俊伟:《国家监察体制改革中的程序分离与衔接》,载《法律科学(西北政法大学学报)》2017 年第 6 期。

[2] 前者《公务员法》与《行政机关公务员处分条例》进行了较为明确的规定,对涉嫌贪污贿赂、滥用职权、玩忽职守、权力寻租、利益输送、徇私舞弊以及浪费国家资财等职务违法行为需要进行相应的调查,处罚结果应当根据《行政机关公务员处分条例》进行处置,处置的方式主要是政务处分的各种形式。后者被纳入《监察法》的主要原因并不是其身份的特殊性,而是其工作性质具有国家公务性,工作对象具有社会公共性。

量刑规范。职务犯罪行为是监察后果中最为严重的一种,但是,职务犯罪行为与职务违法行为在《监察法》中是以"归一性"条款的模式出现的,表明《监察法》中所有职务违法行为与职务犯罪行为的"同质性",两者之间的差异主要体现就是程度的不同。虽然职务违法行为并没有统一的规范性法律来对其行为模式进行设置,但是其要求与刑事立法中设置的犯罪行为具有行为上的一致性,也就是说职务违法行为应当结合相关的部门性规定、行业性规定,同时结合《刑法》中相关罪名的具体情节来加以认定。

对监察调查的性质、内容、走向进行分析,其中最为严重的职务犯罪具备刑事案件"侦查"的性质,并在最终追究责任时将通过移送审查起诉的程序进入诉讼阶段,实现监察委与检察院在处理职务犯罪时的衔接。

三、监察调查程序对检察监督的需求与困境

《宪法》与《监察法》均明确监察委在行使监察权时需与审判机关、监察机关、执法部门相互配合与制约。检察院与监察委的相互制约则应当包含检察院对监察委的职务犯罪调查进行的法律监督。然而监察体制改革后,监检衔接机制仍待完善,检察院对监察调查进行法律监督也存在一定的障碍。

(一)监察调查接受检察监督的必要性和必然性确认

监察调查虽具备"准侦查"的性质,但其监察对象及调查范围决定了其"非侦查"的本质。从监察委的地位与履行职能的角度出发,监察委将其调查终结的职务犯罪案件移送检察院进入刑事诉讼程序时存在着诸多的问题,监察委开展的职务调查需要受到内外部的监督,而外部监督则可以借助检察院的法律监督,使之得以实现。

1. 监察调查应受监督的必要性

在监察体制改革试点中,不仅要求强化监察委对监察对象的监察,同时也要求强化对监察委自身的监督制约。[1] 这里的"对监察委自身的监督制约"理应包括监察委内部进行的监督制约,也应当包括外部机构对监察委的监督制约。

宏观层面上,因监察委所具备政治地位高、权力厚重的特点,要求对其进行监督。监察委实质上是国家反腐败工作机构与中央纪委合署办公,在政治法律生活中的实际地位明显高于本级法院与检察院。合署办公的另一后果便是,监察委掌握反贪腐资源,权力空前厚重且集中。[2] 因此需要对监察委进行监督,以防止权力滋生的腐败。对监察委进行监督,非但不会降低监察委的权威和效率,而且是满足增强反腐败斗争效果的需要,也是满足执纪执法职能严格有效履行的需要,更是满足维护监察委良好形象与回应群众诉求的需要。[3] 然

---

[1] 中共中央办公厅印发《关于在北京市、山西省、浙江省开展国家监察体制改革试点方案》,网址:http://www.gov.cn/xinwen/2016-11/07/content_5129781.htm,访问时间:2020年10月6日。

[2] 童之伟:《对监察委员会自身的监督制约何以强化》,载《法学评论》2017年第1期。

[3] 付启章:《新时代纪检监察机关自身接受监督问题探析》,载《理论视野》2019年第9期。

而内部监督存在"灯下黑"的情况,对纪检监察人员违法违纪的查处停留在内部调查处理阶段,以及监察委容易忽视自身作为被监督者的客体地位,导致自我监督理论的虚化或自我监督的软弱无力,由此有必要构建有效的外部监督机制。

微观层面上,监察委在履行调查职能时采取的措施需要相应的外部监督。首先,证据收集的阶段性与非法证据排除规则的缺省。监察调查存在"三个阶段",即确定属于犯罪与启动职务犯罪调查程序收集证据之间存在时间差,此时由于搜集证据的模式或要求不规范,导致存在着不符合"刑事审判关于证据的要求和标准"的情形。在《监察法》实施后,中纪委和监察委强调"监察机关行使的是调查权,不同于侦查权",监察委属于政治机关,其收集证据的活动未纳入刑事诉讼活动当中,虽在《监察法》第 33 条中规定:"监察机关在收集、固定、审查、运用证据时,应当与刑事审判关于证据的要求和标准相一致",但所提出的系证据收集、固定、审查、运用时的一般原则与基本要求,《监察法》所确立的非法证据排除规则,较《刑诉法》更概括,亦未出台相关可操作性的规范标准,在出现非法证据时,监察委内部案件审理部门无具体可适用的标准,则导致无法将非法证据予以排除。[1] 其次,留置措施的属性问题。根据《监察法》第 22 条与第 43 条规定,留置措施本质上是剥夺被调查人人身自由、与刑事诉讼中"拘留""逮捕"性质相同的审前羁押的强制措施,需要履行规范且严格的审批程序,并保障被调查人的合法权益。[2] 然而,《监察法》第 41 条将其定位为取证手段,与询问、讯问等统一规定为调查措施,与普通的调查措施相同,未赋予其作为限制人身自由的强制措施应有的属性。但是审前羁押程序具有人身自由的侵害性,应当严格适用条件,不得纯粹出于收集证据的需要而肆意羁押,否则构成强迫自证其罪。如适用过长的留置时限,则该行为将等同于刑讯逼供。[3] 并且,监察委对涉嫌行贿犯罪或者共同职务犯罪的涉案人员也可进行留置,不存在《刑诉法》中对逮捕措施所设置的补充性规定,即未设立较为宽缓、人道的监视居住制度,不符合比例原则与人文关怀理念。留置措施适用的恣意性,易导致被调查人权益被侵犯。

2. 检察院实施监督的必然性

在检察院职务犯罪侦查权限被剥离后,有学者提出将以检察院办理职务犯罪全过程为监督重点的人民监督员制度并入监察委,维持原本的监督范围不变或是将监察委办案活动均纳入监督范围,并据此提出以人民监督员制度实现对监察委的外部监督。[4] 实际上,根据最高检出台的《人民检察院办案活动接受人民监督员监督的规定》对人民监督员制度所进行的调整是,维持检察院人民监督员制度不变,将其监督范围扩展为检察院的"办案活动",理论上涵盖了刑事、民事、行政、公益诉讼等各类案件,以此实际行动否决人民监督员对监察

---

[1] 艾明:《论监察调查非法证据内部排除程序机制的构建》,载《政法学刊》2020 年第 3 期。
[2] 谭世贵:《监察体制改革中的留置措施:由来、性质及完善》,载《甘肃社会科学》2018 年第 3 期。
[3] 魏昌东:《〈监察法〉监察强制措施体系的结构性缺失与重构》,载《南京师大学报(社会科学版)》2020 年第 1 期。
[4] 秦前红:《国家监察委员会制度试点改革中的两个问题》,载《四川师范大学学报(社会科学版)》2017 年第 3 期。

委进行外部监督的可能性。

虽然上述人民监督员制度未能随着检察院职务犯罪侦查权的转隶而进行转移，但值得注意的是，监察委将检察院的反腐败、反渎职的部门整合后，公诉权、审判监督权等法律监督职能成为检察院的法律监督范围与重点；相应地，监察委需将调查终结的职务犯罪案件移送检察院进行审查起诉，方能追究责任。以此为基础，可借鉴推广此前的试点经验，在检察院内部设置"职务犯罪检察部门"[1]，探索建设"捕诉一体"的职务犯罪司法审查模式，彰显审前程序的制度优势，有效整合检察院对涉嫌职务犯罪的调查资源与刑事诉讼活动资源，发挥其以公诉引导调查的功能，防止监察调查环节遗漏职务犯罪，实现及时排除非法证据，有效制约监察委的职务犯罪调查权。[2]

（二）检察监督在监察调查推进中的困境

虽说监察委调查中存在诸多问题，需检察院对其进行法律监督，但是检察院行使监督权应当具备相应的法律依据，同时也应当具备施行法律监督的可行性。通过分析检察院对监察调查实施法律监督的障碍，为后续进行监督理论的完善与制度设计提供基础。

1. 监督理论基础的薄弱

监察委作为国家监察机关行使监察权，从其所述的国家权力层级、《宪法》层面规定的监检关系以及检察院法律监督范围等方面立论，证明检察院无法对监察调查进行有效的法律监督。

第一，检察院法律监督范围包括"侦查"，但"调查"不属于"侦查"。有学者认为，根据《检察院组织法》的规定，检察院的法律监督主要通过刑事诉讼活动展开，主要包括对侦查活动与审判活动进行监督。但监察机关对于职务违法与犯罪的调查不属于侦查活动，则检察机关不具备对其进行监督的职能。[3] 第二，检察院与监察委相互配合、相互制约，但"制约"不等于"监督"。《宪法》第 127 条规定监察机关与检察机关之间属于"互相配合、互相制约"的关系，而"监督"模式则是一种单向关系，主体间的行为体现"命令与服从"的特征，而"配合"与"制约"所呈现的是双向互动的关系特征，所以认为监察委与检察院之间不存在监督关系。[4] 第三，检察院与监察委属于同一层次上的国家权力机关，存在结构性难题。检察院对公安机关侦查活动享有的法律监督权在于公安机关是隶属于政府的行政机关，但在监检衔接视域下，监察委系国家监察机关，独立行使监察权，与检察院属于同一层次的国家权力机关，检察院无法对其进行监督。

---

[1]《北京市检察机关健全监检衔接机制推进职务犯罪检察专业化建设》，网址：https://www.spp.gov.cn/spp/zdgz/201909/t20190903_430974.shtml，访问时间：2020 年 10 月 7 日。

[2] 徐汉明、张乐：《监察委员会职务犯罪调查与刑事诉讼衔接之探讨——兼论法律监督权的性质》，载《法学杂志》2018 年第 6 期。

[3] 朱福惠：《检察机关对监察机关移送起诉案件的合法性审查——〈人民检察院刑事诉讼规则〉解读》，载《武汉大学学报（哲学社会科学版）》2020 年第 5 期。

[4] 左卫民、唐清宇：《制约模式：监察机关与检察机关的关系模式思考》，载《现代法学》2018 年第 4 期。

2. 监督推行的现实困境

监察体制改革将检察院自侦权限予以限缩,监察委成员未进入检察院管辖范围,而监察委所获得的调查权限却涵盖检察院的职务行为,因此形成权力落差,且调查权与公诉权的同属性也造成检察院的监督实际难以实现。

第一,检察院侦查权被剥离,仅剩的自侦对象未涵盖监察人员。监察体制改革最大的特点在于将检察院处理贪污贿赂等职务犯罪的职权予以剥离,将其赋予监察委,仅保留对"诉讼活动进行法律监督中发现的司法工作人员实施的侵犯公民权利、司法公正"的犯罪进行立案侦查。监察委所进行的职务犯罪调查尚未进入诉讼活动,检察院无法对其违法违规行为进行监督处理。相应地,监察委对公职人员违规违纪案件的调查权则涵盖检察人员的职务行为。监察委所享有的违纪、违法、犯罪案件的调查权与处置权,使其成为名副其实的"强力机关",可以对检察院内部的检察官等工作人员进行强有力的监察监督,检察院与监察委之间存在着现实的权力落差,检察院难以实现有效的监督。[1] 第二,监察委对职务犯罪的调查权来源于检察院,并且从权力本质出发,调查权也属于监察委对职务犯罪行为的求刑权[2],与检察院在接受移送案件后的公诉权相同,均属于控诉职能,由此监察委与检察院之间也存在协作配合关系强于制约监督关系的现实情形。

四、监察调查的检察监督实质化路径

《监察法》第4条规定,监察委独立行使监察权,具体办理职务违法犯罪案件时需与其他部门之间相互配合、制约。由此可见,监察委的独立性保障应当是针对其行使"调查权"而言,并非针对所监察的案件本身。

(一)强化检察法律监督的理论基础

鉴于监察委职务犯罪调查作为后续司法活动的构成部分,检察院所具备的国家法律监督机构的宪法地位使其拥有对监察调查在内的司法活动进行法律监督的权限,并且监察委在调查过程中也应当适用"以审判为中心"的制度,接受检察院的监督。但不可否认的是,检察院在进行法律监督中存在诸多不足之处,这也是亟待解决的问题。

1. 法律监督机关的本质性要求

我国《宪法》明确将检察院定位为国家的法律监督机关,并且通过《检察院组织法》与《刑事诉讼法》对检察院法律监督权作出明确说明:法律监督权涵盖的范围包括对侦查机关的立案监督与侦查活动的监督、对法院的审判监督、对执行活动的执行监督、对民事行政执法的监督职权;行使方式包括调查核实、抗诉、纠正意见、检察建议等诸多措施。在监察体制改革之前,检察院立案侦查职务犯罪的职权尚未划离,检察职能由职务犯罪侦查权、刑事案件

---

[1] 程龙:《监督抑或共责:监察调查与刑事诉讼衔接中的补充侦查》,载《河北法学》2020年第2期。
[2] 王一超:《论〈监察法〉与〈刑事诉讼法〉适用中的程序衔接》,载《法治研究》2018年第6期。

公诉权、监督权构成[1]，但现实中存在一定的偏重，即长期"重诉讼、轻监督"，导致成为事实上的诉讼机关以及名不副实的法律监督机关。[2]顺应监察体制的改革，检察院的职务犯罪侦查权的转隶，为其回归宪法定位中的法律监督机关提供契机。

如前所述，有学者对检察院行使法律监督权对监察委进行监督持有否定的观点，通过检察院与监察委属于同一层级的国家权力机关来否认检察院对监察委的监督权，这一观点是无法成立的。检察院对于作为审判机关的法院、侦查机关的公安机关享有监督权，其中法院也独立行使审判权，在国家权力机关层面上与监察机关属于同一层次的，而检察院可以对法院进行法律监督？为何以上述理由否认检察院对监察委进行监督？以"制约"不等于"监督"来否认检察院与监察委之间不成立监督关系也是不合适的。监督一般是单向或双向的关注、审视，并时刻准备按某种既定的标准评价乃至影响被监督对象的言行。制约虽然也可以分为单向的和相互的，但从效力上看，制约比监督更有刚性；[3]从层级上看，权力制约应当是监督和制衡的上位概念，也即权力制约包括对权力实施监督和制衡两种方式，对公权力的制约不能以单一机制来完成，需要将监督机制和制衡机制相结合，方能构建完善的权力制约机制。[4]从"调查"与"侦查"的差异入手认定检察院监督范围不包含"调查"也是不合理的，调查是在监察委除需履行职务犯罪侦查工作外还需进行违纪违法调查的基础上选择的折中概念，具体强调对行为手段的描述而非性质的表达，其中应当包含"侦查"的属性。

除此之外，检察院的法律监督权在《宪法》中确立，到《检察院组织法》与《刑事诉讼法》等相关法律规范文件规定中检察院行使法律监督权的具体内容，都散见于单行法律，且规定的内容较为原则化，与实践中法律监督权的具体适用存在不适配的情形。如存在监督概念不清晰、监督范围不明确、监督体系不完整、监督程序不完善、监督措施不足、调查手段缺位、监督力度不够等问题。两会期间有人大代表更是多次提议制定《人民检察院法律监督法》，相关政府单位也积极作出回应。同时，理论界也认为检察权法律监督属性的立法化发展有利于确保检察院把法律监督作为理念引导和工作宗旨，充分发挥检察权能，实现其在国家治理和权利保障上的重要作用。[5]

2. 以审判为中心的实质性要求

为解决我国刑事司法实践中的"侦查中心主义"的问题，从2014年党中央通过的《关于全面推进依法治国若干重大问题的决定》，到后续通过的刑事诉讼制度意见、庭前会议规程

---

[1] 徐汉明：《我国检察职权优化配置的路径选择》，载《人民检察》2010年第3期。
[2] 姚岳绒：《监察体制改革中检察院宪法地位之审视》，载《华东政法大学学报》2018年第1期。
[3] 童之伟：《对监察委员会自身的监督制约何以强化》，载《法学评论》2017年第1期。
[4] 夏金莱：《论监察体制改革背景下的监察权与检察权》，载《政治与法律》2017年第8期。
[5] 周新：《论我国检察权的新发展》，载《中国社会科学》2020年第8期。

与非法证据排除规则等一系列规范性文件[1],推进"以审判为中心"的诉讼制度改革。对于侦查机关来说,"以审判为中心"的要求体现为加强审判机关对于侦查机关的司法控制,减少、阻断侦查结论对审判结论的预断性影响。

监察体制的改革,将检察院侦查案件的大部分职能划分给监察委,尽管监察委在办理职权范围内的刑事案件时无需适用《刑事诉讼法》,但是对于监察委在调查终结后的职务犯罪案件,事实清楚、证据确实充分的需要移送到检察院审查起诉,并最终需要经过法院依法审判。可见,监察委对职务犯罪的调查结果进行刑事诉讼程序后,其调查工作成为检察院提起公诉、法院审判的前置环节,相应的监察委调查结果还需经过"以审判为中心"刑事诉讼的检验。但是法院审理的案件不仅限于监察委职权范围内的刑事案件,也包括非职务犯罪的其他刑事案件与行政、民事案件,从法院的现已承担的责任来看,不宜再由其承担过重的司法控制职责。并且审判法官也属于监察委监察范围,监察委具有更为强势的政治地位,相对于监察体制改革前的检察院,监察委对审判职能的独立性造成更为严重的影响。[2]因此,法院对监察委进行司法控制的职责是有心无力,但应当注意到"以审判为中心"也并非法院一方的职责,而是侦查机关、司法机关通力实现的目的。虽检察院将其职务犯罪职权转隶监察委,但审查起诉的职能仍在其权限范围内,此时通过激活起初便隶属于检察院的法律监督权,对监察委调查的案件予以法律监督,通过检察院提前介入、非法证据排除及补充侦查(调查)等诸多措施,实现"以审判为中心"的刑事诉讼制度的回归。

(二) 构建检察法律监督的制度设计

在完善检察院行使法律监督的法律依据后,要进一步细化在处理职务犯罪案件进行监检衔接时的路径。为实现检察院对监察调查实质化法律监督,需要从监察调查的立案程序入手,对调查取证环节、采取留置措施进行相应的制度设计,同时在审查起诉时发挥其相应权能。

1. 立案程序转化与监督的启用

根据2019年1月颁行的《中国共产党纪律检查机关监督执纪工作规则》,监察委的立案情况呈现为"职务违法+职务犯罪"的"归一性"模式,与刑事立案针对需追究刑事责任的犯罪事实存在一定的差异;并且职务违法与职务犯罪两者存在着本质上的区别,监察立案与调查程序上的统一性模糊了两者的界限,但职务违法与职务犯罪两者最终的司法走向不同,对于调查过程中证据要求等存在差异。因此监察委应当对职务违法与职务犯罪适用不同的立案标准,或是在职务违法立案后调查发现存在符合犯罪立案标准的证据时进行立案程序的转化,并且依据不同的立案程序,采取差异化的调查措施以实现犯罪案件调查终结后移送起

---

[1]《关于推进以审判为中心的刑事诉讼制度改革的意见》(2016年11月);《关于全面推进以审判为中心的刑事诉讼制度改革的实施意见》(2017年2月);《关于全面推进以审判为中心的刑事诉讼制度改革的实施意见》(2017年2月);《人民法院办理刑事案件庭前会议规程(试行)》《人民法院办理刑事案件排除非法证据规程(试行)》《人民法院办理刑事案件第一审普通程序法庭调查规程(试行)》(2017年11月)。

[2] 褚福民:《以审判为中心与国家监察体制改革》,载《比较法研究》2019年第1期。

诉的顺畅。对监察委处理的案件采取双重立案标准的另一优势在于能为构建检察院立案监督提供基础。

监察体制改革后，监察委被赋予原隶属于检察院的职务犯罪的侦查权，但是《监察法》未赋予任何机关对立案阶段的监督权，而是在内部机构进行立案审查，与检察院对公安机关的严格外部立案监督比较而言，此种"立案审查"难以起到立案监督的作用。因此，有必要从制止监察委不立案、选择性立案以及立案后不移送、选择性移送起诉的目的出发，构建新型立案监督模式。如借鉴检察院对公安机关的立案监督程序，对前者"应立不立或选择立"的情境进行监督，同时可构建监检衔接的数据化立案系统，实现检察院对监察委立案的同步监督；对于存在刑事犯罪线索符合刑事立案标准的但监察委不及时进入职务犯罪立案程序的，发送检察建议并要求立案；对于已刑事立案的，关注处理进展；对于立案后较长时间未能有进展、未移送审查起诉或以撤销案件结案的，检察院可要求监察委作出说明，并根据具体情况采取介入调查、通知移送等措施，以防止监察委在立案阶段的自由裁量权过大。

2. 留置措施合理合法性的认定

留置措施的创设来源于"两规"，目的在于实现"两规"的合法化和规范化，然而，如前所述，《监察法》将具有剥夺人身自由的性质的留置措施作为与讯问、询问等取证措施统一归为监察委的调查措施。此外，《监察法》关于留置措施存在诸多问题：对留置场所仅规定为"特定地点，未明确具体地点；执行主体为监察委与公安机关（公安机关仅为监察委提供配合协助）；对于留置措施采取内部审批的模式"[1]。因此，有必要对现有的留置措施作出相应的规范与制约，以实现其合法性、正当性与必要性。从保障被调查人权益出发，根据职务违法与职务犯罪的差异性，对不同类型案件的行为人采取差异化、精细化的留置强度和期限，如对涉嫌职务违法行为人实施留置措施时的场所选择，应考虑到尚不涉及犯罪，不应当参照《刑诉法》以"看守所"羁押"犯罪嫌疑人"对其人身自由进行限制而导致对行为人进行"升格"处罚。而对于职务犯罪，则可以基于其调查所具备的侦查属性参照《刑诉法》采取看守所进行羁押的方式。

应当注意到，留置措施与刑事诉讼中的逮捕从功能、性质、期限上，两者存在着相似性，究其本质上具备刑事强制措施的属性，应当参照《刑事诉讼法》的制度，赋予检察院留置措施的检察监督权。[2]而检察院对监察委进行监督可体现在事前、事中和事后三方面，即在监察委采取留置措施后，检察院可主动介入，对其留置是否满足条件、留置期限、留置必要性进行审查，如若发现存在留置不当甚至违法操作，可书面通知监察委纠正，对不需要继续留置的，可建议其予以释放；事中监督是以被调查人及其近亲属对于监察委采取的留置措施向检

---

[1]《中华人民共和国监察法》第22条规定："经监察机关依法审批，可以将其留置在特定场所。"第41条规定："调查人员采取讯问、询问、留置、搜查、调取、查封、扣押、勘验检查等调查措施。"第43条规定："监察机关采取留置措施，应当由监察机关领导人员集体研究决定。设区的市级以下监察机关采取留置措施，应当报上一级监察机关批准。省级监察机关采取留置措施，应当报国家监察委员会备案。监察机关采取留置措施，可以根据工作需要提请公安机关配合。公安机关应当依法予以协助。"

[2] 王洪宇：《监察体制下监检关系研究》，载《浙江工商大学学报》2019年第2期。

察院进行申诉、控告的方式启动相应的监督程序;[1]事后监督则是检察院对受理移送起诉、监察委此前已决定留置的案件,自行审查羁押必要性,并决定逮捕。审查起诉阶段,检察院可对监察委的调查活动是否合法予以审查;如发现违法情况,应通知监察委予以纠正,并创设相应的补偿渠道。

3. 移送案件实质标准的审查

虽然检察院对于职务犯罪的侦查权被划分出去,但仍保留着其作为公诉机关对该类案件的审查起诉权限。通过对监察委移送案件的调查活动是否合法进行审查,包括侦查立案、取证行为、认罪认罚的从宽建议和有关刑事强制措施,并作出相应的处理,以实现对监察委的法律监督。

第一,在侦查、审查起诉、审判时进行非法证据排除。《刑事诉讼法》中规定在侦查、审查起诉、审判阶段均可对采取非法手段收取的证据应当予以排除。《办理职务犯罪案件工作衔接办法》(以下简称《衔接办法》)也提出,检察院在审查移送起诉的案件时应当查明证据确实、充分与否,以及是否存在应当排除的非法证据,但在管辖检察院调取讯问录音录像、体检记录等材料核对证据收集合法性时,要求向最高检提出申请,最高检需事先进行核查,核查通过后仍需与监察委协商沟通解决,繁琐的沟通程序实际上对检察院开展非法占据排除工作造成困难。而且究其本质,证据的合法性本应当由监察委提供材料予以证明,在检察院提出核查该材料时,上述协商处理的合理性存疑,应当作出相应的调整。

第二,《监察法》要求"应当"退回监察委补充调查,过度干涉监察委补充侦查权限。检察院在审查起诉时适用《刑诉法》及其他与刑事诉讼相关的法律法规,是无可厚非的。《关于办理刑事案件严格排除非法证据若干问题的规定》(2017年)第17条、《刑诉法》第175条中规定,检察机关审查起诉时,排除证据需要补充证据的可自行调查取证。《监察法》则明确作出限制要求检察院在需要补充核实时"应当退回监察机关补充调查",虽然在2019年12月出台的《人民检察院诉讼规则》中表述为"可以"要求监察机关另行指派调查人员重新取证,但从《监察法》与《人民检察院诉讼规则》的效力层级来看,检察院对此类情形也必须优先适用《监察法》关于要求监察委重新取证的规定,难免存在"证据包装""证据加工"之嫌,难以实现检察院对非法证据的有效监督。

第三,起诉与否的决定权限被"提升"且"受限"。《衔接办法》(2018年5月)中提出对检察院审查后决定起诉的,应当报最高检批准,由最高检通报国家监察委,对作出不起诉决定的报最高检,由最高检同国家监察委协商确定。这一报批和协商制度,剥夺被指定检察院作出起诉决定的权限,将权限提高至需最高检批准,同时"不起诉决定"便是连最高检也无权批准,尚需与国家监察委协商,刻意为保证"监察案件"的公诉顺利而设置的程序标准,使同级检察院根本没有权力作出不起诉决定,这凸显了监察机关较其他侦查机关的办案优越性,也

---

[1] 马春晓:《监察委员会监督机制的比较研究》,载《河南社会科学》2019年第10期。

导致因证据不足而作出不起诉决定变得更加困难[1],很大程度削弱了同级检察院的制约监督能力。检察院在 2019 年 12 月颁行的《人民检察院刑事诉讼规则》将对监察委移送案件的起诉权限重新划归检察长,有助于检察院对监察委移送案件进行有效的审查监督。

结　　语

在国家治理体系与治理能力现代化的命题下,监察体制改革应运而生,这是以改革推进反腐败斗争的重大举措。但在构建不敢腐、不能腐、不想腐的有效机制时,也应当注意到监察手段或措施的合理性与合法性。在整合国家监督职能时,监察委与检察院应当创新衔接机制,有效运用监察委的反腐败监督职能与检察院的法律监督职能。

---

[1] 刘艳红:《职务犯罪案件非法证据的审查与排除——以〈监察法〉与〈刑事诉讼法〉之衔接为背景》,载《法学评论》2019 年第 1 期。

《刑事诉讼法》与《监察法》衔接的规范分析与完善路径

高童非　李世佳*

摘　要：与《监察法》有关职务犯罪案件办理程序进行衔接，是2018年《刑事诉讼法》修改的主要目的和任务。在《监察法》已经出台的情况下，《刑事诉讼法》的针对性修改是必要且紧迫的。《刑事诉讼法》此次修改围绕多个与监察体制改革相关的重要问题对诉讼制度进行了调整，主要包括："侦查"与"调查"相区分、检察机关与监察机关职能管辖划分、审查起诉阶段退回补充调查程序、监察程序与刑事诉讼程序衔接中的强制措施转换等。《刑事诉讼法》的相关修改对巩固监察体制改革成果，加大腐败犯罪打击力度意义重大，但是也需要注意与已有刑事诉讼理论体系的协调，兼顾打击犯罪与保障人权的价值追求。

关键词：监察法　侦查　职务犯罪　退回补充调查　先行拘留

经过一年多的试点，监察体制改革的成果由2018年修改的《宪法》和制定颁行的《监察法》予以固定。监察体制改革通过全方位的部署构建了集中统一、权威高效的中国特色监察体制，此次改革中最重要的举措之一便是新设立监察委员会，形成人大下的"一府一委两院"的新格局。根据宪法和法律的规定，监察委员会行使国家监察权，具体来说拥有监督、调查、处置三项职权。在这三项职权中，调查和处置职权的设置涉及我国刑事诉讼制度的调整。监察机关的调查权不仅包含了对职务违法行为的调查，也包含了对职务犯罪行为的调查，后者牵涉到刑事案件的处理，是由原先检察机关职务犯罪侦查权转隶而来。在处置权中监察机关对职务犯罪调查终结后有权将案件直接移送检察机关审查起诉，这样就存在与刑事诉讼程序如何衔接的问题。

有鉴于此，在《监察法》颁布后，《刑事诉讼法》也亟须对职务犯罪案件办理程序的重大调整予以回应，这也是2018年《刑事诉讼法》修改的直接目的。此次《刑事诉讼法》的修改虽然涉及认罪认罚从宽制度、值班律师制度、缺席审判程序等多项内容，但其直接动因就是为了衔接《监察法》的规定，是一种回应迫切现实需要的"针对性修改"[1]。虽然在修正案中，监察体制改革的相关内容没有占绝对数量的比重，但这是由于大量理论上应当由《刑事诉讼

---

* 高童非：中国人民大学法学院诉讼法学专业博士后研究人员；李世佳：中国政法大学民商经济法学院2019级博士研究生。

本文系国家社会科学基金"研究阐释党的十九大精神"专项课题"深化司法体制改革研究"（18VSJ079）的阶段性成果。

〔1〕　樊崇义：《2018年〈刑事诉讼法〉最新修改解读》，载《中国法律评论》2018年第6期。

法》规定的、与诉讼程序相关的内容已经由《监察法》进行了规制。在此,本文仅就《刑事诉讼法》中有关监察体制改革的相关规定进行分析,其他问题如证据制度的衔接等由于目前仅规定在《监察法》中,故暂不予讨论。不过,本文也不可避免地涉及《监察法》中与《刑事诉讼法》修改条文相关的有关职务犯罪案件办理的法律条文。大体上看,《刑事诉讼法》中有关与《监察法》衔接的内容主要包括以下四个方面:一是在"监察调查"概念提出后,《刑事诉讼法》对"侦查"定义的修改;二是职务犯罪案件的职能管辖划分;三是退回补充调查程序的构造;四是监察程序进入刑事诉讼程序后强制措施的转换机制。虽然《监察法》《刑事诉讼法》以及这些法律的实施细则、司法解释的制定和修改已经告一段落,但实践中仍然存在诸多问题亟待学术界进一步明确。鉴于此,本文围绕前述四项衔接内容中的争议问题展开探讨,以期对相关规则的进一步细化和完善提供对策和建议。

一、"调查"概念的引入与"侦查"定义的调整

修改前的《刑事诉讼法》将"侦查"定义为"公安机关、人民检察院在办理案件过程中,依照法律规定进行的专门调查工作和有关的强制性措施"。该定义自1979年《刑事诉讼法》制定时便写入法典,之后两次修改均未变化。原本此类解释性的规定存在的必要性并不大,甚至有学者主张将其删除[1],然而此次《刑事诉讼法》修改却大动干戈对其进行了修订,显然是监察体制改革带来的体系性冲击造成的连锁反应。

(一)调查与侦查相分离的制度逻辑

在职务犯罪办理问题上,监察体制改革遵循的一大重要原则就是"调查与侦查相区分",在改革一开始决策者就定下了"监察调查不是侦查"[2]的基调,此后的多项改革措施均围绕这个基础命题延展开来。制度设计者创造性地提出"调查"的概念,规避了刑事诉讼中有关侦查的要求,而刑事诉讼法律规范无法对监察机关调查活动进行规制,其只能通过《监察法》及监察法律规范规定。并且调查权为监察机关专属,司法机关或其他国家机关均无法对调查活动进行常规的审查和监督。这样的制度安排形成了一种"监察自治"[3]的局面,调查活动成为专有和封闭的办案方式。

在此种精神的指示下,监察调查和刑事侦查必须予以彻底区分,否则监察机关办理刑事案件是否需要受到《刑事诉讼法》的直接约束就会引发争议。因此,原先《刑事诉讼法》将侦查定义为一种"调查工作"显然不利于上述精神的贯彻,可能造成侦查和调查含义的混乱。基于这些考虑,2018年《刑事诉讼法》修改了"侦查"的定义,改为"公安机关、人民检察院等机关对于刑事案件,依照法律进行的收集证据、查明案情的工作和有关的强制性措施"。新的概念有三处变化:其一,在侦查主体后增加了"等"字;其二,明确侦查适用的是"刑事案

---

[1] 参见卞建林、谢澍:《刑事诉讼法再修改:解读与反思》,载《中共中央党校学报》2018年第6期。
[2] 参见《调查权不同于刑事侦查权》,载《中国纪检监察报》2017年11月16日。
[3] 杜磊:《监察自治理论及其适用界限研究》,载《政法学刊》2019年第1期。

件";其三,将"专门调查工作"替换为"收集证据、查明案情"。

新的表述最重要的一点是彻底抹除了"侦查"定义中的"调查"意涵,从法律文本层面将调查与侦查相剥离。然而,原先所谓的"语义混乱"完全是人为造成的,侦查本就是一种广义上的调查活动,但是侦查活动具有特殊性,它行使的对象是刑事案件并且由专门机关行使又有国家强制力做后盾,其源于调查又严于调查[1],因此将调查作为上位概念用于定义并无不妥之处。相反,将调查与侦查一分为二的做法虽然有其现实需要,但从理论层面分析并不可取。

(二) 调查权与侦查权之辨析

刑事诉讼的侦查活动与一般国家机关调查活动的主要区别就是,侦查机关可以运用强制性措施。然而根据《监察法》的规定,监察机关在职务犯罪调查工作中可以采用讯问、询问、留置、搜查、查封、扣押、冻结、勘验检查等措施,其中多项措施都具有强制性,与侦查强制措施没有区别。从刑事案件的办理流程来看,被告人接受审判之前应当经过侦查、审查起诉再到审判,这是法治国家处理此类案件的一致做法。具体说,在公诉机关提起公诉之前,办案机关应当依法对犯罪事实进行查证。监察体制改革之后,虽然职务犯罪案件直到审查起诉阶段才进入刑事诉讼程序,但不能认为案件可以不经过侦查阶段就直接提起公诉,监察调查实际上取代了侦查,发挥着原先检察机关侦查的作用。[2] 此外,根据国际公约和联合国刑事司法准则的规定,犯罪的调查和侦查也是同一类行为。例如,联合国《关于检察官作用的准则》第 11 条规定:检察官应在刑事诉讼和根据法律授权或当地惯例,监督调查的合法性,监督法院判决的执行和作为公众利益的代表行使其他职能中发挥积极作用。[3] 此处"调查犯罪"的英文原文为"investigation of crime",与"侦查犯罪"完全相同。如果强行区分侦查和调查,不仅会造成翻译上的障碍,也不利于国际社会对我国刑事司法制度认可度的提升。

监察调查权本质上属于刑事侦查权的观点得到了许多学者的支持,也有不少有力的论证。譬如有学者从权力渊源、权力行使目的和行使方式等方面分析认为监察委员会职务犯罪调查权其本质就是侦查权;[4]还有学者通过对监察机关"政治机关"的性质进行反思,进而明确提出:"职务犯罪进行调查的性质是侦查,监察委员会就是侦查机关。"[5] 笔者认为,监察调查与刑事侦查属于同类的权力,将侦查定义进行修改规避"调查"这一术语的运用只是一种"文字游戏",除了避免被学者援用作为批评"调查不是侦查"的论据外,没有太大实际意义。

---

[1] 卞建林:《监察机关办案程序初探》,载《法律科学(西北政法大学学报)》2017 年第 6 期。

[2] 杨宇冠、高童非:《职务犯罪调查人员出庭问题探讨》,载《社会科学论坛》2018 年第 6 期。

[3] 《关于检察官作用的准则》(*Guidelines on the Role of Prosecutors*)是由第八届联合国预防犯罪和罪犯待遇大会于 1990 年在古巴通过的,该准则中文本参见杨宇冠等编:《联合国刑事司法准则》,中国人民公安大学出版社 2003 年版,第 371 页。

[4] 汪海燕:《监察制度与〈刑事诉讼法〉的衔接》,载《政法论坛》2017 年第 6 期。

[5] 刘计划:《监察委员会职务犯罪调查的性质及其法治化》,载《比较法研究》2020 年第 3 期。

值得注意的是,2018年《刑事诉讼法》修改"侦查"的定义时,在公安机关、检察机关之后加了一个"等"字,有学者提出,这里似乎又将监察机关纳入侦查机关的范畴,至少为其"开了个口子",可能造成歧义和矛盾。[1] 不过,除了公安机关和检察机关之外,国家安全机关、军队保卫部门、监狱管理部门、海关缉私部门等机构也承担了侦查职能,其专门调查活动也属于侦查的范畴,法律为了严谨在列举的两个主体后加了"等"字不必过度解读。

二、监察与检察机关的职能管辖划分

在监察体制改革启动之前,我国职务犯罪侦查机关为人民检察院,这类案件由检察机关自行侦查。这种"自侦、自捕、自我监督"的模式引发了"谁来监督监督者"的质疑。[2] 由独立的监察委员会专门行使职务犯罪调查权在一定程度上有助于解决这一问题,如果法律针对监察委员会的调查活动可以建立起完善的内部和外部监督制约机制,则这个改革将具有重大的积极意义。

(一) 检察机关侦查权的"失而复得"

在监察体制改革推行之后,学界一般都认为检察机关的职务犯罪侦查权全部转隶至监察委员会,除了有限的补充侦查权外,检察机关不再保留任何侦查权[3],甚至检察机关内部都已经将侦查力量转隶至监察委员会,不再保留反贪反渎部门。而且在实践中,自监察委员会设立之后,检察机关也没有再参与新的职务犯罪案件的侦查工作。对此,检察机关内部普遍蔓延着悲观的情绪,认为检察机关沦为"没有爪牙的老虎"。可是到了《刑事诉讼法》修改时,法律又为检察机关保留了一定的侦查权,即法律监督过程中的侦查权,以及机动侦查权。法律规定:"人民检察院在对诉讼活动实行法律监督中发现司法工作人员利用职权实施的非法拘禁、刑讯逼供、非法搜查等侵犯公民权利、损害司法公正的犯罪,可以由人民检察院立案侦查。对于公安机关管辖的国家机关工作人员利用职权实施的重大犯罪案件,需要由人民检察院直接受理的时候,经省级以上人民检察院决定,可以由人民检察院立案侦查。"监察体制改革将检察机关推向了重大改革的十字路口,而保留机动侦查权是检察机关争取到的重要权力,为检察机关未来的发展指明了方向。

由前述规定可知,检察机关侦查权的主要特征是强化法律监督性质。其直接可以立案侦查的案件有三个要件:第一,必须是在诉讼活动中实施法律监督职责时发现;第二,犯罪主体是"司法工作人员",也就是《刑法》第94条规定的有侦查、检察、审判、监管职责的工作人员;第三,必须实施的是特定类型的犯罪。由此观之,虽然检察机关保留了侦查权,但受到

---

[1] 参见程雷:《"侦查"定义的修改与监察调查权》,载《国家检察官学院学报》2018年第5期。
[2] 参见熊秋红:《监察体制改革中职务犯罪侦查权比较研究》,载《环球法律评论》2017年第2期。
[3] 参见王玄玮:《国家监察体制改革和检察机关的发展》,载《人民法治》2017年第2期;姚岳绒:《监察体制改革中检察院宪法地位之审视》,载《中国政法大学学报》2018年第1期;魏晓娜:《依法治国语境下检察机关的性质与职权》,载《中国法学》2018年第1期。

较为严格的限制,《刑事诉讼法》的规定显著提升了检察机关侦查权的法律监督属性[1],意在坚守和强化检察机关作为国家法律监督机关的地位。

(二)自行侦查权与机动侦查权的配置

根据法律的表述,在前述案件中检察机关并非拥有绝对的管辖权。法律没有规定"应当"由检察机关侦查,而是"可以"由检察机关立案侦查,当然也可以不由检察机关立案侦查。由于监察委员会有权调查所有公职人员职务犯罪案件,自然也有权调查《刑事诉讼法》规定的检察机关有权自行侦查的案件,这就出现了管辖竞合的问题。综合《监察法》的规定来看,可以将此种自行侦查权解释为:一方面,检察机关自行侦查的案件必须是在检察机关自己的法律监督过程中发现的;另一方面,是否由检察机关自行侦查也需要与监察机关协调沟通。《监察法》第34条规定:"人民法院、人民检察院、公安机关、审计机关等国家机关在工作中发现公职人员涉嫌贪污贿赂、失职渎职等职务违法或者职务犯罪的问题线索,应当移送监察机关,由监察机关依法调查处置。被调查人既涉嫌严重职务违法或者职务犯罪,又涉嫌其他违法犯罪的,一般应当由监察机关为主调查,其他机关予以协助。"可知,即便检察机关在法律监督过程中发现了职务犯罪问题线索,也有将其移送监察机关的法律义务,至于是否由监察机关立案调查需要协商解决。同时,《监察法》的这一规定确立了"监察调查为主"的原则[2],监察机关不仅在检察机关与监察机关竞合的案件中有优先调查权,在既涉及职务犯罪又涉及其他案件的互涉案件中也具有优先权,并且在实践中形成了合并吸收和分别调查两种模式。[3] 这种监察为主的调查原则也受到了一定的批评[4],因为监察机关在很多情况下没有专业力量应对复杂的犯罪行为,无论是与公安机关还是与检察机关的管辖竞合案件,应当根据案件性质确定管辖机关,不宜简单地坚持监察为主的原则。

这里尤其需要指出的是,由于监察机关工作人员不属于现行法中的"司法人员",所以检察机关在法律监督过程中发现监察机关办案人员在职务犯罪调查活动中存在刑讯逼供等行为,无权自行侦查。检察机关的法律监督权范围较广,既包括基于规范权力运行的角度对国家机关的监督,也有出于对公民和社会重大权益救济的监督[5],监察机关工作人员实施的行为也应当属于法律监督的范畴之内。本文认为,检察机关在工作中发现监察机关工作人员实施的职务犯罪行为应当交由检察机关侦查,这样既有利于国家权力之间的相互制约平衡,也有利于办理案件的客观公正,提升处理结果的社会公信力和民众认可度。

最后,除了检察机关自行侦查权外,《刑事诉讼法》的修改还保留了检察机关的机动侦查权。这种侦查权主要适用于公安机关不宜侦查或不愿侦查的案件,数量相当小,与原先自侦

---

[1] 卞建林:《检察机关侦查权的部分保留及其规范运行——以国家监察体制改革与〈刑事诉讼法〉修改为背景》,载《现代法学》2020年第2期。

[2] 参见龙宗智:《监察与司法协调衔接的法规范分析》,载《政治与法律》2018年第1期。

[3] 艾明:《互涉案件监察机关为主调查的实践模式及其改进》,载《地方立法研究》2020年第1期。

[4] 参见杨宇冠、高童非:《论监察机关与审判机关、检察机关、执法部门的互相配合和制约》,载《新疆社会科学》2018年第3期。

[5] 袁博:《监察制度改革背景下检察机关的未来面向》,载《法学》2017年第8期。

案件数量相比仅算得上"零头"。[1] 在检察机关失去绝大多数自侦权的情况下,机动侦查权是否应当成为检察机关扩张权力的着力点值得探讨。本文认为,机动侦查权不是检察机关的常规权力,而是一种补充和例外,只有在特定条件下方可启动。质言之,机动侦查权具有后发性和谦抑性,它是法律监督权的组成部分,是对个案进行监督的非常手段,不应当作为权力增长点予以改革。

三、退回监察机关补充调查的程序构造

《刑事诉讼法》第170条规定了监察机关移送案件的审查处理程序,即检察机关认为需要补充核实的既可以退回监察机关补充调查,也可以自行补充侦查。在《监察法》当中已经有了类似的规定,《刑事诉讼法》在此只是一种"重述"。然而,由于是否补充调查或侦查是检察机关在审查起诉阶段的专属职权,该事项仅由《刑事诉讼法》规定更为妥当。关于退回补充调查的衔接程序如何完善应当成为《刑事诉讼法》等相关司法解释重点考量的问题。

(一)退回补充调查的功能与性质

《刑事诉讼法》明确规定了是否补充侦查调查、是否退回监察机关的决定权均在检察院,虽然实践中不可避免存在监察机关主动要求检察机关将案件退回的情况,但是监察机关只能与检察机关协商,不能强行要求将案件退回。根据《监察法》和《刑事诉讼法》的规定,如果案件需要补充核实,检察机关原则上应当将案件退回补充侦查,只有在必要时才可自行侦查,后者只是一种例外情况。在公安机关办理的案件中,检察机关一般也都是退回补充侦查,通常不会主动自行补充侦查,在检察机关侦查力量转隶后,检察机关在补充核实上难度增大,退回补充调查应当成为常态。中纪委和国家监委在对《监察法》进行说明时指出,监察机关办理的案件只有在特殊情况下检察机关才能自行补充侦查,这包括检察机关认为监察机关移送的案件定罪量刑的基本犯罪事实已经查清,但言词证据个别情节不一致不影响定罪量刑,或者实物证据需要补充鉴定的。[2] 有论者从权力制约的角度出发,认为倘若监察机关"退而不调"或者存在违法取证等情况,检察机关应当自行补充侦查。[3] 本文认为,自行补充侦查具有双重功能,一个是提升效率功能,即为了避免诉讼拖延减少案件交转成本自行核实证据上的一些瑕疵;另一个是监督制约功能,即在监察机关拒绝调查或非法调查的情形下自行侦查。《人民检察院刑事诉讼规则》第344条对自行补充侦查的事项予以明确和细

---

[1] 参见董坤:《检察机关机动侦查权研究——从2018年修改的〈刑事诉讼法〉第19条第2款切入》,载《暨南学报(哲学社会科学版)》2019年第1期。

[2] 中共中央纪律检查委员会、中华人民共和国国家监察委员会法规室:《〈中华人民共和国监察法〉释义》,方正出版社2018年版,第215页。

[3] 叶青:《监察机关调查犯罪程序的流转与衔接》,载《华东政法大学学报》2018年第3期。

化,但仅限于第一类事项[1],不得不说是一种遗憾。

自《监察法(草案)》颁布以来,退回补充调查就引发了学界的广泛讨论,争议主要发生在退回补充调查的性质问题上。如前所述,《监察法》建立的是监察调查与刑事诉讼程序两分的二元线性结构,而不是司法机关可以介入的三角结构。[2] 在此构造中,调查活动属于监察阶段,而移交审查起诉后案件才进入刑事诉讼阶段。那么,一旦出现程序倒流,案件退回监察机关补充调查后,其所处的仍然是刑事诉讼阶段还是退回到了监察阶段就成了理论难题。对此学界形成两种意见,有学者提出,退回补充调查的权力是检察机关公诉权的派生,不依附于侦查权[3],这样即便退回补充调查案件仍然处于审查起诉阶段。也有学者提出,从规范解释上分析,退回补充调查显然是退回至监察阶段,就像审判阶段退回补充侦查不能认为案件仍然处于审判阶段。[4] 然而笔者认为,原先无论是审查起诉阶段退回侦查阶段还是审判阶段退回审查起诉阶段,都是在刑事诉讼程序的框架内倒流,而职务犯罪案件的退回补充调查有其特殊性。因为监察和刑事诉讼程序的二元划分,如果也按此定性,则案件直接退出了刑事诉讼程序。如果监察机关补充调查后不再移送起诉,则刑事案件就此撤销,这相当于赋予了监察机关对已进入刑事诉讼的刑事案件的实体处置权,这和监察诉讼两分的思路相悖。所以,将退回补充调查判定为案件回到监察阶段并不妥当,应当认为案件仍然处于刑事诉讼程序之中。

(二) 程序构建中的争议厘定

在此基础上,应当明确两个问题:第一个问题是,监察机关能否对退回补充调查的案件予以撤案。对此法律没有明确规定,国家监委和最高检发布的《衔接办法》[5]规定,监察机关补充调查后需要提起公诉的,应当"重新移送"检察院。从这个规定可以推导出监察机关补充调查结束后认为不需要提起公诉,也可以不移送检察机关,并且实践中也已经有了这样的做法。笔者认为,检察机关审查后认为有证据需要补充核实的退回侦查或调查机关是审查起诉权的应有之义,检察机关并非将案件的决定权也转移给侦查或调查机关,反之只是借助其他机关的力量辅助其决定是否起诉。所以,监察机关先前已经决定移送审查起诉,不应当仅仅因为随后没有补充到证据而不再移送。即便监察机关没有补充到证据,也应当告知检察机关,由后者自行补充侦查或作出不起诉决定等。

第二个问题是,退回补充调查阶段律师是否可以介入。虽然《监察法》没有明令禁止律

---

[1] 《人民检察院刑事诉讼规则》第344条规定:"对于监察机关移送起诉的案件,具有下列情形之一的,人民检察院可以自行补充侦查:(一)证人证言、犯罪嫌疑人供述和辩解、被害人陈述的内容主要情节一致,个别情节不一致的;(二)物证、书证等证据材料需要补充鉴定的;(三)其他由人民检察院查证更为便利、更有效率、更有利于查清案件事实的情形。"
[2] 周长军:《监察委员会调查职务犯罪的程序构造研究》,载《法学论坛》2018年第2期。
[3] 参见陈卫东:《职务犯罪监察调查程序若干问题研究》,载《政治与法律》2018年第1期。
[4] 参见谢小剑:《监察调查与刑事诉讼程序衔接的法教义学分析》,载《法学》2019年第9期。
[5] 参见《国家监察委员会与最高人民检察院办理职务犯罪案件工作衔接办法》(简称《衔接办法》)第39条。

师介入,但按照立法精神,律师不能在监察调查阶段介入案件提供法律帮助。对此《刑事诉讼法》学界多方呼吁应当允许律师介入监察调查,例如有学者认为,在职务犯罪案件中,不能片面强调该类案件的特殊性而忽略程序法治,应允许律师介入调查阶段,这是程序公正和人权保障的基本要求。[1] 但是,实践中监察机关仍然不允许律师参与。笔者认为,鉴于监察调查案件的特殊性,可以先行探索允许党员律师在监察调查阶段介入为被调查人提供法律帮助。先搁置这个争议,如果案件已经进入审查起诉阶段并且犯罪嫌疑人已经委托了辩护人,那么案件退回补充调查后辩护人是否可以继续行使职权就成了问题。笔者认为,第一,退回补充调查阶段属于刑事诉讼阶段,按照《刑事诉讼法》的规定律师介入是合法的;第二,案件进入审查起诉阶段后主要证据已经收集,律师也已经进行了阅卷、会见,此时再限制律师介入没有必要;第三,此前限制律师介入主要是担忧监察调查还包含了职务违法案件,案件不一定都移送审查起诉,其性质处于不确定状态,而退回补充调查的案件性质已经明确为刑事案件,被调查人已经处于刑事惩罚的风险之下,此时限制律师提供帮助不具有正当性。

四、监检衔接中的强制措施衔接机制

2018年《刑事诉讼法》修改时与《监察法》衔接最为重要的内容是强制措施的衔接机制。之所以需要进行衔接,还是因为"监察调查不是刑事侦查"的基本论断。在普通刑事案件中,公安机关和检察机关采取的强制措施是相同的,并且是否采取逮捕措施应当由检察机关审查批准,所以案件进入审查起诉阶段后,检察机关可以沿用原先公安机关已采取的强制措施而无需任何转换。然而监察机关可采取的唯一对人身的强制措施为留置,监察委员会无权使用逮捕、取保候审、监视居住等刑事强制措施,同样,留置措施也是监察机关专属的,检察机关不能采取该措施。这样案件移送检察机关审查起诉后,如果被追诉人处于留置状态,检察机关不得沿用留置措施,而必须转换为《刑事诉讼法》授权使用的刑事强制措施。可是,检察机关采取逮捕等强制措施应当进行审查,需要给予其一定的时间依照法定程序审查后作出决定,因此监察强制措施和刑事强制措施难以实现"无缝对接"。

对此,《刑事诉讼法》修改时没有依照原先试点实践中颇受学者赞许的做法让监察机关提前预留出10天左右时间提供给检察机关提前审查[2],法律最终给出的方案是检察机关对于已留置的案件一律先行拘留,在10日先行拘留期间内,检察机关应当作出是否采取强制措施以及采取何种强制措施的决定。法律采用先行拘留这一临时性过渡性的措施在实践中较好地解决了强制措施的衔接问题。然而先行拘留措施实际上是立法机关一种不得已的选择,是人为割裂监察调查程序和刑事诉讼程序造成的连锁反应,因此也对既有的刑事诉讼理论体系产生了一定的冲击。

---

[1] 陈光中、兰哲:《监察制度改革的重大成就与完善期待》,载《行政法学研究》2018年第4期。

[2] 参见陈卫东:《〈刑事诉讼法〉最新修改的相关问题》,载《上海政法学院学报(法治论丛)》2019年第4期。

(一) 现行模式中的理论争议与回应

第一个理论争议在于《刑事诉讼法》第 170 条关于先行拘留措施的规定是否创设了一个独立的刑事诉讼阶段,即强制措施审查阶段。对此,学界有截然不同的两种意见。左卫民教授认为,检察机关采取先行拘留期间是独立的诉讼阶段,在此期间检察机关唯一的工作就是审查决定强制措施事宜,而不进行审查起诉,并且先行拘留期间也不计入审查起诉期间。[1] 相反,董坤研究员认为,先行拘留属于审查起诉阶段采取的措施,先行拘留期间包含在审查起诉阶段之中,不是独立的诉讼阶段。[2] 笔者认为,从立法者倾向于将先行拘留阶段与审查起诉工作相分离,即理论上倾向于前一种观点。然而自检察机关推行"捕诉合一"改革之后,审查逮捕与审查起诉由相同的检察人员负责[3],因此先行拘留期间的强制措施审查工作与后续审查起诉工作产生了实质混同,丧失了区分的制度基础,因为要求办案人员在先行拘留期间仅审查与强制措施有关的事项而完全不考虑全案的其他证据是不现实的。鉴于办案人员可能在先行拘留期间开展审查起诉工作,将先行拘留阶段视作独立的诉讼阶段可能不利于犯罪嫌疑人的权利保障,例如可能在委托辩护人等事项上产生一定的障碍。

第二个理论争议在于先行拘留措施的性质。先行拘留措施规定在《刑事诉讼法》之中,由检察机关实施,看似性质相当明晰,即为刑事强制措施无疑。然而,检察机关对被留置之人采取先行拘留措施时是不经过羁押必要性等事项的审查的,检察机关对于是否采取先行拘留措施没有自由裁量权,只要犯罪嫌疑人处于留置状态就必须予以先行拘留。所以此类先行拘留措施的效力实际上是监察留置措施的延续,追根溯源,先行拘留的适用条件以及审查工作均为监察机关进行的留置措施审查。另外,先行拘留措施采取不当也难以得到救济的机会,因为它虽为检察机关批准,公安机关执行,但作出错误决定的却是监察机关,所以犯罪嫌疑人也难以获得程序救济或事后的赔偿。因此,此类先行拘留措施虽为刑事强制措施,但却带有浓厚的监察措施的色彩,属于监察与刑事程序衔接中的过渡性临时性措施。[4]

(二) 当前实践中转换难题的破解

除了理论争议之外,监察程序与刑事程序的两分也为先行拘留措施的实施造成了困扰,这集中体现在退回补充调查是否转换强制措施问题上。对此有学者认为,对于退回补充调查应当坚持"案退人不退"的原则[5],犯罪嫌疑人不再被采取留置措施,仍由检察机关控制

---

[1] 参见左卫民:《一种新程序:审思监检衔接中的强制措施决定机制》,载《当代法学》2019 年第 3 期。

[2] 参见董坤:《法规范视野下监察与司法程序衔接机制——以〈刑事诉讼法〉第 170 条切入》,载《国家检察官学院学报》2019 年第 6 期。

[3] "捕诉合一"的办案机制要求检察机关对本院管辖的同一刑事案件的适时介入、审查逮捕、延长羁押期限审查、审查起诉、诉讼监督等办案工作原则上由同一办案部门的同一承办人办理。参见《上海市检察机关捕诉合一办案规程(试行)》(上海市人民检察院检察委员会 2018 年第 7 次·总第 622 次会议讨论通过)。

[4] 高童非:《监检衔接中先行拘留措施的法教义学反思》,载《地方立法研究》2020 年第 2 期。

[5] 卞建林:《配合与制约:监察调查与刑事诉讼的衔接》,载《法商研究》2019 年第 1 期。

而非交还监察委员会羁押。[1]但也有学者认为我国刑事诉讼一直遵循的是"人案合一、人随案走"的模式,所以前述衔接模式欠缺法理上的正当性。[2]

诚然,"案退人不退"并不是我国刑事诉讼通常采取的模式,然而监察机关移送的案件具有特殊性,如果坚持"人随案走"的模式将使得强制措施衔接程序极为复杂。[3]目前监察和司法实践中通常采取两种衔接方案:第一种是为监察委员会办理换押证,第二种是由检察机关向执行机关出具通知。相较而言,由检察机关通知的办法更加适宜。依照现行法律的规定,监察委员会无法在看守所办理换押等手续,所以"衔接办法"以及《人民检察院刑事诉讼规则》第343条均采用"检察机关通知"的方式,在肯定"人案分离"模式的同时,检察机关应当在此期间配合监察机关在看守所进行讯问。[4]从上述规定可知,在退回补充调查期间,犯罪嫌疑人仍被采取检察机关作出的强制措施,并且案件补充核实结束移送检察机关后无需再次采取先行拘留措施,即不需要再次审查强制措施。

结　语

监察体制改革是我国重大政治体制改革,是国家治理体系和治理能力现代化的重要举措。面对复杂、严峻的反腐败形势,党和国家自上而下强力推行监察体制改革是必要的。为了配合监察体制改革的进行,刑事诉讼制度也应当进行相应的调整,满足新时代反腐败战略部署的需要。需要强调的是,《刑事诉讼法》自1979年制定以来,经过1996年、2012年、2018年三次修改,已经相当成熟。相比之下,监察立法尚处于起步阶段。因此,今后监察法律规范中特别是涉及职务犯罪案件办理程序的规定应当主动与刑事法律规范衔接协调。此外,《刑事诉讼法》在"针对性修改"的同时也不能忽视自身规范体系的一致性和融贯性[5],应当追求刑事诉讼法学的理论自洽,凸显《刑事诉讼法》在保障人权上的价值追求。

---

[1]　杨宇冠、高童非:《监察机关留置措施研究》,载《浙江工商大学学报》2018年第5期。

[2]　程雷:《刑事诉讼法与监察法的衔接难题与破解之道》,载《中国法学》2019年第2期。

[3]　在实践当中大量存在退回补充调查后监察机关到看守所将被羁押人提出,但是补充调查结束后将其送回时看守所却拒绝接收的情况。如果严格按照法律的规定办理,此时仍然应当再次由检察机关先行拘留,然后在此期间审查强制措施的适用情况。这种程序无疑十分繁琐且效率低下。

[4]　《人民检察院刑事诉讼规则》第343条第3款规定:"人民检察院决定退回补充调查的案件,犯罪嫌疑人已被采取强制措施的,应当将退回补充调查情况书面通知强制措施执行机关。监察机关需要讯问的,人民检察院应当予以配合。"

[5]　参见左卫民:《如何打造具有法理合理性的刑事诉讼法——审思2018年刑事诉讼法修正案》,载《比较法研究》2019年第3期。

形式法治观下监察检察案件衔接若干问题分析

樊华中*

摘　要：要以形式法治观理解监察委员会的职务违法犯罪调查权，破除以往的实质犯罪侦查观念。在监察委员会与检察机关办案衔接的过程中，要在形式法治观的视角下实施立案制审查。在形式法治观下实施立案制后若干司法困局将得到破解。对于管辖错误案件，可以有效地将其拦截在刑事诉讼程序之外，可以有效地解决强制措施混用问题，对于需要退回补充调查的应当坚守退回原则不得另行启用补充侦查权，对于监委案件与公安案件交叉管辖的情形，检察机关可以行使部分立案监督权。当然在提前介入的案件中无法行使侦查监督权。

关键词：形式法治观　监察　检察　衔接

自2018年3月《监察法》实施以来，全国各地监察机关与检察机关不断建立工作衔接机制，监察委员会调查违法犯罪案件在进入刑事诉讼轨道后，如何在《刑事诉讼法》规则体系下运行逐渐有了答案。通过近几年实践观察，各地监察委员会在职务犯罪案件办理中法治特征较为明显。比如在试点期间的一些非常态问题在《监察法》出台后的实践中也逐渐得到了改善，但是仍然存在一些需要规则补进的问题。实践中，人们对于监察机关与检察机关的办案关系，仍然存在一些争议，需要加以廓清，对此本文从理念与规则两个方面加以详述。在理念层面，本文提出，在诉讼规则层面首先要树立刑事法治思维优先的观念。在所有的规则理解上，要以教义分析为基调。限于篇幅，本文仅就提前介入阶段是否可以对职务违法调查行为进行违法监督以及检察机关如何通过立案制破解与监察机关衔接困局的问题进行分析。

一、形式法治思维还是实质法治思维？

理念上如何认识监察委违法犯罪调查权与传统职务犯罪侦查权？在较长一段时间内，人们往往从实质角度来看待监察委的调查权，认为监察委所实施的调查活动、调查期间所采取的各种调查措施以及调查之后所移送检察机关审查起诉文书，从实质角度看就是检察机关以前所行使的职务犯罪侦查权。在《刑事诉讼法》修改之后，仍有观点会列举监察机关留

---

* 樊华中：上海市奉贤区人民检察院第六检察部主任，一级检察官。

置属于和拘留逮捕一样剥夺他人人身自由的侦查措施。[1] 比如新《刑事诉讼法》第170条规定："对于监察机关移送起诉的已采取留置措施的案件，人民检察院应当对犯罪嫌疑人先行拘留，留置措施自动解除。"在刑期的折抵方面，比如根据《监察法》第44条留置一日折抵管制两日、折抵拘役、有期徒刑一日。在收集的证据效力方面，比如《监察法》第33条规定依据监察法收集的书证、物证、证人证言等，在刑事诉讼中可以作为证据使用，以非法方法收集的证据应当依法予以排除，不得作为案件处置的依据。即使有关部门出面解释：监察委所行使的调查权是一种全新政治机关所行使的权力，公众潜意识中还是对此持否定观点，认为其调查权即侦查权，应当纳入法治的轨道。所谓纳入轨道，实则就是要求被调查人在调查期间能够享有辩护权；对监察机关剥夺人身自由的权力能够予以监督和纠正；对监察机关违法侦查行为，能够提出纠正监督意见，如行使立案监督权、侦查监督权等。

从既有现实法制来看，应当转变这种实质主义法律观，采取形式主义法律观理解《刑事诉讼法》《监察法》两部法律，理解违法犯罪调查与犯罪侦查。形式是实质所不能逾越的障碍，在立法机关将《监察法》与《刑事诉讼法》分别立法，在《监察法》与《刑事诉讼法》中对具有同样效果的剥权措施、具有同样效力的证据排除性规定，分别采用了不同的立法语言表述之时，法治者就应当遵循既有立法条文之形式规定，从形式主义的立场重新看待二者的法律关系。在一些与《刑事诉讼法》用词相同的地方，也要注意其权力行使的主体与权力适用的场域。比如"查询、冻结、搜查、查封、扣押、勘验检查、封存保管、通缉"这些调查手段的立法用语虽然与刑诉法中的相关用语一致，但是只能适用在监察法领域。这一点从《监察法》第33条第2款就可以看出："监察机关在收集固定审查运用证据时，应当与刑事审判关于证据的要求和标准相一致。"此条规则坦言了两部法律、两大犯罪治理部门在行使具体权力时的不同语境。因此，树立形式法治观有利于认识公职人员违法犯罪调查与传统职务犯罪侦查，也是理解违法犯罪调查与补充侦查关系时必须开展的思维清理工作。只有在形式与实质两分的法治观下，对《监察法》与《刑事诉讼法》有区别又有联系地对待，才能真正地实现对监察工作客观对待。

因此，接下来的问题就是在形式法治观下，如何把监察工作纳入刑事诉讼的规则体系下，以审判为中心、以大控方建构为核心，实现对监察工作的有效引导与监督制约。换言之，形式法治观下如何处理国家监察犯罪调查与后续刑事诉讼之间的关系，也即如何在刑事诉讼教义规则体系内实现监察法治？

在哲学认识中，有区别才有联系，有联系才会有监督制约。在当前无论是理论界还是实务部门都倾向于认为监察机关一家独大，使得司法机关无法监督。检察院、法院无论是在人员级别配置上还是在国家机构体系位置方面都无法与之相提并论。当前，是现有的制度供给体系造成了这样的局面。但是悲观认识检察、审判与监察之间的工作关系，就未免过于消极。虽然在前期违法犯罪行为调查中，监察机关具有得天独厚的权力行使优势，但是在涉及

---

[1] 参见刘艳红：《程序自然法作为规则自治的必要条件——〈监察法〉留置权运作的法治化路径》，《中国检察官》2019年第5期。

犯罪诉讼部分,一旦进入刑事司法渠道,后续的起诉审判在很多工作上都会对监察调查工作,无论在可能性上还是在实际意义上都形成制约关系,至少在法律规则的教义学意义上可推导出此结论。至于现实中检察院、法院在权力行使中是否能够有勇气按教义规则体系行使权力,则另当别论。具体而言,在形式法治观之下,以诉讼教义规则分析,如下几方面检察工作与审判工作可以对监察工作形成反向制约、监督的关系。

二、形式法治思维中监委移送案件立案制

当前一些地方性检察实践有越来越多的声音认为检察机关对于监察委员会移送审查起诉的公职人员犯罪案件实施立案制度。类比而言,对于公安机关侦查终结后移送审查起诉的案件,检察机关并不需要重新立案。为何需对监察委员会调查终结后移送审查起诉案件实行立案制度?此立案制度法理依据何在?又有何益处?本文认为在法理依据方面:第一,根据形式法治观,对于公安机关侦查终结后移送审查起诉的案件,检察机关并不需要重新立案,系因为均属于刑事诉讼规则统辖之下。而公职人员违法犯罪调查、审查起诉系依据《监察法》与《刑事诉讼法》,此两部法无论在名称、性质,还是在调整对象上都有严格区分,因此对于不同性质、不同权力部门做的工作在衔接时就必须实行立案制度,否则,无法消融两个形式法制之间的区隔。第二,根据《刑事诉讼法》第170条以及《监察法》第47条的相关规定也必须实行立案制度。《刑事诉讼法》第170条规定对于监察机关移送起诉的已采取留置措施的案件,人民检察院应当对犯罪嫌疑人先行拘留,留置措施自动解除。此规则表明的程序转处中,或者说程序衔接过程当中的后一种程序终结前一种程序。依据两部法律开展前后衔接的工作,一种程序能够启动,另外一种程序能够终结,本身就意味着前后衔接程序之间必然区别立案。最明显例证便为,在两法衔接过程当中,对于行政机关违法调查后的案件移送公安机关犯罪侦查的,公安机关需要立案;人民法院在民事案件审判中发现涉及犯罪的,将案件移送公安机关后需要立案侦查。移送之后前一种程序的终结意味着后一种程序的开始,而后一种程序之所以能够开始,就是因为存在着立案程序。因此从《刑事诉讼法》第170条规定可以明显得出,检察机关对于监察机关移送的职务犯罪案件必然要实施立案制度。

三、形式法治观实施立案制后的若干司法困局破解

立案制度有什么好处?换言之,检察机关立案权之价值与意义何在?主要表现在以下几个方面:第一,检察机关可以名正言顺地实施退回补充调查制度;第二,检察机关可以名正言顺地实施退回撤案制度;第三,检察机关可以名正言顺地实施不立案制度。

(一)错误管辖之形式法治观分析

举例而言,某地在办理监察委员会移送的犯罪案件之后,发现监察委员会移送起诉的罪名为贪污罪,但审查起诉后发现属于普通诈骗罪,于是检察院要求公安机关重新立案侦查,

但是监察委员会要求检察机关必须起诉。检察机关起诉到法院,法院审判之后也发现是普通的诈骗犯罪。这样就形成了一个困局,检察机关无法要求监察委员会收回案件,法院建议检察机关撤回起诉案件,检察机关也不愿撤回起诉案件。最后法院也无法要求监察委员会撤回案件。真正有管辖权的公安机关,因为监察委员会的调查就无法接触到案件。所以就形成了司法困局,如果检察机关实施立案制度的话,那么对于这些案件,检察机关可以不接受监察委员会移送。那么,根据前面所说的形式法治观的要求,即使监察委员会将行使公权力的人作为职务犯罪进行处理,但是后续的控诉与审判无法应验,检察机关通过不受理制度,使得监察委员会的调查案件无法进入刑事诉讼的轨道,监察委员会只能对自己调查违法的案件自行消化处理。如此一来,并不会折损司法的公信力。

(二) 退回补充调查案件之形式法治观分析

当前在一些地方,出现了监察委员会在留置期限届满时无法查清案情,便先移送检察机关,然后要求检察机关退回补充调查,借用检察机关审查起诉的时间这一现象。在形式法治观的情况下,这一现象是否合法合理?根据《监察法》第47条之规定:"人民检察院经审查认为需要补充核实的,应当退回监察机关补充调查,必要时可以自行补充侦查,对于补充调查案件,应当在一个月内补充调查完毕,补充调查可以两次为限。"因此至少在法律层面特别补充侦查是有法律依据的,至于监察委员会主动要求检察机关退回补充侦查,还是检察院审查之后认为证据存在缺漏要求补充调查,是一个技术操作层面的事情,或者说是观念认识上的问题,合法即可,至于合不合理,在当前的法制情况下,合法是最基本的底线,至于合不合理是没有明确的标准的。因此在形式法治观的背景下,我们仍然需要以刑事法治为底线,对于合理或者说正当性的要求无法证明。就如刑法中自首的认定一样,如果犯罪嫌疑人并无主动供述自身犯罪的,肯定不会认定为自首。如果犯罪嫌疑人主动供述自身犯罪,至于其出于什么动机,是出于投机取巧还是真心悔过,法律是无法明确规定的。

在退回补充调查期间,如果犯罪嫌疑人已经被拘留逮捕,在案件退回至监察委员会之后,是否要变更拘留逮捕等强制措施为留置措施?在目前的一些地方实践中采取了继续沿用人民检察院作出的强制措施的规定,比如如果犯罪嫌疑人在看守所羁押的,由人民检察院将退回补充调查的情况书面通知看守所,省监察委员会需要讯问犯罪嫌疑人的,人民检察院和看守所予以配合。这种做法是否合适?在法律层面上能否站得住脚?本文认为既然要坚持形式法治,由于《监察法》和《刑事诉讼法》属于不同的法律规定,在权力上虽然法律效果是一样的,但是法律性质完全不一样,因此有必要变更人民检察院的强制措施为监察委员会的留置。否则,属于程序违法。

(三) 补充侦查的形式法治观分析

《监察法》第47条规定,人民检察院经审查认为需要补充核实的,必要时,可以自行补充侦查。那么。检察机关自行补充侦查的适用情形、范围是什么?是不是可超出监察调查范围?本文认为,虽然《监察法》与《刑事诉讼法》并没有对此作出明显的限定,在理论上可以突破监察委员会前期调查取证,无论是涉及的人,还是事。但是,基于现实层面的考虑,基于法律适用平等的情况,本文认为对检察机关的补充侦查范围应当有所限制。一直以来,无论是对于公安机关的侦查案件还是对于监察委员会的犯罪调查案件,检察机关都是有侦查权的,但是普通侦查权一直以来行使不足。这种行使不足的状况是由多种原因造成的,比如经验能力、人员机构、手段、历史惯性、历史传统等。从一些地方的实践经验看来,目前检察机关对于监察委员会移送的案件行使补充侦查权的情形主要限于以下几种:第一,补充侦查所需要调取的材料所证明的事实并非是主要的犯罪事实。第二,补充侦查所需要的材料仅限于简单的书证、物证。第三,因案件定性分歧,监察委员会与检察机关形成了不可调和的意见分歧,只能由检察机关调取的。第四,调查人员在调查过程中形成了明显的偏向性意见,难以形成客观的法律适用意见的。第五,因调查人员在调查取证过程当中存在违法情形,而不宜由监察委员会再继续调查取证的。

基于法律适用平等的角度考虑,检察机关补充侦查的人员范围、事件范围,也不应当超越监察委员会调查取证的范围。因为在同一案件中,相同的人要得到相同的处理,是基本的法律原则。相同的处理不仅是指实体法,还包括了程序法,对于监察委员会调查的违法犯罪人员,因为监察委员会的启动,而使得检察机关有了案件的控诉权。换言之,对于监察委员会遗漏的人员,无论出于何种情形遗漏,均应当由监察委员会继续补充调查。所谓的补充侦查就是指同案处理的情形,对于同案处理的一批人员当中有些是经过《监察法》的立案调查取证,有些是经过《刑事诉讼法》的立案调查取证,虽然在法律效果上是一样的,但是在法律的性质上以及受到的待遇上明显不一样,这就违背了法律适用的平等原则。换言之,因为同一事实或者关联事实,不同的人受到了不同的法律待遇,显然违背了法律适用平等原则。

(四) 交叉管辖的形式法治观分析

所谓的交叉管辖指以下三种情形:

第一种,司法人员实施贪污受贿等犯罪又实施渎职侵权等犯罪的,是由监察委员会管辖还是由检察机关立案管辖?现实当中此类案件也是较为多的,据最高法的相关数据公布,司法人员利用职权贪污受贿又渎职侵权的案件,全国每年大概有200多件。根据《刑事诉讼法》新规定,赋予了检察机关14种职务犯罪案件的侦查权,作出这种保留侦查权的决定是基于多种立法考虑的,正是基于这种立法考虑,本文认为由监察委员会行使是不合适的。如果这些案件也是由监察委员会管辖的话,那么检察机关的保留的侦查权将无案件行使。或言之《刑事诉讼法》保留的刑事犯罪侦查权属于一纸空文,这显然是立法者所不愿意看到的状况。

第二种,监察人员实施贪污受贿等犯罪又实施渎职侵权等犯罪的,由《监察委》自身管辖,还是由检察机关立案管辖?根据《监察法》的规定,监察人员并不属于刑事司法工作人员,因此在形式法治观的要求下,监察委员会的人员应当由监察委员会自行侦查。[1] 虽然可能存在着包庇或者缺乏共性等情形,但是形式法治观必须得坚守。

第三种,监察机关工作人员利用职权实施的其他重大犯罪案件由公安机关管辖还是由监察委员会管辖?还是由省级以上检察机关管辖?根据《刑事诉讼法》第19条管辖的规定,

---

[1] 陈伟:《监察法与刑法的关系梳理及其症结应对》,载《当代法学》2020年1期。

公安机关管辖的国家机关工作人员利用职权实施的重大犯罪案件,需要由人民检察院直接受理的时候,经省级以上人民检察院决定,可以由人民检察院立案侦查。这就是通常所说的公安机关管辖的,经省院批准由检察院管辖。如果监察委员会人员利用职权实施了重大犯罪的案件,被公安机关管辖了,是否可以经省级以上检察院批准,决定由检察院立案侦查呢?从《监察法》第11条与《刑事诉讼法》第19条的规定结合来看的话,可以由公安、检察院立案侦查。根据《监察法》第11条之规定,监察委员会履行职责的范围只包括对公职人员进行廉政教育和监督检查,调查特定职务违法犯罪。监察委员会人员利用职权实施暴力犯罪,侵犯其他人身权利、民主权利的犯罪,从文意理解上属于空白,应该由公安机关管辖,那么既然由公安机关管辖的话,当公安机关发现自身会受到较大影响的时候,或者社会公众认为由检察机关立案侦查更为公性、刚性的时候,当然可以由检察院立案侦查。

四、提前介入的形式法治观分析

当前实践中的提前介入工作事实上表明了检察机关基于控诉职能已对监察委员会违法犯罪案件办理形成了一定程度上的监督关系。

(一)提前介入的法治化意义

在近些年很多省份的公职人员违法犯罪调查案件办理机制中,都构建了省级人民监察委员会"商请"省级检察院派员提前介入的工作机制。在修辞意义上,商请和邀请相当,表明了监察委员会对犯罪调查案件谨慎的法治意识。在提前介入期间,如果省检察院与省监察委员会对案件的事实认定、定性处理、法律适用有重大分歧认识的,省级监察委员会又会邀请省级检察院、省级法院的相关人员会商研讨。所以在此意义上,监察机关的权力行使并非外界传言那般较为"任性""独大"。提前介入工作表明,监察委员会对于被调查人能否犯罪化有较强的法制意识。当然对于这样的工作机制,不同的群体可能有不同的解读,但是不可否认,对于职务犯罪群体的调查,已经基本上打破了以往的侦查中心主义,走向了审判为中心、控诉为中心的方向。

(二)提前介入的教义化不足

不过,在规范的形式意义上,2020年实施的《人民检察院刑事诉讼规则》第256条仅规定对于职务犯罪案件"经监察机关商请,人民检察院可以派员介入监察机关办理的职务犯罪案件"。至于检察机关派员介入监察机关办理的职务犯罪案件之后做何种工作并没有明确。相比于同一条款的前半部分规定:"经公安机关商请或者人民检察院认为确有必要时,可以派员适时介入重大、疑难、复杂案件的侦查活动,参加公安机关对于重大案件的讨论,对案件性质、收集证据、适用法律等提出意见,监督侦查活动是否合法。"人民检察院对公安机关申请介入的案件,既可以参与讨论,也可以对案件性质提出意见,对证据收集提出意见,对法律适用提出意见,更重要的是对公安机关的侦查行为本身是否合法进行监督。很明显,检察机关对于监察委员会在职务违法或职务犯罪调查中是否有违法调查行为,是无法监督的。比如对监察委员会在职务违法调查期间,有违法调查行为所取得的证据是否具有当即否定的效力,甚至是在审查起诉阶段就有否定的效力,是值得提出疑问的,故有学者提出在形式意义层面,"职务犯罪案件非法证据排除涉及监察机关与其他机关的外部配合与制约关系,应摆脱'调查中心主义',强调'以审判为中心'的证据审查实质化,更加注重发挥检察机关在审查起诉阶段的检察监督职能,并同时保障被《监察法》迟滞到审查起诉阶段的犯罪嫌疑人申请非法证据排除等权利,不能降低对证据审查的要求"[1]。所以从教义层面分析,既有的规则无法为检察机关在提前介入阶段进行违法调查侦查提供规则依据。[2] 在审查起诉阶段进行非法证据排除,是较为理想的做法。

综合而言,当前各级国家监察委员会对职务犯罪违法与职务犯罪调查工作中与检察机关的工作衔接上,仍然有很多问题需要破解,限于篇幅,本文仅对现实中观察到的问题提出需要以形式法治观来理解各种衔接性问题的观点。

---

[1] 刘艳红:《职务犯罪案件非法证据的审查与排除——以〈监察法〉与〈刑事诉讼法〉之衔接为背景》,载《法学评论》2019 年第 1 期。

[2] 陈伟:《监察案件中被调查人的权利保障及其完善路径》,载《警学研究》2019 年 4 期。

案管视角下检察机关向纪检监察机关传索工作浅述

王涟平 *

摘　要：在检察机关与纪检监察机关的各项衔接工作中，有一项纪检监察机关全面了解检察机关处理的党员和国家工作人员情况通报或者发现职务犯罪线索移送的工作，虽表面上由各级检察机关案件管理部门承担，但涉及检察机关内部主要业务部门，而检察机关的案管部门起到的是传索作用，在这项常规单向性工作中尤其要重视涉及异地人员的情况通报、线索移送衔接工作，同时要加强处理结果反馈，使之变成互动式的双向性工作。

关键词：案件管理　监检衔接　通报情况　移送线索

根据2018年修正的《宪法》规定，监察委员会依法独立行使监察权、人民检察院依法独立行使检察权，均不受行政机关、社会团体和个人的干涉，同时两者之间是互相配合、互相制约的关系。在纪检监察机关与检察机关诸多实际工作联系中有一项单向性配合工作，即检察机关向纪检监察机关通报经其处理的党员和国家工作人员情况或者移送所发现的职务犯罪线索，该项工作实际操作在各个层级均予以重视并有一些相关规定，表面上由各级检察机关案件管理部门承担该项传索工作，实际涉及检察机关内部主要业务部门，尤其要重点关注的是异地情况通报、线索移送工作。当然检察机关移送纪检监察机关的该项工作应在法律规定或者工作规范的范围内高效、高质进行，但实践中仍然存在一些问题需要注意和完善。

一、检察机关向纪检监察机关传索工作的必要性

（一）国家法治建设的基本要求

依据《监察法》规定，监察委员会对所有行使公权力的公职人员进行监察，调查职务违法和职务犯罪，开展廉政建设和反腐败工作，维护宪法和法律的尊严。在工作中需要协助的，有关机关和单位应当根据监察机关的要求依法予以协助。同时还规定，对于人民法院、人民检察院、公安机关、审计机关等国家机关在工作中发现公职人员涉嫌贪污贿赂、失职渎职等职务违法或者职务犯罪的问题线索，应当移送监察机关，由监察机关依法调查处置。另外，2019年12月印发施行的《执法机关和司法机关向纪检监察机关移送问题线索工作办法》（以下简称《移送问题线索工作办法》）共18条，对执法机关和司法机关向纪检监察机关移送问

---

* 王涟平：江苏省苏州市相城区人民检察院检察委员会专职委员，一级检察官。

题线索的范围、程序、时限和工作要求等作出具体规定。可见，在国家法治建设的进程中，对于违法违纪党员或者国家工作人员的司法处理，在不同的处理机关、不同的处理阶段，需要从国家层面加以严控。防止被处理的人员在经国法处理过程中或者结束后不被纪检监察机关知晓而不被党纪处理，有些甚至可能涉及其他违反党纪国法的可能。因此，涉及党内和公职人员队伍工作的纯洁性，关系到党的反腐倡廉工作大业，甚至关乎党的生死存亡，加强监检在检察机关办案过程中被处理的党员或者国家工作人员的通报、线索移送这方面的工作衔接与配合很有必要，当然也有必要继续予以完善。

（二）履行检察机关法律监督职能担当的充分体现

《宪法》规定人民检察院是国家的法律监督机关。《人民检察院组织法》规定，人民检察院通过行使检察权，追诉犯罪，维护国家安全和社会秩序，维护个人和组织的合法权益，维护国家利益和社会公共利益，保障法律正确实施，维护社会公平正义，维护国家法制统一、尊严和权威，保障中国特色社会主义建设的顺利进行。依据《移送问题线索工作办法》，人民法院、人民检察院、公安机关、审计机关等各级国家机关（含地方执法机关、司法机关、垂直管理单位）在工作中发现的问题线索，按照线索所涉人员的管理权限向相应、本地区同级纪检监察机关移送。必要时，地方执法机关、司法机关以及垂直管理单位的下级机关可以报请其上级机关向相应纪检监察机关移送。因此，在向纪检监察机关移送问题线索的工作中检察机关应当发挥不可忽视的作用。检察工作既是政治性很强的业务工作，也是业务性很强的政治工作，在办理涉及党员或者国家工作人员的案件过程中或者结束后，对于明确被检察机关提起公诉、决定相对不起诉、部分绝对不起诉的人员，更加要有大局意识和社会责任，因此，从检察机关负有法律监督职责看，检察机关在办案过程中将发现问题的党员、国家工作人员向纪检监察机关进行情况通报、线索移送责无旁贷。

（三）对检察工作人员工作能力的充分考验

《移送问题线索工作办法》要求，执法机关、司法机关应当建立移送问题线索工作机制，明确责任部门，严肃工作纪律，对发现的问题线索及时、如实报送，不得隐瞒、延误。故意隐瞒不报、延误报送造成严重后果或者不良影响的，依规依纪依法追究相关人员责任。可见，移送职务犯罪等违纪违法线索工作对于检察机关办案人员而言提出了更高的业务要求，必须是工作责任心和业务能力突出，能够敏锐地发现问题线索的检察人员，含检察长、分管检察长、部门负责人和直接办案的检察官，甚至是检察官助理。除了具备发现问题线索的能力，还要有大局意识、责任意识，在问题线索的移送中不藏私、不懈怠。只有检察机关与纪检监察机关在各个层面思想上对该项工作予以高度重视，才能起到对党的队伍和公职人员群体的净化作用，因此需要检察机关对内部相关责任部门和人员予以职责确定，防止该项工作出现疏漏。

二、检察机关向纪检监察机关传索工作基本情况

（一）检察机关传索工作的职责分工情况

1. 检察机关主要业务部门拟通报、移送线索的人员对象范围、种类、区分

检察机关向纪检监察机关通报、移送线索的人员应当包含党员和国家工作人员。对于中国共产党党员的身份界定，不需多言。而对于国家工作人员的范围，以《监察法》第15条规定为准，即监察机关对下列六种公职人员和有关人员进行监察：（1）中国共产党机关、人民代表大会及其常务委员会机关、人民政府、监察委员会、人民法院、人民检察院、中国人民政治协商会议各级委员会机关、民主党派机关和工商业联合会机关的公务员，以及参照《中华人民共和国公务员法》管理的人员；（2）法律、法规授权或者受国家机关依法委托管理公共事务的组织中从事公务的人员；（3）国有企业管理人员；（4）公办的教育、科研、文化、医疗卫生、体育等单位中从事管理的人员；（5）基层群众性自治组织中从事管理的人员；（6）其他依法履行公职的人员。

此外，《移送问题线索工作办法》明确，执法机关、司法机关在工作中，发现下列三类问题线索，应当及时移送纪检监察机关，由纪检监察机关依规依纪依法处理：（1）党员涉嫌违犯党纪，依照纪律处分条例、监督执纪工作规则等有关规定，应当由纪检机关处置的；（2）监察对象涉嫌职务违法，依照《监察法》和政务处分有关规定，应当由监察机关调查处置的；（3）监察对象涉嫌职务犯罪，依照《监察法》《刑法》以及监察机关管辖的有关规定，应当由监察机关调查处置的。

上述两个规定明确了很具体的对党员、对公职人员的查处对象范围、种类，也是检察机关主要业务部门在具体工作中需要注意的情况通报、线索移送的范围、种类。在此基础上，还需要界定检察机关情况通报、线索移送的区别。

情况通报就是在检察机关办案过程中，主要涉及对党员、国家工作人员（含公职人员）作出以下三种处理结果的案件：一是对犯罪情节轻微而作出相对不起诉（前提是构成犯罪）处理的。二是对情节显著轻微但不作为犯罪处理而不予以刑罚处理的。三是构成犯罪需要提起公诉的，这部分人员的违纪违法事实一般板上钉钉，当然在后续纪检监察机关调查过程中是否会发现其他严重问题，检察机关不会过问。如2018年8月某区检察院在办理某骗取贷款、伪造国家机关公文、伪造事业单位印章案中发现，涉案人员利用伪造的警官学院文凭，先后至某自治区某市公安局、某区区委办公室工作。考虑到该利用假文凭"混入"政府部门的行为，不仅威胁国家安全和利益，也损害了政府部门公信力，因此某区检察院切实履行法律监督职能，积极向相关单位移送违纪线索。通过移送违纪线索督促某市某区纪委、区委、公安分局等单位及时履职，对涉案人员利用伪造的学位、学历材料至相关单位工作涉嫌违法的情况给予依法处理。经过长达八个月的沟通、联系，该院最终收到某区纪委分别对两个当事人予以开除处分决定请示的邮寄函件。

线索移送就是在检察机关办案过程中，发现党员或者国家工作人员涉嫌职务犯罪的线

索需要移送纪检监察机关,这部分人员的违纪违法事实还需要进一步待查待证。最典型的规定如在扫黑除恶专项斗争中,检察机关在办理涉黑恶案件中发现公职人员可能涉及黑恶势力的保护伞线索,有明确规定要作为职务犯罪线索移送。而在一般的刑事案件中发现职务犯罪线索的案例,如某基层检察院在办理普通的开设赌场刑事案件中,承办人经审查发现了他人职务犯罪线索,后向领导汇报后谨慎取证,顺利查实犯罪嫌疑人为达到取保候审目的,向相关执法人员行贿的证据,因此引发四起国家工作人员受贿案件职务犯罪线索并移送查处。这个案件的典型性在于检察机关自己先取证到位,一步移送成案,但是在实际工作中这种情况比较少,一般移送基本材料即可,后续由纪检监察机关再查再证。

2. 检察机关案管部门在情况通报、移送线索工作中的作用

案件管理部门在检察机关内部是专门负责案件监督管理的综合性业务部门,主要承担案件的"管理、监督、服务、参谋"职能。对于检察机关向纪检监察机关通报、移送经检察机关查处过的党员和国家工作人员线索的传索工作,本质上属于案管部门的服务性工作之一,但有时在案件质量评查过程中也会内部监督。案管部门虽然不直接办案,在该项工作中相当于二传手,和纪检监察机关的案管部门一样在两者主要业务部门之间起到一定的纽带、监督作用。

3. 检察机关主要业务部门与案管部门的程序性交接情况

一些省级检察机关制定了各级检察机关向同级纪检监察机关通报、移送涉嫌犯罪的党员和国家工作人员查处情况的工作流程,不同的办案环节或者阶段,办案部门要在规定时间内及时移送相应的材料给案管部门,然后必须由经检察长或者分管检察长审批后才能送达纪检监察机关。报送的材料包括当事人基本情况和证明其政治面貌、系国家工作人员等身份信息的相关材料。对于政治面貌的真实性查证由主要业务部门承担。对于异地通报、线索移送规定得比较含糊、笼统。

(二)纪检监察机关接受通报、线索移送的处理

《移送问题线索工作办法》规定,在问题线索的接收方面,明确由纪检监察机关案件监督管理部门负责统一接收后要及时审核,分以下四种方式办理:(1)本单位有管辖权的,应当及时研究提出处置意见;(2)本单位没有管辖权的,应当及时转送有管辖权的纪检监察机关;(3)本单位对部分问题线索有管辖权的,应当对有管辖权的部分提出处置意见,并及时将其他问题线索转送有管辖权的机关;(4)纪检监察机关没有管辖权的,应当及时退回移送机关。同时还明确,纪检监察机关办理执法机关、司法机关移送的问题线索,需要由发现问题线索的机关协助进行调查核实的,有关机关应当予以依法协助。该办法解决了异地人员的通报、线索移送问题,在一定程度上弥补了前些年在异地问题线索移送方面的空白,程序性的规定明确了纪检监察机关在接到相关移送后对线索分流、后续处理的原则,同时也明确了移送机关后续配合调查义务。但是这个规定仅仅针对问题线索,而对于后续违纪的情况处理反馈给移送单位没有涉及。

三、现实操作中存在的问题与不足

检察机关工作中发现党员、国家工作人员违纪违法犯罪的情况通报、线索移送，在自身办案过程中以及与纪检监察机关联系的过程中，还存在着一点问题，有检察机关内部程序性规定需要完善的问题，有纪检监察机关接收异地通报需要参照问题线索规定的处理问题，也有两者需要加强配合的问题。

（一）检察机关核实党员身份难

根据检察机关办案程序（主要是讯问模板的规定）要求，承办人在讯问过程中，对每个犯罪嫌疑人都要询问其政治面貌，如果犯罪嫌疑人回答是异地特别是外省中共党员的，承办人对核实真实性往往束手无策，一方面是因为检察机关办案时间的限定，尤其是批捕案件七天的办案期限，去掉周末两天还剩五天，阅卷、提审、报告、汇报、出文书，而且在这七天时间里手上不一定只有这一个案件，碰到疑难、复杂案件，加班加点都忙不过来；另一方面，缺少可直接查询党员或者国家工作人员身份的系统等手段，特别是异地的情况，所以对于办案中调查核实党员身份的问题，承办人一般都有点畏惧。这方面虽然打电话高效，但对方纪委直接配合还好，如果将信将疑，效率则易打折扣。

（二）异地通报、线索移送沟通、联系难

在异地特别是外省党员或者国家工作人员通报、线索移送方面，除了身份核实问题，还有直接通报、移送的联系方面问题。从上述所举2018年8月某区检察院的案件可见异地问题操作的难度，当然不仅仅是核实身份的问题。而本地、本市的一般不存在这方面问题，比较好沟通。如果通过共同上级沟通，一般效率不尽如人意。比如A省B市甲区发现有需要通报或者移送线索给C省D市乙县纪委，甲区检察机关直接联系乙县纪委，联系为先电话后纸质邮寄送达，这属于平级沟通。如果是A省B市甲区发现有需要通报或者移送线索给C省D市纪委，那是否需要甲区检察院先向直接上级A省B市检察院汇报后，由B市检察院联系C省D市纪委，还是由B市检察院先向A省检察院汇报后，再由A省检察院先和C省纪委先联系，再由C省纪委通知D市纪委？依据《移送问题线索工作办法》，按照线索所涉人员的管理权限向相应的本地区同级纪检监察机关移送。必要时，地方执法机关、司法机关以及垂直管理单位的下级机关可以报请其上级机关向相应纪检监察机关移送。似乎上面2018年8月某区检察院的案件并不算高效解决问题。

（三）通报、线索移送后对纪检监察机关后续处理回馈不重视

实际工作中，检察机关办案程序中涉及一些建议行政性处理方面的书面文书，均要相关单位予以书面回复处理结果的。比如对于相对不起诉人员予以行政处罚的检察意见，公安机关相应处理文书是要反馈给检察机关的。上述举例中2018年8月某区检察院的案件，某自治区某区纪委回复实在难以催要。在检察机关与纪检监察机关关于党员、国家工作人员的通报、线索移送传索回馈工作中，存在一个不主动要、一个不会主动给的问题。尤其是在情况通报与线索移送区别性前提下，更有必要做好书面反馈工作。

四、检察机关向纪检监察机关传索工作解决问题的未来展望

(一) 发挥案管部门作用解决检察机关核实党员身份难问题

一方面,在检察机关内部,如果承办人或者承办部门案件太多太过繁忙,这项调查工作可以考虑由检察机关案管部门来操作。实际上,笔者所在单位承担送达任务的案管人员,对于本地党员身份核实,一般在送达到的那一刻直接询问纪检监察机关的案管人员,马上操作即可知犯罪嫌疑人党员面貌的真实性。异地核实党员身份的,同样也可以由案管部门人员来承担,原来规定承办人甚至承办部门核实的内容建议作废。另一方面,在异地核实党员身份情况的工作中,除了原始的电话、信件、传真联系对接方式外,建议纪检监察机关进行异地网络化查询,可以更加快捷、高效处理。

(二) 国家级层面根本性解决异地通报、线索移送难问题

在异地的通报、线索移送工作中,建议国家级监检层面在相应的操作规定中简化程序,原则上点对点联系,如果沟通不畅,可以采取必要手段,再通过共同上级或者更高层级的检察机关与纪检监察机关来支持、监督处理。另外,《移送问题线索工作办法》规定仅仅针对问题线索,没有规定明确违纪的情况通报程序,当然广义上的情况通报可以理解为应当涵盖问题线索。对此,笔者所在地的纪检监察机关在实际工作中没有教条,一视同仁地对于异地情况通报、线索移送按照该办法规定的管辖权加以区分后进行分流、转交操作。

(三) 共同重视对通报、线索移送纪检监察机关后续处理回馈

一般情况是检察机关情况通报、线索移送后不好意思或者怠于催要,对此,纪检监察机关也要及时处理、积极回馈。对于异地情况通报、线索移送在按照《移送问题线索工作办法》规定的管辖权分流、转交操作后,异地纪检监察机关的处理情况也要通过转交的纪检监察机关再及时反馈通报、移送的检察机关,也可以直接送达,以便移送的检察机关也知晓相应处理结果并完善案卷材料,为今后类似工作的开展积累经验,也对国家法治建设具有一定积极作用。

监察体制下职务犯罪案件"检—监"工作衔接若干问题的探讨

尹开源　尹利威 *

摘　要：《监察法》对我国反腐体制进行了重大改革，原由检察机关对职务犯罪实施刑事侦查改为监察机关实施监察调查，由此带来"检—监"工作制度衔接的若干问题。检察机关应当坚持以法治思维主动把握和适应新时期反腐体制下职务犯罪案件"检—监"工作衔接在机构设置、案件移送、强制措施、证据适用和权责定位等方面的内在要求，积极推动集中统一、权威高效的权力监督新格局的发展完善。

关键词：监察体制　程序衔接　法律监督

2018年3月，十三届全国人大第一次会议修改了《中华人民共和国宪法》，并于同月20日审议通过了《中华人民共和国监察法》（以下简称《监察法》），确立了"一府一委两院"的政治体制构架，国家监察制度在我国正式诞生并运行。国家监察体制改革实行近三年以来，全国各地实务部门在党的领导下，开拓创新，初步确立了集中统一、权威高效的监察、检察工作机制，这是我国反腐败斗争取得压倒性胜利的重要保障。监察体制及检察改革关乎国家权力配置结构的调整，其中从检察机关来看，因其中职务犯罪、预防和反贪、反渎等相关部门转隶至监察委员会，使得其核心职务犯罪侦查权的相关职权被剥离，产生直接影响的便是其职权部门设置与职权配置问题。当监察体制改革与检察体制改革在依法治国的背景下相逢，检察机关应如何转变，如何与监察机关办案衔接，才能更好发挥两机关作用上的互补和价值上的契合，成为新时期职务犯罪案件办理中共同推进的目标。

一、检察机关机构设置的衔接

对于检察机关而言，职务犯罪案件的办理，是"政治性很强的业务工作，业务性很强的政治工作"的集中体现。自检察机关推行内设机构改革以来，全国各级人民检察院自上而下大都设立了专门的机构或者办案组，专门与监察委员会进行办案衔接，负责对监察委员会调查的职务犯罪案件进行审查决定是否逮捕，对移送起诉的案件审查决定是否提起公诉，出席法庭支持公诉、抗诉，开展相关审判监督以及相关案件的补充侦查。检察机关专业化的办案机构有利于整合检察职能，建立科学、高效的内部管理体制，进一步提高检察效能，实行专业化

---

* 尹开源：无锡市新吴区人民检察院党组成员专职检委会委员；尹利威：无锡市新吴区人民检察院第四检察部检察官。

管理,从而建立集中统一、权威高效的专门检察监督格局,这也是推动检察工作科学发展的一项重要而紧迫的任务。

职务犯罪检察专门机构职权配置的总体思路是:实行"决定逮捕权与审查起诉权合一"的配置模式已经形成共识。这一配置模式,有利于检察机关对监察委员会移送案件质量的审查把关,提高诉讼效率。只有当职务犯罪检察部门兼具捕、诉两项职能时,才能够在审查逮捕过程中根据案件特点和证据情况开展引导调查或自行补充侦查工作,并从审查起诉的角度把握证据标准,引导监察委员会全面、深入开展调查工作,为审查起诉工作提前做好准备;有助于审查逮捕和公诉工作的相互衔接,避免重复劳动,提高办案效率,降低司法成本。

二、监察委内部职务犯罪案件移送机制的建立和与检察机关的衔接

(一) 监察委内部移送机制的衔接

在以往很长一段时间内,由于纪检监察部门与检察机关在办案中缺少协调与配合,导致移送原检察机关反贪、反渎部门的职务犯罪案件在纪检监察部门立案查处的案件中所占比例极低,其中不乏有些违纪行为已涉嫌职务犯罪,却仅被处以了行政处分或纪律处分,而没有移送检察机关进入刑事立案处理的情况,这对职务犯罪的惩防工作是非常不利的。如今,纪检监察部门兼具执纪职能与执法职能,执纪和执法有不同的处置依据和处置措施,在此基础上应当探索建立监察委内部规范高效的职务犯罪案件移送机制和与检察机关的移送机制,实现执纪与执法的无缝衔接。笔者在此建议:在监察委内部通过机构分设,将对职务违法的调查和对职务犯罪的调查区分开来。

(二) 职务犯罪案件监察调查程序与检察审查程序的衔接

职务犯罪监察调查程序在查办职务犯罪的程序过程中,实质上发挥了侦查的作用。当调查终结,监察机关认为有确实充分的证据证明被调查人涉嫌职务犯罪的,必将由刑事司法程序与之衔接。《监察法》对此作出了规定[1],对涉嫌职务犯罪的,监察机关经调查认为犯罪事实清楚,证据确实、充分的,制作起诉意见书,连同案卷材料、证据一并移送人民检察院依法审查、提起公诉。对监察机关移送的案件,人民检察院依照《刑事诉讼法》对被调查人采取强制措施[2]。

虽然法律规定看似明确,但却忽略了一个问题,职务犯罪案件是何时,又是如何被转化为刑事司法程序的?监察体制改革之前,职务犯罪案件自检察机关立案之日起,正式启动刑事司法程序。但是,监察制度全面改革后,监察机关办理的立案与刑事诉讼的立案并非同一性质,根据《监察法》,监察机关立案的条件为经过初步核实,涉嫌存在违法犯罪行为,需要追究法律责任的情形,其开启的调查程序既可能指向违法,也可能指向犯罪,但《刑事诉讼法》

---

[1]《监察法》第45条第4款。
[2]《监察法》第47条。

也只是规定了检察机关对监察委移送案件如何采取刑事强制措施程序与审查起诉程序等,职务犯罪案件何时正式转变为刑事司法程序法律规定并不明确,监察调查程序与检察审查程序皆缺少"刑事立案"程序。职务犯罪监察调查程序并无刑事立案这一程序,其移送检察机关的起诉意见书、被调查人案卷材料证据等也并不能自动形成案件,检察机关更无法依此进行审查起诉。因此,在审查起诉之前,检察机关应当依职权对监察机关移送之监察案件予以转化,按照管辖范围进行刑事立案。只有这样,审查起诉方有依据,职务犯罪案件的刑事诉讼程序才能继续进行。

三、留置措施与刑事强制措施的衔接

(一)留置措施与刑事拘留强制措施的衔接

《监察法》规定了监察委员会的留置措施,然而已经采取了留置措施的案件在移送检察机关审查起诉时,该留置措施应该如何延续或取消,如何与《刑事诉讼法》所规定的强制措施相衔接,成为实践中影响监察委与检察机关办案衔接顺畅度和逻辑性的关键问题。因此,修改后的《刑事诉讼法》中规定:"对于监察机关采取留置措施的案件,人民检察院应当对犯罪嫌疑人先行拘留,留置措施自动解除。人民检察院应当在拘留后的十日以内作出是否逮捕、取保候审或者监视居住的决定。在特殊情况下,决定的时间可以延长一日至四日。人民检察院决定采取强制措施的期间不计入审查起诉期限。"在实践中还应当进一步明确相关工作规则。一是要进一步明确强制措施的决定流程,二是要进一步规范强制措施的执行,并对具体操作程序作出规定,如将被调查人、犯罪嫌疑人从留置区送至看守所是由公安机关负责执行还是由监察机关负责执行等。

(二)留置后审查逮捕程序的衔接

1. 职务犯罪案件一般逮捕条件的审查

根据《刑事诉讼法》规定,对有证据证明有犯罪事实,可能判处徒刑以上刑罚的犯罪嫌疑人,采取取保候审尚不足以防止发生社会危险性的,应当予以逮捕。根据职务犯罪的特点,被调查人接受调查后再犯新罪的可能性很小,检察机关在职务犯罪案件审查逮捕过程中,应当参考检察机关对普通刑事案件社会危险性条件的审查标准审查社会危险性,尤其对职务犯罪案件多发的妨碍取证、自杀逃跑两种社会危险类型进行重点防范。

审查逮捕过程中,除了要对犯罪嫌疑人是否符合逮捕条件进行审查外,还要审查其是否"患有严重疾病"。尽管目前我国立法尚未对影响羁押的严重疾病的范围和认定程序作出明确的规定,但职务犯罪案件犯罪嫌疑人一般年龄偏大,在被调查期间情绪波动大,尤其是被限制人身自由以后,心脏、血压、血糖等都容易出现不稳定的情况,检察官在审查逮捕时应当重点对犯罪嫌疑人的健康风险进行评估。

2. 职务犯罪案件径行逮捕条件的审查

根据《刑事诉讼法》规定,对有证据证明有犯罪事实,可能判处十年有期徒刑以上刑罚的,或者有证据证明有犯罪事实,可能判处徒刑以上刑罚,曾经故意犯罪或者身份不明的,应当予以逮捕。需要说明的是，职务犯罪主体是特殊主体，一般不存在曾经故意犯罪或身份不明的情况。这里主要将可能判处十年有期徒刑以上刑罚作为犯罪社会危害性的衡量标准。此处，"可能判处十年有期徒刑以上刑罚"，指根据案件证据和犯罪嫌疑人的犯罪事实、情节综合判断，其"宣告刑"可能判处十年有期徒刑以上重刑的。

3.《监察法》中留置措施的社会危险性条件与逮捕的社会危险性条件的衔接

根据《监察法》规定，对涉嫌职务违法和职务犯罪，可能逃跑、自杀或可能串供、毁灭证据等，监察机关可以对被调查人采取留置措施。虽然《监察法》没有明确规定留置的社会危险性条件，但实质上留置的条件与逮捕的社会危险性条件基本一致，监察机关在作出留置决定时也应当是掌握了被调查人有社会危险性的证据，起码是妨碍调查的证据。[1]那么，监察机关在移送审查起诉时是否需要同时提供证明犯罪嫌疑人社会危险性的证据材料？对此，《监察法》没有作出明确规定。但是，由于《刑事诉讼法》中关于逮捕的条件依然适用于职务犯罪案件，监察机关在结案移送检察机关时应当对犯罪嫌疑人是否需要采取逮捕强制措施提出建议，并就犯罪嫌疑人社会危险性进行综合评价并移送相关证据。

四、职务犯罪案件证据适用的衔接

证据制度是刑事诉讼的基本制度，对于保证案件质量，正确定罪量刑，具有十分关键的作用。《刑事诉讼法》明确规定了证据的概念、种类、举证责任、证明标准、非法证据排除以及证人制度等。《监察法》规定，监察机关依照本法规定收集的物证、书证、证人证言、被调查人供述和辩解、视听资料、电子数据等证据材料，在刑事诉讼中可以作为证据使用；监察机关在收集、固定、审查、运用证据时，应当与刑事审判关于证据的要求和标准相一致。以非法方法收集的证据应当依法予以排除，不得作为案件处置的依据。监察委在调查活动中依法依规合理采集的证据，可以直接在刑事诉讼程序中使用，作为定罪量刑的依据。然而实际操作中仍存在不少难点，比如，如何排除非法证据？监察机关在调查过程中所收集的证据在刑事诉讼阶段的审查过程中适用非法证据排除规则，这在理论上没有疑义，但在实际操作中存在诸多困难。例如监察机关调查程序中的全程录音录像及资料可核查问题。根据《监察法》规定，调查人员进行讯问以及搜查、查封、扣押等重要取证工作，应当对全过程进行录音录像，留存备查。同步录音录像制度由对讯问过程进行同步录音录像扩大到对讯问、搜查、查封、扣押等重大取证活动均需同步录音录像，是立法的一项重大突破，但对录音录像资料仅留存备查，而没有规定随案移送。监察调查，也特别是在留置措施下的调查具有高度封闭性的特点，为了使在这种条件下取得的证据经得起核查检验，建议在案件移送审查起诉时将全部同步录音录像资料副本随案移送检察机关。

另外，监察机关调查涉嫌职务犯罪案件取得的证据，要与刑事审判的要求和标准相一

---

[1] 张剑锋：《逮捕制度新论》，吉林大学，2013年博士学位论文。

致,经得起公诉机关和审判机关的审查[1]。人民检察院依法审查监察机关移送起诉的案件,要查明证据种类是否在法定范围内,证据是否依照法定程序和要求调查收集,以及证据是否确实、充分等。监察机关、人民检察院共同依法确保职务犯罪案件证据扎实、合法,经得起历史和人民的检验,把案件办成铁案。

五、新背景下对检察机关法律监督地位的理解

监察机关权力过大,如果没有有效的监督制约,监察委权力被滥用的风险将会增加。《刑事诉讼法》第19条第2款:"人民检察院在对诉讼活动实行法律监督中发现司法工作人员利用职权实施的非法拘禁、刑讯逼供、非法搜查等侵犯公民权利、损害司法公正的犯罪,可以由人民检察院立案侦查。对于公安机关管辖的国家机关工作人员利用职权实施的其他重大的犯罪案件,需要由人民检察院直接受理的时候,经省级以上人民检察院决定,可以由人民检察院立案侦查。"这意味着保留了检察院在刑事诉讼活动中的部分侦查权,如审查逮捕阶段发现司法工作人员利用职权实施的非法拘禁、刑讯逼供、非法搜查等侵犯公民权利、损害司法公正的犯罪的侦查权。

这里的"司法工作人员"能否涵盖监察委员会的调查人员?笔者认为,检察机关是专门的法律监督机关,负责监督国家机关依法行使各项权力。因此,监察委员会接受检察院的监督也是检察院行使法律监督职权的应有之义。

一方面,检察机关在审查逮捕过程中发现犯罪嫌疑人在监察委员会调查阶段刑讯逼供的情况,应当排除非法证据,非法取得的证据影响定罪量刑的,可以作出不予逮捕的决定;另一方面,为实现权力的监督和制约,消除检察官在办理职务犯罪案件时排除非法证据的后顾之忧,应当保留检察机关对监察委员会调查人员刑讯逼供、暴力取证等渎职行为的侦查权。除此之外,监察机关对于涉嫌职务犯罪的调查活动因具有刑事侦查的本质属性,属于刑事诉讼的一个环节,故也应当在检察机关诉讼监督的范围之内。

在调查过程中采取刑讯逼供、引供诱供、暴力取证等手段的工作人员,对于情节轻微的,可以参照普通刑事案件,口头或书面提出纠正违法的意见;对于情节严重、可能构成犯罪的,应当由检察机关对其渎职行为立案调查。只有加强对监察委员会权力的外部监督和制约,加重刑讯逼供、违法取证的责任和个人应承担的风险,才能更好地保证调查行为的合法性,形成内部监督与外部监督的有效统一,从而减少监察权被滥用的现象,形成监察委员会与检察院有效衔接、相互制约的格局。

综上,随着国家监察体制改革全面施行,检察机关与监察机关在办理职务犯罪案件过程中还会遇到许多工作衔接问题,需要我们在实践中不断摸索、总结提高。这种改革模式是新中国成立以来政治体制下权力监督制约模式的一次变革,责任重大,意义非凡。我们应当以

---

[1]《积极探索实践 形成宝贵经验 国家监察体制改革试点取得实效——国家监察体制改革试点工作综述》,载《光明日报》2017年11月6日第1版。

此次改革为契机,运用法治思维逻辑重新设定理顺监察委员会与检察院的权力关系,将长期以来纪委监察机关查办案件的公开性不强、双规双指措施无法律依据、行政监察受制于行政内部干预、检察院职务犯罪侦查力度不够及与纪委监察职务犯罪查处职能交叉重合、法律监督权与检察权抵牾等问题——消解。如此,监察委员会的功能才能得以最大化地发挥,检察院也得以回归法律监督者本色。

职务犯罪中被调查人认罪反悔问题的检视与破解

张宏宇 连 洋[*]

摘 要: 认罪认罚职务犯罪中的反悔问题不容忽视。以一审判决结果宣告为时间点进行划分,反悔可以分为一审判决前被调查人认罪认罚后又推翻认罪供述和一审判决后被调查人不服判决又提起上诉两种情况。职务犯罪中反悔问题的特殊性表现在监察机关不愿让被调查人反悔、被调查人容易反悔、被调查人反悔面临更大的风险等方面。当前,《监察法》《刑诉法》以及司法实务中对反悔问题均不够重视。应当从统一监察机关、检察机关、法院对认罪认罚制度的适用标准,监察机关启用认罪认罚程序与提出从宽处罚的建议分开,具结书在被调查人反悔后不能再作为证据使用,明确被调查人反悔后的反转程序,明确认罪认罚的被调查人在调查阶段有获得值班律师帮助的权利等方面保障被调查人正当的反悔权。

关键词: 监察法 职务犯罪 认罪认罚 被调查人反悔

引言:反悔问题不容忽视

认罪认罚从宽制度中被追诉人反悔,是指犯罪嫌疑人、被告人如实供述自己的罪行,对指控的犯罪事实没有异议,同意量刑建议并签署具结书之后,推翻此前认罪认罚供述的司法现象。[1]

2018年10月26日,《全国人民代表大会常务委员会关于修改〈中华人民共和国刑事诉讼法〉的决定》公布,认罪认罚从宽制度被正式载入《中华人民共和国刑事诉讼法》(以下简称《刑诉法》)。2018年3月20日,《中华人民共和国监察法》(以下简称《监察法》)正式颁布,明确由监察委员会(以下简称监察委)对所有行使公权力的公职人员进行监察。[2] 虽然《监察法》颁布时间早于《刑诉法》,但在《监察法》第31条已对认罪认罚从宽制度的相关内容进行了规定。2019年10月,"两高三部"发布了《关于适用认罪认罚从宽制度的指导意见》(以下

---

[*] 张宏宇:北京市第一中级人民法院法官助理;连洋:北京市昌平区人民法院法官助理,中国行为法学会司法行为研究会理事。

[1] 马明亮、张宏宇:《认罪认罚从宽制度中被追诉人反悔问题研究》,载《中国人民公安大学学报(社会科学版)》2018年第4期。

[2] 《监察法》第3条规定,各级监察委员会是行使国家监察职能的专责机关,依照本法对所有行使公权力的公职人员(以下称公职人员)进行监察,调查职务违法和职务犯罪,开展廉政建设和反腐败工作,维护宪法和法律的尊严。

简称《指导意见》)。《指导意见》第 5 条第 2 款进一步明确了认罪认罚从宽制度可在职务犯罪案件中进行适用。

基于职务犯罪封闭性与隐蔽性的特点,易形成以口供为中心的证据结构,证据的稳定性较弱,再加上被调查人畏罪、侥幸心理较强,具有较高知识水平等原因,否认犯罪或者任意"翻供""翻证"的现象经常出现。[1] 与翻供问题类似,随着职务犯罪中认罪认罚案件的比例逐步提高,被调查人"认罪认罚后又反悔"将成为办案机关面临的棘手问题。

基于此,本文立足于《监察法》与《刑诉法》的顺畅衔接,聚焦规范文本和司法实践中的反悔问题,从制度发展的角度探讨相应的完善路径,以期能对监察体制改革的深化有所裨益。

一、检视:被调查人反悔的典型样态和特殊性

为了对职务犯罪案件中被调查人的反悔问题进行精准剖析,笔者根据反悔的诉讼阶段,对典型样态进行了类型化归纳。因职务犯罪与一般犯罪行为存在较大差异,职务犯罪案件中被调查人的反悔问题呈现出相当的特殊性。

(一) 被调查人反悔的典型样态及影响

以一审判决结果为时间点进行划分,可以分为一审判决前被调查人认罪认罚后又推翻认罪供述,和一审判决后被调查人不服判决又提起上诉两类。总体来看,被调查人反悔的时间越早,诉讼成本消耗得越少,带来的负面影响也越小。

1. 一审判决前反悔

(1) 调查阶段反悔

第一,被调查人在调查期间作出认罪认罚供述,但在监察机关出具从宽处罚建议前反悔。第二,监察机关出具从宽处罚建议后,案件移送审查起诉前反悔。因监察机关出具从宽建议门槛较高,当监察机关出具从宽建议后,被调查人反悔导致从宽处罚的建议作废。

(2) 起诉、审判阶段反悔

第一,签署具结书前反悔。第二,在签署具结书后反悔。包括签署具结书后移送审判前反悔,或是在一审判决终局前反悔。此种情况下被调查人反悔可能会导致案件退回到起诉和审判阶段。

2. 一审判决后反悔

一审判决后又反悔的,集中体现为上诉行为。被调查人推翻具结书导致协议破裂,案件被拖入二审程序。

(二) 被调查人反悔体现出的特殊性

1. 监察机关不愿让被调查人反悔

第一,普通案件中适用认罪认罚制度可以让办案机关在证据收集等方面减轻一定负担,办案人员对该制度较为欢迎。但在职务犯罪案件中,因言辞证据所占分量较大,证据稳定性

---

[1] 卞建林主编:《腐败犯罪诉讼程序专题研究》,中国人民公安大学出版社 2014 年版,第 302 页。

相对较弱,适用认罪认罚从宽制度的效果与普通刑事案件相比不确定性更大,容易改变供述,面对上述风险,承办人普遍呈消极态度。[1]

当前,检察机关出具从宽处罚建议门槛高,从《监察法》目前的规定看,仅仅是调查机关提出从宽处罚的建议,认罪认罚即有着较高的门槛。可分四种情形分别分析:其一,自动投案并且需要真诚悔罪悔过。其二,积极配合调查,如实供述监察机关还未掌握的违法犯罪行为;但由于供述办案机关未掌握的犯罪行为,可能导致定罪量刑加重,被调查人出于此种畏罪心态,主动供述未掌握的违法犯罪行为的动力较弱。其三,积极退赃,减少损失的。此条认罪标准较容易达到。其四,具有重大立功表现或者案件涉及国家重大利益等。能满足此条要求的案件也非常少。除了要满足上述四种之一的情形外,想获得从宽处罚建议,还需要经过监察机关领导人员集体研究,并报上一级监察机关批准后才能获得。较高的门槛导致调查人员在材料制作、手续流转等程序性工作上需要消耗较多资源。一旦为被调查人出具从宽处罚建议,办案机关极不愿意让被调查人反悔。

第二,被调查人反悔后办案机关将陷入极为被动的局面。职务犯罪案件大多数为对合性犯罪,一般只有被调查人和其他人员单独在场,"权钱交易"隐秘程度高,几乎不存在一般意义上的犯罪现场和痕迹,也几乎没有传统意义上的证人和被害人,调查的难度非常大。与一般刑事案件中的证据结构相比,职务犯罪案件中言词证据重于客观证据。一旦被调查人反悔,案件被推倒重来,监察机关面临工作白费、重复劳动的情况。但职务犯罪中口供为主的特点导致想再获得被调查人的有罪供述,难度急剧增加。

第三,认罪自愿性核实困难。除了被告人的自认外,还需要依赖其他证据予以佐证,加之职务犯罪认罪从宽标准较于普通刑事犯罪更为严苛。[2]职务犯罪中调查阶段封闭性、秘密性较强,部分证据无法完整地向法庭提交并核实。比如在调查过程中,被调查人的全程同步录音录像,仅作为监察部门内部材料留查备案而不移送公诉和审判机关。上述原因都导致了如想核实被调查人在调查阶段认罪自愿性,将存在较大的困难。

2. 被调查人容易反悔

第一,被调查人的个人特征导致其容易反悔。被调查人具有一定的社会地位,在长期从事公务工作中,具备了一定的反侦察、反调查能力。在调查过程中,被调查人对调查侦查工作的对抗性要远强于一般的犯罪嫌疑人。此外,不同的被调查人之间还容易形成攻守同盟,同盟内部人员"严防死守",对整体调查工作的开展带来困难。当被调查人发现案件整体的情势逐步对己方不利时,被调查人可能将认罪认罚作为一种博弈策略,与调查人员展开谈判。比如先以认罪认罚的方式获得从宽建议,而一旦从宽建议不能达到其预期或者满足其提出的要求,就立刻反悔并推翻撤回此前的认罪,从而恢复到对己方比较有利的局面。

---

[1] 王秀华、张晓彤:《职务犯罪案件适用认罪认罚从宽的思考》,载《检察调研与指导》2019年第2期。

[2] 参见詹建红:《认罪认罚从宽制度在职务犯罪案件中的适用困境及其化解》,载《四川大学学报(哲学社会科学版)》2019年第2期。

第二，根据《宪法》的相关规定，监察委员会是国家监察机关，总揽职务犯罪案件调查，监察机关在办理职务犯罪案件时与审判和检察机关是互相配合、互相制约的关系。但作为监察领域的基本法，监察机关在职务犯罪领域具有统率其他一般法律、法规和规章的地位。[1]除此之外，在当前语境下，监察机关被定位于较强政治属性的政治机关，监察机关的政治地位和权力配置，无形中会使得监察机关出具的函蕴含对检察机关某种程度的约束力。[2]被调查人长期从事公务工作，对监察机关在政治架构中的重要性和地位亦比较了解。对于监察机关出具的从宽处罚建议，被调查人会有较为明确且清晰的预期，如果被调查人对从宽处罚的建议较为满意，其在主观上反悔的动力相对较弱。但是，如果检察院出具的量刑建议，或一审判决结果未能和从宽处罚建议保持一致，被调查人会产生较大落差而撤回认罪或者上诉。

3. 被调查人反悔面临着较大风险

鉴于职务犯罪案件较强的政治性，一旦反悔会被贴上"不忠诚、不老实、犯了错误还狡辩"的标签，面临着调查机关的"报复性调查"。被调查人反悔后，在调查过程中可能会遭到监察机关从严处理。另外，调查办案人员对认罪认罚职务案件本就较为缺乏积极性，一旦被调查人在认罪认罚后又反悔，被调查人可能因此彻底惹怒办案人员，甚至在定罪量刑方面遭到"报复性指控"。

二、评析：《监察法》《刑诉法》中对反悔问题的相关规定

认罪认罚制度体系和定位在《监察法》和《刑诉法》中不够协调一致，监察机关、检察机关、被调查人对认罪认罚制度的法律属性认识不统一。监察、检察、被调查人三方均按照对己方有利的原则对现行规则进行随意解读，导致混乱与无序。

（一）《监察法》中对反悔问题的规定：制度性缺失

1. 《监察法》

关于认罪认罚从宽制度在《监察法》中的适用，仅在第31条明确了四种可以提出从宽建议的情形。

2. 评价和存在问题

一是《监察法》对认罪认罚制度的适用门槛较高，导致程序启动较为困难，而程序启动后，被调查人反悔会导致程序成本消耗过大，成本较高。二是《监察法》中对认罪认罚从宽制度的规定较为粗糙，这导致监察机关在处理认罪认罚职务犯罪案件时，需要参照适用《刑诉法》的相关规定。但是《监察法》只是在第33条中规定监察机关运用证据时应当与刑事审判关于证据的要求和标准一致，而对于认罪认罚制度的适用，却没有类似规定。三是《监察法》

---

[1] 参见姜明安：《国家监察法立法的若干问题探讨》，载《法学杂志》2017年第3期。
[2] 詹建红：《认罪认罚从宽制度在职务犯罪案件中的适用困境及其化解》，载《四川大学学报（哲学社会科学版）》2019年第2期。

中对认罪、认罚、从宽均缺乏明确具体规定,对认罪认罚的记载模式亦缺乏明确规定,导致被调查人因理解的不同或者记录不规范、不准确而反悔。[1] 另外,《监察法》没有规定监察机关告知被调查人享有的权利和应承担的义务。四是认罪认罚制度在调查阶段的适用仍缺乏较为系统明确的规范指引,对于认罪认罚后反悔的问题,相关规定更是空白。五是未明确被调查人有获得律师帮助的权利,导致被调查人在认罪认罚程序中缺乏相应的程序性保障。六是对于监察机关提出的从宽建议,检察机关应当如何处理,《监察法》中未进行规定。

(二)《刑诉法》对反悔问题的规定:进步与缺憾并存

1. 《刑诉法》

《刑诉法》第 15 条[2]概括规定了认罪认罚从宽的基本内涵。

在侦查阶段,第 162 条[3]明确被追诉人在侦查终结前认罪的,应记录在案并移送。在起诉阶段,第 173 条、174 条和 176 条对签署具结书等内容进行了规定。但上述法条中均未涉及反悔问题。

在审判阶段,第 201 条明确法院在作出判决时,一般应当采纳检察院指控的罪名和量刑建议,但是被告人否认指控的犯罪事实的除外。该条对审判阶段的反悔问题作了初步规定。第 226 条规定,在速裁程序中,被告人否认指控的犯罪事实的,应当按照第一节(公诉案件)或者第三节(简易程序)的规定重新审理。但对速裁程序中被告人反悔后,诉讼程序应当如何进行回转未作出规定。

2. 《指导意见》

《指导意见》中已经关注到《刑诉法》对反悔问题的规定存在不完善之处,补充了相关内容。如第 39 条、48 条规定,被告人认罪认罚后又反悔,依法需要转换程序的,应当按照普通程序对案件重新审理。第 40 条亦规定,被告人否认指控的犯罪事实,不予采纳量刑建议。在第十一节还专门对不起诉后、起诉和审判阶段认罪认罚的反悔和撤回问题作了规定。

3. 存在问题

一是《刑诉法》只是对在审判阶段反悔的,应当如何处理作出了规定。对于在侦查和起诉阶段反悔,程序如何反转的问题没有规定。二是《指导意见》中对反悔问题有所关注,但是对于反悔后程序如何反转等问题的规定仍然比较粗糙,不能准确指导司法实践。对于反悔后的证据使用、具结书使用、认罪认罚能否作为有罪供述等关键问题的规定仍然是空白。三是《指导意见》中对于具结书失效后能否继续用作有罪证据没有规定。

---

[1] 如在浙江吴某某等贪污案中,吴某某提出,其在监察机关调查期间承认自己贪污科研教育经费也是为了得到从宽处罚而作出了与实际情况不符的供述。参见(2018)浙刑终 27 号刑事裁定书。

[2] 《刑诉法》第 15 条规定,犯罪嫌疑人、被告人自愿如实供述自己的罪行,承认指控的犯罪事实,愿意接受处罚的,可以依法从宽处理。

[3] 《刑诉法》第 162 条规定,犯罪嫌疑人自愿认罪的,应记录在案,随案移送,并在起诉意见书中写明有关情况。

三、破解：保障被调查人的正当反悔权

反悔行为造成了诉讼效率下降、办案人员重复劳动。但反悔作为辩护的一种方式，被追诉人为自己辩护有着天然正当性。认罪认罚在职务犯罪中进行适用，降低了案件调查过程中的对抗性，高度契合了职务犯罪尤其是贪腐犯罪案件中较为独特的证据结构和特点，有利于减缓职务犯罪案件的证明难度。[1]

当前认罪认罚制度尚在适用初期，在职务犯罪案件中的适用更是处于探索阶段，为防止认罪认罚制度成为监察机关策略性"骗取"有罪供述而无需承担任何不利后果的一种方式，不宜对被调查人的反悔行为有过多限制，除少数主观恶性明显较强的反悔外，被调查人具备一定理由和合理性的反悔应当被看作是行使正当反悔权的行为，应当受到法律保护。应通过完善制度设计和规范司法行为减少被调查人的反悔动力，并加强反悔后的程序保障和权利救济，在维护被调查人权利与提高诉讼效率之间取得平衡。

（一）制度设计层面

1. 统一监察机关、检察机关、法院适用认罪认罚制度的标准

认罪认罚从宽制度作为一项横跨监察程序和刑事诉讼程序的新创制度，其适用应在职务犯罪案件办理的整个过程中保持一致，程序阶段的转换不应成为制度适用标准差异的正当理由，否则将引起内生性的制度矛盾，并导致制度的系统性和稳定性受到严重冲击。[2] 为了从源头上减少被调查人因对认罪认罚制度理解的不同而造成的进入下一诉讼阶段后引发的反悔行为，应当统一监察机关、检察机关、法院对职务犯罪案件中认罪认罚的标准。

建议，被调查人在调查阶段自愿如实供述自己的罪行，对指控的犯罪事实没有异议，即具备了"认罪"的条件；在调查阶段真诚悔罪，愿意接受处罚，即符合"认罚"的标准。被调查人对个别事实情节提出异议和辩解，不影响对认罪认罚的认定。

2. 将监察机关启用认罪认罚程序与提出从宽处罚建议予以区别

《监察法》第 31 条明确了监察机关提出从宽处罚的建议的权利，但门槛过高，适用认罪认罚制度所消耗的司法资源过多。为了降低适用认罪认罚制度的适用门槛和司法成本，建议将认罪认罚程序的启动与正式提出从宽处罚建议区别开来。认罪认罚程序启动无需向上一级机关批准。如被调查人在调查阶段如实供述罪行，对调查的犯罪事实无异议，真诚悔罪，并愿意接受处罚，即可启动认罪认罚程序。为保障被调查人从宽处罚的权利，在监察机关启动认罪认罚程序的，应当作为一种事实情节予以记录，检察机关可将被调查人在调查阶段认罪认罚作为一种认罪态度较好的情节，给予较大幅度量刑优惠。

对于被调查人是否符合出具《监察法》第 31 条规定的从宽处罚建议的特殊情形，可以在

---

[1] 汪海燕：《职务犯罪案件认罪认罚从宽制度研究》，载《环球法律评论》2020 年第 2 期。
[2] 参见詹建红：《认罪认罚从宽制度在职务犯罪案件中的适用困境及其化解》，载《四川大学学报（哲学社会科学版）》2019 年第 2 期。

推进认罪认罚案件适用的同时由监察机关进行审查,对于符合条件的,可由监察机关出具从宽处罚建议,供检察机关参考。

3. 将具结书和有罪供述进行严格区别

有罪陈述是法定证据种类的一种,是被调查人对自己犯罪行为的表达,是证明案件的材料,对调查机关查清事实具有重要作用。根据《监察法》第20条,在调查过程中,对涉嫌职务违法的被调查人,监察机关可以要求其就涉嫌违法行为作出陈述,必要时向被调查人出具书面通知。对于被调查人反悔前作出的有罪供述,监察机关可按照关于翻供的处理原则进行办理。

而具结书是被调查人自愿放弃无罪答辩的权利、在怀有从宽处罚预期的基础上,以有罪陈述为筹码换得量刑上的优惠,可减轻调查机关的办案压力,提高诉讼程序的整体效率。具结书具有一定的契约性质,是被调查人和调查机关协商后的结果,双方在法律地位上应处于平等状态。被调查人在签署具结书后反悔,具结书自然失效。虽然具结书失效,具结书中的量刑优惠不再适用,但从我国刑事司法传统以及大部分司法机关的实务操作看,具结书仍有可能作为有罪陈述用于此后的诉讼过程。在口供重要性较大的职务犯罪案件中,这对于被调查人既不公平也不利。此外,如果赋予具结书证据能力,易导致"具结书中心主义",其证明力将促使控诉机关将签署具结书作为汲汲追求的重要目标,被追诉人可能会沦为"签字画押"的客体。[1] 综上,笔者认为,被调查人反悔后,具结书在失效的同时,具结书中的内容不能在职务犯罪案件中作为证据进行使用。

4. 明确被调查人反悔后的反转程序

认罪认罚从宽处罚是犯罪嫌疑人的一项选择性权利,同样,也应当赋予被调查人反悔并撤回认罪认罚的权利。因被调查人反悔的阶段不同,需要对各个阶段反悔后的反转程序进行明确。

(1) 调查阶段反悔

如监察机关未出具从宽处罚建议,则程序不受影响,只需要调查机关做好认罪认罚后反悔的记录即可。如检察机关已出具从宽处罚建议,则从宽处罚建议失效,不可用于此后的诉讼过程。

在调查阶段认罪认罚后,被调查人在检察起诉阶段反悔,被调查人出具的认罪认罚陈述可能无法继续采纳,案件可能会面临无法达到移送起诉标准的问题。在此情况下,检察院可参照适用《监察法》第47条规定[2],退回补充调查或自行补充侦查。

(2) 起诉阶段反悔

在调查阶段未认罪认罚,在起诉阶段认罪认罚,但在签署具结书前反悔,因案件已调查完毕,反悔行为不会对案件进程产生实质性负面影响,检察院可按照非认罪认罚案件的标准

---

[1] 汪海燕:《职务犯罪案件认罪认罚从宽制度研究》,载《环球法律评论》2020年第2期。

[2] 《监察法》第47条规定,人民检察院经审查,认为需要补充核实的,应当退回监察机关补充调查,必要时可以自行补充侦查。

进行处理。

不论在调查阶段是否认罪认罚,如被调查人在签署具结书后反悔,具结书应一律归于无效,同时,具结书不能再作为有罪证据在此后的诉讼过程中进行使用。

(3)审判阶段反悔

一审判决前反悔的,职务犯罪案件中的被告人可以在法院判决前提出撤回认罪认罚协议的申请,法院应当改变审理程序,将简易程序或速裁程序及时变更为普通程序或简易程序进行审理。

为提高效率追求,在认罪认罚案件上诉中有必要作出区分,凡是只对认罚反悔的上诉,二审只需审查影响认罚的量刑情节即可,如在张某受贿案[1]中,张某认罪但以量刑过重为由提出上诉,二审法院仅对张某及其辩护人提出的自首、退赃等量刑过重的情节进行审查后判断;另,为防止资源浪费,审理方式以提讯与书面审结合,凡是对认罪反悔的上诉二审则需要同不认罪案件一样进行全面审查,为确保案件公正,审理方式以开庭审为主;凡是无正当理由反悔的,可通过提讯或书面审后直接裁定驳回。

5. 明确认罪认罚的被调查人在调查阶段获得值班律师帮助的权利

鉴于目前反腐败斗争的严峻形势以及调查对象及案件的特殊性、敏感性,辩护律师介入调查阶段提供法律帮助仍然存在一定的困难和阻碍。但认罪认罚与一般的自首、坦白不同,被调查人更需要通过专业律师的帮助,进一步明确认罪认罚的权利和义务,舒缓被调查人压力,减少因控辩双方信息不对称等原因而引起的反悔行为。鉴于值班律师中立性较强,具有一定的在场见证职能,且值班律师与被调查人依附关系较弱,发生串供、诱导改变口供、毁灭伪造证据等违法违纪行为的可能性极低,值班律师还可以对监察机关的调查行为进行监督,督促其正确履职。现阶段,可探索允许值班律师对调查阶段认罪认罚的被调查人提供法律帮助,为未来律师介入调查阶段提供帮助进行尝试和试点。

6. 保障被调查人反悔后再次认罪认罚的权利

一审判决前的诉讼程序中,调查人认罪后可以反悔,反悔后可再次认罪认罚,但被调查人的反悔次数应限于两次,第二次认罪认罚后再反悔的,被调查人将不能再适用认罪认罚从宽制度。

(二)司法应对层面

1. 明确办案机关的告知和释明义务

为保障被调查人的知悉权,进而保证认罪认罚的自愿性和明知性,应当进一步明确办案机关的告知和释明义务。告知内容应当包括被调查人在调查程序中享有的权利、义务以及认罪认罚从宽的法律规定,认罪认罚具结书的内容及其对裁判的影响、认罪认罚的撤回及其后果等。为保障监察机关告知义务的切实履行,还应当以书面形式正式印发"权利与义务告知书",在告知书中列明上述权利,并要求被追诉人在阅读并完全理解之后签字或盖印。加强对被调查人的心理感化,获得与被调查人合作的机会。

---

[1] (2018)京刑终45号刑事裁定书。

对公诉机关提出量刑建议的认罪认罚从宽案件,法院不仅要审查认罪的自愿性,更要"从证据采信、事实认定、定罪量刑、程序操作、各方参与和建议说理等方面进行全面的、实质的审查"[1]。

2. 规范卷宗记载和使用

因认罪认罚的作出时间、认罚的程度及对查清案件的作用等均为后期确定从宽幅度的重要依据,因此,需要对调查阶段的认罪认罚相关情况予以规范、细致的书面记载,以供起诉和审判阶段审查之用。此外,还可单独制作从宽证据卷宗,将相关书面自愿认罪材料单独附卷,固定认罪证据以减少被调查人反悔的空间,加强职务犯罪从宽证据的收集整理运用。最后,应完善职务犯罪非法证据排除规则,如出台协调检监调取录音录像核实规则、规范调查人员出庭作证规则等。

---

[1] 胡云腾:《正确把握认罪认罚从宽 保证严格公正高效司法》,载《人民法院报》2019年10月24日。

后监察体制改革时代监检衔接相关实务问题探讨

王聚涛*

摘　要：随着《监察法》2018年3月实施以及《刑事诉讼法》2018年10月第三次修正，后监察体制改革时代来临。一些围绕监察体制改革过程中形成的监检程序衔接问题产生的争议和讨论，如监察机关收集证据是否适用刑事诉讼取证规范、证据规则等已经达成一致意见。但是一些未竟的问题仍有探讨的价值，尤其是随着实践中案件样本的逐渐丰富，还会有新问题不断产生。其中，就监察机关初核阶段形成的谈话笔录而言，应当承认谈话笔录的证据地位，具有证据能力；就监察机关移送审查起诉，检察机关在受案后是否另设立案程序的问题，无论是现行法律规定还是司法实践，均应当予以否定；就案件在公安机关与监察机关之间改变管辖后，原办案机关收集的言词证据而言，仍可以继续使用而无需经过转化。

关键词：监检衔接　谈话笔录　证据能力　立案　证据转化

国家监察体制改革是以习近平总书记为核心的党中央做出的重大决策部署，是推进国家治理体系和治理能力现代化的重大举措。[1]《监察法》于2018年3月20日通过并实施，标志着我国反腐工作进入新时代。而伴随着《刑事诉讼法》于2018年10月26日第三次修正，职务犯罪案件办理正式迈入后监察体制改革时代。至此，与普通刑事案件相比，职务犯罪案件办理呈现出"程序二元、证据一体"[2]的模式。

在监察体制改革试点至《监察法》出台后，学界和实务界已较多从程序、证据等层面对《监察法》与《刑事诉讼法》衔接过程中的相关问题进行了探讨，有些已经形成了较为一致的观点，比如监察机关调查取证规范、规则和证明标准应当参照《刑事诉讼法》，对监察机关调取的证据亦适用非法证据排除规则以及调查人员应当出庭作证等。对于已有定论的问题无需再着笔墨，因为理论与实践已经相契合，再讨论已无价值。但是，随着后监察体制改革时代到来，职务犯罪案件样本越来越多，办理经验亦会愈加丰富，一些仍有争议的问题势必要尘埃落定，而一些原本没有考虑到的问题也会随着实践的发展而不断浮出水面。思考并解决这些实务中既已存在或者新涌现的问题，无论是对继续深化监察体制改革还是指导监察机关、检察机关以及审判机关办案都有着重要的现实意义。

---

* 王聚涛：江苏省常州市天宁区人民检察院第二检察部主任。
〔1〕 陈光中、邵俊：《我国监察体制改革若干问题思考》，载《中国法学》2017年第4期。
〔2〕 李勇：《〈监察法〉与〈刑事诉讼法〉衔接问题研究——"程序二元、证据一体"理论模型提出》，载《证据科学》2018年第5期。

笔者认为,至少还有以下三个方面的问题还需进一步探讨。

一、监察机关初核阶段谈话笔录证据能力问题

(一) 初核与调查之界分

监察体制改革前,职务犯罪案件仍由检察机关"两反"机构办理时,职务犯罪案件办理分为初查和侦查两个阶段,其中初查是指检察机关在立案前,对相关职务犯罪线索进行初步调查,以判断是否具备刑事立案的条件的行为。初查不属于正式的侦查活动。

监察体制改革后,《监察法》第38条规定:"需要采取初步核实方式处置问题线索的,监察机关应当依法履行审批程序,成立核查组。初步核实工作结束后,核查组应当撰写初步核实情况报告,提出处理建议。承办部门应当提出分类处理意见。初步核实情况报告和分类处理意见报监察机关主要负责人审批。"这里的初步核实简称"初核",类似于之前原检察机关的"初查"。又根据《监察法》第39条第1款的规定:"经过初步核实,对监察对象涉嫌职务违法犯罪,需要追究法律责任的,监察机关应当按照规定的权限和程序办理立案手续。"可见,监察体制改革后,监察机关在办理职务违法犯罪案件在办案程序上大体上与改革前保持了一致,即分为初核和调查两个阶段。换而言之,监察机关办理职务违法犯罪案件,只有经过初核和立案程序,才能进入调查环节。

初核与调查是两个不同的阶段,初核是调查的前置程序,调查只能在立案之后进行。职务违法犯罪线索只有经过初核,符合一定条件并经过审批程序后,才能正式进入立案阶段,从而由职务违法犯罪"线索"上升为职务违法犯罪"案件"。而调查是立案后的有关程序措施和取证工作,在某种意义上,监察调查像刑事侦查一样,是一个专用名词。[1]

(二) 初核与调查阶段的言词笔录

根据《监察法》规定[2],监察机关行使监督、调查职权时,可以采用谈话、讯问、询问、留置、查询、冻结、搜查、调取、查封、扣押、勘验检查、鉴定措施,可以决定采取技术调查、通缉、限制出境等措施并交有关机关执行。同时,结合各项措施的重要程度、对调查职务违法犯罪案件的作用以及对公民权利的影响程度等,对各项措施使用阶段作出区分,明确谈话、询问、查询、调取、勘验检查、鉴定、技术调查、限制出境等八项措施可以在初核阶段使用;而对于人身权利和财产权利影响较大的讯问、留置、冻结、搜查、查封、扣押、通缉等七项措施,只能限定在监察立案后使用。

由此可见,监察机关在办案过程中形成的言词笔录包括初核阶段对监察对象的谈话笔录、监察立案后对涉嫌职务犯罪的被调查人的讯问笔录,以及在两阶段均可出现的对证人等其他人员的询问笔录。谈话笔录与讯问笔录的区别在于:形成的阶段不同,接受问话的对象不同。

---

[1] 林劲松:《监察机关人证笔录的证据能力辨析》,载《法治研究》2020年第3期。

[2] 《监察法》第19条~第29条。

(三) 谈话笔录的证据能力

《监察法》第45条第1款第(四)项规定:"对涉嫌职务犯罪的,监察机关经调查认为犯罪事实清楚,证据确实、充分的,制作起诉意见书,连同案卷材料、证据一并移送人民检察院依法审查、提起公诉。"同时,《国家监察委员会移送最高人民检察院职务犯罪案件证据收集审查基本要求与案件材料移送清单》对监察机关移送检察机关的基本要求和案件材料进行了明确和细化。

在实践中,监察机关会将初核阶段对被调查人所做的谈话笔录一并装卷移送检察机关审查。对于这些立案前形成的谈话笔录能否作为证据使用,理论界和实务界均有不同观点。

有反对者认为,初核不是一个严格的取证程序,难以保证证据材料的真实性和合法性,如果允许使用初核证据,将会导致以初核代替调查,没有立案程序的保障,将带来侵犯公民合法权益的重大风险。[1] 也有反对者认为,允许监察立案前取得的言词笔录作为证据使用,在我国特殊考核体制下,会架空"立案"这个闸门,导致调查权的任意行使,且由于言词证据不稳定,一旦没有立案程序和权力保障,容易导致其不真实性和非自愿性。[2]

但赞成者认为,上述主张不具有合理性,不仅在理论上站不住脚,且在实务上也难以满足反腐的现实需求。只有取证手段的非法性才会导致证据能力的丧失,而与在哪个程序阶段取证无关,以立案作为判断取证合法性的要求并无实际意义。进而认为,只要是按照合法的程序所收集的证据,都可以在诉讼中合法使用,其证据能力不受取证阶段的影响。[3]

笔者同意第二种观点,即谈话笔录同样具有证据能力,具备证明职务违法和犯罪行为的证据资格。

一份有效的证据包含证据能力和证明力两个方面,其中证据能力是解决证据材料的证据资格问题,而证明力则是指证据证明犯罪事实的能力大小,二者属于不同的维度。在运用证据的整个诉讼过程中,证据能力的判断在先,证明力的判断在后。

证据能力的判断可从正反两个方向进行。从正向上看,一份证据材料要具有证据能力,一般要符合关联性(又称相关性)、取证手段的合法性以及可靠性三个要件。其中,关联性是指只有与案件事实有关的材料才能作为证据使用,其需要在证据与案件中需要证明的事项的关系上体现出来;取证手段的合法性,是指取证主体以及取证的方式方法要符合法律规定,这是为了保证取证工作的严肃性和合法性,防止取证恣意发生;可靠性,则是从确保证据真实性角度进行规定的。而从反向上看,不具有关联性、采取违法的手段取证以及真实性无

---

[1] 林劲松:《监察机关人证笔录的证据能力辨析》,载《法治研究》2020年第3期。
[2] 李勇:《〈监察法〉与〈刑事诉讼法〉衔接问题研究——"程序二元、证据一体"理论模型提出》,载《证据科学》2018年第5期。
[3] 纵博:《监察体制改革中的证据制度问题探讨》,载《法学》2018年第2期。

法确认的证据不能作为证据采用即不具有证据能力。[1]

根据上述规则,初核阶段形成的谈话笔录是否具有关联性、可靠性均不难判断,只需要对具体笔录内容分析即可,那么谈话笔录是否符合取证手段的合法性规则呢?答案是肯定的。

《监察法》第33条第1款明确规定:"监察机关依照本法规定收集的物证、书证、证人证言、被调查人供述和辩解、视听资料、电子数据等证据材料,在刑事诉讼中可以作为证据使用。"这就充分表明,监察机关是收集职务违法和职务犯罪证据的合法主体,其依照《监察法》收集的各种证据材料在刑事诉讼中可以作为证据使用,即具有证据能力。

有观点认为这里的"等"仅限于列举出的六种证据材料,不包括谈话笔录,但这种观点站不住脚。第一,从国内外对证据能力的要求来看,只要证据具有关联性且未被法律排除的,就具有作为诉讼证据使用的资格,而并无必须在特定阶段取证的要求。第二,以是否立案作为判断是否具有证据能力的条件并无实益:在监察机关内部设立立案程序并不能对其调查取证进行限制和规范,而且设置立案程序不仅不能达到制约侦查权(以及调查权)的效果,反而会导致无法及时侦查(调查)取证、延误侦查(调查)时机和"不破不立""破了才立"等异化后果。[2] 第三,将以立案作为判断证据能力的标准,将会陷入形式主义的泥潭。非法证据排除的目的是为了将严重侵犯人权、严重违反法定程序、损害公平公正价值的证据排除出刑事诉讼程序以及调查程序,而不能将合法取证主体在不违反"自白任意性规则"的情况下取得的言词证据排除在证据之外,这样只会舍本逐末,得不偿失,从而亦不符合监察体制改革之建立"集中统一、权威高效"监察体系的初衷。而且,从实践中看,监察机关亦是将在初核过程中形成的谈话笔录装卷与讯问笔录、书证等证据同时移送检察机关审查起诉的。

因此,监察机关在初核阶段收集的谈话笔录具有证据能力,可以作为证据使用。至于谈话笔录是否具有证明力则是另外一个问题了。

二、应否在检察机关内部另设立案程序的问题

根据《监察法》规定,对涉嫌职务犯罪的,监察机关经调查认为职务犯罪事实清楚,证据确实、充分的,应当移送人民检察院依法审查。监察机关移送检察机关审查起诉,标志着职务犯罪案件正式进入刑事诉讼程序。

关于监察机关移送审查起诉案件,检察机关在接受案件后是否进行立案在学界有不同

---

[1] 如《关于全面推进以审判为中心的刑事诉讼制度改革的实施意见》第27条规定,通过勘验、检查、搜查等方式收集的物证、书证等证据,未通过辨认、鉴定等方式确定其与案件事实的关联的,不得作为定案的根据;《人民法院办理刑事案件第一审普通程序法庭调查规程(试行)》第48条规定,证人没有出庭作证,其庭前证言真实性无法确认的,不得作为定案的根据;《刑事诉讼法》第56条规定,刑讯逼供、暴力、威胁等非法方法收集的言词证据,收集程序不符合法定程序、严重影响司法公正、不能补正且不能作出合理解释的物证、书证,系非法证据,应当排除。

[2] 纵博:《监察体制改革中的证据制度问题探讨》,载《法学》2018年第2期。

声音。认为应当立案的理由是：检察机关立案是监察机关调查案件进入刑事诉讼程序的"启动器"，只有打开这个"启动器"，案件才进入刑事诉讼程序。同时这一刑事立案制度，可以实现对监察机关调查案件的过滤功能，将不可能构成犯罪的案件排除在刑事诉讼程序之外，从而实现检察机关对监察机关调查活动的制约和监督。[1]该观点将立案程序作为避免刑事侦查权滥用的规制手段，防止随机性侦查发动，"防止滥用强制调查手段，实现犯罪调查中人权保障"[2]机能。

对此，笔者不能苟同。

（一）立案程序难以发挥对侦查权的有效监督制约

从形式上看，刑事立案解决了刑事案件的起点问题，也只有立案后，侦查机关才能采取讯问、搜查、冻结、扣押、拘留等侦查措施。从这个意义上言之，刑事立案确有防止侦查机关在初查阶段对初查对象采取强制措施以及查封、扣押、冻结初查对象的财产、技术性侦查措施之功能。[3]

侦查人员在立案前固然不能实施上述与初查对象人身权和财产权紧密关联的权利的侦查措施，但是在立案后侦查机关拥有了采取上述侦查措施的正当化事由后，为什么就能确保侦查人员不会滥用这些措施呢？如果缺少侦查机关的内部监督以及检察机关对侦查取证活动的外部监督，单凭立案来防止侦查权被不当运用，其效果难以得到保证。

（二）在检察环节另设立案程序不符合现行法律规定

刑事立案制度来自苏联。刑事立案是刑事诉讼的起点，是每一个刑事案件都必须经过的法定阶段。其作用是为了准确、及时地揭露和惩罚犯罪，保护公民的合法权益不受侵犯，是准确评价社会治安形势和进行正确决策的重要依据。

刑事立案权是一种专属权能。《刑事诉讼法》第109条规定："公安机关或者人民检察院发现犯罪事实或者犯罪嫌疑人，应当按照管辖范围，立案侦查。"因此，在我国，仅有公安机关、检察机关对各自管辖范围内的刑事案件享有立案权，其他任何机关和个人均无资格行使该项权利。但无论是公安机关还是检察机关启动立案程序，均是为了侦查刑事犯罪，而不是解决受理问题。也只有在立案后，侦查机关才能对犯罪嫌疑人采取相关的侦查措施。

《监察法》第45条规定，对涉嫌职务犯罪的，监察机关移送人民检察院依法审查、担起公诉，立法表述上并未要求检察机关对是否符合立案条件进行判断。中纪委、国家监察委官方

---

[1] 李勇：《〈监察法〉与〈刑事诉讼法〉衔接问题研究——"程序二元、证据一体"理论模型提出》，载《证据科学》2018年第5期。

[2] 参见龙宗智：《监察与司法协调衔接的法规范分析》，载《政治与法律》2018年第1期。

[3] 《公安机关办理刑事案件程序规定》第171条第3款规定："初查过程中，公安机关可以依照有关法律和规定采取询问、查询、勘验、鉴定和调取证据材料等不限制被调查对象人身、财产权利的措施。"《人民检察院刑事诉讼规则》第169条规定："进行调查核实，可以采取询问、查询、勘验、检查、鉴定、调取证据材料等不限制被调查对象人身、财产权利的措施。不得对被调查对象采取强制措施，不得查封、扣押、冻结被调查对象的财产，不得采取技术侦查措施。"

意见亦认为"不需要检察机关再行立案"。[1]而且,立案是侦查的前置程序,其目的是避免在没有根据的情况下启动刑事侦查程序,但是监察案件在移送审查起诉时已经完成犯罪调查和证据收集工作,即使走立案程序亦无法发挥上述功能。[2]

(三) 在检察环节另设立案程序亦不符合司法实践

如果说在监察体制试点期间直至《刑事诉讼法》2018 年 10 月第三次修正之前,围绕是否在检察机关设立立案环节还有争议和讨论的空间,但在《刑事诉讼法》修改后,这一问题已经尘埃落定。在实践中,检察机关在受理监察委员会移送审查起诉案件时,均只走受理程序,而不再进行立案。

根据《人民检察院刑事诉讼规则》第 7 章即"案件受理"一章的规定,检察机关案件管理部门负责对"监察机关移送起诉,提请没收违法所得、对不起诉决定提请复议的案件"等五类案件的受理。[3]在受理后,案件管理部门认为具备受理条件的,应当及时进行登记,并立即将案卷材料和案件受理登记表移送办案部门办理。[4]因此,对于监委移送案件,检察机关只需要进行受理——登记(符合受理条件)即可,无需再进行立案。

综上,那种认为需经立案进入刑事诉讼阶段的观点,不仅与现行法律相悖,也与实际情况不符。

三、言词证据在改变管辖后应否转化的问题

(一) 行政机关在行政执法过程中调取的言词证据需要在刑事诉讼程序中加以转化

刑事诉讼程序中,证据转化来自《刑事诉讼法》2012 年 3 月 14 日的第二次修正。第二次修正后的《刑事诉讼法》第 52 条第 2 款规定:"行政机关在行政执法和查办案件过程中收集的物证、书证、视听资料、电子数据等证据材料,在刑事诉讼中可以作为证据使用。"2018 年 10 月 26 日《刑事诉讼法》第三次修正时保留了该部分内容(条款由第 52 条第 2 款变为第 54 条第 2 款)。行政机关在行政执法过程中调取的言词证据不能在刑事诉讼中作为证据使用,侦查机关必须依照法定程序进行转化,即有侦查人员根据刑事诉讼程序、按照相关取证要求

---

[1] 参见中央纪律检查委员会、国家监察委员会法规室编写:《〈中华人民共和国监察法〉释义》,中国方正出版社 2018 年版,第 207 页。转引自谢小剑:《监察调查与刑事诉讼程序衔接的法教义学分析》,载《法学》2019 年第 9 期。

[2] 谢小剑:《监察调查与刑事诉讼程序衔接的法教义学分析》,载《法学》2019 年第 9 期。

[3] 《人民检察院刑事诉讼规则》第 156 条:下列案件,由人民检察院负责案件管理的部门统一受理:(一) 公安机关提请批准逮捕、移送起诉、提请批准延长侦查羁押期限、要求复议、提请复核、申请复查、移送申请强制医疗、移送申请没收违法所得的案件;(二) 监察机关移送起诉、提请没收违法所得、对不起诉决定提请复议的案件;(三) 下级人民检察院提出或者提请抗诉、报请指定管辖、报请核准追诉、报请核准缺席审判或者提请死刑复核监督的案件;(四) 人民法院通知出席第二审法庭或者再审法庭的案件;(五) 其他依照规定由负责案件管理的部门受理的案件。

[4] 《人民检察院刑事诉讼规则》第 158 条:人民检察院负责案件管理的部门对接收的案卷材料审查后,认为具备受理条件的,应当及时进行登记,并立即将案卷材料和案件受理登记表移送办案部门办理。

对犯罪嫌疑人、被害人、证人等人员重新制作笔录,原来行政执法机关制作的相关笔录不具有证据资格,更不具有证明力,也不能在庭上举证质证。

一般而言,认为行政机关调取的言词证据需要转化的原因在于:言词证据具有主观性,易受到取证主体专业知识、能力的影响,可变性较大;《刑事诉讼法》行政法规范在取证程序和方式上均作出了更为严格的规范,可以保证言词证据的合法性和真实性;刑事案件与行政案件存在性质上的差异,不同性质的办案机关基于不同的办案目的,需要了解的事实范围和案件情况往往会不一致,会影响证据的使用效率。[1]

(二)刑事案件在侦查机关和监察机关之间改变管辖后面临取证主体、程序、依据的多重转变

2019年12月30日起施行的《人民检察院刑事诉讼规则》第357条第2款规定:"在审查起诉阶段,发现公安机关移送起诉的案件属于监察机关管辖,或者监察机关移送起诉的案件属于公安机关管辖,但案件事实清楚,证据确实、充分,符合起诉条件的,经征求监察机关、公安机关意见后,没有不同意见的,可以直接起诉;提出不同意见,或者事实不清、证据不足的,应当将案件退回移送案件的机关并说明理由,建议其移送有管辖权的机关办理。"这是关于在审查起诉期间,检察机关发现案件管辖不当时如何处理的条款。

根据上述条款,检察机关在审查起诉期间,发现案件管辖不当时应当区分三种情形进行处理:

1. 案件事实清楚,证据确实充分,且公、监双方无不同意见的,由检察机关继续办理。符合起诉条件的,由检察机关直接起诉。这种情形下,检察机关要及时与公安、监察机关沟通,听取双方意见。这里的意见应当包括两个方面:(1)对案件由原侦查(调查)机关管辖是否有意见;(2)案件由检察机关继续办理是否有意见。对于监察机关、公安机关均无意见的,从提高诉讼效率的角度出发,案件由检察机关继续办理,防止案件久拖不决,损害犯罪嫌疑人等各方当事人合法权利。

2. 案件事实清楚,证据确实充分,但公、监任何一方有不同意见的,由检察机关退回移送案件机关处理。无论是公安机关还是监察机关办理案件均应以对案件享有管辖权为前提,对于无权管辖的案件,从开始就不具有查办的资格。但现实往往是复杂的,一些证明究竟是属于公安机关管辖还是监察机关管辖要依赖相关证据的情况,而取证需要过程,但案件不能等到所有证据都到位之后再行立案,因此在某些情况下,势必存在无管辖权但却先行立案的情况。在审查起诉期间,检察机关一旦发现这种情况,当然可以不予受理,但如果不区分情况一概退回处理,则势必会导致诉讼期限的延长,从实质上损害了公平公正的价值追求。因此《刑事诉讼法》才设置了听取双方意见的条件,以找到效率与公正的平衡点。

3. 事实不清、证据不足的,不论公、监任何一方有无不同意见,检察机关均应退回移送案件机关处理。一则,根据《刑事诉讼法》的有关规定,对于事实不清、证据不足的案件,本身就应当退回补充侦查或调查处理,以防"带病"起诉。这种情况下的退回,不以公安机关或者

---

[1] 林劲松:《监察机关人证笔录的证据能力辨析》,载《法治研究》2020年第3期。

监察机关的意见为前提,仅以检察人员的审查情况为依据。当然,再退回后,原承办案件的公安机关或者监察机关不能继续办理,而应移送具有管辖权的机关办理,否则,原承办案件的公安机关或者监察机关即使补充侦查后重新移送,检察机关也应当不予受理。

虽然《刑事诉讼法》中的证据转化仅涉及行政机关执法过程中调取的言词证据问题,但在案件因为管辖权问题由原公安(监察)机关变更到监察(公安)机关后,由于侦查程序与监察程序是两套完全不同的设置,主体不同、程序不同,依据的法律也不同,那原侦查(调查)机关调取的证据尤其是言词证据是否需要转化呢?实践中有不同意见,需要进一步探讨。这里仅以公安机关侦查案件在检察机关退回补充后移送监察机关办理为例来进行讨论。

(三)侦查机关和监察机关之间发生改变管辖后,言辞证据不必转换即可继续在刑事诉讼中使用

【案例】2015年10月,犯罪嫌疑人张某由南京某人力资源公司劳务派遣的方式进入中国邮政速递物流股份有限公司C市分公司工作。C市分公司与某保险公司合作,开展为保险公司垫付保险费业务,然后指派投递员向投保人收取保险费。2016年至2018年间,张某在C市分公司做投递员期间,利用收取保险费不及时上交财务等手段,挪用保险费共计20余万元。2020年4月,公安机关以张某涉嫌挪用资金罪移送检察机关审查起诉。检察人员经审查,认为中国邮政速递物流股份有限公司可能系国有独资公司,张某的行为可能涉嫌挪用公款罪而非挪用资金罪,但同时该案存在被害单位主体资料不全、还款凭证不足等证据问题。经与同级监察机关沟通,监察机关认为该案若涉嫌挪用公款罪则应由监察机关办理。2020年5月,检察机关以证据不足为由退回侦查机关补充侦查,同时提出移送同级监察机关办理的意见。2020年6月,侦查机关补充侦查完毕后,将该案移送同级监察机关办理。监察机关受理后,对张某挪用资金案进行立案调查,对张某挪用保险费的事实重新进行讯问。

围绕原侦查机关在侦查阶段取得的犯罪嫌疑人供述和辩解、证人证言等言词证据是否需要转化即监察机关是否可以不再对犯罪嫌疑人进行讯问,对证人进行询问,而直接使用原侦查阶段形成的言词笔录产生了不同意见。有种观点认为,因为案件办理机关发生了变化,原办理机关收集的言词证据不能作为证据使用,应当由现案件办理机关按照法定程序和职权重新收集。笔者不认可这种观点,理由如下:

1. 无论是公安机关还是监察机关均具有法定的刑事案件证据收集权限和职责,其按照法定程序收集的证据具有证据能力,无需转化即可使用。《刑事诉讼法》仅规定"行政机关"在行政执法过程中调取的言词证据不能在刑事诉讼中作为证据使用,从而排除了行政机关在行政执法过程中调取的言词证据的证据能力,但是公安机关作为侦查机关查办案件以及监察机关作为调查机关查办案件时,均系法定的刑事案件(或者说涉嫌刑事犯罪案件)证据收集主体,因此,不能类推适用《刑事诉讼法》第56条的规定。

2. 对言词证据一定要重新收集不符合诉讼经济原则。查办案件需要消耗一定的人力、物力和财力成本。特别是"随着法定犯时代的到来"[1],犯罪行为的复杂性、手段的隐蔽性、

---

[1] 车浩:《法定犯时代的违法性认识错误》,载《清华法学》2015年第4期。

取证的艰难性逐渐加大,导致追诉刑事犯罪的成本不断高涨。一般而言,刑事诉讼活动不可能不计较成本,无限制投入,而是要在确保诉讼公正的前提下,尽可能采用较少的人力、财力和物力耗费来完成刑事诉讼的任务,不能为了追究犯罪而不惜一切代价,而是应当选择成本最低的方法。以上述案例为例,之前公安机关已就挪用资金的具体经过、犯罪嫌疑人的职责等事实对犯罪嫌疑人进行讯问,找相关证人进行询问,从而形成可以证明张某犯罪事实的犯罪嫌疑人供述和证人证言,如果视这些无法定排除事由的证据不见,而在监察机关调查阶段重新收集势必会增加工作量,延长办案期限,从而与诉讼经济原则相悖。特别是在犯罪事实已经清楚,证据已经确实充分,符合起诉条件的情况下,如果公安机关、监察机关没有意见,本可以由检察机关提起公诉的,之所以退回处理,仅仅系因有管辖权的机关提出了不同意见,而不是犯罪事实、证据本身出了问题,不能因为管辖权改变就导致这些原本可以使用的证据丧失证据能力。

监察体制改革是一项重大政治体制改革,对监察机关执法执纪以及检察机关司法办案都正在产生并继续产生深远的影响。在此背景下,《监察法》与《刑事诉讼法》衔接是一个宏大的命题,需要学界和实务界持续进行深入探讨、观点交锋和思维碰撞。最高人民检察院张军检察长曾指出:"检察工作是政治性很强的业务工作,也是业务性很强的政治工作。"基于政治性的工作特点,检察机关与监察机关衔接最为紧密,检察人员要发挥好这个优势,在司法办案过程中不断发现新问题,并加以研究,提供解决方案,推进监察体制改革更加深入、完善。

检察侦查权与监察委调查权衔接机制研究

孙丽品 *

摘 要：保留检察机关部分职务犯罪的侦查权，有助于提升反腐整体效能、增强检察诉讼监督刚性、提高办案效率。在检察侦查权与监察调查权的关系上，监察调查权具有主导地位，检察侦查权为其必要补充和强化。加强检察侦查权与监察调查权的衔接配合，应当保持检察侦查权的相对独立性，明确案件管辖移送条件并构建侦查调查协作机制。

关键词：检察侦查权 监察调查权 衔接机制

监察体制改革后，中国的反腐败体系发生了重大变化，将检察机关行使近四十年的职务犯罪侦查权转移给监察机关，打破了长久以来"二元化"的办案模式。2018年10月修正的《刑事诉讼法》第19条第2款赋予了检察机关对部分人员、部分罪名的职务犯罪侦查权，但由于《刑事诉讼法》对于检察机关侦查权是以"可以"进行授权性规定，不具有排他性和独占性，监察机关仍可以对检察机关管辖的案件行使调查权，而且对于检察机关与监察机关互涉的案件，实行"监察调查权优先原则"。在新形势下，如何履行好法律赋予的职责，处理好与监察机关的管辖衔接关系，运行好检察机关侦查权，是摆在检察机关面前的一道理论和实践难题。

一、检察机关职务犯罪侦查权内涵

《中华人民共和国监察法》（以下简称《监察法》）在将职务违法犯罪的调查权统一赋予监察机关的同时保留了检察机关自行补充侦查权。在随后的《中华人民共和国刑事诉讼法》修正中，也保留了检察机关对部分职务犯罪立案侦查的自侦权和对公安机关管辖案件的机动侦查权，因后者不属于职务犯罪调查范畴，据此，检察机关的职务犯罪侦查权包括直接立案侦查权和补充侦查权两类。

（一）职务犯罪直接侦查权

《中华人民共和国刑事诉讼法》（以下简称《刑诉法》）第19条第2款规定，人民检察院在对诉讼活动实行法律监督中发现的司法工作人员利用职权实施的非法拘禁、刑讯逼供、非法搜查等侵犯公民权利、损害司法公正的犯罪，可以由人民检察院立案侦查。修改后的《中华人民共和国人民检察院组织法》（以下简称《组织法》）也将对司法工作人员相关职务犯罪侦查明确为人民检察院八项职权之一。因立法授权为"可以"，故该部分侦查权不具有排他性、

---

* 孙丽品：徐州市云龙区人民检察院检察官。

独占性,只具有相对独立性。[1] 根据《刑诉法》等相关规定,笔者认为检察机关直接侦查权具有以下三个特性:一是侦查对象具有特定性,仅限于司法工作人员,即《刑法》规定的有侦查、检察、审判、监管职责的工作人员;二是侦查罪名具有特定性,仅限于司法工作人员利用职权实施的侵犯公民权利、损害司法工作的14个罪名[2];三是侦查范围具有特定性,必须是在对诉讼活动实行法律监督中发现的相关职务犯罪案件。

(二) 职务犯罪补充侦查权

《监察法》第47条第3款规定,人民检察院经审查认为需要补充核实的,应当退回监察机关补充调查,必要时可以自行补充侦查。这被视为监察体制改革后检察机关享有职务犯罪侦查权的最初合法空间。相较于检察机关职务犯罪直接侦查权,补充侦查权具有两个重要特征:一是侦查权的行使具有不特定性,即侦查对象不仅仅限于司法工作人员,侦查罪名不仅仅限于14个罪名,检察机关对于监察机关移送审查起诉的案件在必要情形下都可以展开补充侦查活动;二是侦查权的行使具有补充性,仅能作用于监察机关业已调查完毕并移送审查起诉的案件,而且只能对监察机关已经完成的事实调查和证据收集活动进行必要的补充与完善。

(三) 侦查权与调查权的区别

作为刑事法领域的一项重要制度设计,监察机关调查权以纪委调查权、行政调查权、犯罪侦查权为基础加以整体优化,虽然与检察侦查权在查办对象、工作模式等方面存在一定的相似性,但是,二者在运行规律和本质属性上截然不同。一是在性质上存在显著差异,张军检察长指出:监察委对公职人员个人进行监督,调查职务违纪违法和犯罪;检察机关履行法律监督职权,是依法对司法机关、执法机关在诉讼和相关执法过程中的违法行为进行监督纠正。二是在法律适用层面不尽相同,监察机关在《监察法》的指引下调查职务违法案件,只有当案件移送检察机关起诉后方有适用《刑事诉讼法》的空间。检察机关需要严格按照《刑事诉讼法》的相关规定行使侦查权。三是在理论基础上存在本质区别。监察机关调查权的范围覆盖职务违法和犯罪,调查同时具有党纪调查、政纪调查和刑事调查的性质[3],除了要满足刑事追诉的要求外,还要兼顾处置和监督等职权的实现。而检察机关侦查权,无论是直接侦查,还是补充侦查,都以刑事追诉为唯一目标指向,仅需遵循司法规律查明案件事实即可。[4]

---

[1] 李继华、卞增智:《论检察机关职务犯罪案件立案侦查权的相对独立性》,载《刑事执行检察工作指导》2019年第2辑。

[2] 最高人民检察院出台《关于人民检察院立案侦查司法工作人员相关职务犯罪案件若干问题的规定》,明确当前检察机关可以直接立案侦查的职务犯罪案件包括非法拘禁罪,非法搜查罪,刑讯逼供罪,暴力取证罪,虐待被监管人罪,滥用职权罪,玩忽职守罪,徇私枉法罪,民事、行政枉法裁判罪,执行判决、裁定失职罪,执行判决、裁定滥用职权罪,私放在押人员罪,失职致使在押人员脱逃罪,徇私舞弊减刑、假释、暂予监外执行罪等14个罪名。

[3] 陈瑞华:《论监察委员会的调查权》,载《中国人民大学学报》2018年第4期。

[4] 吕晓刚:《保留检察机关部分职务犯罪侦查权的实践价值与有效实施》,载《新疆师范大学学报(哲学社会科学版)》2019年第3期。

二、检察机关侦查权价值分析

从《监察法》的出台,到《宪法》《刑诉法》《组织法》的相继修订,检察机关职务犯罪侦查权在立法上经历了从旧到新的转变。保留检察机关部分职务犯罪侦查权,既是对监察机关调查权的补充,也是对检察机关自身职权的补强,有利于优化反腐资源配置,提高反腐工作整体效能,对于防止检察诉讼监督职能进一步软化、提高办案效率、节约司法资源都具有十分重要的意义。

(一)提升反腐败整体效能

监察机关作为国家反腐败专责机关,统一行使职务违法犯罪调查职权,可以有效发挥其权威性高、调查资源集中的优势,但是对于刑事诉讼、刑罚执行等部分司法活动领域,受制于待调查事项的专业性和待调查对象身份的特殊性,监察机关调查权的运行受到一定限制。而检察机关作为唯一一个全流程参与刑事诉讼活动的机关,具备挖掘侦查机关、审判机关和刑罚执行机关工作人员职务犯罪行为的职业优势,能有效地弥补监察机关在司法领域职务违法犯罪调查专业性不足的劣势。同时,检察机关在侦查相关司法工作人员特定职务犯罪时,如发现其还涉及贪污受贿等职务违法犯罪行为时,会及时移送监察机关。这无疑是对监察机关调查权的补强,能确保职务犯罪侦查权的运行实现"无禁区、全覆盖、零容忍"。

(二)增强检察诉讼监督刚性

检察机关被宪法赋予检察监督地位,在刑事诉讼中更是被明确为诉讼监督主体,长期以来,公安机关和人民法院在诉讼活动中分别担任着侦查和审判角色,处于强势地位,检察机关在对其诉讼活动进行监督过程中往往面临着刚性不强、效力有限的问题。在监察体制改革前,职务犯罪侦查权作为检察机关进行监督的重要后盾能有效缓解上述尴尬处境,检察机关四十年多来的监督历程证明,有侦查权作为后盾的诉讼监督才能由软变硬,落到实处。随着反腐败资源力量被整合至监察机关,检察机关的职务犯罪侦查主体地位被取代,在此背景下,如不能为检察机关配置相应的补偿性或者保障性机制,势必会影响检察机关的诉讼监督刚性,导致其"软化和弱化"[1]。《刑事诉讼法》保留检察机关对司法领域内部分职务犯罪的侦查权则有针对性地解决了这一问题,检察机关侦查权的存在可以对司法机关工作人员产生威慑效力,使得检察机关的诉讼监督活动具有必要的权威性。

(三)提高案件查办效率

检察机关作为重要的诉讼主体,由其行使针对司法工作人员诉讼过程中部分职务犯罪行为的侦查权和针对监察机关移送审查起诉案件的补充侦查权,可以有效提高诉讼效率。一方面,检察机关拥有自主侦查权的14个罪名,无论是线索发现,还是事实调查,都发生在刑事诉讼这一特定的空间内。检察机关具备发现此类犯罪线索职能优势,由其负责侦查不仅可以避免因案件重新移送而产生的诉讼拖延,而且在侦查过程中,检察机关还可以利用其

---

[1] 朱孝清:《国家监察体制改革后检察制度的巩固和发展》,载《法学研究》2018年第4期。

监督优势大大提高案件侦查效率。[1]另一方面,检察机关通过行使补充侦查权,对审查起诉过程中发现的亟待解决的问题开展侦查活动,可以有效减轻监察机关的调查压力,避免不加区别一律退回补充调查所产生的诉讼拖延和资源浪费。

三、检察侦查权与监察调查权运行现状

《刑诉法》对于检察侦查权的作用范围进行了规范,并以"可以""必要时"对该权力的启动进行限制,使得监察调查权与检察侦查权在管辖范围上不可避免地存在竞合空间。虽然二者在权力属性上存在差异,但并不能因此割裂二者之间的紧密联系,应当在监察调查权的主导下,以检察侦查权作为必要补充和强化。

(一)监察调查权反腐败主体地位

整合反腐败资源,确立监察机关在职务违法犯罪治理领域的绝对主导地位是国家监察体制改革的重要内容。为此,国家监察法将所有行使公权力的公职人员均纳入监察调查的范围,消除监督盲区[2],保留检察部分侦查权丝毫不影响监察调查职能的全覆盖。因此检察机关要自觉融入国家监察机关反腐败工作大局之中,自觉加强与监察机关的沟通联系。当二者存在互涉关系时,检察侦查权就要自觉向监察调查权让位。同时,如果检察机关在行使侦查权过程中存在不作为或者滥作为,监察机关可以有效进行制约,甚至可以通过直接对案件进行调查的方式剥夺检察机关的侦查权。

(二)检察侦查权反腐败职能优势

司法工作人员职务犯罪一般没有直接的被害人,而且有合法的职务作为掩护,犯罪结果一般具有隐蔽性,因此,发现职务犯罪线索是启动侦查权、调查权的重要环节。对于检察侦查权作用范围的14类职务犯罪案件,检察机关作为立案、起诉、审判、执行等环节的监督机关,全程参与刑事诉讼活动,在法律监督的优势、人才储备、专业化建设等方面具有很强的优势,特别是对监管场所等特殊场所发生的监管人员侵犯公民权利、损害司法工作的犯罪线索,检察机关具有明显的职能便利。因此,在职务犯罪线索的挖掘上要体现检察担当,不能推诿,弥补监察机关对于司法领域内特定职务犯罪进行调查时专业性欠缺的不足,形成打击职务犯罪合力。

(三)检察侦查权运行困境

伴随着监察体制改革,从内部而言,检察机关原本赖以开展侦查的反贪、反渎等部门和人员大批量转隶到监察机关,加之剩余的侦查人员并非全部流入刑事执行检察部门,各级检察机关普遍存在侦查人才流失、侦查队伍断层等问题。从外部而言,相关单位和个人对检察侦查权支持配合力度减弱,致使初查、调查、取证等有关工作难度加大。加之,司法工作人员

---

[1] 吕晓刚:《保留检察机关部分职务犯罪侦查权的实践价值与有效实施》,载《新疆师范大学学报(哲学社会科学版)》2019年第3期。

[2] 姚莉、秦文峰:《国家监察体制改革语境下的若干刑诉法问题应和》,载《求索》2018年第4期。

职务犯罪与其他国家工作人员职务犯罪相比,具有犯罪主体反侦查能力强、犯罪行为隐蔽性强的特点,这些都对侦查主体的侦查能力和侦查资源提出了新的更高要求,检察机关单枪匹马难以承受侦查之重。

四、检察侦查权与监察调查权衔接配合

面对新形势,检察机关要充分发挥与监察机关在打击职务犯罪方面的合力和优势,通过建立线索移送、案件移送、联席会议、案件会商、案情通报、指定管辖等办案协作机制,畅通线索的流转渠道,凝聚反腐败合力,共同强化职务违法犯罪行为打击力度。

(一)保持检察侦查权的相对独立性

对于单纯的属于检察机关管辖范围内的14类司法工作人员利用职务实施的职务犯罪案件,除遇有法定情形,检察机关应独立行使侦查权,积极履行诉讼监督职能,从自身诉讼监督中发现职务犯罪线索并查办职务犯罪案件。同时,为了避免职务犯罪案件查办中推诿、撞车现象的发生,监察机关对于发现的属于检察机关可以立案管辖范围的职务犯罪案件,应当移送检察机关,检察机关应当予以受理。

(二)明确案件管辖移送条件

检察机关立案侦查时发现犯罪嫌疑人同时涉嫌监察机关管辖职务犯罪线索的,一般应当由监察机关为主调查,检察机关予以协助。经沟通后,视情形决定全案由监察机关管辖或者分别管辖。监察机关在调查中发现被调查人同时涉嫌检察机关管辖的职务犯罪线索的,监察机关应当通报检察机关,可以移送检察机关管辖,也可以决定自行全案办理。对于监察机关和检察机关分别管辖的案件,调查(侦查)终结前,检察机关应当就移送审查起诉有关事项与监察机关加强沟通,协调一致,由检察机关依法对全案审查起诉。

(三)构建调查侦查协作机制

作为惩治司法腐败的责任者和参与者,监察机关与检察机关必须形成工作合力,确保更好的惩治效果。基于此,检察机关侦查权的行使必须构建与监察机关的协作机制。一方面,对于直接侦查过程中发现需要移送监察机关调查的职务违法犯罪线索,检察机关应当通过该协作机制及时将案件线索移送有管辖权的监察机关,凝聚反腐败合力,共同强化职务违法犯罪行为打击力度;另一方面,对于补充侦查的案件,检察机关则需要通过该协作机制取得原负责案件调查的监察机关的协助与配合,开展对原调查情况的核实,以及获取相关信息和证据。此外,对于全案移送检察机关调查的互涉案件,检察机关应当担负起诉讼监督职责,依托协作机制积极参与,在案件调查结束后,分析存在的问题和漏洞,提出弥补诉讼运行中的漏洞的对策建议,促进诉讼活动依法顺利进行。

监察体制改革背景下检察机关在职务犯罪案件中法律监督职能探析

范璐璐[*]

摘　要：国家监察体制改革作为事关全局的重大政治改革，整合反腐败资源力量，对职务犯罪侦查权进行重新配置与调整，对检察机关原有职能产生了重大影响。检察机关如何应对监察体制改革带来的挑战，坚持检察机关法律监督的宪法定位和权力属性，对相关职能进行完善和发展，关系到检察机关在国家治理体系中的地位和检察事业未来的发展。

关键词：监察体制　法律监督　职能定位　协调衔接

深化国家监察体制改革，是以习近平同志为核心的党中央作出的事关全局的重大政治体制改革，是强化党和国家自我监督的重大决策部署。从2016年底在北京市、山西省、浙江省开展国家监察体制改革试点工作，设立监察委员会，到全国省级监察委员会成立，再到2018年3月国家监察委员会正式成立，形成"一府一委两院"格局，国家、省、市、县四级监察委员会全部组建产生，监察体制改革由试点迈入全面深化新阶段。在监察体制改革、司法体制改革等多重改革叠加的背景下，要实现检察机关法律监督职能规范、公正、高效运行，需理顺检察职能，构建专业化监督体系。

党的十九届三中全会通过的《中共中央关于深化党和国家机构改革的决定》，推进国家治理体系和治理能力现代化发生又一次深刻变革，国家机构从"一府两院"转变为"一府一委两院"。检察机关一方面要准确把握自身在国家治理体系中的新地位，明确与监察委员会各自的职能定位，厘清相互关系；另一方面要充分发挥宪法所赋予的法律监督职能，通过依法行使批捕权和公诉权，对监察委在查处职务犯罪案件中有无违法收集证据以及是否依照有关法律严格遵守监察程序进行监督。

一、检察机关与监察委员会的职能定位与相互关系

（一）监察委是党统一领导下的反腐机构

我国《宪法修正案（草案）》(2018年)第123条提出："中华人民共和国各级监察委员会是国家的监察机关。"监察委是党统一领导下的反腐败机构，也是"党管干部"原则指导下的对干部廉洁状况进行监督的专门机构，依照法律规定代表党和国家，独立行使监督权，也是特

---

[*] 范璐璐：句容市人民检察院第五检察部副主任。

殊性质的国家机关。国家监察委员会同中央纪委合署办公，履行纪检、监察两项职责。监察委拥有监督、调查、处置三大职权，和谈话、讯问、查询、搜查等12项措施，其中谈话、讯问是纪检监督活动的基本措施；查询、冻结、调取、查封、扣押、勘验检查、鉴定7项措施源自《行政监察法》；讯问、搜查来源于《刑事诉讼法》的职务犯罪调查的基本措施。监察委员会实行违纪、违法、犯罪全查处，实现对所有行使公权力的公职人员监察全覆盖，重点关注行使公权力的公职人员的廉洁状况，包含了对行为的一般法律监督和对涉嫌违法犯罪的行为进行富有实效的调查、甄别和确认。

（二）检察机关仍承担重要的反腐职能

我国宪法将检察机关确立为法律监督机关，这不仅是中国特色社会主义检察制度最鲜明的特色，也是中国特色社会主义司法制度乃至政治制度的重要特色，是党和国家为保障法律统一正确实施作出的重大制度设计。在监察体制改革中，检察机关仍是国家法律监督机关，我国现行《宪法》第129条的规定，并未因监察委员会的出现而改变或修正。检察机关依据宪法和法律进行法律监督，监察委员会的成立不影响检察机关仍然是法律监督机关的宪法定位。

监察体制改革前，职务犯罪的侦查、逮捕、起诉权均在检察机关，产生了"谁来监督监督者"的质疑。为了解决这一问题，检察机关积极加强自我监督，并通过设立信息公开网站、完善人民监督员制度等方式不断增强外部监督。监察体制改革后，职务犯罪侦查权归属于监察委，但这并不意味着检察机关不再承担打击职务犯罪的法律职责。依据《监察法》和相关规定，监察委员会对职务犯罪调查之后，将案件移送检察机关提起公诉，检察机关要依法对案件进行受案审查，对犯罪嫌疑人采取包括逮捕在内的刑事强制措施，并根据需要进行补充侦查、依法提起公诉，并对职务犯罪案件的审判和刑罚的执行依法进行监督。检察机关在打击贪腐案件中仍然承担着重要职责，检察工作仍然是反腐败执法办案的重要环节，检察机关仍然是党领导下反腐败斗争的重要阵地。

（三）监察委与检察机关是相互配合、相互制约的关系

检察机关与监察委应各自行使职责，相互既有配合也有监督和制约。依据《监察法》第4条第2款的规定，监察机关办理职务违法和职务犯罪案件，应当与检察机关互相配合、互相制约。一方面，检察机关依法对监察委员会的执法活动情况进行法律监督，但检察机关不能干预监察委内部事宜。监察委员会的监察对象是各种行使公权力的公职人员，而不是公职人员所在的党政机构。另一方面，监察委员会与检察院均由同级人大产生、对人大负责、受人大监督，两者应各司其职，互相配合、互相制约，共同协作以发挥对公权力的监督制约作用。

二、检察机关对职务犯罪案件实施法律监督的主要内容

在监察体制改革背景下，检察院应加强自身法律监督能力建设，依法对监察委在职务犯罪的相关调查活动程序等是否合法进行监督。检察人员在职务犯罪审查起诉过程中，发现

监察委员会调查人员的搜查、扣押、羁押、审讯、留置等涉嫌违法,除了通过审查卷宗发现非法证据予以排除,改变强制措施,抑制监察委员会的违法调查行为,防止犯罪嫌疑人、被告人合法权益受到侵害之外,还要建立完善的违法调查行为线索的初核和移送机制,并在一定情况下拥有补充侦查权。[1]

(一) 排除非法证据

对于监察委通过非法方法收集的证据,检察机关可通过排除非法证据的方式予以程序性制裁。[2]《监察法》第 33 条规定:"监察机关依照本法规定收集的物证、书证、证人证言、被调查人供述和辩解、视听资料、电子数据等证据材料,在刑事诉讼中可以作为证据使用。监察机关在收集、固定、审查、运用证据时,应当与刑事审判关于证据的要求和标准一致。以非法方法收集的证据应当依法予以排除,不得作为案件处置的依据。"该规定与我国原有的刑事诉讼中非法证据排除原则保持一致。《刑事诉讼法》第 54 条第 2 款规定:"在侦查、审查起诉、审判时发现有应当排除的证据的,应当依法予以排除,不得作为起诉意见、起诉决定和判决的依据。"2017 年 6 月 27 日,"两高三部"联合发布的《关于办理刑事案件严格排除非法证据若干问题的规定》规定,在刑事诉讼每个阶段中如果发现已经收集的证据有依法应当排除的非法证据的,都有义务予以排除。因此,职务犯罪案件经由监察委移送到检察机关后,即进入刑事诉讼程序,检察机关经审查,若存在刑讯逼供以及其他违法收集证据行为的,可以依法作出排除非法证据的决定,不再将该非法收集的证据作为逮捕和提起公诉的根据。

(二) 对监察委调查活动的监督

检察机关在审查逮捕、起诉职务犯罪案件时,发现监察委员会调查行为涉嫌违法犯罪时,应发挥法律监督职能,一是对发现的违法线索应该有权采取一定的调查措施,予以初步核实加以确认,避免认定违法调查行为的随意性;二是对于轻微违法行为,确属履职过失行为造成,可以采用口头纠正违法的方式向案件调查人提出;三是确认一般性调查违法行为后,可通过制发《纠正违法通知书》等形式,向负责调查的监察委及其上级机关提出纠正意见,要求予以纠正;四是发现监察委工作人员有重大违法或违纪嫌疑,应该以书面的形式向监察委员会专门机构移送违纪违法线索函,反映情况要求查处并反馈。

(三) 行使补充侦查权

《监察法》第 47 条第 3 款规定,"人民检察院经过审查,认为需要补充核实的,应当退回监察机关补充调查,必要时可以自行补充侦查",这一条文显示出人民检察院侦查权并未完全被监察委员会调查权所取代。[3] 在新的国家监察体制下,检察机关对职务犯罪的补充侦查权不能弱化,尤其要加强对主要证据的复核权。一是因为职务犯罪案件直接证据都是言词证据,言词证据本身的特性决定了其不牢靠、易变的危险性,特别是在无法判断证人提供证言当时情形的情况下,对证言有疑问的,检察人员应该补充侦查。二是在监察委员会未能

---

[1] 参见韩大元:《论国家监察体制改革中的若干宪法问题》,载《法学评论》2017 年第 3 期。
[2] 谢登科:《论国家监察体制改革下的侦诉关系》,载《学习与探索》2018 年第 1 期。
[3] 刘艳红:《监察委员会调查权运作的双重困境及其法治路径》,载《法学论坛》2017 年第 6 期。

及时提供有关证据的情况下,为提高诉讼效率,检察人员可以自行补充侦查。三是对重要的新证据收集,检察人员原则上不采取自行侦查的模式,而应要求国家监察委员会补充侦查。四是采取灵活多样的形式补充侦查,比如在重要证据的复核中,可以要求监察委员会给予配合,甚至是派员共同复核。

三、建立健全检察机关与监察委的协调衔接机制

监察委调查和刑事诉讼程序的有效衔接,是巩固发展反腐败压倒性态势、提高反腐败工作效率的重要保障。检察机关要提高政治站位,高度重视职务犯罪案件办理,充分发挥其在反腐败斗争中的职能作用。目前部分地区检察机关已经设立职务犯罪检察官办公室,进一步完善和深化与监察委员会的衔接机制,主要涉及对监察委调查终结后移送的职务犯罪案件,依法采取强制措施、退回补充调查和自行补充侦查、审查起诉、提起公诉、出庭支持公诉,提前介入或提前了解案情,移送公职人员违法线索等工作机制。

(一)职务犯罪案件专办机制

检察机关需要在实践中成立专门的职务犯罪检察官办公室,组织强干力量承担职务犯罪的审查逮捕、审查起诉工作。成立专门的职务犯罪检察官办公室,首先,有利于实现检察院内部的专业化分工,提升检察人员专业化水平。这不仅与目前司法体制改革的初衷相吻合,而且在检察院内部进行精细分工,有利于打造一支职务犯罪审查逮捕、审查起诉专业技能过硬的检察队伍。其次,有利于更好地实现与监察委员会的对接与配合。无论是职务犯罪审查逮捕还是审查起诉工作都是一系列工作的叠加,不仅包括对事实、证据和程序的审查,也要对监察委员的相关调查工作程序等是否合法依法进行监督,有大量的沟通联系工作要做,对于证据体系的完善也需要相互配合,这大量的沟通联络对接配合工作也要专人负责。最后,有利于提高诉讼效率。成立职务犯罪检察办案组,畅通与监察委的对接,将有效减少案件退查、撤案和不起诉的概率,切实提高诉讼效率,强化打击职务犯罪的成效。

(二)提前介入机制

《刑事诉讼法》第85条规定了检察机关提前介入公安机关侦查的重大案件的制度,在新的国家监察体制下,人民检察院提前介入引导职务犯罪案件的调查取证仍然有重要意义。第一,有利于提高诉讼证据质量。在以审判为中心的刑事诉讼制度改革背景下,证据裁判标准对取证行为、证据品格、检察官在法庭的证据运用的要求越来越高。检察人员引导监察委调查取证,有助于完善职务犯罪案件的证据体系。第二,有利于提高诉讼效率。在调查终结前,检察官引导调查取证工作,不仅有利于形成相对完备的证据体系,而且深化了检察官对案件事实和证据的认识,有效提高了审查起诉阶段的诉讼效率。职务犯罪案件提前介入机制尚处于探索阶段,仍需进一步完善:一是要明确提前介入的启动方式为应邀介入。提前介入应当由监察委以书面形式要求检察机关职务犯罪办案人员提前介入个案调查。由于监察委的职责不仅包括职务犯罪案件的调查,还有对违纪、违法行为的调查,在案情明朗之前,很难确定案件性质,故检察人员不得主动提前介入监察委正在调查的个案。二是规范提前

介入的形式为定期联席会议和个案及时介入。检察机关同监察委协商定期召开联席会议，交流该时间段内的职务犯罪案件的起诉判决情况，通报调查取证方面存在的问题，有针对性地提出改进建议。对个案的提前介入，检察机关在收到监察委的书面邀请后，应根据情况及时派员介入。三是划定提前介入范围。检察机关介入职务犯罪案件调查，只能对案件的取证方向、取证规范、法律适用等方面提出意见和建议，不得参与制定案件调查方案、收集证据等实际调查工作。

（三）退回补充调查机制

《监察法》第47条第3款规定："人民检察院经审查，认为需要补充核实的，应当退回监察机关补充调查，必要时可以自行补充侦查。对于补充调查的案件，应当在一个月内补充调查完毕。补充调查以二次为限。"这一规定确立了职务犯罪案件退回补充调查机制。对于普通刑事诉讼案件中存在的案件退而不查、利用退回补充侦查制度借用诉讼时间等问题，检察机关缺乏强力督促程序。在国家监察制度下，检察机关退回补充调查制度同样可能会存在上述问题，从完善制度的角度，应该考虑下面五点：一是退回补充调查必须制作补充证据提纲及清单，列明需要补充调查的事项、证明目的，让监察委员会有的放矢补充证据；二是退回补充调查必须全案退回，也就是连同卷宗材料、相关法律手续文书一并退回监察委员会。三是补充调查完毕，监察委员会列出证据清单和补充侦查报告，连同卷宗一并移送人民检察院，如果没有补充调查材料或者缺少其他证据材料，人民检察院案管部门可以认为卷宗材料不全不予接收案件。四是两次退回补充调查完毕，发现没有犯罪事实或者证明犯罪事实证据不足的，人民检察院公诉部门可以不接收案件的再次移送审查起诉，并建议监察委员会撤销案件。五是怠于补充调查情况通报查处制度，对监察委员会调查人员怠于行使补充调查权，人民检察院公诉部门可以向监察委员会有关部门通报情况要求追究相关人员的责任。

（四）不起诉机制

我国的不起诉制度，是检察机关的一项终结性司法的权力。这项制度的执行在实践中也受到争议，仍有很多需要完善之处，特别是在新的国家监察体制运行后，在职务犯罪不起诉制度上要更加注重公开、公正、公平。一是职务犯罪案件相对不起诉的标准要统一。各省级人民检察院、监察委员会结合本省经济、社会、文化等情况，制定统一相对不起诉参考标准，如一定犯罪数额以下、自首、立功、坦白情节等，让职务犯罪的不起诉具有明确的参考标准，然后再考虑对刑罚的个别化原则进行整体斟酌。二是不起诉程序公开。相对不起诉、绝对不起诉、存疑不起诉执行程序都要实行公开，公开听证程序、公开审查程序、公开听取意见程序等，都需要阳光透明，尤其注重监察委员会的参与和监督。三是所有不起诉法律文书向社会公开，接受社会监督，并努力做到同案处理结果相同，避免不起诉的恣意。

（五）沟通协作机制

为提高职务犯罪案件的办理质效，要健全监察委和检察机关之间的沟通协作机制。一是建立与监察机关的日常联络机制。可确定公诉部门与案件审理部门作为双方对口联系的承办部门,在实现信息数据互通、案件进展通报的基础上,建立工作例会制度,定期或不定期召开联席会议,及时协调解决工作中遇到的问题。二是建立个案协调会商机制。明确检察机关与监察机关在办理案件过程中,对案件管辖、证据和法律适用等问题出现分歧的,及时协调解决;出现重大分歧需要由市院和市监察委协调会商的,应当及时上报市院公诉处和市监察委案件审理室。三是建立案件信息通报机制。明确检察机关在办案过程中遇到拟提出补充调查等8种情形,应当及时通报监察机关。

论法律监督视角下监察职能的司法化路径

吴高飞　梅志军[*]

摘　要：当前的监察体制改革，给检察机关法律监督职能的发挥带来了一系列机遇和挑战。检察机关只有立足宪法和法律赋予的法律监督职能，在社会体制改革的背景下，不断与时俱进，探索和完善新的监督方式，拓展法律监督的范围，在加强对"人"的监督的同时，更要加强对公权机关和公权行为的监督，才能充分发挥监督效果。虽然监察机关被认为是政治机关，然而就监察权的归类而言，目前至少涉及行政权和司法权两个方面，检察机关在法律监督职能的过程中就要根据公权力的不同属性，做相应设计，构建检察职能和监察职能的契合点，不断丰富法律监督的外延和内涵。

关键词：检察机关　法律监督　监察职能　司法化

一、检察机关的法律监督职能应当赋予新的内涵

随着国家监察制度改革，"以审判为中心的诉讼制度改革"等一系列涉及司法体制（又不限于司法体制）的改革，当前的检察制度和格局面临着前所未有的机遇和挑战。但不管如何，根据当前的《宪法》和三大诉讼法，检察机关作为国家法律监督机关的定位并没有改变：当前《宪法》第129条规定："中华人民共和国人民检察院是国家的法律监督机关。"《刑事诉讼法》第8条规定："人民检察院依法对刑事诉讼实行法律监督。"《民事诉讼法》第14条规定："人民检察院有权对民事诉讼实行法律监督。"《行政诉讼法》第11条规定："人民检察院有权对行政诉讼实行法律监督。"然而，虽然当前的《宪法》和三大诉讼法明文规定了检察机关的法律监督权，但是对于政府行为（最主要的公权行为）如何进行法律监督，当前的法律明确而又具体的可操作性的规定少之又少，尽管国外某些国家对此规定了专门而细致的司法审查制度，而我国在这方面几近空白，这在很大程度上限制了检察机关行使法律监督职能的空间。虽然在监察体制改革全面推行之前，检察机关拥有职务犯罪侦查权，但是也仅仅是针对涉嫌职务犯罪的公职人员"个人"的侦查，对于诸如公权机关的行政违法或者出台的违法性规定等，作为法律监督的检察院一直没有任何切实有效的监督措施，相关的法律也未见明确规定，这势必造成法律监督职能的发挥大打折扣。

2017年下半年，中共中央办公厅出台了《关于在全国各地推开国家监察体制改革试点

---

[*] 吴高飞：江苏省如东县人民检察院员额检察官；梅志军：江苏省如东县人民检察院第六检察部主任，员额检察官。

方案》，紧随其后全国人大常委会也出台了《关于在全国各地推开国家监察体制改革试点工作的决定》，至此监察体制改革在全国如火如荼地展开。备受社会各界瞩目的是，这次监察体制改革将长久以来（甚至可以追溯到新中国成立前后）一直由检察机关行使的国家公职人员的职务犯罪侦查权全盘递交监察委员会行使〔然而该类案件在公诉阶段的补充侦查，是否可以由检察院来自行侦查，现行法律和规范性文件没有作出规定。但是根据《监察法（征求意见稿）》，检察院对于该类案件在公诉阶段，"必要时可以自行补充侦查"〕。由此可以认为，检察机关仍然可以在公诉阶段行使一部分不完整、受限制的侦查权，尽管这样的侦查权几乎没有行使过。

所以，鉴于一系列社会体制改革的成果，检察机关固有的法律监督职能应当赋予新的内涵，既要加强对人的监督，又要加强对公权机关的监督。尤其是在检察机关面临侦查权的大范围受限的前提下，其要有效地开展法律监督就必须在侦查监督、审判监督、执行监督和提起公诉等职能方面有所作为。笔者认为要从以下几点予以构建：

一是要立足宪法和法律赋予的法律监督职能不动摇。因为从发生学和制度史学的角度分析，从检察权诞生到不断丰富发展的历史可以看出，检察权在起始就具有监督权的性质。并且在英美法系权力理念中，自始就认为强大的行政权是最不值得信任的国家权力，是需要限制的权力。[1] 尽管我国检察机关不再行使常态下的职务犯罪侦查权，但是并不能因此动摇检察机关是法律监督机关的定位。因为从国际视野看，检察权早就由起始的内容单一演变为集公诉、侦查、指挥、监督审判活动及判决执行监督等多种权能的国家权力形式，这样的表现形式在法国、德国等国家表现得尤其典型。[2] 加强和优化检察机关的法律监督职能是国内外检察权发展的趋势。

二是监督方式要有所创新。在监察体制改革全面推开前，检察机关通过行使对国家公职人员的职务犯罪侦查权是实现法律监督职能的重要形式之一，但不管如何重点在于对违法犯罪"个人"的监督，对于公权机关、国有企事业单位相关责任的追究几乎鲜有涉及。2018年2月，两高出台的《关于检察公益诉讼案件适用法律若干问题的解释》第21条第3款提出："行政机关不依法履行职责的，人民检察院依法向人民法院提起诉讼。"联系该解释全文，检察机关可以通过行使公诉权的方式，对特定行政机关的特定不法行为提起公益诉讼。这一举措无疑是法律监督方式的创新，一定程度上实现了对公权机关的有效监督。然而，笔者认为，检察机关提起行政公益诉讼仅仅是实现法律监督权的第一步，因为行政机关不履行法律职责往往伴随着相应的职务犯罪，这种情况下检察机关可以通过向监察委员会移送犯罪线索或者监督立案的方式进一步强化法律监督。如果将来《刑事诉讼法》修改，甚至可以将由检察机关提起行政公益诉讼的案件，涉及职务犯罪的交由检察机关立案侦查，这样既节约了司法资源，又保障了监督效果。

三是要拓展法律监督的范围。过去和当前的一系列事实表明，检察机关行使的法律监

---

[1] 参见冯景合：《检察权及其独立行使问题研究》，中国检察出版社2012年版，第189页。

[2] 参见冯景合：《检察权及其独立行使问题研究》，中国检察出版社2012年版，第121－130页。

督职能虽然取得了很大的成效,但是也遇到过瓶颈和困境。正是由于诸如此类的原因,才有必要设置监察委员会,专门行使对公职人员的"监督、调查、处置"。为了摆脱这样的困境,检察机关就要延伸法律监督的时间和空间,掌握履职的主动权。笔者认为,既然宪法和法律赋予了检察机关法律监督权,检察机关就有天然和正当的理由积极主动地开展监督,然而现实却受到种种限制。作为法有明文规定的法律监督机关,其履行职权受限就是对宪法和法律的漠视。以所谓的"两法衔接"为例,行政机关在日常工作中,对发现的涉嫌犯罪的线索要及时向相应的主管机关移送,某些还会同时移送检察机关备案。检察机关既然是法律监督机关,却在此过程中,很明显处在一个"守株待兔"的状态,其被动性和局限性非常明显:监督对象会主动将其涉嫌违法违规甚至犯罪的材料移交检察机关备案吗?为了扭转这种不利局面,在司法改革中,检察机关就要延伸法律监督的时间和空间,实现关口前移,主动介入,掌握法律监督的主动权。以行政执法单位为例,这些单位对于其主管范围,有着随时和定期检查、抽查的权力,这在公安机关、税务机关、市场监督机关中尤其常见。既然宪法和法律赋予了检察机关法律监督职能,通过司法改革赋予检察机关这样的职权有何不可?即检察机关也可以参照行政执法单位的工作模式随时和定期对公权机关可能存在违法犯罪的节点进行检查和抽查,这才是真正有效的法律监督,其间如果发现职务犯罪线索应当向监察机关移送,实现与监察机关的很好对接。

二、监察委员会的监察职能既要定性又要定量

当前的监察体制改革创设了一个新的国家机关即监察委员会,是推进全面依法治国、实现国家监察全面覆盖、深入开展反腐败工作的一项重大创举。其实,早在1927年,中共中央政治局会议通过《中国共产党第三次修正章程决案》,就在《中国共产党章程》内新设了"监察委员会"一章,监察委员会制度一直到"文革"前均有发展,地位和作用与当前的监察委员会有相似之处,但不可同日而语。当代学者也认为,当前监察制度已成为现代国家政治制度的重要组成部分,其制度雏形在世界各地可追溯到不同历史起源,并非我国首创。近代监察制度在瑞典正式诞生,二战以后,由于西欧及其他地区国家经济发展进入繁荣期,现代政府也出现了机构膨胀和职权扩张的趋势,新兴国家在社会转型中也面临着反腐和保护人权的需求,监察制度开始在世界范围内广泛传播,其制度内容、适用范围等在演化发展中演变出各式各样的模式。[1]

由此可见,我国的监察体制改革既是对自身制度的继承和发展,也是顺应国际潮流的需要。《监察法(草案)》(征求意见稿)第3条明确规定:"监察机关依照本法对行使公权力的公职人员进行监察,调查职务违法和职务犯罪,使公权力始终置于人民监督之下,用来为人民谋利益。"根据该条文,监察机关调查的对象是公职人员(不包括违法的公权机关和公权行

---

[1] 参见叶青、王小光:《域外监察制度发展评述》,载《法律科学(西北政法大学学报)》2017年第6期。

为,笔者认为,能涵盖进更好。虽然公权机关不是单位犯罪主体,但其违法、违规的行为同样会引发相应的不利后果,包括国家赔偿等等),监督的两大方面:一是职务违法,二是职务犯罪。

显而易见,监察委员会的监察职能从应然和实然方面讲,都具有层次性,或者说多元性,比如就有人认为监察委员会的权力兼具行政性与专门调查性的二元属性。[1] 这就需要给监察职能分别从定性和定量的角度予以分析。所谓定性,即确定监察权在不同情况下的不同性质,可以从实体和程序的角度予以判断、总结。而所谓的定量,即从权力运行节点、措施的种类、适用的情况、限权的措施等方面予以设计。这种情况下,法律监督应当伴随始终,保证监察职能"不忘初心,方得始终"。在此过程中,笔者认为需要坚持的原则和方法如下:

第一,要进行监察权合理的分门别类。目前而言,绝大多数人包括相关公职人员对监察权的认识和理解还停留在表面的、模糊的阶段,没有认识到监察权是一种复合性权力,在不同的语境下,分别具有行政权和司法权性质,甚至还会有所交叉。由于不同的公权力启动、运行和结束均有着不同的实体和程序要求,救济方法和途径也有很大差别。就监察权而言,比如"处置权"包括以下三方面:一是"监察机关依据相关法律对违法的公职人员作出政务处分决定";二是"对在行使职权中存在的问题提出监察建议;对履行职责不力、失职失责的领导人员进行问责";三是"对涉嫌职务犯罪的,将调查结果移送检察机关依法提起公诉"。这三种权能,性质不同,在权力运行设计的时候,就要有所差别。以"对涉嫌职务犯罪的,将调查结果移送检察机关依法提起公诉"而言,检察机关就有充分的、合法的理由对其进行法律监督,比如证据是否合法、程序是否规范、罪名是否正确等。

第二,定量到定性,再到定量的逻辑考量。虽然"监察委员会是实现党和国家自我监督的政治机关",不同于行政机关、司法机关"必须始终把讲政治放在第一位"[2],但不论是什么性质的机关,其职能的运行,均要符合逻辑性,才会有条不紊、井然有序。由于监察权的层次性和多元性,在具体运行的时候,首当其冲地就是要考虑适用情况,既不能扣大帽子、结论先行,又不能大事化小、小事化了。这可以参考行政处罚和定罪量刑的思维模式,处处贯彻辩证唯物主义的主客观相一致和质量互变定律,予以科学地、符合逻辑地考量。在此过程中,不同阶段,就要贯彻不同的程序和救济途径,规范监察权的行使。

第三,监察权在定量、定性模式的基础上再实现有限扩权和程序性用权。虽然说随着法治建设和市场经济的发展,公权力(包括行政法意义上的行政权,但不限于行政权)会越来越规范,越来越趋向法律主体的平等化,但是并不意味着公权范围一定会缩小,随着社会的发展,可能会衍生出各种各样的公权职能。对于监察权而言,也是如此,但扩权要受到各种规章制度,尤其是程序法的规范和引导,在程序公开、程序救济、程序合法以及比例原则等方面均要有合理构建。这种情况下,引入检察机关的法律监督权就显得尤其合理和关键。

---

[1] 参见郑曦:《监察委员会的权力二元属性及其协调》,载《暨南学报(哲学社会科学版)》2017年第11期。

[2] 参见闫鸣:《监察委员会是政治机关》,载《中国纪检监察报》2018年3月8日。

三、检察机关法律监督职能与监察职能在立法和司法实践中的前景展望

(一) 监察职能的司法化倾向,是与检察机关法律监督职能的契合点

以《监察法实施条例(征求意见稿)》第四章规定的"监察权限",第五章规定的"监察程序"和第六章规定的"反腐国际合作"的内容来看,更多地体现了监察职能的司法化倾向。虽然监察机关是政治机关的观点得到很大的认同,但是政治机关并不意味着与司法绝缘,其权能根据不同的情况可以表现为司法化倾向或者行政化倾向,抑或是其他的倾向。[1] 尤其是所规定的"对涉嫌职务犯罪的,将调查结果移送检察机关依法提起公诉"和"监察机关行使职权,应当严格遵守本法和其他法律的有关规定,与司法机关互相配合、互相制约,保证法律准确有效执行"等规定,明确说明监察机关所办理的涉嫌职务犯罪案件要移送检察机关提起公诉,在此过程中要互相配合、互相制约,因此,检察机关的侦查监督、立案监督、公诉阶段的退回侦查机关补充侦查或者自行侦查等,均可适用于监察机关办理的涉嫌职务犯罪的案件。

(二) 监察职能的发展必将促进检察机关法律监督职能的发展

习近平总书记在十八届中央纪委第二次全会上的讲话明确指出"把权力关进制度的笼子里",监察权同样也要遵循这一规律。监察职能的发展,就目前而言,涉及行政权和司法权领域,所以就需要建立相关的权力配合与监督机制。这种情况下,检察机关的法律监督职能就需要顺应时代需要,予以发展和不断完善,尤其是要将以往着眼对"人"的监督,升级为对公权机关和公权行为的监督,才能更好地适应社会体制改革的需要。同时,还要将检察机关法律监督职能发展为对监察职能运行启动司法救济的重要途径,比如可以通过改革行政诉讼(包括行政公益诉讼,但不限于此)的方式和范围,创建完整的司法审查体系,完善全过程监督和任意节点主动介入监督的方式,与时俱进地丰富和发展检察机关法律监督体系。

---

[1] 说明:甚至有人称监察机关为"第四权力机构",此观点参见翟慧杰、陈偲:《国外的行政监察专员制度》,载《理论导报》2017年第8期。笔者认为,不管其性质如何,当前其职能归类总是在行权与司法权之间徘徊,将来也许会发展成独立而完善的体系。

监察调查与检察公诉衔接机制研究
——以审查起诉阶段犯罪嫌疑人供述之非法证据排除为视角

孙　莉　范梦洋[*]

摘　要： 由于职务犯罪案件的调查与审查起诉适用不同法律规范，在监察调查程序转为审查起诉程序、案件移送检察机关后，越来越多的犯罪嫌疑人及辩护人反映其在监察调查阶段的有罪供述不实，办案人员存在着威胁、引诱情形获取口供，并提出非法证据排除的要求。为有效解决此类问题并完善监检证据衔接机制的框架，检察审查起诉环节应当重点加强对疲劳审讯、威胁、引诱、欺骗等犯罪嫌疑人提出的监察调查非法取证的常见情形进行审查应对。

关键词： 监察调查　非法证据排除　审查起诉　监检衔接

一、问题的提出

《监察法》的出台，标志着全新的监察制度开始运行。监察机关行使监察调查职能查办职务犯罪，再将案件移送检察机关审查起诉，但由于监察调查程序需遵循《监察法》，审查起诉程序依照《刑事诉讼法》，监察机关依照《监察法》收集的证据可以作为刑事证据使用[1]，由此使得职务犯罪案件办理模式存在着"程序二元、证据一体"[2]的特点。

（一）监察调查程序过于密闭

根据《刑事诉讼法》第34条"犯罪嫌疑人自被侦查机关第一次讯问或者采取强制措施之日起，有权委托辩护人"，以及保障辩护人各种权益的众多法律规定，可以看出犯罪嫌疑人在刑事诉讼程序中被赋予了充分的法律援助权。相较于这种带有外部监督属性的法律援助权，监察调查程序却并没有类似规定，《监察法》及其释义均未允许在监察委调查阶段辩护律师的介入[3]，也未明确检察机关是否能对监察调查程序行使法律监督，这种密闭、独立的调查程序能够集中反腐优势资源、提升案件查办效率，但也增加了非法取证的风险。

（二）取证过于依赖口供

我国的刑事诉讼规则与西方国家存在程序上的差异，未赋予当事人相应的沉默权，且在

---

[*] 孙莉：江苏省如皋市人民检察院第二检察部员额检察官；范梦洋：江苏省如皋市人民检察院第六检察部检察官助理。

[1] 《中华人民共和国监察法》第33条第1款规定："监察机关依照本法规定收集的物证、书证、证人证言、被调查人供述和辩解、视听资料、电子数据等证据材料，在刑事诉讼中可以作为证据使用。"

[2] 参见李勇：《〈监察法〉与〈刑事诉讼法〉衔接问题研究——"程序二元、证据一体"理论模型之提出》，载《证据科学》2018年第5期。

[3] 张丽：《监察委调查职务犯罪案件中的非法证据排除》，载《西南科技大学学报》2019年第4期。

办理职务犯罪过程中,纪检监察机关和原检察机关"两反"部门长期存在的"重口供"思维,以及留置程序的封闭性、部分职务犯罪中只有口供作为定罪的直接证据,办案人员习惯于全面围绕被调查对象开展工作,并耗费大量人力物力在突破其口供这种言词证据上,而言词证据受被调查人的情绪、精力、主观心态等因素影响,在不同的阶段存在不稳定性。目前的实践中,虽然刑讯逼供等重大违法行为已不多见,但过于依赖口供的办案需求仍然容易诱发轻微暴力行为、欺骗、引诱、威胁等手段。

当前,在监察调查程序转为审查起诉程序、被调查对象身份转化为犯罪嫌疑人、案件移送检察机关后,越来越多的犯罪嫌疑人及辩护人反映其在监察调查阶段的有罪供述不实,办案人员存在着威胁、引诱情形获取口供,并提出非法证据排除的要求。为解决这一突出问题,笔者认为需要在完善监检证据衔接机制的框架下,加强对非法证据排除的审查应对,本文也将以犯罪嫌疑人供述的非法证据排除为主要视角进行分析探讨。

二、监检非法证据排除的衔接问题分析

根据《刑事诉讼法》的规定和非法证据的形态,可以将非法证据分为非法实物证据和非法言词证据。前者指采用非法手段取得的实物证据材料;后者则包括以非法方式取得的被调查人、犯罪嫌疑人、被告人供述,证人证言和被害人陈述。非法证据排除既是刑事诉讼中取证活动的行为规则,也是司法机关对证据采用的裁判规则。非法证据排除规则中的非法言词证据,就属于不具备证据能力、不具有作为证据使用资格的证据材料,不能作为调查处置、提起公诉和作出判决的依据。

(一)监察调查的非法证据排除的法律依据

1. 宪法依据。我国《宪法》以"国家尊重和保障人权、禁止非法拘禁和以其他方法非法剥夺或者限制公民的人身自由"等规定对保障公民人身自由及财产权利予以了明确,这些从宪法的高度保障公民权利的规定,也是构建非法证据排除规则的基石。

2. 监察调查中非法证据自行排除的规定。根据《监察法》第4条的规定,监察机关在办案中应当与审判机关、检察机关、执法部门互相配合,这就为监察调查程序和证据与刑事诉讼检察环节的衔接提供了机制。根据《监察法》第33条[1]及《监察法释义》的相关解读,不仅明确了监察证据的取得和运用需严格依照"以审判为中心"的刑事诉讼证据标准和程序要求,还明确规定了监察机关对非法证据的自我排除机制。这是对监察程序中非法证据排除的原则性规定。《监察法》第40条[2]还从非法取证的种类方面进行了半列举式规定,这是

---

[1]《中华人民共和国监察法》第33条第2、3款规定:"监察机关在收集、固定、审查、运用证据时,应当与刑事审判关于证据的要求和标准相一致。以非法方法收集的证据应当依法予以排除,不得作为案件处置的依据。"

[2]《中华人民共和国监察法》第40条第2款规定:"严禁以威胁、引诱、欺骗及其他非法方式收集证据,严禁侮辱、打骂、虐待、体罚或者变相体罚被调查人和涉案人员。"

对监察程序中非法证据排除的特殊性、强调性规定。

3.《刑事诉讼法》和非法证据排除相关司法解释的依据。虽然依照《监察法》第33条监察调查取得的证据可以作为刑事证据使用,但其前提是监察机关依照《监察法》的正当程序取得。如果是以非法方法取得的证据,未被排除又进入审查起诉环节,那么检察机关必然应当依据《刑事诉讼法》及相关司法解释进行证据能力的认定,一旦认定为非法证据,则当然要排除出刑事诉讼程序之外。虽然监察机关强调其调查的内容是职务违法和职务犯罪,而不是一般刑事犯罪行为,行使的是调查权不同于侦查权,但调查程序与刑事诉讼程序前后衔接,密不可分,监察调查的证据应当与刑事审判关于证据的要求和标准相一致,这是接受后置程序和《刑事诉讼法》检验的必然要求。因此《刑事诉讼法》和非法证据排除的相关司法解释也是作为在审查起诉阶段及审判阶段审查判断以及排除监察非法证据的直接法律依据。

(二) 现阶段非法证据排除存在的问题及障碍

1. 监察机关作为集查处职务违纪违法和职务犯罪调查于一体的机关,违纪违法与职务犯罪的程序重叠性造成了证据收集、固定、审查存在着不确定性,几种程序的转化也易造成违纪违法证据与刑事犯罪证据的混淆,增加了审查和排除的难度。

2. 在监察机关对于职务犯罪案件的立案、调查环节都依照《监察法》,但案件进入审查起诉阶段,检察机关则要依照《刑事诉讼法》对事实和证据进行审查是否达到起诉标准,在《监察法》与《刑事诉讼法》处于分离且平行运行的程序二元轨道而证据为一体的理论框架下[1],职务犯罪案件较普通刑事案件在非法证据排除方面必然会存在一定的差别,尤其在监检程序二元的衔接磨合探索期将会放大这种先天性差别,给审查排查带来困难。例如《监察法》和《刑事诉讼法》中均未有对调查人员接受检察机关询问、至出庭作证作出调查活动合法性的说明进行相关规定,故而询问监委办案人员以证据取证的合法性在程序适用上存在阻碍。

3.《监察法》并未像《刑事诉讼法》赋予普通刑事案件的辩护人在侦查期间为嫌疑人提供法律帮助、申请变更强制措施、了解所涉嫌的罪名及案件情况等权利。监察机关调查所使用的留置程序的封闭性和秘密性很大程度上更甚于一般刑事侦查,由此导致职务犯罪案件中非法证据排除程序在调查阶段的启动只能依靠监察机关的自我排除,暂无外部监督。

4. 因监察调查中"非法证据排除规则"存在操作上的模糊性[2]和缺乏监督的有效性,以及职务犯罪本身具有隐蔽性强、证据形式单一等特点,监察机关非法证据的自我排除机制运行效果并不理想。另一方面,监察机关被视为区别于行政机关、司法机关的政治机关,各级机关及其人员均在其监察范围之内,这种地位一定程度上使得检察机关、审判机关对证据审查的权能弱化,也给职务犯罪案件的非法证据审查与排除工作带来一定困难。

5. 检察环节证据核准难。由于职务犯罪案件严重依赖言词证据,因此在实践中,录音录像是为了更好地反映讯问(询问)正当、合法、真实的辅助手段,讯问同步录音录像就对认

---

[1] 李作:《监察证据刑事司法化问题研究》,载《江西警察学院学报》2019年第5期。
[2] 占善刚、王译:《监察调查证据规则衔接探讨》,载《理论月刊》2019年第10期。

定是否存在非法言词证据的作用最大。虽然《监察法》中亦规定调查人员进行讯问以及搜查、查封、扣押等重要取证工作,应当对全过程进行录音录像,留存备查的规定,但《人民检察院刑事诉讼规则》第263条第2款规定:"对于监察机关移送起诉的案件,认为需要调取有关录音、录像的,可以商监察机关调取。""商"字背后的沟通协调程序无形中也增加了讯问录音、录像的调取难度。

三、检察审查起诉环节常见类型及审查应对

《刑事诉讼法》《关于办理刑事案件严格排除非法证据若干问题的规定》等关于非法言词证据规定的情形主要包含刑讯逼供或以威胁、引诱、欺骗以及非法拘禁等方式收集的嫌疑人口供,在职务犯罪领域嫌疑人及辩护人提出的非法证据排除理由范围相对更集中,主要以提出疲劳审讯、威胁、引诱、欺骗较为常见。

1. 疲劳审讯。刑讯逼供是对人身权和意志自由权的直接侵犯,随着法治化程度的总体提升,当事人或辩护人称遭受殴打、违法使用械具等暴力方法或者变相肉刑的情形越来越少,其提出的较为普遍亦是最难认定和把握的违法取证方式是"疲劳审讯"。最高法《关于建立健全防范刑事冤假错案工作机制的意见》第8条规定:"采用刑讯逼供或者冻、饿、晒、烤、疲劳审讯等非法方法收集的被告人供述,应当排除。"

目前,关于疲劳审讯如何认定,《监察法》只是规定讯问时应当合理安排讯问时间和时长,并保障被调查人的饮食、休息和安全,并没有明确规定讯问的最长时间,也未对疲劳审讯的认定作出明确界定。另外,被调查人的个体存在差异,对疲劳审讯的耐受力并不一样,认定疲劳审讯也存在因人而异的情形。根据最高法《关于适用〈中华人民共和国刑事诉讼法〉的解释》等规定的内涵,对于采取刑讯逼供等非法手段获取的供述,需要达到令被调查人"在肉体上或者精神上遭受难以忍受的痛苦而违背意愿"的程度,监察机关、司法机关才可以排除,因此,判断疲劳审讯的关键在于是否令被调查人"遭受难以忍受的痛苦而违背意愿",不能单从讯问时长进行判断,而应当从被调查人的年龄、身体状况、性格特征以及讯问场所的具体环境等因素来综合考量。

2. 威胁行为。根据"两高三部"《关于办理刑事案件严格排除非法证据若干问题的规定》等规定,对"威胁"界定为"采用以暴力或者严重损害本人及其近亲属合法权益等方法",但在实践中,调查人员的"威胁"行为与合法调查策略之间的界限较为模糊,且在日常生活中,以不利后果相要挟的,通常都可视为威胁。然而排除规则意义上的威胁,与供述的自愿性紧密相关,认定标准应当要达到采用威逼胁迫的手段迫使被调查人违背意愿作出供述。

常见当事人或辩护人称被威胁的行为有"不收拾你一下,你是不会说的吧"(以暴力相威胁)、"不交代就别想休息"(以损害权利相威胁)、"不交代就把你的家人关起来"(以近亲属人身自由相威胁)之类的言语威胁,使被调查人内心恐慌而违背意志作出有罪供述,但是有时当事人也会将正当提醒性、警醒性讯问误认为是非法威胁讯问,比如"你应当如实供述自己的罪行,零口供会从重处罚""你在家受贿时你家人也在场,有可能将你的家人也牵涉进来"

等,此种讯问过程中一般性、提醒性的威吓、呵斥,很难评价为受到"以暴力或者严重损害本人及其近亲属合法权益等方法"遭受巨大痛苦而违背意愿的程度,因而对于犯罪嫌疑人提出的线索,承办检察人员也要先行甄别,不能一概而论。

3. 引诱、欺骗行为。实践中,存在着某些当事人反映调查人员说过"如果你如实交代事实,就可以放出去"的现象,对此,《监察法》《刑事诉讼法》和相关司法解释都明确规定,严禁以引诱、欺骗等方法收集证据,虽然在排除规则中并未明确引诱、欺骗等方法收集的证据在何种情形下应当排除,但不能因为现行法律规定没有明确细化,就想当然地认为此类取证行为取得的证据不构成非法证据,无需排除。但是,同威胁行为类似,有时引诱、欺骗也与正常的调查策略难以精确区分。

调查思维的一个基本特征是"对抗性""博弈性",难免会采取一些欺骗、引诱的手段。[1]因为职务犯罪嫌疑人通常了解甚至熟悉法律,因而对讯问方式及办案程序并不陌生,讯问难度比普通刑事案件更大,完全意义上的不引诱、不欺骗很难让被调查人主动认罪服法从而获取口供。实践中,也确实存在着一些从气势上、心理上摧垮被调查人心理防线的讯问语言、行为和诱导性发问等调查策略,如果将其全部作为非法证据,必将导致大量的口供被排除,甚至导致调查人员的讯问无法取得突破。因此,不加区分地否定引诱、欺骗取证的合法性,不符合调查取证活动自身的规律,更会使调查取证工作丧失灵活性和机动性,不利于反腐败斗争的深入推进和成效巩固,所以此类口供是否应当被排除,应当结合具体案件的具体语境进行具体分析,"宽禁止、严排除"的非法证据排除原则是符合实际和调查工作规律的,需审慎判断其证明力大小。

4. 重复性供述。重复性供述,也称反复自白,是指被调查人的初次有罪供述是采用刑讯逼供等非法手段获取,但其后在合法的讯问程序下,又再次作出的一份或多份本质相同的供述。从有利于遏制刑讯逼供等非法行为及嫌疑人基本人权的保护考虑,因刑讯逼供足以影响后续供述的自愿性,相关规定对此类重复性供述一并排除。但大部分的职务犯罪被调查人提出的重复性供述以受疲劳审讯、威胁、引诱等作出的,对这类重复性供述假如采取一律排除的处理方式,不利于实现惩罚犯罪与保障权益的平衡。

从性质上看,以受疲劳审讯等作出的供述与刑讯逼供等非法方法所取证据仍存在差异,如重复供述是在未被采取刑讯逼供等非法方法的情形下取得,就不是先前非法取证行为的衍生证据,无需排除,故审查时首先应考虑重复性供述的来源,确定初次有罪供述是通过何种手段获取,再者仍需关键看重复供述与非法讯问行为是否有因果关系,注重审查取证违法的严重程度、案件移送审查起诉后变更讯问主体后供述内容有无变更、有无辩护律师介入等因素。

---

[1] 龚举文:《论监察调查中的非法证据排除》,载《法学评论》2020年第1期。

四、余　　论

　　非法证据对于国家法治体系的危害不言自明,非法证据排除规则涉及一个国家对待程序正义、无罪推定、人权保障的整体态度。随着以司法责任制为核心的司法体制改革和以审判为中心的诉讼制度改革的推进,司法责任制正在落实,律师辩护权也加以强化,监检法在反腐败刑事案件办理中的关系也应借鉴公检法间分工负责、互相配合、互相制约的原则,才能更好地做到打击职务犯罪与保障人权并重。为妥善处理好监检在证据衔接上的问题,除监察机关按照刑事审判证据标准自行完善非法证据排除规则和检察机关加强对常见非法言词证据的审查应对外,监检两家还可在"全部证据随案移送"领域加强探索,实现职务犯罪案件办理政治效果、法律效果、社会效果的有机统一。

职务犯罪案件适用认罪认罚从宽制度问题研究
——以《刑事诉讼法》和《监察法》衔接为背景

李 营 张云瑞[*]

摘 要：2018年新修正的《刑事诉讼法》明确规定了认罪认罚从宽制度的内容，《监察法》第31条对职务犯罪调查阶段适用认罪认罚的条件和程序也作了规定。随着认罪认罚的推广，适用认罪认罚从宽制度的案件越来越多，认罪认罚从宽制度适用于任何罪名和任何程序，职务犯罪也不例外。但当前司法实践中职务犯罪尤其在调查阶段适用认罪认罚从宽的为极少数，监委的地位定性和调查模式以及两法关于适用认罪认罚从宽制度的衔接问题均影响了其适用效果。基于此，应当完善两法衔接，统一适用标准，加强调查阶段被调查人权利保障，及时发布指导性案例确保认罪认罚从宽制度在职务犯罪的调查、起诉和审判环节的贯穿统一应用。

关键词：职务犯罪 认罪认罚从宽 两法衔接 统一适用

一、问题的提出

2018年10月26日修正后的《刑事诉讼法》对认罪认罚从宽制度作出明确规定，认罪认罚从宽制度是我国贯彻宽严相济司法理念实践下推出的一次刑事司法体制创新，是我国对刑事协商司法的重要探索。随着认罪认罚从宽制度的全面推广，其在案件繁简分流、提升诉讼效率、节约司法资源等方面发挥了积极作用，2019年8月最高人民检察院在刑事检察工作会议上提出采取一系列措施推动认罪认罚适用率达到70%左右，2019年12月单月全国平均适用率已达80%，重庆2019年全年适用率在79%以上。[1]但职务犯罪在适用认罪认罚从宽制度的依然很少，尤其在监委调查阶段职务犯罪案件如何适用存在争议(本文所述职务犯罪特指监委负责调查的罪名)。2018年3月20日，第十三届全国人大一次会议表决通过了《监察法》，其第31条针对调查阶段的认罪认罚作了规定，体现了认罪认罚从宽的精神，但《监察法》规定的认罪认罚从宽和《刑事诉讼法》规定的认罪认罚从宽制度在内容和操作上有所差异，两者如何衔接推动认罪认罚从宽制度在职务犯罪中全程适用成为亟须解决的问题。

---

[*] 李营：无锡市惠山区人民检察院党组书记、检察长；张云瑞：无锡市惠山区人民检察院检察官助理。
[1] 参见陈国庆：《认罪认罚从宽制度若干争议问题解析(下)》，载《法制日报》2020年5月13日。

二、职务犯罪适用认罪认罚从宽制度的必要性

(一) 查办职务犯罪形势的需要

党的十八大以来,随着国家监察体制改革推进,党中央反腐力度空前加大,坚持"老虎""苍蝇"一起打。近年来依法被追究刑事责任的党员干部呈上升态势,全国检察机关2018年受理各级监委移送职务犯罪16 092人,2019年受理监委移送职务犯罪24 234人,同比上升50.6%。[1] 由此可见,随着国家监察体制改革的深入推进,监委查办国家工作人员违法犯罪力度只会加强。职务犯罪嫌疑人到案后的认罪悔罪态度也是监委办案的一项工作指标要求,近年来,多数职务犯罪嫌疑人或被告人在廉政警示教育片的以身说法或者庭审过程中的真诚悔罪赢得了社会民众对国家查办职务犯罪的赞誉,体现了职务犯罪办理的法律效果、社会效果和政治效果的统一。

(二) 提高职务犯罪办案效率的需要

提高诉讼效率、节约司法资源是认罪认罚从宽制度内在价值之一。国家监察体制改革后,很多地方的职务犯罪的办案人员仍然以检察院"两反"转隶过去的为主,办案人员依然紧缺。不同于以往的办案期限,《监察法》规定留置期间最多可以六个月,实践中留置超过三个月的比比皆是。因此,职务犯罪的办理从监委调查到以后的起诉、审判环节办案时间周期长,需要投入大量的司法资源。如果在监委调查阶段能适用认罪认罚从宽制度,给职务犯罪嫌疑人明确的从宽处罚的建议,促使其尽早认罪认罚,不仅可以提高调查阶段的效率,对随后的审查起诉和法院判决也能起到很好的效果,切实起到提高诉讼效率、节约司法资源的效果。

(三) 解决职务犯罪调查取证难的需要

职务犯罪具有极强的隐蔽性,并且行为人通常具有较强的反侦察能力,尤其是贪污贿赂案件大多以言词证据为主,依赖口供定案,且大多时候都是一对一,口供的收集主要是在留置期间。现实中为了取证依然会有一些疲劳审讯、变相体罚的情况发生,导致犯罪嫌疑人在后期的司法程序中极易翻供,甚至产生非法证据排除的风险。因此,需要进行一定的制度设计,以激励职务犯罪案件中被调查人与涉案人员自愿供述,进而在一定程度上"弥补职务犯罪证据链和获取上的不足"[2]。如果在监委调查阶段适用认罪认罚从宽制度,给予职务犯罪嫌疑人一定的"协商交易"的机会,可以降低嫌疑人的对抗意识,有利于固定证据链,也可以有效防止非法证据的产生,有效破解取证难的问题。

---

[1] 以上数据来自2019—2020年《最高人民检察院工作报告》。
[2] 李世峰:《认罪认罚制度在职务犯罪案件中的适用与控制》,载《新疆师范大学学报(哲学社会科学版)》2019第3期。

三、职务犯罪适用认罪认罚从宽制度的可能性

(一)《监察法》的本质规定要求

《监察法》第31条对职务犯罪从宽处罚的建议的规定和《刑事诉讼法》关于认罪认罚从宽制度的立法精神是相吻合的。只是《监察法》确立的认罪认罚从宽制度较为粗糙且条件苛刻,没有明确认罪认罚的具体含义和认定标准等关键性内容。[1] 因此监委在适用认罪认罚从宽制度时无法单纯地依靠《监察法》的规定,更多的时候要借助《刑事诉讼法》的相关内容。

(二)职务犯罪作为刑事犯罪的一种理应适用

《人民检察院刑事诉讼规则》第11条第2款明确规定认罪认罚从宽制度适用于所有的刑事案件,人民检察院办理刑事案件的各个诉讼环节,都应当做好认罪认罚的相关工作。两部三高《关于适用认罪认罚从宽制度的指导意见》第5条关于认罪认罚适用阶段和适用案件范围明确规定所有刑事案件都可适用,贯穿于刑事诉讼全过程,适用于侦查、起诉、审判各个阶段,对案件类型没有限定。最高人民检察院副检察长陈国庆在接受《法制日报》采访时说:"认罪认罚从宽制度没有适用罪名和可能判处刑罚的限定,所有刑事案件都可以适用,不能因为罪轻、罪重或者罪名特殊等原因而剥夺犯罪嫌疑人、被告人自愿认罪认罚获得从宽处理的机会"。[2] 国家监察体制改革后,虽然《刑事诉讼法》保留了检察机关对司法机关工作人员部分渎职案件享有侦查权,但绝大部分职务犯罪的调查权由监察机关承担,无论是监察机关调查还是公安机关或者检察机关侦查,职务犯罪案件依然是刑事案件的一种,进入司法程序后并无两样,起诉和判决均要遵循《刑事诉讼法》的规定,这也是法治的统一适用所需,如果仅仅因调查侦查机关不同,犯罪嫌疑人无法享受调查阶段认罪认罚所带来的更大从宽"优惠",无疑对他们是不公平的。

(三)司法实践中已有探索

《监察法》和新《刑事诉讼法》颁布实施以来,认罪认罚从宽制度在两法之间的衔接处理成了办理职务犯罪案件的"新常态"。2019年山西省临汾市监委、检察院、中院联合出台《关于在办理职务犯罪案件中适用认罪认罚从宽制度的具体意见》(以下简称《意见》),其中明确指出监察机关在调查阶段应告知被调查人认罪认罚的法律规定,并由被调查人签字,被调查人自愿认罪的,应当记录在案并将记录随案移送;移送审查起诉意见书时,应当载明被调查人认罪认罚的情况。这一《意见》完全符合《刑事诉讼法》关于认罪认罚从宽制度的规定,为监委在调查阶段适用认罪认罚从宽制度提供很好的实践探索。

---

[1] 参见詹建红:《认罪认罚从宽制度在职务犯罪案件中的适用困境及其化解》,载《四川大学学报(哲学社会科学版)》2019年第1期。

[2] 参见陈国庆:《认罪认罚从宽制度若干争议问题解析(上)》,载《法制日报》2020年4月29日。

四、职务犯罪适用认罪认罚从宽制度的现实困境

(一) 监察委员会的性质定位影响了认罪认罚从宽制度的适用

国家监察体制改革明确监察委员会代表党和国家行使监督权,是政治机关,不是行政机关、司法机关。监察委员会与政府、法院、检察院并列,都由人大产生,对人大负责,接受人大监督,其中监察委员会拥有监督、调查、处置三项职权。监察委员会调查权包括行政调查权、违纪调查权、刑事调查权,刑事调查权相当于此前检察机关对腐败犯罪的刑事侦查。但实践中,由于性质定位不同,监察委员会开展职务犯罪的调查时无论是留置措施还是调查取证主要依靠《监察法》,而真正进入司法程序往往是移送检察院之后,因此《刑事诉讼法》规定的认罪认罚从宽制度的内容,在调查阶段很少涉及。

(二)《监察法》和《刑事诉讼法》衔接不畅导致适用认罪认罚从宽制度困难

1. 任何新体制的建构必然会对现有体制产生冲击,进而受到种种阻挠乃至与现有体制形成激烈的对抗,《监察法》的颁布标志着国家监察体制改革初步构建成功。[1]《监察法》第31条规定,涉嫌职务犯罪的被调查人主动认罪认罚,有下列情形之一的,监察机关经领导人员集体研究,并报上一级监察机关批准,可以在移送人民检察院时提出从宽处罚的建议:(一) 自动投案,真诚悔罪悔过的;(二) 积极配合调查工作,如实供述监察机关还未掌握的违法犯罪行为的;(三) 积极退赃,减少损失的;(四) 具有重大立功表现或者案件涉及国家重大利益等情形的。不难看出,《监察法》第31条关于认罪认罚的规定和《刑事诉讼法》中的认罪认罚规定存在较大差异。《监察法》对于职务犯罪案件适用认罪认罚的规定主要着眼于审批程序和适用条件,适用认罪认罚从宽有附加条件且该附加条件还相对苛刻,对"认罪""认罚"缺少具体的规定,而《刑事诉讼法》第15条规定犯罪嫌疑人、被告人自愿如实供述自己的罪行,承认指控的犯罪事实,愿意接受处罚的,可依法从宽处理。比之《监察法》的规定,《刑事诉讼法》更强调的是犯罪嫌疑人或被告人的自愿性,没有任何附加条件。

2. 实践中如果一个职务犯罪嫌疑人在监委调查阶段不符合《监察法》规定认罪认罚从宽的条件,检察机关在审查起诉阶段如何认定?从《刑事诉讼法》角度看只要是自愿供述,承认犯罪,愿意接受处罚,就应该适用认罪认罚从宽制度,这也是两法由于规定不同导致实践操作中困难的一面。

3. 关于从宽处理的建议,《监察法》规定:"监察机关经领导人员集体研究,并报上一级监察机关批准,可以在移送人民检察院时提出从宽处罚的建议"。职务犯罪适用认罪认罚从宽处理建议必须经上一级监察机关批准,程序规定严格繁琐,但给予"从宽"处理的范围和幅度不明,是概括性的建议从宽处理合适还是有一定幅度具体量刑建议合适?且经过上级监察机关批准的从宽处理建议到了起诉阶段,检察机关很难不去遵守,这就存在因操作标准不统一和《刑事诉讼法》认罪认罚从宽制度要求量刑建议精准化存在矛盾冲突的实践隐患。

---

[1] 参见刘艳红:《〈监察法〉与其他规范衔接的基本问题研究》,载《法学论坛》2019年第1期。

(三)职务犯罪案件调查人对适用认罪认罚重视程度不够

职务犯罪案件的调查工作统一由监察委员会行使,留置期限少则三个月多则六个月,调查周期长且取证困难,调查人员经常疲于和犯罪嫌疑人"斗智斗勇"。其行使调查权的主要依据是《监察法》,而当前《监察法》和《刑事诉讼法》在很多问题上的衔接缺少具体规定,导致很多监委调查人员在调查期间对《刑事诉讼法》的适用有所困惑。据了解,相当一部分的监委调查人员在调查阶段不考虑嫌疑人认罪认罚情节,认为认罪认罚从宽是后期检察院和法院主要考虑的,监委调查阶段的主要任务在于取证"突破"案件,从而忽略了对认罪认罚从宽的适用。

五、职务犯罪适用认罪认罚从宽制度的建议

(一)完善两法衔接,统一适用标准

以《刑事诉讼法》和《监察法》的规定为依据,《刑事诉讼法》关于认罪认罚从宽制度的规定无疑更加详细,具有更强的操作性,故应以《刑事诉讼法》确定的认罪认罚为统一适用标准贯穿于调查、检察和审判全过程。监委可以参考公安机关或检察院的侦查模式,在调查阶段告知其如实供述和认罪认罚产生的后果,并在调查笔录中予以记载。在移送检察阶段,法律文书上注明被调查人认罪认罚的情况,并提出从宽处罚的建议。在操作层面上看似不符合《监察法》第31条关于认罪认罚的规定,但前文所说《监察法》第31条规定得过于苛刻,但其体现的认罪认罚从宽处理的本质精神和《刑事诉讼法》的规定相吻合,只是在操作层面上有所差异。因此,以普通刑事案件的司法实践为参考标准,针对《监察法》第31条的规定做具体的解释,有利于两法衔接和统一适用认罪认罚从宽制度的标准。

(二)加强被调查人的权利保障,调查阶段允许律师介入

认罪认罚从宽的适用必须有律师的见证参与,监委调查阶段律师能否介入目前没有规定,实践中的做法也是不允许,这势必会影响认罪认罚在监委调查阶段的适用。笔者认为,律师可以介入调查阶段,其一,认罪认罚从宽制度要求律师参与,确保其认罪认罚的自愿性和公正性。其二,《刑事诉讼法》第34条也明确规定,犯罪嫌疑人自被侦查机关第一次讯问或采取强制措施之日起,有权委托辩护人。在监察体制改革前,检察机关对职务犯罪的侦查阶段律师有权会见,只是监察体制改革后留置期间称为调查阶段,调查和侦查虽然只一字之差,但其本质并未改变,考虑到职务犯罪调查的特殊性,《监察法》可以借鉴《刑事诉讼法》第39条第3款关于危害国家安全罪、恐怖活动犯罪案件律师会见的规定,在调查阶段赋予被调查人委托辩护人的权利,但律师会见应当经过调查机关许可。其三,律师的介入会见释明认罪认罚产生的后果,也有利于被调查人配合调查工作,降低对抗性,提高调查效率。其四,兼具"行检纪"特质的监察委员会调查权有背离人权保障之虞[1],律师的介入也是保障被调查人权利的要求。

---

[1] 参见刘艳红:《监察委员会调查权运作的双重困境及法治途径》,载《法学论坛》2017年第6期。

(三) 发布指导性案例，加强示范作用

近几年，最高检和最高法频繁发布指导性案例也体现了案例在类案办理上的指导借鉴作用。但我国的指导性案例制度与英美法系的判例法有所不同，最高检和最高法颁布的指导性案例不作为判决依据，也不具有司法解释效力，仅仅是"类似"案件应当参照的裁量旁证。这些指导性案例无论是在法律适用上还是在政策形势导向上对同类案件的办理都有很强的指导参考作用，也有利于法律的统一公正实施，受到实务界和理论界一致好评。监委和检察机关在推进职务犯罪适用认罪认罚从宽过程中可以联合或者分别推出指导性案例或者典型案例，尤其是在监委调查阶段适用认罪认罚的，必将对认罪认罚从宽在职务犯罪的应用中起到很好的指引作用。

行政检察监督与监察委监督的关系辨析

赵 卿 池 通[*]

摘 要：检察体制改革和监察体制改革是当下我国依法治国进程的重要事件。比较行政检察监督与监察委监督，二者在法律属性、法律依据、监督范围、监督权内容、监督方式等方面存在诸多差异，但这两类监督之间并非毫无关联，在某种程度上也存在一定的契合关系，概言之，即法律属性的独立性、权力运行的类同性、监督对象的交叉性、必要的协作性与相互的制约性。在双重改革背景下，检察机关应聚焦主责主业，切实加强对行政检察监督理论研究，强化监督实务的刚性与效力，完善我国检察监督制度。

关键词：行政检察监督 监察监督 法律属性 监督对象 监督权内容

纵观域外腐败犯罪治理的现代化进程，其关键之处并非腐败犯罪之发现能力或惩治能力的现代化，而是实现法律监督能力的现代化。党的十八大以来，以习近平总书记为核心的党中央在深入推进法治与改革"双轮驱动"战略布局中，将检察体制、监察体制与司法体制、国家机构等政治体制改革统筹规划、协调推进，以共同实现国家治理体系和治理能力现代化。在这场宏大的改革浪潮中，检察体制改革实践先行，理论创新，2016年7月召开的第十四次全国检察工作会议上，第一次提出了"检察监督体系"这一概念，确立了促进刑事检察、民事检察、行政检察、职务犯罪侦查预防、控告申诉检察等各项法律监督工作全面发展的目标；2019年1月，张军检察长在全国检察长会议中首次提出"四大检察"（即刑事、民事、行政、公益诉讼检察）概念，从根本上改变了检察制度"一重一轻一弱一缺"的状态[1]，检察机关法律监督职能进一步优化，完善了中国特色检察制度体系。与此同时，国家监察体制改革也在如火如荼地进行，职务犯罪侦查（包括犯罪预防）部门的整体转隶对检察制度带来系统性、根本性的影响，这不仅从宏观上影响检察机关在政治体制中的性质与定位，也在微观上对检察监督的实现方式带来影响。准确把握立法精神，科学厘清行政检察监督与监察委监督之间的关系，进一步完善监督制度，是当下检察体制改革与监察体制改革背景下检察理论研究与司法实践亟须关注的问题。

---

[*] 赵卿：徐州市人民检察院研究室副主任，江苏师范大学法学院兼职教授，法学博士；池通：南京审计大学法学院、监察学院讲师，法学博士。

[1] 徐汉明、孙逸啸：《新时代人民检察事业创新发展的基本遵循——学习习近平同志关于检察改革和检察工作系列观点的体会》，载《法学评论》2019年第5期。

一、概 念 展 开

对一个问题开展研究,需要首先厘清所研究问题的基本概念和范畴。人类对客观事物的认识,都是先形成对该事物的概念,然后再通过对该概念的运用来进行判断和推理,以达到对客观事物的认识。[1] 同样,欲辨析行政检察监督与监察委监督之间的关系,明确二者的概念与内涵是无法回避的关键问题。

(一) 行政检察监督的规范内涵

何为行政检察监督?我国理论界和实务界曾在很长一个时期内对行政检察监督存在较大认知偏差。1979年《人民检察院组织法》并未规定行政诉讼监督,十年后出台的《行政诉讼法》在第10条明确了检察机关对行政诉讼实行法律监督。此外,在司法实践中,检察机关除了履行对行政诉讼活动的监督职责,也在社会综合治理中开展行政检察监督。从80年代起,检察机关对于在履行诉讼监督职责中发现国家机关、企事业单位存在违法行为的,采取制发检察建议、促进建章立制规范行政的做法,这实质上是对行政机关违法行为的一种监督。在党的十八届四中全会和第十四次全国检察工作会议之后,行政检察监督的内涵更为丰富。十八届四中全会确立了司法体制改革的目标与任务,对行政检察监督提出了一系列具体要求:一是完善对涉及公民人身、财产权益的行政强制措施实行司法监督制度;二是检察机关在履行职责中发现行政机关违法行使职权或者不行使职权的行为,应该督促其纠正;三是完善检察机关行使监督权的法律制度。这一中央决定将检察机关对行政主体的行政权力和行政行为纳入监督范畴,使得检察机关建立起完善的行政检察监督体系有了明确的政策依据。相较于专称意义上的法律监督,我国"行政检察监督"的实施边界得到扩展。因此,从应然角度理解,行政检察监督是检察机关监督各主体实施行政诉讼与行政行为是否遵守宪法法律的检察活动,是检察机关法律监督职能的重要组成部分,与刑事检察、民事检察和公益诉讼检察共同构成当前"四大监督"。

根据我国司法现状和行政检察的特点、范围,行政检察监督的规范内涵可分别从狭义和广义来理解。狭义行政检察监督的法律语境最早出现在1989年《行政诉讼法》,该法第10条规定,检察机关有权对行政诉讼实行法律监督;第64条规定检察机关发现已生效的裁决违反法律法规规定的,有权依照审监程序提出抗诉。围绕这一"诉讼监督"规定,学界形成了一种普遍认知,将行政检察监督定位于行政诉讼领域,专指行政诉讼检察监督,与刑事诉讼检察监督、民事诉讼检察监督并列为三大诉讼监督。这是行政检察监督的主战场,是指人民检察院依法通过抗诉等方式对行政诉讼活动实施法律监督,主要监督行政审判行为的合法性。[2] 1989年《行政诉讼法》明确规定了行政诉讼监督的范围和方式,奠定了我国行政诉讼法律监督的基本框架,此后《行政诉讼法》先后经历二次修正,则进一步扩大了检察监督范

---

[1] 李居全、胡学相:《犯罪概念的哲学思考》,载《中国法学》2004年第2期。
[2] 韩永红:《我国法律体系中的行政检察监督权》,载《广东行政学院学报》2014年第2期。

围——规定除对已生效的裁判文书提出抗诉外,还应对损害国家利益、社会公共利益的调解书提出抗诉(2017年修正);丰富了监督形式——规定对行政诉讼案件除了可以提出抗诉外,还可以通过提出检察建议的形式进行监督(2014年修正)。可以说,行政诉讼监督贯穿行政诉讼全过程,面向的是行政诉讼审判、执行活动以及行政诉讼中作为被告的行政主体,既要监督审判机关公正司法,又要督促行政机关依法行政,是行政检察的核心。

近年来,部分检察机关积极开展对行政执法的监督,显示出检察监督权属的扩张性。[1] 广义的行政检察监督除行政诉讼检察监督外,还包括检察机关对行政机关具体行政行为的监督活动,即行政执法检察监督,也称非诉讼法律监督,是以非诉讼方式实现检察监督职能,即依照诉讼法外的其他法律、法规的规定,以非诉讼的方式进行监督。[2] 主要是指检察机关对行政机关相关执法过程中的违法行为,运用检察建议等方式进行监督,以确保行政法律的有效实施,维护公共利益。这一法律监督的法理依据是相关行政行为(包括不作为,理由在于行政不作为也可能减损公共利益)存在违法性,包括实体违法和程序违法。2017年《行政诉讼法》第25条设置了行政公益诉讼的审查前置程序,规定检察机关在提起行政公益诉讼前,必须通过检察建议督促行政机关作为或不作为,这意味着行政检察监督只能在公共利益受到一定范围的损害结果时才能介入,行政检察监督的检察建议是过程,提起的公益行政诉讼是结果,二者之间是承继性、并列性的关系,而非包容性的关系,前者不能涵盖后者。同时,根据法律规定,行政执法检察监督只能通过检察建议等方式进行,这一先天的程序性限制,使得检察机关进行行政执法监督时,不得涉及实体问题、实体权力的处分。对于行政机关在国家公权领域外所实施的外部活动,行政机关内部组织管理活动,以及行政执法人员的责任的最终认定,检察机关均无权介入。

(二)监察委监督的规范内涵

监察委监督作为我国现行《宪法》确立的一项监督制度,权威性之高通常被称为国家监察监督。在《宪法修正案》与《监察法》生效之前,我国实行的是行政监察制度,监察机关隶属于行政系统,在政府内部设立机构专司行政监察权,负责对国家行政机关及人员的行政行为进行监督。然而,在实践中,行政监察"重惩治轻预防""重查办轻监督",难以达到预期的腐败犯罪治理效果,监督权的"低、散、窄、软、松、衰"等重大疏漏是其重要症结。[3] 为从根本上扭转这一困境,国家力推监察体制改革,2016年党的十八届六中全会公报首次将监察委与政府、法院和检察院相提并论,监察委成为国家权力体系的重要组成部分。2016年12月,全国人大常委会发文在北京、山西、浙江开展国家监察体制改革试点工作(发文简称《试点改革决定》),正式拉开了国家监察体制改革的大幕。2018年3月第十三届全国人民代表大会第一次会议通过《宪法修正案》,规定各级监察委是国家的监察机关,继而通过的《监察法》在

---

[1] 王林林:《论侵犯公民合法权益型行政强制措施的检察监督》,载《法学杂志》2019年第3期。

[2] 丁欣、许洪峰:《监察体制改革背景下检察监督体系构建初探》,http://www.jcrb.com/procuratorate/theories/practice/201712/t20171215_1826160.html,2017-12-15发布、2019-08-10访问。

[3] 魏昌东:《国家检察委员会改革方案之辨正:属性、职能与职责定位》,载《法学》2017年第3期。

宪制基础上明确了监察委是专责性的反腐败机构,确立了监察权的权威性、独立性,监察委依法对所有公权力进行监督,惩防并举开展反腐败工作,维护国家法制权威。

《监察法》第11条规定,监察委负有三大职责,即监督、调查与处置。从腐败犯罪治理原理来看,监督是监察委的首要职能,也是最重要的职能。《监察法》不仅承载着国家腐败犯罪治理战略的神圣使命,也赋予了监督职能在监察责任体系中"第一职能"的基本定位。《监察法》第11条第1款的规定则是界定了狭义层面的监察监督,是对公职人员进行廉政教育,并对其从政从业及道德操守情况进行监督,简言之,即监督其是否存在违纪行为。这种监督主要是针对发生在事前阶段违纪行为的预防性监督,包括监察委基于监督职责所实施的预防措施、预防程序、保障措施等一系列措施与手段。监察实践中,这种监督手段是多元的,监察机关既可以对存在违纪行为的公职人员开展教育,以加强其自律;也可以针对发现的问题向公职人员所在单位制发监察建议,以强化他律;还可以就发现的个案或类案问题向社会开展警示教育和廉洁文化宣传,以营造良好的法治环境。但是,相比目前立法对调查、处置职责中已有法律资源的吸收情况看,现行法律对这一狭义监督的规定过于简单和概念化,尚未明确公职人员财产申报、利益冲突等制度。

监察委监督权威信高,通常称之为国家监察监督。国家监察体制改革的一个重要目标便是改变腐败治理的分散、低效状态,以监督、调查和处置职责为抓手建立起统一高效的监督机制,实现国家监察的全覆盖。"全覆盖"意味着政治权力的延伸范围与权力监督网络的覆盖范围之间要保持一致性。[1] 监察委监督要符合"横向到边、纵向到底"的"无盲区"规范性要求,不仅监督公职人员是否存在违纪行为,还可以调查是否存在违法犯罪行为,并作出处置决定。因此,广义上的监察委监督既包括对国家工作人员的批评教育和组织处理,也包括根据监督、调查、处置的情况及发现的问题,采取发送监察建议、宣传、教育手段,预防违法犯罪问题的发生。[2] 显然,这一监督过程是动态的,涵盖事前、事中、事后三个阶段,体现了预防性、发现性与惩治性。鉴于监察委系国家监督机关的属性,以及监督作为"第一职能"的基本立场,本文采取广义的监察监督说,即对公职人员的违纪、违法及涉嫌犯罪行为进行全面监督,其范围涵盖所有行使公权力的公职人员。检察人员作为司法工作人员,自然也涵盖在内。

二、比较分析

在检察体制与监察体制双重改革背景下,检察机关与监察委均面临着制度变革和再生、新生发展的迫切需要,应当根据宪法定位及其职权配置,明晰行政检察监督与监察委监督的关系。

---

[1] 吕永祥、王立峰:《县级监察委员会的公权力监督存在的现实问题与优化路径》,载《河南社会科学》2018年第7期。

[2] 吴建雄:《国家监察体制改革的法治逻辑和法治理念》,载《中南大学学报》2017年第4期。

(一) 法律属性

作为《宪法》规定的国家法律监督机关,检察机关通过行使检察权,追诉犯罪,依法实施法律监督,保障法律实施,维护社会公平正义。在法制传统中,法律监督已成为专门用来指称检察机关监督的特定称谓。行政检察监督作为检察监督体系的下位概念,不言而喻,其法律监督的属性更为明显。在行政检察权运行过程之中,严格依照法律规定对行政诉讼与行政权运行的合法性实施监督,这种对公权力进行的监督体现了行政检察监督的本位。正如学者指出的,"行政检察监督体现为对行政诉讼和行政权的双重监督作用"[1]。

这种行政检察监督的总体设计使得行政检察监督具有如下显著特征:(1)专门性,检察机关作为专门法律监督机关,弥补人大及其常委会宏观监督的不足,具有一定的排他性,由检察机关独立行使。[2] 检察机关履行行政检察监督权,不仅具有规范化的流程设计,还拥有一批熟悉行政诉讼与行政权运行的专业化检察队伍。需要说明的是,从监督性质上看,行政检察监督属于横向监督,与行政权之间不存在隶属与领导关系。行政检察监督权在行使过程中,同样要尊重行政机关的专业性和处置权,既不能替代行使行政权,也不能代行公民自力救济的诉权。(2)程序性、法定性,是指检察机关行使行政检察监督职能,需要在法律授权范围内依据严格的法律程序进行。行政诉讼监督是针对法院生效行政判决、裁定及其执行中的错误提出异议;行政执法检察监督则针对行政违法行为提出异议,对此,法院、行政机关均须在程序上接受,按照检察机关提出抗诉、制发检察建议的内容和要求进行审查,并回复处理结果。只有经过法定程序且被审判机关、行政机关采纳,检察机关的相关监督主张(如抗诉、纠正违法、检察建议)才能产生监督实效。可见,行政检察监督并无实体处分权,其决定也并非终局性、实体性的,而是一种程序性权力。(3)事后性,指在审判机关行政诉讼行为作出前,或在行政机关行使权力的行为作出前,检察机关不得干预。"即使是对行政机关不作为的监督,也是基于行政机关负有作为的法定义务而不履行,且这种不作为已构成违法。"[3] 属于既成违法或犯罪事实之后的"发现性监督",而非"预防性监督",虽然具有一定的惩罚性,但无法触及腐败性权力生成、"运行"的过程,只是对被监督事项发生之后的补救功能,系消极的监督样态。(4)救济性,是指在行政诉讼过程中,当事人在人民法院作出一审、二审、再审的判决、裁定或者决定后,认为已经生效的判决、裁定或者调解书驳回再审申请或逾期未作裁定,原审裁判认定事实或者适用法律、法规错误,作出原审裁判、调解书的审判人员存在严重违反法定程序行为,行政机关执法活动存在违法情形等情形的,有权申请检察监督。显然,这种权利救济具有公力救济的属性。

与检察机关的法律监督性质比较,监察委监督则体现着国家监察监督的属性。在《宪法》建构的国家监督体系中,检察监督、监察监督与审计监督共同构成专属监督体系。其中,

---

[1] 傅国云、胡卫丽、张剑锋:《检察监督与监察监督衔接机制研究——以民事行政检察为对象》,载《汕头大学学报(人文社会科学版)》2018年第2期。

[2] 肖中扬:《论新时代行政检察》,载《法学评论》2019年第1期。

[3] 夏金莱:《论监察体制改革背景下的监察权与检察权》,载《政治与法律》2017年第8期。

监察委监督作为独立于立法权、行政权、司法权之外的第四种权力,其性质属于政治监督,要与具有宪法地位、行使法律监督权的检察监督区分开来,亦不能与行使财政监督权的审计监督相混淆。[1]"监察权是国家权力结构的重要组成部分,根本目的在于反腐败。"[2]监察监督的范围涵盖党纪处置、行政处分与刑事追责,以对所有行使公权力人员的违纪监督、违法监督为主线,对所有公职人员实行全覆盖性、零容忍性监督,在国家腐败犯罪治理体系中居于主导地位。

监察委监督的特征也同样明显:(1)反腐性。监察体制改革的立足点是强化法治反腐的国家治理模式,实现国家对腐败犯罪治理的现代化,其现实路径即依托法制,建立起高效统一、全面覆盖的反腐败体系。基于此,通过监察体制改革将行政监察权、职务犯罪侦查权分别从各级政府和检察机关中剥离出来,重新整合形成国家专门反腐机构。(2)全面性。根据《监察法》的建构,监督、调查及处置三大职责使得监察委监督呈现出事前性(预防性)监督、事中性(发现性)监督、事后性(惩治性)监督密切协同的特征。这种全方位的腐败监督机制,具有实时动态、全程监督的全面覆盖性,也体现了党内腐败治理与国家腐败治理预防优先、惩防并重的理念。(3)处分性。监察委对公职人员的履职、从政从业等情况进行监督,对涉嫌职务违法与犯罪行为的,依法进行调查并作出追究相关人员纪律责任、刑事责任、行政责任等处分。除了对于涉嫌犯罪的人员应当移送司法机关追究刑事责任外,监察委都可以对相关人员作出实体性、终局性的处分决定。

概言之,检察机关是国家唯一的法律监督机关的宪法定位不会改变,与此同时,监察委作为政治机关的性质定位亦已通过修宪方式得以确立(2018年3月11日通过的《宪法修正案》,在《宪法》第三章"国家机构"中增加一节作为第七节"监察委员会")。比较检察机关的法律监督与监察委的政治监督,这两类监督的侧重点不同,检察监督旨在维护国家法制统一、司法公正和权利保障,行政检察监督作为检察监督的一项重要组成部分,其任务是维护司法公正,促进依法行政,体现为合法性监督。监察委则依据法律、法规以及职业道德规范,侧重点在于对国家公职人员行使职务的廉洁性进行监督,既包括合纪性监督,也包括合法性监督和合理性监督。

(二) 监督权内容

行政检察监督脱胎于检察监督。在探讨行政检察监督权的内容之前,需要首先明确检察机关的法律监督权内容。检察理论领域对这一问题一直争论不休,多数观点认为,检察机关的法律监督权与检察权具有同一性,即一元化的观点,这种观点认为"检察权的每一项具体权能中都体现着法律监督的实质,因而检察权的全部权能在性质上都应当统一于法律监督权"[3]。笔者较为赞同此种观点,在现行体制下,检察机关对行政机关的监督的法律依据

---

[1] 李忠:《国家监察体制改革与宪法再造》,载《环球法律评论》2017年第2期。
[2] 徐汉明:《国家监察权的属性探究》,载《法学评论》2018年第1期。
[3] 姚龙兵、王春丽:《应然视野下检察机关参与两法衔接功能定位研究》,载《云南大学学报(法学版)》2013年第5期。

源自我国《宪法》：人民检察院是国家的法律机关，依照法律规定独立行使检察权。检察权的本质和核心就是法律监督权，检察权与法律监督权是"一元两体"的关系。基于此，行政检察监督作为检察监督的重要组成部分，检察机关负责监督审判机关与行政机关对法律的适用和执行，在监督权内容上，行政检察监督权的内容与行政检察权具有同一性，面向的是行政诉讼审判活动以及行政诉讼中作为被告的行政主体，即以行政诉讼为载体，监督行政审判机关公正司法，督促行政机关执行判决、参加诉讼、履行义务。

对于监察委监督权内容的法律规定则十分清晰。《改革试点决定》规定，试点地区的监察委对本地区所有公职人员行使公权力的情况进行监督，《监察法》则进一步明确了监察委的三项职权：监督、调查与处置。与《改革试点决定》相比，《监察法》补充规定了预防性监督手段——开展廉政教育，并在"从政"之后增加"从业"规定，体现了反腐的"全覆盖"。根据该规定，监察委监督权体现为两种权力，第一种是教育权，是指监察委开展常规性的廉政教育，以改变公权力行使者的认知态度，促进其形成正确的职业道德观，从而减少腐败动机，达到"不想腐"的积极效果。第二种是检查权，指的是监察委对公职人员行使权力的合法性（依法履职）、合理性（秉公用权）、合纪性（道德操守）进行日常监督的权力。[1]

在监督权内容方面，行政检察监督权以监督诉讼领域司法权力的行使为主，如提出或提请抗诉，近年来随着检察职能的扩展，行政检察监督权逐渐扩展到行政执法行为领域。而在当前监察体制改革背景下，所有行使公权力的公务人员的道德操守、依法履职等都属于监察委监督权的内容。尽管严格来讲，这两类监督权因法律属性的差异性，其内容可比性的意义不大，但亦可有助于进一步理解其权力内涵及运行机制。

（三）监督对象

行政检察监督的对象并非泛指一切行政法律法规实施的情形，其监督范围限定于法律明确规定，除此之外检察机关不得随意干预。2016年3月，最高检通过《人民检察院行政诉讼监督规则（试行）》，首次对行政检察对象进行界定，将有损国家或社会公共利益的、审判与执行人员的特定违法行为以及其他确有必要进行监督的行政诉讼案件纳入监督范围。现行《人民检察院组织法》（2018年10月修订）对包括行政检察监督在内的法律监督事项进行了概况规定。不难看出，行政检察监督对象集中于司法领域工作人员和负有特定职责的行政人员，人民检察院在行使上述职权时，如果发现行政机关存在违法履职或不当履职情形的，有权通过发出纠正违法通知书、提出检察建议等方式督促其纠正。

而对于监察委的监督对象，2016年《试点改革决定》界定为"行使公权力的公职人员"，但对具体包括哪些人员未作明确规定。基于对公权力进行"全覆盖""零死角"监督的目的，《监察法》第15条进行了列举式规定，"将行使公共职权、履行公共职责的公职人员作为监察机关职务违法和职务犯罪的对象"[2]，具体包括：公务员及参照《公务员法》管理的人员、被

---

[1] 钱小平：《监察委监督职能激活及其制度构建——兼评〈监察法〉的中国特色》，载《华东政法大学学报》2018年第3期。

[2] 孙国祥：《监察对象的刑法主体身份辨析》，载《法学》2019年第9期。

授权或受托从事公务的人员、国有企业管理人员、公办单位管理人员、基层群众性自治组织管理人员和其他依法履行公职的人员等六类主体统一纳入监察范围。需强调的是,监察委的监督对象是公职人员和有关人员,而非其所在机关,即只是行使公权力的公职人员个人而不包括单位。

显然,检察机关的行政检察监督主要是对司法领域的行政诉讼(审判与执行)活动,以及部分行政领域的行政行为进行监督,其中司法领域的行政诉讼活动是监督集中点。这种监督的突出特征是以对事监督为主、对人监督为辅,这也符合行政检察监督之法律监督属性。与此相比,监察委监督的对象十分广泛,囊括了一切行使公权力的公职人员,涉及违纪违法及职务犯罪等多层次。从这一角度讲,监察委监督的范围远超行政检察监督范围,检察机关自身的司法活动也受其监督,因此也可以说,监察委监督甚至覆盖检察监督。

(四) 监督方式

在行政检察监督方面,检察机关主要采取抗诉(包括提请抗诉)、再审检察建议、检察建议、纠正违法等方式。其中检察机关对行政诉讼程序中的审判人员违法活动和执行活动的监督是新增的监督职能,检察建议、同级监督是新增的监督方式。在行政诉讼领域的检察监督,多是主动性、参与性地(提出或提请抗诉、发出纠正违法通知书)监督审判机关履行其职责,辅以事后性、建议性(检察建议)的监督方式;而在行政行为检察监督领域,重点监督的是行政不作为、乱作为,主要采用的是建议性监督方式,通过检察建议、纠正违法等方式维护国家利益、社会公共利益。

根据《人民检察院行政诉讼监督规则(试行)》规定,检察机关享有调查核实权,可以通过抗诉、检察建议等方式对行政诉讼实行法律监督。对于如何开展调查核实,《人民检察院民事诉讼规则(试行)》进行了详细规定,列举了查询、调取、复制、询问、咨询、委托鉴定、评估审计、勘验等措施。在此基础上,《行政诉讼监督规则(试行)》进一步规定,检察机关为证明行政行为合法性而调取行政机关作出行政行为时未收集的证据;若通过阅卷及调查核实难以认定事实时,可以向相关审判、执行人员了解情况,听取意见。可见,行政检察监督的方式是非强制性的,对于经调查核实后的行政违法行为,检察机关应向行政机关提出检察建议或发出纠正违法通知书以督促其履职、纠正违法行为;只有在行政机关拒不履职或不予回复的,检察机关才有权提起行政公益诉讼。与行政检察、行政救济的"开门性"监督不同,行政违法检察监督的线索主要来自本系统内部的依法移交,属于"闭门性"监督。

与行政检察监督方式的非强制性、相对有限性相比,监察委监督的方式可谓多样化:包括纪律处分(警告、记过、降级、撤职、开除等)和移诉处理(经调查认为相关人员涉嫌职务犯罪的,移送检察机关审查起诉)。从《监察法》规定看,监察委进行监察监督时,可行使一般调查(针对违纪违法情形:谈话、询问)、特殊调查(针对涉嫌职务犯罪情形:讯问、勘验检查、鉴定)以及强制措施(指依法限制人身自由、财产权等情形:留置、查询、冻结、搜查、调取、查封、扣押),即学界所统称的"12项调查措施",与相对弱性的行政检察监督相比较,监察委监督呈现出更强的执行力和终局性,可以说,这种实体性的处分是对行政检察监督程序性监督的一种弥补。

三、关系之再梳理

通过上述比较与分析不难看出,在法律属性、监督对象、监督权内容、监督方式等方面,行政检察监督和监察委监督之间存在诸多差异,保持着各自的独立性,但这两类监督并非毫无关联,在一定程度上存在着契合关系。

第一,法律属性的独立性。在国家监察体制改革前,我国的监察权从属于行政权,具有依附性,这就难免导致监督力度的疲软和监督效果的弱化。新的监察委成立之后,"监察机关作为独立行使国家腐败治理权的主体,在国家腐败治理的总系统中居于执法主体的地位"[1]。这也标志着监察权正式从行政权中剥离,在人大权力运行体制中成为与行政权、司法权并列的独立权力,能够支配性地依法履行职能,监督权成为三大职权之一。这两类监督权行使过程中,在各自的法律依据授权范围内进行,不受行政机关、社会团体和个人的干涉,两大机关之间监督权的行使非因纠正司法、行政违法或查办职务犯罪等工作需要也互不干扰,保持着相互的独立性。

第二,权力运行的类同性。检察机关、监察委同为国家权力结构的重要组成部分,均对本级人民代表大会及其常委会负责,受其监督,即"负责+监督制"。二者在"最高机关(最高检与国家监察委)领导地方各级机关(地方各级检察机关与监察委),上级机关(上级检察机关与监察委)领导下级机关(下级检察机关与监察委)的工作"的权力运行机制具有相同性,这一纵向体制强调上下级之间的服从性、层级性。略有不同的是,在权力机构的领导体制上,2018年修正后的《人民检察院组织法》进一步规定为"负责+报告+监督制";对于权力机关对监察机关的领导体制,2018年《宪法修正案》与《监察法》均规定为"负责+监督制"。显然,这一规定的微差与监察委的政治机关属性相关:监察委遵循"对人监督"原则,对公职人员履职行为的合法性、合理性与合纪性进行监督,检察机关则重在"对事监督",是对国家工作人员行为的合法性进行监督,二者在各自法律规定范围内分别履行监督职责。

第三,监督对象的交叉性。如前所述,从监督范围来讲,监察委监督对所有行使公权力的公职人员行使监督权。《监察法》将行使公共职权、履行公共职责的公职人员作为调查职务违法犯罪的对象,具有覆盖面广、监督权威高、监督手段多样且更为有力等特点,具体到对司法机关、行政机关的监督,就难免发生重叠。例如,对于行政机关工作人员违法行为,检察机关发现可能存在违纪、违法或者犯罪情形的,应当进行调查并根据具体情形进行处理,对于涉嫌犯罪的线索及时将相关材料移送监察委处理。显然,行政检察监督与监察委监督在对行政人员监督方面存在一定的交叉。

第四,必要的协作性。行政法律监督的对象是司法领域和特定行政领域,这就对监督主体的监督能力与水平要求较高,而检察机关在监督传统、人才培养、规范化建设等方面优势

---

[1] 魏昌东:《〈监察法〉与中国特色腐败治理体制更新的理论逻辑》,载《华东政法大学学报》2018年第3期。

明显。监察委也对司法、行政领域行使公权力的机构与人员进行监督。检察机关与监察委同属国家权力体系,在监督方面存在必然的协作需求,对此,《监察法》予以了明确:监察机关办理职务违法犯罪案件,应与检察机关互相配合;监察机关在工作中需要协助的,有关机关和单位应当根据监察机关的要求依法予以协助,这里的"有关机关和单位"显然包括检察机关。在目前的司法实践中,两机构的各级单位也在积极探索建立线索移交、案件移送、沟通协作等衔接机制,发挥行政检察人员优势,共同解决法律适用疑难问题,形成监督合力。

第五,相互的制约性。没有监督的权力必然带来腐败,而没有制约的监督,也将走向滥权与腐败。检察机关在行使行政检察的法律监督与监察委在行使监察监督的过程中,二者本身也受到权力机关与上级机关的监督。《监察法》规定了对监察机关的三种外部监督情形,即民主监督、社会监督与舆论监督,可惜并未将检察机关的"法律监督"纳入其中,然而在事实上,监察委在行使职权过程中,如提请逮捕、移送起诉、退回补充侦查等也要受到检察机关的法律监督。而检察机关在履行职务犯罪审查起诉过程中,发现刑讯逼供、贪赃枉法、徇私舞弊、失职渎职等行为的,应当有权提起检察建议督促其纠正,以保障国家监察权的正当行使。"检察机关与监察委的互相监督关系,既是为了避免一个机关的监督权力过于膨胀而不受制约,也是确保监督机关实现依法监督、公正监督的需要。"[1]显然,行政检察的监督与监察委监督既有同向性,亦有相互制约的必要性。在司法体制与监察体制改革中,应当正确把握监察委党政合一的机构特殊性及职务犯罪案件侦办的特殊性,进一步明确与完善两大监督体系,积极探索相互之间的监督制衡机制。

结　　语

"国家监察权本与行政权、纪检权、司法权紧密相关,甚至从某种程度上说,国家监察权主要脱胎于行政权、纪检权、司法权,其监督机制的构建也可以纳入同级异体监督体系中,由监察权统筹整体监督机制的运作。"[2]这与本文观点不谋而合,相关机制衔接得当,则相互补充、相互协作、相互制约、相得益彰。应将近年检察改革的实践与检察监理理论有机结合,在不违背宪法根本性原则下,大力开展行政检察监督理论研究,尤其对行政检察监督的概念、基本原则、职权配置、监督范围、监督方式、监督程序、监督效力等方面进行研究,指导在双重体制改革背景下,定位清晰地开展检察监督这一主责主业。

首先,在行政检察实务中,一个当务之急的问题是强化检察监督的刚性和力度,明确检察机关对行政主体的具体监督权能、监督程序与监督效力,建立具有一定强制性的纠错回应机制,避免"疲软型监督""检察监督虚化"的境地。其次,明晰与监察委监督的关系,依法开

---

[1] 叶青、王小光:《检察机关监督与监察委员会监督比较分析》,载《中共中央党校学报》2017年第3期。

[2] 刘艳红、夏伟:《法治反腐视域下监察体制改革的新路径》,载《武汉大学学报(哲学社会科学版)》2018年第1期。

展行政检察监督改革。积极与监察委建立案件移送(包括受案后的相互告知、调查核实后的移交处理、案件处理过程中相关信息的及时反馈等)、违法线索移交(监察委)、公益诉讼线索移交(检察机关)、工作开展中的互动协作等衔接机制,可以有效弥补目前行政检察监督刚性不足、手段有限等局限,也可助于提升监察监督的专业水平与公益救济,确保检察监督与监察监督的双重效果。再次,积极破解行政检察案件渠道狭窄、成案率不高的困境,依托"两法衔接"、纪检监察网等进行信息共享,建立民行、刑检、刑执、控申、案管、法律政策研究等部门协作机制,切实提升发现行政违法线索与调查核实违法行为的能力。

下编 监检衔接的程序建构

监察委员会办理职务犯罪案件程序问题研究
——以768份裁判文书为例

韩 旭[*]

摘 要：根据监察委员会成立以来法院作出的768份裁判文书的实证研究，职务犯罪案件委托律师辩护率高；留置期限整体较长、解除留置后逮捕率高；认罪认罚从宽制度和速裁程序适用率低；非法证据排除难；定案以言词证据为主，证据之间相互"印证"成为此类案件典型的办案模式。在具体操作中，还存在与《刑事诉讼法》衔接不畅的问题。基于此，应当保障辩护律师介入的时间和诉讼权利；提高留置措施的适用标准；明确职务犯罪案件中认罪认罚从宽制度适用标准和同步录音录像资料的调取、出示程序；庭审中应当贯彻直接言词原则，加强证据审核，建立证人、鉴定人和调查人员出庭作证机制。

关键词：监察委员会 职务犯罪 程序问题 实证研究

一、导 论

(一) 研究意义和背景

我国自开展监察体制改革和实施《监察法》以来，关于《监察法》的相关问题已经成为学界讨论的热点话题。现有研究主要集中在监察权性质的讨论、《监察法》与《刑事诉讼法》的比较与衔接、留置措施和录音录像制度的运用与完善、认罪认罚从宽制度的适用和职务犯罪案件律师辩护的挑战与应对等理论层面。上述研究对于在理论上厘清"监察权"这一新型权力的性质和特点，以及对今后监察体制改革和《监察法》的顺利实施提供了理论智识。但是，目前的研究大多局限于基础理论探析和职务犯罪案件办理的比较研究，《监察法》在司法实践中的具体运作关注不够，呈现"重理论轻实务"的局面，不利于实践经验的及时总结。

与此同时，党的十八届四中全会以后我国开展了"以审判为中心"的刑事诉讼制度改革，以此为契机，刑事诉讼领域发生了一系列深刻而复杂的司法变革。两者共同作用下，我国职务犯罪案件的诉讼程序产生了一系列新变化。

因此，本文以实证研究为主要方法，聚焦于《监察法》实施后监察委员会办理刑事案件诉

---

[*] 韩旭：四川大学法学院教授、博士生导师，四川省司法制度改革研究基地主任。主要研究方向：刑事诉讼法、司法制度。本文发表于《浙江工商大学学报》2020年第4期。

讼程序问题的实践样态，主要包括辩护、留置、认罪认罚从宽制度的适用、非法证据排除和证据等方面的内容。笔者收集和分析监察委员会成立以来调查的案件进入刑事诉讼程序的相关数据，希冀通过比较客观的数据统计和分析，发现监察体制改革后刑事诉讼程序制度运行的特点、规律以及存在的主要问题，特别是与《刑事诉讼法》的衔接问题，汇总整理后以"大数据"方式呈现，以期发现特点、分析问题和提出有效的对策建议。

（二）样本的选取和初步分析

笔者收集下载了 2019 年 1 月 1 日至 2019 年 8 月 14 日 OpenLaw 网站上监察委员会办理的职务犯罪案件的裁判文书，经过筛选，共获得有效样本数为 768 件 843 人。《监察法》自 2018 年 3 月实施以来，前后不过两年时间。笔者选取的样本位于中间时段，经过早期的试点探索，各地监察委员会和司法机关对《监察法》的适用已相对成熟，并且在实践中形成了一定的地方特色，积累了作为"地方知识"的办案经验。该时间段内样本数据结果要优于《监察法》实施初期的结果，具有一定的代表性。由此可以"管中窥豹"，观察监察体制改革后监察委员会调查案件进入诉讼后的大致状况。以下是对样本的初步分析：

1. 地域分布

从地域上看，以上 768 份裁判文书，除了海南省外，分布于我国 30 个省份（省、自治区、直辖市和新疆生产建设兵团）。案件数量最多的省份为广东省和山东省，其次是湖北省和黑龙江省；最少的地区是宁夏和西藏。可以看出，案件数量较多的地区一般是人口大省，较少的地区为西部偏远省份，整体而言，案件分布较为平均、合理，考察的样本案例涵盖了我国中部、东部和西部地区，可以较为客观地反映全国范围监察委员会办理职务犯罪案件的现状（见表 1）。

表 1　案件分布省市份表

案件数量	所在省市及兵团
60~70 件	2（广东、山东）
50~60 件	2（黑龙江、湖北）
40~50 件	3（湖南、河南、四川）
30~40 件	9（北京、河北、内蒙古、安徽、贵州、云南、陕西、浙江、山西）
20~30 件	6（广西、天津、吉林、辽宁、江苏、江西）
20 件以下	9（上海、重庆、新疆、甘肃、青海、福建、宁夏、西藏、新疆生产建设兵团）

2. 罪名分布

在监察机关办理的职务案件中，贪污贿赂案件占绝大多数，共 659 件，渎职案件和侵犯财产案件相对较少，分别为 67 件、42 件，共涉及 22 个具体罪名。受贿案件排名第一，共 327 件，占所有罪名的 38.1%；其次是贪污案件，共计 212 件，占所有罪名的 24.7%。除此之外罪名较为集中的案件有挪用公款罪、行贿罪、滥用职权罪和职务侵占罪。从统计数据看，目前贿赂案件已经远超贪污案件,占贪污贿赂案件总数的一半以上。这些案件犯罪行为隐蔽、证据单一、口供可变性大,给监察机关调查取证带来了较大障碍(见图1)。

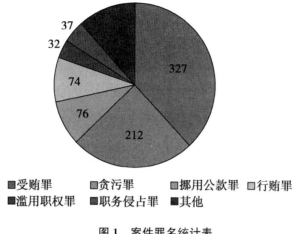

图1 案件罪名统计表

3. 官员级别

据统计,843人中,县处级以上干部共53人(其中包含厅级干部6人),占比6.3%;科级干部约150人,占比约17.8%;村支书、村主任41人,其余599人为科员级。[1] 从此可以看出,被告人职务级别分布呈现出"金字塔"形结构,涵盖了各级领导干部,得出的结论也较为准确。

总体而言,笔者收集的以上裁判文书具有一定的代表性和说服力。当然,由于部分职务犯罪案件案情涉密,网上公布的裁判文书也难免不够全面,由此带来数据偏差亦不可避免。故而笔者借鉴了其他学者的研究成果、新闻媒体和权威部门发布的信息数据等作为补充,力求使本研究客观全面。

二、问题与现状:基于裁判文书的初步考察

(一)辩护情况

1. 辩护率较高

以下是笔者统计的辩护种类、律师参与等情况。

---

[1] 此处统计的厅(局)级干部包括巡视员、副巡视员;县处级干部包括调研员、副调研员;科级干部包括主任科员、副主任科员;村干部只统计了村支书和村主任,不包括其他村干部、村委员等。

表 2　被告人辩护情况统计表

案件分类	委托辩护（委托两名辩护人的）		指定辩护		自行辩护	
	人数	占比	人数	占比	人数	占比
贪污贿赂罪	656(192)	94.4%(27.6%)	17	2.4%	22	3.2%
渎职罪	76(20)	88.4%(23.3%)	2	2.3%	8	9.3%
侵犯财产罪	52(10)	83.9%(16.1%)	6	9.7%	4	6.5%
合计	784(222)	93.0%(26.3%)	25	3.0%	34	4.0%

一般认为，我国刑事辩护率为30%左右。"根据中华全国律师协会的统计，刑事案件被告人律师出庭的辩护率不超过30%，也就是70%的刑事案件被告人没有律师辩护。"在由律师参与辩护的案件中，还存在辩护律师良莠不齐、辩护效果不尽如人意等问题。然而，通过以上数据我们可以发现，在职务犯罪领域，这一认知已被"颠覆"：843名被告人中，委托辩护的多达784人，占总人数的93%，而指定辩护和自行辩护的分别只有25人、34人，占比3%、4%。尤其值得注意的是，有相当比例的被告人选择委托两名律师作为辩护人。在贪污贿赂案件中，这一比例占总人数为27.6%，占委托辩护人数的26.3%。也就是说，涉嫌职务犯罪的被告人，委托两名辩护人的比例几乎接近于我国刑事案件的平均辩护率。如果加上法律援助辩护律师，律师参与比例高达96%，仅有34名被告人没有获得律师辩护，而是自行辩护（见表2）。

出现上述现象的原因主要有两个：

一是被告人文化程度较高。职务犯罪的主体是特殊主体，一般都具有公务员或者企事业单位职工的身份，这些身份本身就有一定的学历要求。判决书载明的当事人基本情况表明，绝大部分被告人都具有高中及以上学历，大专、本科学历较为普遍，少数还具有硕士乃至博士研究生学历，初中及以下学历的占极少数。较高的受教育程度意味着较高的法律意识（甚至被告人本身就从事司法职业），被告人上述学历结构决定了他们对律师和辩护的重视，因此即使是轻微犯罪案件，他们也倾向于委托律师进行辩护，并主动配合律师工作，希望最终获得对自己有利的判决结果。

二是被告人具有较好的经济条件。"对己方利益的积极追求——特别是借助干劲十足的律师——自然会造成各种有效但成本高昂的活动，因此，在一个资源有限的世界中，我们必定会看到国家为处于经济弱势的诉讼当事人提供的法律援助在范围和质量上存在难以兼顾的情况。"然而，职务犯罪案件的被告人群体收入普遍较高，其配偶、子女一般也具有稳定的收入来源，其收入完全足以支付律师费用，其家庭也不会因为聘请律师而陷于困顿。故而被告人及其近亲属选择"购买"优质的法律服务而不是申请免费的法律援助也就不足为奇了。

2. 辩护形态以"量刑辩护"为主，"无罪辩护""程序性辩护"较少

"在传统的刑事诉讼理论中，刑事辩护主要被界定为一种追求无罪或罪轻之结局而展开的辩护活动。这种对刑事辩护概念的界定，着重强调了'实体性辩护'的重要性，而没有将

'程序性辩护'视为一种独立的辩护形态,更没有对'实体性辩护'本身做进一步的区分,因此,无法反映刑事辩护的实际情况,无助于律师根据案件的具体情况确立不同的辩护思路。""与中国刑事司法改革的进程相适应,'程序性辩护''量刑辩护'逐步从传统的'实体性辩护'中脱颖而出,形成了相对独立的辩护形态。"

通过对裁判文书梳理后,笔者发现,在768份判决书中,辩护人选择做"量刑辩护"的为746件,占绝大多数;仅仅有18件案件的辩护人选择做"无罪辩护";提出"程序性辩护"意见的只有4件。无罪辩护意见的采纳率很低,在18件案件中,仅有1件案件辩护意见被采纳,法院依法宣告被告人不构成指控的罪名。[1]

程序性辩护意见中,两件是以"超出追诉期限或重复起诉"为由做出的[2];两件提出了非法证据排除申请(后文详述),但均未被采纳。

造成"量刑辩护"这种"一边倒"局面的原因,主要是被告人放弃无罪辩护,自愿选择认罪,导致法庭审理的中心从"定罪"转移至"量刑",辩护律师做"无罪辩护"的空间大大压缩。而实践中,辩护律师无视被告人意愿,以"独立辩护人"姿态选择做无罪辩护的不过寥寥数起。例如,(2019)津0106刑初82号判决书中表述:"被告人李志忠对公诉机关指控的事实及罪名予以供认,自愿认罪认罚。辩护人提出如下辩护意见……应认定被告人李志忠无罪。"当然,这一比例极低,侧面反映了我国律师辩护理论从"绝对独立"走向"相对独立"。[3]

3. 律师介入刑事诉讼的时间不明确

监察体制改革以前,在侦查阶段,职务犯罪案件的被告人享有委托律师辩护的权利,除特别重大贿赂犯罪案件律师会见需要经过批准外,辩护律师会见在押犯罪嫌疑人的,侦查机关、看守所应当及时安排会见。监察体制改革以后,《监察法》本身没有规定辩护问题,同时用"调查"代替了刑事诉讼中的"侦查"一词,通过这样的方式彻底排除了律师在调查阶段对案件的介入。律师介入案件的时间从以前的侦查阶段推迟至审查起诉阶段。即便如此,实践中仍然存在着监察机关办理的案件进入刑事诉讼程序之后,律师行使辩护权受阻的问题。

一是根据《刑事诉讼法》第33条之规定,犯罪嫌疑人自被侦查机关第一次讯问或者采取强制措施之日起,即有权委托律师作为辩护人。由于监察机关并非是侦查机关,"调查"期间也不属于侦查期间,案件进入检察院后即为审查起诉阶段。那么,职务犯罪案件的犯罪嫌疑人、被告人何时有权委托辩护人呢?这一问题《刑事诉讼法》并未予以明确规定。

---

[1] (2019)冀0803刑初2号判决书载明:"辩护人主要辩护:对公诉机关指控被告人丁福德收到资金的事实,没有异议,但被告人不构成犯罪——贪污罪。被告人丁福德不具备贪污罪犯罪主体特征。……本院认为:丁福德在本案中的身份系被拆迁户,没有赋予其管理性职能,并非国家机关工作人员,没有职务上的便利。被告人丁福德虽为村基层组织人员,但不存在协助人民政府从事土地征收、征用补偿费用的行政管理工作,不符合《全国人民代表大会常务委员会关于第九十三条第二款的解释》规定的'其他依照法律从事公务的人员'情形,不具备贪污罪的主体要件,公诉机关指控被告人丁福德犯贪污罪证据不足,本院不予支持。对被告人及辩护人提出不构成贪污罪的意见,本院予以支持。"

[2] 具体可参见(2019)冀0803刑初1号判决书等。

[3] 参见韩旭:《被告人与律师之间的辩护冲突及其解决机制》,载《法学研究》2010年第6期。

二是据笔者调研发现，监察机关办理的案件进入检察机关后，律师并不能立即享有会见权、阅卷权等辩护权利。实践中，案件移送检察机关后，案管部门经常以"在决定对犯罪嫌疑人是否适用逮捕措施期间，律师无权阅卷"为由拒绝律师阅卷、会见，理由是：根据《刑事诉讼法》第170条之规定[1]，对监察机关移送的留置案件，检察机关决定采取强制措施的期间不计入审查起诉期限。因此认为：这一期间（十天左右）并不属于审查起诉期间，律师也就不能享有《刑事诉讼法》第39条、第40条规定的"可以向犯罪嫌疑人、被告人核实有关证据""可以查阅、摘抄、复制本案的案卷材料"。面对上述理由，部分律师"另辟蹊径"，提出根据《刑事诉讼法》第88条、第97条之规定："人民检察院审查批准逮捕，可以询问证人等诉讼参与人，可以听取辩护律师的意见；辩护律师提出要求的，应当听取辩护律师的意见。""辩护人有权申请变更强制措施。"而检察机关"在拘留后的十日以内作出是否逮捕、取保候审或者监视居住的决定"期间同样属于审查逮捕期间，律师参与无可厚非，希望通过这样的方式早日介入案件行使辩护权。

4. 补充调查、补充侦查期间是否存在律师辩护问题

根据《监察法》第47条之规定[2]，对于监察机关移送的案件，经检察机关审查需要补充核实的，应当退回监察机关补充调查，必要时可以自行补充侦查。这就确立了两种方式：检察机关自行补充侦查和退回监察机关补充调查。前一种方式中，由于是"补充侦查"，故而犯罪嫌疑人依然享有《刑事诉讼法》规定的律师辩护权。问题在于，检察机关将案件退回监察委员会补充调查时案件是属于"调查"阶段还是"审查起诉"阶段，这事关律师辩护权的行使问题。

针对上述问题，笔者认为，"退回补充调查"并不意味着"退回到调查阶段"。该案件仍然处于检察机关审查起诉阶段，因为案件已经移送到检察机关，被审查起诉人已经成为"犯罪嫌疑人"而不再是被调查人[3]。既然是犯罪嫌疑人，就应当享有获得律师辩护的权利。

（二）留置情况

监察体制改革后，留置正式代替了以往纪委办案中的"两规"措施。"相对于原来的'双规'措施而言，监察机关的留置措施在法制化、人道化方面取得了明显进步"，"用'留置'取代'两规'措施，并规定严格的程序，有利于解决长期困扰我们的法制难题，彰显全面依法治国的决心和自信"。但是，《监察法》对留置的规定显得过于笼统，不利于被调查人的人权保障。

---

[1]《刑事诉讼法》第170条规定："对监察机关移送起诉的已采取留置措施的案件，人民检察院应当对犯罪嫌疑人先行拘留，留置措施自动解除。人民检察院应当在拘留后的十日以内作出是否逮捕、取保候审或者监视居住的决定。在特殊情况下，决定的时间可以延长一日至四日。人民检察院决定采取强制措施的期间不计入审查起诉期限。"

[2]《监察法》第47条规定："对监察机关移送的案件……人民检察院经审查，认为犯罪事实已经查清，证据确实、充分，依法应当追究刑事责任的，应当作出起诉决定。人民检察院经审查，认为需要补充核实的，应当退回监察机关补充调查，必要时可以自行补充侦查。""人民检察院对于有《中华人民共和国刑事诉讼法》规定的不起诉的情形的，经上一级人民检察院批准，依法作出不起诉的决定。监察机关认为不起诉的决定有错误的，可以向上一级人民检察院提请复议。"

[3] 参见杨宇冠：《监察法与刑事诉讼法衔接问题研究》，中国政法大学出版社2018年版，第161页。

1. 留置期限

根据《监察法》第43条之规定,留置期限一般为3个月以内,最长为6个月。试点期间,有学者通过抽样统计,得出北京平均留置天数在64天左右,浙江为40天,山西为35天。[1] 笔者对被留置的794名被调查人的留置时长统计如下[2](见图2):

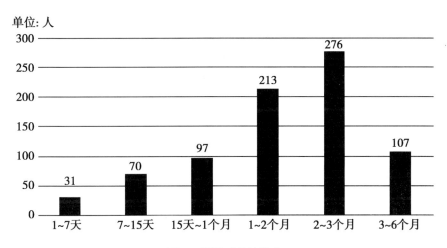

图 2 留置时长统计表

由统计结果可以看出,留置时长最多的区间为2~3月,占总人数的34.8%;延长留置期限的为107人,占比13.5%;留置时长不足1月的共计198人,占24.9%。值得注意的是,12.7%的被告人留置时间不超过15日,甚至部分不超过7日,这一期限与刑事拘留的期限大致相当,甚至数起案件的留置时间仅为1天。总体上讲,我国监察留置措施平均期限为2个月左右,与羁押无异。

2. 留置地点

《监察法》没有明确规定留置地点,只是笼统规定:"依照国家有关规定执行"[3]。监察体制改革以前,检察机关享有职务犯罪案件的侦查权,被逮捕的犯罪嫌疑人统一关押在看守所。纪委采取"两规"措施的地点通常在其办案场所。监察体制改革后,随着检察机关反贪、反渎等部门整体转隶,留置场所出现原"两规"场所和看守所并存的局面。[4] 判决书绝大部分表述为"由监察委员会留置",少部分明确表述留置地点为"看守所留置专区""党政教育基地""党风廉政建设教育基地"等。笔者认为,虽然《监察法》没有明确规定留置场所,但是从

---

[1] 参见洪浩、朱良:《论监察委留置权:权力属性、运行原则及程序衔接》,载《甘肃政法学院学报》2019年第2期。

[2] 需要说明的是,由于部分判决书表述原因,被调查人解除留置后"未经拘留"而被"直接逮捕",故而这部分案件审查逮捕的期限被计入留置时长,造成统计数据略微偏大,但并不影响留置期限区间的分布。

[3] 《监察法》第22条规定:"留置场所的设置、管理和监督依照国家有关规定执行。"

[4] 参见《积极探索实践 形成宝贵经验 国家监察体制改革试点取得实效——国家监察体制改革试点工作综述》,载新华网,http://www.xinhuanet.com//2017-11/05/c_1121908387.htm,最后访问日期:2019年10月9日。

关押的安全性、设施的齐全性和规章制度的完善性角度来讲,看守所无疑具有规范化的优势,既可以保证被留置人员的人身安全,也可以减少监察机关看守人员数量较多带来的办案成本和压力,还可以避免酷刑或者变相酷刑等违法取证行为的发生。

3. 留置措施与刑事强制措施的衔接

《监察法》第47条规定,对监察机关移送的案件检察机关需要根据案件和被调查人的具体情况采取相对应的强制措施。[1]《刑事诉讼法》规定,上述案件,检察机关应当对犯罪嫌疑人先行拘留,再作出是否逮捕、取保候审或监视居住的决定。

实践中,监察机关解除留置措施后,检察机关对被调查人采取的强制措施主要有三种情况,一种是取保候审(包括直接适用取保候审措施,或者在刑事拘留后再适用取保候审措施);另一种是刑事拘留后予以逮捕;还有一种情形是适用监视居住措施,但比例较小,仅有两件。当然,犯罪嫌疑人被逮捕之后,检察机关依然可以进行羁押必要性审查,从而变更羁押措施。以下是相关数据的统计(见表3):

表3 解除留置后刑事强制措施适用情况统计表[2]

类别	直接取保候审	逮捕	逮捕变更为取保候审	监视居住	总计
人数	123	670	23	2	818

从表3可以看到,所有被调查人中,被采取取保候审措施的共计146人,占总人数的17.8%。也就是说,留置案件的逮捕率高达80%以上,远高于我国刑事案件60%左右的平均逮捕率。换言之,由监察机关办理的刑事案件审前羁押是常态。

与补充调查、补充侦查期间律师能否介入案件相伴随的问题是,已被采取刑事强制措施的犯罪嫌疑人是否退回适用留置措施?《监察法》对此未予明确。据统计,共有38份判决书中载明公诉机关因需"补充侦查",向法院建议延期审理。这38件案件中,被告人均继续适用逮捕或取保候审等原来的强制措施,并没有将犯罪嫌疑人退回留置。

补充调查是否退回留置,目前立法上尚不明确。笔者认为,既然案件已经从调查阶段进入审查起诉阶段或审理阶段,则被追诉人身份已经确定,不论是补充"调查"还是补充"侦查",均是对当前诉讼阶段的诉讼活动之"补充",将案件退回到调查阶段后,将原来的强制措施变更为留置既无必要也不合理。

(三) 认罪认罚从宽制度的适用

认罪认罚从宽制度的运行情况一直是全社会关注的热点问题,尤其是2018年《刑事诉讼法》实施之后,认罪认罚从宽制度为立法所确认。职务犯罪案件作为一类特殊主体的犯罪案件,在该制度的适用上,具有与一般刑事案件不同的特点。

---

[1]《监察法》第47条规定:"对监察机关移送的案件,人民检察院依照《中华人民共和国刑事诉讼法》对被调查人采取强制措施。"

[2] 不包括未被留置的25人。

1. 认罪认罚从宽制度适用率低

笔者以被追诉人是否签署《认罪认罚具结书》为标准,对768个案件进行统计发现,适用认罪认罚从宽制度的案件只有46件,其中贪污贿赂案件45件,职务侵占案件1件,认罪认罚从宽制度在职务犯罪案件中总体适用率不足6%。据最高人民法院院长周强所作的《关于在部分地区开展刑事案件认罪认罚从宽制度试点工作情况的中期报告》所述:试点期间,适用认罪认罚从宽制度审结的刑事案件占同期审结刑事案件的45%。两相比较,差距甚远。

监察委员会办理的职务犯罪案件认罪认罚从宽制度适用率低的原因至少有以下两点:一是职务犯罪的事实认定较为复杂。受贿、行贿、贪污和挪用公款案件占了职务犯罪案件的大多数,这类案件不可避免地会涉及犯罪金额和犯罪次数的认定。查阅判决书可知,即使被告人自愿认罪,大部分案件的被告人及其辩护人也会对受贿、贪污以及挪用公款的具体数额或者赃物价值的认定提出异议,这些数额又会对量刑产生重要影响。辩方和控方很难就量刑问题达成一致意见,"认罪"不"认罚"现象较为普遍,从而限制了该制度的适用。二是《监察法》作出的调查阶段适用认罪认罚从宽制度的法律规定较为粗疏。早在认罪认罚从宽制度写入《刑事诉讼法》之前,《监察法》就已经初步确立了认罪认罚从宽制度。据《监察法》第31条之规定:"涉嫌职务犯罪的被调查人主动认罪认罚,且具有自首、坦白、退赃或重大立功情形之一的,监察机关经领导人员集体研究,并报上一级监察机关批准,可以在移送人民检察院时提出从宽处罚的建议。"但是,该条文只是作出了原则性规定,而实践中职务犯罪案件适用该制度的程序较为繁琐且适用标准不明确,这也限制了该制度的适用。

2. 审理程序以普通程序为主,速裁程序极少适用

速裁程序作为认罪认罚从宽制度的重要程序之一,在认罪认罚从宽案件中得到了较为广泛的适用。据"两高"《关于刑事案件速裁程序试点情况的中期报告》显示:试点期间,适用速裁程序审理的案件占试点法院同期判处一年有期徒刑以下刑罚案件的30.70%,占同期全部刑事案件的12.82%。另据周强院长所作的上述报告,认罪认罚从宽制度试点期间,认罪认罚案件适用速裁程序审结的占68.5%,适用简易程序审结的占24.9%,适用普通程序审结的占6.6%。可见,认罪认罚案件的审理一般以速裁程序为主,简易程序为辅,体现效率导向。但是,上述46份判决书显示:即使是认罪认罚案件,速裁程序适用率也极低(见表4)。

表4 认罪认罚案件审理程序统计表

普通一审程序		简易程序		速裁程序		简易转为普通程序		普通二审程序	
件数	比例	件数	比例	件数	比例	件数	比例	件数	比例
33	71.7%	8	17.4%	2	4.3%	2	4.3%	1	2.2%

从上述数据可以看出,认罪认罚案件的审理以普通程序为主、速裁程序极少适用的"反常"现象。对此我们应当理性分析,而不能简单地以速裁程序适用率低来评判认罪认罚从宽制度。认罪认罚案件中的贪污贿赂案件,适用普通程序比速裁程序审理更具优势。原因在于,速裁程序省去了法庭调查和法庭辩论的关键环节,实践中往往只是简单询问被告人是否

认罪认罚以及签署《认罪认罚具结书》的自愿性、真实性,庭审"走过场"现象比较严重。但贪污贿赂案件与危险驾驶、故意伤害、盗窃等几类常见的适用速裁程序的案件相比,案件事实的查明主要依赖言词证据而非实物证据,证人证言与被追诉人陈述相互印证对定罪量刑起到决定性作用,而言词证据又有较大的可变性。如果不经过法庭调查和法庭辩论环节,仅仅依靠《认罪认罚具结书》和庭审中法官对被告人简单地询问就定案,具有非常高的司法错误风险。调研中,有法官反映,在司法责任制改革背景下,适用缺乏法庭调查和法庭辩论环节的速裁程序审理案件,往往感到"不适应"和内心"不踏实",一些资深的"老法官"对该程序的适用具有较强的排斥心理。

此外,职务犯罪案件往往具有更大的社会影响力,新闻媒体、当地群众、人大代表以及党政领导都会关注案件的审理工作。根据《刑事诉讼法》第 223 条第(三)项之规定,"案件有重大社会影响的",不适用速裁程序审理。这也是制约速裁程序适用的一个重要原因。

总体上讲,在认罪认罚的职务犯罪案件中,法院以普通程序审理为主,是符合案件本身特点和有利于保证司法公正的,也是法院谨慎行使刑事审判权的表现,值得肯定。与上述判断相印证的是,上述 46 件案件中,合议庭审理的为 44 件,只有两件为独任制审理。

(四)非法证据排除问题

《监察法》第 33 条第 3 款规定:"以非法方法收集的证据应当依法予以排除,不得作为案件处置的依据。"第 40 条第 2 款规定:"严禁以威胁、引诱、欺骗及其他非法方式收集证据,严禁侮辱、打骂、虐待、体罚或者变相体罚被调查人和涉案人员。"这是《监察法》关于非法证据排除所作的直接表述,与《刑事诉讼法》以及"两高三部"联合颁布的《关于办理刑事案件严格排除非法证据若干问题的规定》等共同构成司法机关办理职务犯罪案件排除非法证据的法律依据。笔者对判决书中相关情况作了统计,发现监察委员会调查的案件在非法证据排除规则适用上具有以下特点。

1. 证据合法性调查程序启动难

在 768 份判决书中,被告人和辩护律师提出非法证据排除申请的只有两份,且均未被法庭采纳。

典型案例如下:(2018)闽 04 刑终 335 号判决书载明:"关于上诉人方毓生辩护人所提张志龙、方毓生的讯问笔录单位时间内记录字数平均值偏多,不符合如实记载讯问情况的要求和证据的合法性、客观性要求,不能作为认定案件事实的依据的诉辩意见。经查,调查机关对张志龙、方毓生的讯问主体适格,程序合法,辩护人所提讯问笔录存在的单位时间内记录字数平均值偏多,不属于《中华人民共和国刑法》第 56 条规定的非法证据范畴;且张志龙、方毓生亦在每份笔录签字、捺印,一审庭前会议中被告人及辩护人均未提出非法证据排除的申请,一审庭审中对该申请亦没有异议,一、二审庭审中张志龙均供述在监察委阶段所作的笔录基本属实,方毓生在一审庭审亦明确供述在监察委及审查起诉阶段的供述属实。综上,辩护人所提二上诉人的讯问笔录不符合合法性、客观性要求,没有事实依据和法律依据,不予采纳。"

非法证据排除一直是我国刑事诉讼中的难点,《监察法》出台以后,面对"位高权重"的监察机关,辩护律师是否敢于提出"排非"申请,检察机关、审判机关是否启动证据合法性调查程序均值得关注。事实上,关于监察机关办理的案件涉及"排非"问题的,司法机关都较为慎重。由于该类案件中的"排非"主要依靠讯问同步录音录像资料加以证明,但该资料的获取难度极大。《监察法》规定的是"留存备查"而非"随案移送"。实践中有律师担任被告人的二审辩护人时申请非法证据排除和申请证人出庭,还申请法院调取监察讯问录音录像资料,但法官没有依据《刑事诉讼法》的规定依法调取,而是和出庭检察员一起前往监察机关观看,上诉人、辩护律师则不被允许观看。[1]

除此之外,另一个需要注意的问题是,目前非法证据排除主要关注点在言词证据的排除上,对于实物证据的排除则鲜有关注。然而,职务犯罪案件涉及大量的搜查、查封、扣押、鉴定等工作,对于赃款赃物等实物证据的合法取得依然需要引起高度关注。《监察法》虽然规定了搜查、查封、扣押等重要取证工作全程录音录像制度,但"留存备查"的规定使得非法实物证据的排除变得更加艰难。

2. 非法证据排除更难

非法证据排除在普通刑事案件中都非常难,在职务犯罪案件中则是"难上加难"。不仅在于非法证据证明难,还在于监察机关与同级党委的纪委合署办公,在政治构架中监察机关"位高权重",检察机关、法院往往会听命于监察机关的意见,很难恪守客观公正立场,其依法独立办案的能力大大减弱。据统计,在这768件案件中没有一件有非法证据被排除的案例。体现在对"非法证据"的"照单全收"上。在辩护方提出非法证据排除申请的案件中,没有一件案件采纳了辩护方的意见,被质疑的非法证据全部成为定案根据。比较有代表性的案例如下:

> (2018)豫1702刑初674号判决书载明:"被告人辩称第三起行贿不存在,他未向刘某2行贿1.4万元。之前在监察机关的认罪供述系受诱导所致。针对被告人刘建成当庭所称部分有罪供述系受办案人员诱导所致的意见,本院启动了非法证据排除程序,经查,公诉机关当庭出示了刘建成本人自书材料及接受讯问时的同步录音录像等证据,均显示其在接受讯问时并未受到违法取证的情形,证实其所供述内容确系本人自愿。办案机关取证程序合法,刘建成之前所做有罪供述内容真实。"

3. 录音录像资料"留存备查"的规定给取证合法性证明带来困扰

《监察法》关于讯问录音录像的范围比《刑事诉讼法》的相关规定要广。《监察法》第41条规定:"调查人员进行讯问以及搜查、查封、扣押等重要取证工作,应当对全过程进行录音录像,留存备查。"相比较《刑事诉讼法》第123条之规定,可以看出,两者最大的差异是前者不仅对讯问过程要录音录像,还要对搜查、查封、扣押等重要取证工作全程录音录像;而后者的

---

[1] 参见张世金:《职务犯罪监察讯问录音录像的移送和调取问题》,载王亚林刑事辩护网,http://www.ahxb.cn/c/14/2019-09-29/5987.html,最后访问日期:2019年10月23日。

录音录像只限于讯问过程,不包括搜查、查封、扣押等重要取证工作。此外,前者是对全部讯问活动全程录音录像;后者则是区别不同情况分别要求"可以"和"应当"录音或者录像。[1]

《监察法》之所以对讯问过程进行全程录音录像,与留置期间不允许律师介入有密切关系。据有关学者介绍:"保障被留置人的人权,可以通过设置严格的程序规范,还可以采取全程录音录像等措施实施监控。"[2]按照这一理解,留置期间不允许律师介入产生的人权保障"空白"可以通过录音录像等措施加以"填补",似有一定道理。问题在于,《监察法》对留置期间讯问被调查人的同步录音录像资料的调取、使用等只粗略规定了"留存备查"四个字。根据《监察法》释义:"监察机关对调查过程的录音录像不随案移送检察机关。检察机关认为需要调取与指控犯罪有关并且需要对证据合法性进行审查的录音录像,可以同监察机关沟通协商后予以调取。"[3]问题是录音录像资料如何备存、检察机关如何调取以及何种情形才可以调取、监察机关不同意调取怎么处理、调取之后如何使用、法院是否有权在审理阶段调取录音录像资料、被追诉人及其辩护人可否查阅等,这些具体的操作性措施都有待予以明确。

其次,录音录像资料在庭审中的播放问题在实践中争议较大。正如上文中提到的那样,面对辩护方非法取证的质疑,法官与检察官一起前往监察机关审阅录像资料,这种方式对查明案情和回应辩方"排非"申请又有多大意义? 当然,实践中也不全然是这种法律之外"自创"的隐蔽式做法,公诉机关主动出示录音录像资料用以证明取证合法性的案例也偶有出现。笔者在调研中统计到庭审中共出示同步录音录像资料的15件案例,具体情况如下:

(1) 公诉机关出示用以证明取证合法性的案件14件。其中1件系辩方提出的取证合法性质疑和"排非"申请;另外13件,被告人及其辩护人并没有提出非法证据排除申请,但公诉机关在法庭审理时仍主动出示同步录音录像,以证明被告人供述的真实性、合法性。被告方均对此证据明确表示无异议,认可其效力。例如(2018)云0326刑初321号判决书载明:"公诉人出示了被告人龚长贵、刘华、马丽娥、陈国友供述和辩解,悔过书、悔过检讨书、退赃款申请书,讯问犯罪嫌疑人同步录音录像光盘35张等证据证实被告人犯罪事实陈述、认罪悔罪情况及办案机关办案情况。"(2018)川1622刑初157号判决书载明:"公诉机关共出示了左向平的同步录音录像共计13份,黄某的2份。"(2018)黔0221刑初235号判决书载明:"为证实上述事实,公诉机关向本院提供了被告人岳刚的任职文件、拨款请示、验收登记表等,证人凌某2、陈某1、嵇某等人的证言,被告人岳刚的供述与辩解、鉴定意见、同步录音录像光盘等证据。"

(2) 用于记录证人证言的1件。例如:(2018)川3322刑初25号判决书载明:公诉机关

---

[1] 参见顾永忠:《公职人员职务犯罪追诉程序的重大变革、创新与完善——以〈监察法〉和〈刑事诉讼法〉的有关规定为背景》,载《法治研究》2019年第1期。

[2] 《权威解读为什么监察委留置期间不允许律师介入》,载网易网,http://3g.163.com/dy/article/DFUPA3240521TF34.html,最后访问日期:2019年10月18日。

[3] 中共中央纪律检查委员会、中华人民共和国国家监察委员会法规室编:《〈中华人民共和国监察法〉释义》,中国方正出版社2018年版,第194页。

提供了"证人田某的证言以及询问田某的同步录音录像"。

(五) 证据与证明问题

1. 证据种类以言词证据为主

言词证据(证人证言、被告人供述)对定罪量刑起到了决定性作用。每个案件中的证人证言多则数十个,少则也有数个,与被告人供述相互印证,构成了定案的基础。书证、物证等间接证据,一般扮演着"配角",用以补强或者佐证言词证据。

在查阅裁判文书中发现,职务犯罪案件书证种类繁多,包括监察机关受案、立案、留置文书、主体资格方面相关材料;合同及招投标相关文件、银行交易记录明细、赃物照片、工资和其他收入的相关证据;政府机关出具的各类统计表、情况说明;当事人签署的各类出租协议、购买合同;查封、扣押、冻结的相关文书;等等。

物证相对较少。笔者统计到有物证的案件共 77 件,主要为涉案赃物如手机、电脑、U盘、玉石、收藏品等。其他常见的证据种类还有电子数据(如微信截图)共 91 件、视听资料 45件、鉴定意见 108 件。

值得注意的是,除了言词证据获得了较为充分的"举证、质证"外,其他证据的法庭调查则流于形式。例如,对于物证的出示,大部分是物证照片而非实物原物,判决书也只笼统提到"公诉方提供了物证、物证照片等",除了详细表述物证的名称外,控辩双方充分质证情况很少[例如:(2018)青 2223 刑初 40 号判决书载明"当庭出示的物证,金色盖子、绿色瓶身的瓷瓶内装有砂金、美元,经被告人陈某辨认,是其收受孔某的砂金和美元"]。

2. "印证"色彩浓重

我国刑事诉讼实行的是"印证证明模式"。"所谓'印证',是指两个以上的证据在所包含的事实信息方面发生了完全重合或者部分交叉,使得一个证据的真实性得到了其他证据的验证。"由于职务犯罪案件尤其是受贿行贿案件的特殊性,职务犯罪案件中定罪量刑几乎全部依赖于证人证言和被追诉人供述的相互印证。但这一模式在职务犯罪案件证明中也存在不小的弊端。

一是对口供的极端重视,催生了对非法取证的担忧。嫌疑人对案件事实的印证性口供的获得,可以说是破案最重要的标准。这不可避免地促使调查人员违法取证乃至酷刑行为的发生。目前监察机关调查期间既隔绝了律师与被调查人的直接联系交流,又在录音录像资料的调取上态度消极,被调查人口供和"自书材料"的获取过程令人担忧。

二是对直接言词原则的偏离。"在以案卷笔录为中心的审判方式下,所谓的举证、质证和辩论都是流于形式的,法庭最多只是对案件事实进行一种形式主义的审查",最显著的表现是证人出庭率极低。目前,我国正在推进"以审判为中心的刑事诉讼制度改革",庭审实质化成为该项改革的突破口。一般刑事案件中证人、鉴定人、侦查人员出庭情况有了一定的好转,但是在职务犯罪案件中,依然是举步维艰。据统计,在 768 份裁判文书中,仅有一份判决书显示出有证人出庭的情况。具体为:

(2019)青 2822 刑初 7 号判决书载明:"证人李某 1、冯某、谢某、李某 2、史某、许某、李某 3、郑某 1、郑某 2、张某 1、陈某 1、何某 1、周某、王某 1、张某 2、洪某、张某 3、卢某、杨某 1 到庭参加了诉讼……证人陈某 2 经依法通知无故未到庭作证。"

这份判决书明确提到了到庭的证人多达 19 人,未到庭的仅有 1 人,可谓罕见。此外,还有一份判决书辩方申请证人出庭而未被准许。其他判决书均没有提及证人出庭情况,"出庭难"可见一斑。不止证人出庭难,鉴定人出庭也存在同样的难题。由于赃物的价值鉴定关乎被告人的量刑,辩方对鉴定程序、鉴定方法、鉴定原理和鉴定结论提出异议的可能性很大,往往申请重新鉴定、补充鉴定或者申请鉴定人出庭作证,但是实践中被准许的寥寥无几。更遑论监察机关调查人员出庭作证或者出庭"说明情况"了。

三是不利于被告人获得公正的量刑。在我国刑事司法实践中,刑事法官普遍存在着"重公诉方案卷笔录,轻辩护方无罪证据"的倾向。在目前的语境下,《监察法》侧重打击腐败犯罪,往往重视有罪证据的收集而忽视无罪、罪轻证据的收集,审理法官又很难突破卷宗的限制去全面了解所有的案情细节。而卷宗材料中记载的都是被告人有罪和罪重的证据,且具有书面印证的特征。"法官片面地重视所谓的'证据相互印证',就容易忽略证据之间的相互矛盾,断章取义地选取不利于被告人的证据信息,以至于作出错误的事实认定。"职务犯罪案件中司法冤错的发生即难以避免。

三、对策与建议

针对进入诉讼的职务犯罪案件所暴露出来的上述问题,应当从"人权保障"和"正当程序"两个维度出发,从以下几个方面予以明确和改革。

(一)明确律师介入案件时间为案件移送至检察机关之日起

首先,辩护权作为被追诉者最基本的诉讼权利,其发挥得充分与否极大地依赖于律师帮助,律师介入案件的时间越早,越有利于被追诉人的权利保障。尤其是相比其他非职务犯罪案件和监察体制改革以前,当下职务犯罪案件律师辩护权的行使空间已经被极度压缩,在调查阶段律师对监察机关调查取证合法性进行监督不复存在,对案件办理进展等情况的了解荡然无存。从人权保障的理念出发,检察环节律师介入的时间应该越早越好,一旦案件被移送至检察机关,辩护律师即享有"会见权""阅卷权"等诉讼权利,而不应该再推迟 10 天。

其次,对相关法律条文应该作正确的解释,不能"曲意释法"。"不计入审查起诉期限"并不当然意味着"不属于审查起诉阶段"。《刑事诉讼法》第 170 条的规定,其本意是为检察院办案提供充分的时间,避免其因处理是否逮捕的问题,耽误了案件的正常办理程序。但是,不计入审查起诉期限并不代表该期间不处于检察院审查起诉阶段,例如《刑事诉讼法》第 149 条规定,对犯罪嫌疑人作精神病鉴定的期间不计入办案期限,也不意味着进行精神病鉴定就脱离了实际办案阶段。[1]

再次,根据《监察法》第 45 条和第 47 条之规定:"对涉嫌职务犯罪的,监察机关经调查认为犯罪事实清楚,证据确实、充分的,制作起诉意见书,连同案卷材料、证据一并移送人民检察院依法审查、提起公诉。""人民检察院依照《中华人民共和国刑事诉讼法》对被调查人采取强制措施。"监察机关将案件移送检察院后,检察机关对被调查人适用强制措施就属于"依法审查、提起公诉"题中应有之义。

最后,正如公安机关在侦查终结后制作起诉意见书一样,监察机关制作起诉意见书、将案件移送给检察机关的行为,本身代表了调查阶段的终结。既然调查阶段终结且被追诉人已被采取强制措施,那么职务犯罪案件的被追诉人就不受《监察法》对辩护律师的限制,理应视为"在押的犯罪嫌疑人",辩护律师当然可以同其会见和通信。

(二)留置措施的改进

留置作为《监察法》创制的一项新型强制措施,短期内不可能通过修法的方式进行局部完善。但是,监察机关和检察机关完全可以在法律允许的范围内,通过确立相应的办案标准来推进留置措施的法治化、规范化。具体而言:

一是提高留置措施的适用标准。根据《监察法》第 22 条之规定,只要满足以下情形之一即可适用留置措施:"(一)涉及案情重大、复杂的;(二)可能逃跑、自杀的;(三)可能串供或者伪造、隐匿、毁灭证据的;(四)可能有其他妨碍调查行为的。"上述规定与逮捕条件相比较,留置措施的适用条件显然有所降低。首先,《监察法》缺少留置对象"可能判处有期徒刑以上"的条件,也没有区分"严重职务犯罪"和"职务犯罪",只要达到"严重职务违法"的标准即可留置。其次,《监察法》也没有规定:"采取取保候审、监视居住等方法,尚不足以防止发生社会危险性"才可以适用留置的条件。这样一来,留置实质上与刑事拘留的条件相类似。

笔者认为,留置并非为应对紧急情况而设置的短时间剥夺被调查人人身自由的措施。相反,留置措施一旦适用,就具有了逮捕才具有的法律效果。笔者建议,在实践中,监察机关对适用留置的标准应当参考逮捕的条件。一方面,将达不到"严重职务犯罪"标准的案件排除出去。从目前留置只适用于"职务犯罪"案件情况看,将其适用范围缩小至"严重职务犯罪"案件为宜。另一方面,设置"社会危险性"标准,对那些明显不会出现妨碍调查行为的被调查人不适用留置措施。本文统计表明,三分之一的被调查人具有主动向监察机关投案、自首的情节。对这些被调查人原则上应当不予留置,即使因为涉及案情重大、复杂而被留置的,在案情调查清楚后也应该及时解除留置。同时,司法机关积极探索适用非羁押性调查措施。在不妨碍调查的情况下可以采取监视居住、取保候审等限制人身自由的强制措施,做到对被调查人人身自由的限制与其违法犯罪行为的轻重相适应,即体现"比例原则"。检察机关在审查起诉阶段应该加大对非羁押强制措施的适用。例如,对留置期限仅半个月甚至一两天的被调查人,完全可以适用取保候审。否则既违反了必要性原则,也造成了司法资源的

---

[1] 参见《原创:监察委留置案件移送到检察院后,应当允许律师会见》,载搜狐网,http://www.sohu.com/a/320420131_120051695,最后访问日期:2019 年 10 月 13 日。

极大浪费。实际上,据笔者统计,在调查阶段未被留置的被调查人仅有 25 名,今后应当进一步扩大不予留置的比例。

二是赋予被调查人被不当留置的救济权。相比逮捕后,犯罪嫌疑人、被告人及其近亲属、律师有权申请变更强制措施和羁押必要性审查,《监察法》则没有赋予被调查人这项权利,而是规定"监察机关发现采取留置措施不当的,应当及时解除"。也就是说,不当留置措施的解除与否完全依靠监察机关依职权进行"自我纠正"。对此,可以考虑赋予被调查人及其近亲属申请解除留置的权利;在受到监察机关不当留置的侵害时,赋予其向监察机关或者检察机关的申诉控告权,尽可能降低长期留置、不当留置的比例。正如有学者指出:"保障公民基本权利始终应是政治体制改革的终极价值和目标。留置措施限制公民人身自由之程度极为严厉,除保证生命健康和人道主义待遇以外,程序性权利亦当重视。一方面留置的行使必须严格依照法律正当程序;另一方面还需对包括被留置人在内的当事人之程序性权利进行特殊考虑。所以在国家监察立法中应以专门条款规定当事人权益问题。"

(三) 完善调查阶段认罪认罚从宽的适用条件

调研期间有检察官反映,部分职务犯罪案件的犯罪嫌疑人以及辩护律师对认罪认罚从宽制度的适用积极性很高,但是由于各种原因的限制,该类犯罪案件认罪认罚从宽制度的适用率始终在低位徘徊。目前,最高检在全国检察机关刑事检察工作会上提出将认罪认罚从宽制度的适用率提升至 70% 左右,并通过目标考评进行推动。要达到这一"目标",职务犯罪案件必然要大幅提升认罪认罚从宽制度的适用率,对此首先要解决以下两个问题:

一是明确监察机关"认罪认罚从宽建议权"的效力问题。《监察法》和《刑事诉讼法》并没有规定监察机关所提出的从宽建议的效力,以及这一建议是否对检察机关、审判机关具有约束力。理论上讲,监察机关的从宽建议仅仅是"建议权",在审查起诉阶段依然要受到检察机关的审查,检察机关享有采纳与否的"决定权"。但在当前语境下,检察机关往往会谨慎对待这类建议,即监察机关所提出的从宽处理建议会对检察机关产生相当程度的约束力。实践中,监察机关提出的从宽处理建议效力实际已经延伸至法院的审理阶段。在部分地区,检察机关直接将"监察机关建议对职务犯罪嫌疑人从宽处理的函"以及上一级监察机关同意从宽处理的"批复",作为案件证据提交至法院,而法院竟也将之予以认定并作为裁判量刑的依据。〔1〕

二是明确适用标准和适用程序。首先,《监察法》赋予了监察机关从宽建议权,但"在审批程序上要求较为严格。监察机关经'领导人员集体研究决定',并'报上一级监察机关批准'的情况下方可提出从宽处罚建议。而《刑事诉讼法》对于一般刑事犯罪被追诉人提起从宽处罚建议则无相应的审查程序要求"。公安机关对犯罪嫌疑人在侦查阶段认罪的,只能记录犯罪嫌疑人认罪认罚的事实并随案移送检察机关。其次,监察机关提出从宽建议的标准也不明确,难以在实践中统一适用。据 768 份裁判文书显示,被告人具有主动向监察机关投

---

〔1〕 参见詹建红:《认罪认罚从宽制度在职务犯罪案件中的适用困境及其化解》,载《四川大学学报(哲学社会科学版)》2019 年第 2 期。

案情节的有 33.7%、坦白的有 24.1%、积极退赃的有 61.1%、认罪悔罪认罚的有 53.4%。按照《监察法》第 31 条的规定,这部分被调查人很大程度上符合提出从宽建议的条件,而事实上签署《认罪认罚具结书》的仅有 46 件。

(四) 落实录音录像资料"留存备查"制度

目前,在调查阶段彻底排除律师介入的情况下,非法证据的排除完全依赖于录音录像制度。鉴于职务犯罪案件案情的特殊性和保密性,录音录像资料"留存备查"的规定似可理解,但是给证据合法性的证明和"排非"审查带来现实困惑。根据全国人大常委会法工委对 2012 年六机关发布的《关于实施刑事诉讼法若干问题的规定》以及"两高三部"发布的"严格排非规定"[1],"一般刑事案件并不随案移送录音录像资料,人民检察院、人民法院认为有需要时才能依职权调取,犯罪嫌疑人、被告人及其辩护人只能依申请调取,还需要经过检察机关、审判机关的审查"。职务犯罪案件显然不是"一般刑事案件"。问题的关键在于如何认定"检察机关认为需要调取与指控犯罪有关并且需要对证据合法性进行审查的录音录像资料"的情形?笔者认为,只要是犯罪嫌疑人或被告人、辩护人对讯问、取证过程提出合法性质疑乃至提出非法证据排除申请的,或者检察机关在审查起诉阶段对证据合法性有疑问的,监察机关都应当积极配合调取,查看监察机关录音录像资料并非公权机关的"专利",辩护律师基于申请"排非"的需要,也可以查阅。如果案件涉密,可以令律师签署保密保证书。

如此一来,"一方面显示出监察机关及其调查人员胸怀坦荡、依法办案的胸襟,另一方面才能真正发挥录音录像在证明调查人员取证工作合法性上的特殊作用,以令人确信的事实解除犯罪嫌疑人、被告人的误解,甚至驳斥犯罪嫌疑人、被告人的诬陷",从而最大程度地解决在调查阶段因律师无法介入而产生的被追诉人人权保障弱化的问题,发挥其防止非法取证"防火墙"的作用。检察机关在审理阶段也应该依法播放录音录像资料,最大限度地回应、消除辩方的质疑。

(五) 对"印证模式"的矫正

客观而言,在职务犯罪呈现出贿赂犯罪为主要形态且比例不断上升的形势下,犯罪行为更加隐蔽,办案取得"突破"不得不依靠被追诉人的"口供"和行贿人作为"污点证人"的指认。但是正如前文所言,这种证明模式弊端更大,容易发生司法冤错。为此,需要实现证明模式的转型。但是改变"印证"证明模式绝非一朝一夕之功,当前可以采取适当的措施消弭这一模式带来的不利后果。

首先,法庭审理要强调直接言词原则的贯彻落实。"人证"出庭在职务犯罪案件中更为

---

[1] 全国人大常委会法工委对 2012 年六机关发布的《关于实施刑事诉讼法若干问题的规定》第 19 条解释称:"用于证明讯问合法性的录音录像不作为证明案件实体事实的证据,也就不必要每个案件都随案移送。"《关于办理刑事案件严格排除非法证据若干问题的规定》第 22 条规定:"犯罪嫌疑人、被告人及其辩护人向人民法院、人民检察院申请调取公安机关、国家安全机关、人民检察院收集但未提交的讯问录音录像、体检记录等证据材料,人民法院、人民检察院经审查认为犯罪嫌疑人、被告人及其辩护人申请调取的证据材料与证明证据收集的合法性有联系的,应当予以调取;认为与证明证据收集的合法性没有联系的,应当决定不予调取并向犯罪嫌疑人、被告人及其辩护人说明理由。"

必要。一方面体现以审判为中心刑事诉讼制度改革的要求；另一方面有助于防止冤假错案的发生。我国职务犯罪案件鲜有"污点证人"出庭作证的例子，"举证"环节基本沦为控方单方面宣读证据目录和证据摘要，"质证"环节辩护律师失去了"发问对象"，无法针对疑点或者矛盾之处对证人进行发问。庭审实际上变成了"书面审理"，导致通过审判纠错的能力下降。因此，当前最重要的是促使证人、鉴定人和调查人员等"人证"出庭作证。贪污贿赂案件往往涉及人数众多、持续时间久、犯罪次数多，除了言词证据，很难找到其他直接罪证。在此情况下，非常需要证人"当面锣、对面鼓"地将事实经过呈现于法官面前。对赃物的价值鉴定有争议也需要鉴定人当庭予以说明、解释。必要时，辩方还可以聘请"有专门知识的人"出庭协助质证。作为调查人员的监察人员也应出庭就讯问、取证过程和录音录像资料制作过程合法性作出情况说明，并接受控辩双方的发问。只有这样，才能真正将庭审实质化改革引向深入，才能避免职务犯罪案件出现冤错。

其次，坚持"审判中心主义"，关键是做到"裁判理由形成在法庭"，加强法院独立审判的保障和抗干扰的能力。检察官要切实履行"客观义务"，加大审查起诉阶段对监察委员会调查取证过程和证据合法性、真实性的审查力度，而不能对监察委员会调查移送的证据"照单全收"，片面追求有罪判决。法院审判应当发挥庭审对定罪量刑的决定性作用和对证据进行实质性审查的作用，而不是"案件卷宗主义"下对监察机关调查活动所获得的卷宗材料进行简单确认。同时，对"污点证人"证言的证明力不能给予过高评价。

四、余　论

《监察法》实施尚不足两年时间，作为一部新法，其法律条文不可避免地会存在过于粗疏、简约以及与相关法律衔接不畅的问题。相比监察体制改革以前《刑事诉讼法》的相关规定，《监察法》尚有许多待改进之处。从《监察法》的法条规定来看，其立法精神走向了"调查中心主义"和"打击犯罪"的"老路"，这不得不说是令人遗憾的。许多关于职务犯罪的新规定，诸如留置、辩护、录音录像资料"留存备查"等，虽然是基于职务犯罪案件特殊性和取证困难的实际考量而作出的制度安排，但是明显注重追求定罪而对人权保障有所疏忽。因此，要改变上述种种问题，归根到底要摒弃两个"主义"。

一是坚持"审判中心主义"，摒弃"调查中心主义"。我国刑事诉讼以前存在着"侦查中心主义"的倾向，重侦查、轻审判，"线型结构下"审查起诉和审判阶段对侦查行为制约不足，审判者难以保持中立地位，很容易出现冤假错案。而我国正在开展的"以审判为中心"的诉讼制度改革，一定程度上就是对"侦查中心主义"的纠偏。"审判中心主义"下，裁判者居中、控辩平衡的诉讼格局正在形成，这符合现代刑事诉讼的基本构造。而《监察法》却依然盛行"调查中心主义"的理念，最明显的表现就是排除律师介入，完全强调"指控"而排斥"辩护"，即使规定了录音录像制度作为"补救措施"，但是"留存备查"规定的存在依然显示出监察机关的"一家独大"。加之监察委员会在现实的政治构架中"位高权重"，政治地位远高于同级的人民检察院和人民法院，后者难以实现有效的制约。对于监察机关移送的案件材料，检察机关是否敢于进行实质性审查甚至排除非法证据、审判机关是否敢于启动"证据合法性"调查程序,依法排除非法证据,都有待观察。

　　二是坚持"庭审实质化",摒弃"案卷笔录中心主义"。"庭审实质化"是"审判中心主义"的题中应有之义,其基本要求就是"诉讼证据质证在法庭、案件事实查明在法庭、诉辩意见发表在法庭、裁判理由形成在法庭"等"四个在法庭"。但是目前,监察机关办理的职务犯罪案件,法庭上难以见到证人、鉴定人和调查人员的身影,检察机关对监察机关移送的证据"照单全收","举证""质证"形同虚设。辩护律师不仅不能在调查阶段介入,而且在案件进入诉讼环节后行使辩护权仍困难重重。由于没有证人出庭,法庭审理实际上异化为对案卷材料的书面确认,直接言词原则难以实现。目前,我国监察体制改革和刑事诉讼制度改革尚在进行中,不可避免地会出现协调不畅、运行失灵等问题。对于目前争议较大的案件管辖上的混乱局面、律师介入的具体时间、留置措施的适用标准、非法证据排除规则适用、录音录像资料的调取和播放、调查人员出庭作证等问题,《监察法》《刑事诉讼法》虽然没有明确规定,但是这并不意味着监察机关、检察机关和审判机关"无法可依"。相反,上述机关应该在不违反法治精神的前提下积极探索行之有效的办案路径,监察机关可以通过发布监察法规或者与司法机关联合发布具体解释等方式对法律规定中粗疏、简约和与《刑事诉讼法》衔接不畅的地方予以细化明确。监察机关、司法机关办案人员对法律条文的理解应秉持"人权保障"理念,不能一味追求打击犯罪而忽视保障人权。职务犯罪案件隐蔽性强的特点很容易滋生违法取证、非法办案,也很容易导致对正当程序的排斥,这一点尤为注意。当前应重点推进"人证"出庭,尤其是调查人员出庭"说明情况"工作,而不是监察人员"高人一等"或者秉持"强权即是真理"的错误观念。

　　总之,党的十八大以来我国监察体制改革、以审判为中心的刑事诉讼制度改革和司法责任制改革对现有的司法制度、司法体系、司法理念带来的冲击将会是持久的。在这一大背景下,对《监察法》的实施状况及其与相关法律的衔接进行研究,既极具意义,也富于挑战性。限于研究材料的范围和来源,笔者仅能对《监察法》实施后不足两年时间监委办理职务犯罪案件的裁判文书进行实证分析,希望能够起到"管中窥豹"的作用。相信对这一问题的研究还将持续深入地进行下去。

监检衔接中的证据问题研究

王建国　周　剑[*]

摘　要： 监察证据与刑事证据具有本质的相同性,监察机关获得的证据需要经过检察机关的审查判断,并按照刑事诉讼证据规则进行采信,才能作为刑事证据使用。检察机关作为职务犯罪程序衔接的枢纽,应当通过强化提前介入、退回补充调查、自行补充侦查等方式促进证据审查实质化,确保监检衔接的充分性和有效性。

关键词： 监检衔接　证据转化　实质化审查

监察体制改革后,职务犯罪案件查办的主体发生了变化,但对于职务犯罪证据的收集、提取、固定的原理和方法本质上不变,其核心特征仍在于证据的客观性、关联性和合法性。历史经验证明,"侦查中心主义"容易导致错案,监察机关案件不同于普通刑事案件,并非所有案件均作刑事处理,但只要进入刑事诉讼程序,则案件证据和事实必须接受检察机关审查和法院裁判。在相关证据大多来源于调查的客观情况下,又需要经过刑事证据标准审查过程,进而实现调查证据性质的实质转换,推动案件从监察处理程序转换至刑事诉讼程序。检察机关作为程序衔接的枢纽,应发挥好依法审查职能,通过强化提前介入、退回补充调查、自行补充侦查等促进证据、事实审查实质化,以保障程序顺利推进。

一、监察证据审查的内容、标准与规则依据

法治是一定历史背景下的产物。国家监察体制改革乃至诞生"第四权"的监察权,一方面是将反腐相涉的相关职能予以合并,"对行政监察权、腐败预防权、职务犯罪查处与预防权融合在一起产生的新权力形态"[1]。另一方面,留置取代"双规",是国家监察体制改革过程中实现党纪和国法有效衔接的重要举措,较之"双规"更加符合法治反腐的要求。[2]

（一）监察程序的独立性与特殊性

监察程序之独立性具体表现为程序主体的独立性和运行机制的封闭性。在程序运行主体方面,监察委员会不需向人大作工作报告,与一府两院并列的国家机关,即"独立行使职权,不受其他部门干涉",而在监察机关内部则对执纪执法方面亦有着完整的机构设置,能够

---

[*] 王建国：江苏省常州市人民检察院党组成员、副检察长；周剑：江苏省常州市人民检察院法律政策研究室主任。

[1] 徐汉明：《国家监察权的属性探究》,载《法学评论》2018年第1期。

[2] 参见刘艳红：《程序自然法作为规则自治的必要条件——监察法留置权运作的法治化路径》,载《华东政法大学学报》2018年第3期。

独立、有效地行使监察职能。在权力运行机制方面,监察程序的启动、中止或终结,无论是采取负责人审批模式还是集体讨论决定模式,均在监察机关内部完成,其他国家机关无权介入。

监察程序之特殊性主要体现于其政治性设计上。程序的本质是保障权力有序施行,同时防范权力滥用。监察权实为监督性权力,发挥着对行使权力者的监督、调查和处置职能。权力间的监督、制约可由法律予以规制,但始终不能摆脱政治因素的考量。改革者明确指出监察权是政治性权力,监察委员会是政治机关。而《监察法》就监察程序之设计则体现了政治性的考量,最主要的表现,即是多层级领导审批程序。多层级负责人审批,实则体现了领导意志,在不同政治站位上考量政治因素。

(二) 职务犯罪特殊属性下证据的差异性分析

关于职务犯罪证据与普通刑事犯罪证据的差异,学界有较为详尽的学术研究成果,总体而言,职务犯罪的特殊性主要体现在"口供是主要证据之源"。[1] 这一现象主要是因为职务犯罪案件较少有直接被害人,但受损的是国家和社会利益;极少或很难发现有无目击证人、视听资料等客观证据;无物理意义上的现场,相应的客观证据难以收集;被调查人或犯罪嫌疑人具有较强的反侦查能力,口供突破较难等客观现象所致。

监察证据获取的特殊性根本在于通过审讯突破口供,既是查明违纪违法的源点,也是查清被调查人是否涉罪、涉及何罪,如何进行处理的重要手段。各种针对被调查人调查谋略、办案技巧运用,临界诱供,甚至威胁胁迫等方式,几乎均是以"撬开口供"为中心展开。

(三) 监察证据在刑事诉讼中的转化与使用

《监察法》颁布以前,纪委作为监察机关,其通过相应的调查收集的证据为"行政证据"。《监察法》实施后,意味着监察证据的性质不再是"行政证据",而获得了独立的法律地位。其中,《监察法》第33条之规定,监察机关依法收集的证据,在刑事诉讼中可以作为证据使用。但在其第2款又作如下规定,即要求监察机关的证据规则应当与刑事审判中对于证据的要求相一致。

由此,监察证据和刑事证据在本质上是一样的,既往只是存在取证主体不一,待证事实不因取证主体不一而不同。但应注意的是,在监察体制改革后,实践中并不是所有监察机关所获证据都能直接作为庭审证据而使用,需要检察机关对证据再进行审查判断,并按照刑诉证据规则进行采信,才能最终作为刑事证据使用。

---

[1] 笔者所在常州市检察机关,经统计多年的反贪案件中,仅有1件案件系零口供定案,而该案中主要为犯罪行为人丁某沉迷网络游戏,贪污单位公款以及收受相关广告商贿赂共计数百万元。其拒不供述,但有大量的银行转账记录书证,以及证人证言等其他证据所印证。该案一审判决认定丁某贪污罪和受贿罪,两罪并罚,决定执行有期徒刑18年,并处没收个人财产100万元。二审根据刑法修正案(九)及相关司法解释进行了终审改判,改判丁某有期徒刑13年。

二、监察程序下非法证据排除规则的制度建构

与西方非法证据排除的"预审模式""诉中诉"模式不一,我国的非法证据排除模式较为独特。具体分为三类,一是强制性排除程序,主要针对言词证据;二是裁量性排除程序,主要针对取证程序违法的物证书证;三是补正程序,主要针对瑕疵证据。[1] 具体又有两种实现方式,一是侦查或调查机关的法制部门、案件审查部门自行排除;二是司法机关依照《刑事诉讼法》排除非法证据规则排除。

(一)监察证据(线索)的内、外部流转和内外部排除

证据的获取与审查判断是实现监察职能的最主要手段,而证据的流转则是程序上连接二者的渠道。独立监察程序框架下,监察证据的流转有内、外部之分。内部流转是指证据在监察程序内的移送与审查判断,最终由监察机关作出《监察法》第45条前3款所规定的处置决定。[2] 外部流转涉及监察程序与诉讼程序的衔接,监察机关将相关证据移送检察院进入刑事诉讼程序,最终可能导致刑罚的后果。[3]

监察证据在相互独立的两套程序间流转,而非法证据排除亦分为内部、外部分别进行。监察证据的内部排除是指,监察证据在监察机关内部流转过程中,各职能部门基于取证行为的非法性而排除证据,不将其作为处置的依据。外部排除是指,程序衔接之后,由检察院、法院在刑事诉讼程序中排除非法监察证据。

实现监察证据的内部排除应首先明确排除主体与排除对象,并以此为前提设计具体运转程序。非法证据排除规则的运行机理是,以否定调查结果为手段敦促依法办案。因此只有严格依照法律,保证非法证据排除的必定性,才能真正起到震慑作用,实现纠正违法的目标。监察程序设计体现了政治性考量,政治性因素是一个模糊的概念,并没有明确标准,非法证据排除也将因此变得难以预测。因此在政治影响下,监察程序可能被架空,而相关案件的办理可能陷入无序状态。

(二)程序的法律性设计保障实践效果

保障程序的正当性,是实现监察证据内部排除的关键。具体体现为程序的法律性设计,但《监察法》在这一方面尚属空白。

程序的启动应实现启动主体多元化、启动标准客观化。刑事诉讼程序中非法证据排除的启动包括法院依职权决定和当事人申请两种模式。被告人同时作为非法取证的受害者和排除非法证据的受益人,具有排除非法证据的强烈愿望。当事人申请模式可有效制约公权

---

[1] 陈瑞华:《非法证据排除规则的适用对象以非自愿供述为范例的分析》,载《当代法学》2015年第1期。

[2] 具体包括谈话提醒、批评教育、责令检查、予以诫勉;警告、记过、记大过、降级、撤职、开除等政务处分决定;向相关领导人问责。

[3] 参见叶青:《监察机构调查犯罪程序的流转与衔接》,载《华东政法大学学报》2018年第3期。

力机关在排除非法证据方面的恣意。监察程序应借鉴刑事诉讼程序,赋予被调查人及其亲属向案件监督管理部门、审理部门申请排除非法证据的权利,并为程序的启动设置客观标准。

审理程序,线性结构下的有效沟通。控、辩方平等对抗,审理者居中裁判的三角形结构,是发现真实的最有效途径,亦是取证行为合法性审理的理想模式。[1] 但在当下,上述目标难以实现。首先,审理主体与取证主体同为监察机关内设部门,不存在中立第三方。其次,依据《监察法》设计,监察程序是监察机关主导下的行政性办案程序,不具备司法属性。监察程序内,取证行为合法性的审查仅能以线性结构运行。当下普遍的书面审理模式难以实现排除非法证据的目的。案卷材料由调查部门制作,难以从中发现非法取证细节。[2] 线性结构下,案件审理部门、案件监督管理部门应主动双向获取取证行为信息,以实现审理信息基础的全面性。审核主体应主动会见被调查对象,了解取证行为细节、获取相关线索和证据;就取证违法性的合理怀疑,审核主体可要求案件调查部门予以证明,或者通过查看录音录像自行查明。

在我国,事实真相远高于程序正义是诉讼程序遵循的首要价值,因轻微程序违法而排除关键证据是难以想象的。[3] 特别是监察证据,除证明事实真相外,更承载着政治性意义,不可能轻易排除。监察程序吸收借鉴《刑事诉讼法》及相关司法解释确立了强制排除和裁量排除相结合的证据排除规则。对于通过刑讯逼供等违背取证对象自由意志的手段所获取的证据,应当采取强制性排除,不得作为监察机关处置的依据。如果取证行为仅是不符合法定程序,未涉及人权侵犯,可由审核部门在给予取证主体补证机会后自由裁量。

(三) 监察证据的外部排除

在理念方面,应当恪守刑事法治理念。实践中刑事诉讼程序与监察程序的衔接,正是司法机关全面依法治国的体现,即通过证据规则裁判,对监察证据予司法审查。在程序运行方面,既然进入刑事程序,各方应遵循《刑事诉讼法》及相关司法解释的程序设计。在审理方式上,法官居中裁判,控、辩双方就证据进行质证,法官按照证据规则采信相关事实。在举证责任分配方面,由公诉方承担证明责任。而监察人员必要时可按照"侦查人员出庭作证"一致标准,有义务出庭就取证行为细节说明情况,并接受法庭各方询问,而不能仅仅提供"案发经过""情况说明"的方式自我合法性证明。"确认或者不能排除以非法方法收集证据情形的,对有关证据应当予以排除。"[4] 在审查标准方面,由于留置办案阶段,监察机关不适用《刑事诉讼法》,因此检察官、法官就取证行为合法性的审查应依照《监察法》监察程序规则。在一些特殊性、细节性问题的判断,仍然要按照程序正当的原则,按照刑诉规则加以确定。

---

[1] 参见杨波:《审判中心主义视域下刑事冤错案防范机制研究》,载《当代法学》2017年第5期。
[2] 参见左卫民:《"热"与"冷":非法证据排除适用的实证研究》,载《法商研究》2015年第3期。
[3] 参见易延友:《非法证据排除规则的中国范式——基于1459个刑事案例的分析》,载《中国社会科学》2016年第1期。
[4] 参见陈瑞华:《非法证据排除程序再讨论》,载《法学研究》2014年第2期。

三、检察提前介入

提前介入是监检衔接的重要方式和集中体现,也是政治智慧和法律智慧的有机统一。总体来看,检察机关对于监察机关办理的职务犯罪案件开展提前介入让工作衔接顺畅,形成了富有成效的提前介入模式。

(一) 提前介入监委案件范围应界定为重大复杂案件

检察机关提前介入的目的在于确保证据质量,因此不是所有的职务犯罪案件都需要检察机关提前介入。从当前司法实践看,检察机关提前介入的案件范围的要求是重大复杂案件。而何谓"重大复杂",观点有所不一致。有的认为金额大的就是重大复杂案件,有的认为被调查人职务级别高是重大复杂案件。但是我们认为,应从证据、事实、法律等层面来综合界定,应按照是否事实及证据存在较大分歧意见来定义重大复杂案件。

(二) 提前介入的主要任务是正确把握正确的取证方向

检察机关的提前介入,应当是在刑事诉讼指控犯罪时,起到查明事实、认定证据的主导责任,进而确保法院公正裁判的作用,在监察案件中也不例外。这里的提前介入,不是权力的伸缩,而是根据《刑事诉讼法》及证据规则,结合指控犯罪的需要,对监察机关已经获取的证据材料进行分析,提出进一步补充、固定、完善证据的具体建议,提醒其及时收集容易毁损灭失、隐匿转移的证据,对发现的非法证据提出依法排除或者重新收集的意见,对瑕疵证据提出完善补正的意见。绝大多数关键证据只能第一时间提取,而审查起诉阶段的补充侦查大部分已经错过最佳取证时机,效果不佳不论,也浪费了司法资源。对于疑难、复杂、新类型等案件,在提前介入阶段由于熟知案情,减少了因事实不清、证据不足而屡屡退回补充侦查的频率,大大地节省了诉讼时间,提高了诉讼效率。

(三) 提前介入应履行对"证据"合法性监督职能

在提前介入审查证据过程中,按照非法证据排除规则对证据的合法性进行审查,将存在的非法证据一次性排除掉,就会防止非法证据在后续批捕、起诉阶段出现,既提升了监督成效,也降低了监督成本。

(四) 提前介入要加强亲历性

对于监委案件,既需要传统的"书面审",阅看卷宗,也要提高办案的亲历性。这里的亲历性,不能越俎代庖,如参与对犯罪嫌疑人的讯问等,防止办案混同。但是可以参与现场勘查,共同研究案件,对案件性质、法律适用等进行指导;出席现场搜查、勘察等调查活动,就证据收集、法律适用等发表意见。通过出席现场勘验、搜查等亲历性行为,能够直接督促调查部门依法定程序开展调查活动,并能及时发现并纠正违法活动。

四、退回补充调查与自行补充侦查相互衔接

职务犯罪查办过程中,监察委具有完整的调查权,那么检察机关的自行补充侦查权对监

察机关的衔接定位在哪？是否在退回补充调查过程中充分形成合力就已经足够？回答这些问题需要从有利于案件办理，有利于诉讼顺利进行，有利于体现职务犯罪办理公平公正角度出发，进行全面分析。

(一) 职务犯罪案件中补充调查与普通补充侦查制度的异同

"职务犯罪案件补充侦查是指人民检察院在职务犯罪案件审查起诉和审判期间开展的补充侦查工作，是在监察机关原有调查活动的基础上，对案件事实、证据及相关情节依法继续进行调查和侦查的诉讼活动。"[1]职务犯罪案件补充侦查并不是必经程序，只有发现移送审查的相关证据和事实存在问题，需要进一步调查核实的，才会进入这一程序，对证据及证据体系进行"深度加工"，以符合刑事诉讼继续向前推进的证据要求。职务犯罪案件补充侦查也是监检证据衔接转化的重要过程。

在职务犯罪案件补充调查中，虽然同样以进一步补全完善证据、查明事实真相为目的，也存在退回补充调查和自行补充两种方式，但却与前者存在较大区别。一方面，调（侦）查方式选择顺位不同。根据现行《刑事诉讼法》《监察法》等相关法律规定，是否需要补充侦查，采取哪种方式开展补充侦查由检察机关根据案件审查情况决定，既可以选择退回方式，也可以选择自行侦查。但对于监察机关移送起诉的案件，经审查认为需要补充核实的，应当退回监察机关补充调查，必要时才可以自行补充侦查。也就是说，需要补充调查的案件，一般情况下都应当选择退回方式补充调查，只有在"必要时"的特殊情况下，才可以自行补充侦查。另一方面，听取监察委意见是退回补充调查事项确定的前置程序。根据江苏省内相关规范性文件，检察机关在决定退回补充调查时，应当就拟退回调查的事项听取监察机关的意见，必要时进行会商。[2]因此，退回补充调查事项是监检双方意见的融合。

(二) 关于退回方式补充调查必要情形的分析

一般情况下，由于监察委是对腐败零容忍、全覆盖的具有完整调查权的机关，因此检察机关在审查案件时发现有新的犯罪事实、新的共同犯罪行为人等情形时，应在汇报检察长后，将相应线索及证据材料移送监委会查处，不能自行直接进行自行补充侦查。但是，在一些非主要事实、证据的查证或者程序性保障事项方面，通过退回方式调查的必要性就并不充分。例如案件定罪量刑的基本犯罪事实已经查清，仅仅是证据内容个别情节不一致且不影响定罪量刑的，书证、物证等证据材料需要补充鉴定的，以及其他由检察院查证更为便利、更有效率、更有利于查清事实等情形[3]，而这些情形，也是目前关于"必要时"可以自行补充侦查情形的一般认识。从有利于查明案件事实角度，有些事项由检察机关自行侦查可能更为合适。例如在某些特殊情况下，检察机关可以以调查其他普通刑事案件的名义调查核实相

---

[1] 陈国庆主编、侯亚辉副主编：《职务犯罪检察调查与审查起诉衔接工作指引》，中国检察出版社2019年版，第121页。

[2] 参见江苏省监察委员会、江苏省人民检察院《职务犯罪案件退回补充侦查工作规定》第6条。

[3] 参见陈国庆主编、侯亚辉副主编：《职务犯罪检察调查与审查起诉衔接工作指引》，中国检察出版社2019年版，第127页。

应职务犯罪案件情况,而监察委作为职务犯罪案件的专办机关,反而难以实现有效突破,或不必要地引起被调查方的警觉甚至毁灭证据的不良情况。又如在针对司法领域的相关调查中,检察机关可能因具有丰富的司法办案经验和专业知识而更能发现线索、固定相关证据、查明相关事实等。

(三) 兼顾配合与制约

监察调查权在缺乏制约的情况下,获取的证据可能是不真实的,也可能是通过非法方式获取的,而虚假证据、非法证据是需要被筛除或排除的,否则难以实现依法惩治腐败的目的。补充侦查处于审查起诉阶段,是审查案件的重要方式,是检察权行使的具体方式和体现,而检察权的本质是法律监督权,其内容和功能均体现法律监督属性[1],因此补充侦查不仅可以在前期(调)侦查的基础上,在一定范围内有针对性地进一步调查、取证、核实,对前期(调)侦查构建的案件事实和证据体系进行补充完善,同时也可以验证移送案件事实的真实性、取证的合法性、证据的有效性,并通过这一调查验证过程,发现并纠正(调)侦查过程中存在的违法情况。因而,通过检察补充侦查制约监察调查权具有必要性,也能够对监察调查权形成有效制约。由此,"必要时"可以自行补充侦查的情形除了上述一般而言的三类情形外,还应当将存在监督制约必要的情形纳入其中。

当然,检察补充侦查权也需要制约,使其在法律监督需要的范围内运行,否则可能破坏监察调查权的统一行使,进而影响监察制度的专门性、统一性、权威性,造成权力运行的交叉混同。当前相关规定对此进行了明确,划定了检察补充侦查权的运行界限,要求检察机关办案中发现职务犯罪案件线索,均应依法移交监察机关依法查处。

---

[1] 参见姜伟主编:《中国检察制度》,北京大学出版社2009年版,第92页。

人民检察院退回监察机关补充调查案件中的程序性问题

申君贵[*]

摘　要：在监察机关补充调查情形下，案件性质已经从监察案件转为刑事诉讼案件，办案程序从监察程序转为刑事诉讼程序，故而被调查人的身份也应当转为犯罪嫌疑人。监察机关在补充调查期间无权发函看守所禁止律师会见犯罪嫌疑人，也不得对犯罪嫌疑人重新采取监察留置措施，对此，检察机关应当发挥积极的法律监督职能。

关键词：退回调查　程序性质　律师会见　强制措施变更

引　言

张某某，女，民营企业家，因涉嫌行贿被某市某区监察委员会立案，并进行监察调查。监察调查期间，监察委员会对其采取了监察留置措施。2019年3月，监察调查终结。某区监察委员会将案件移送某区人民检察院审查起诉。某区人民检察院在收到监察委员会移送审查起诉的材料后，依法对张某某采取了先行拘留措施，然后依法对张某某决定逮捕，逮捕后，张某某被羁押于当地某看守所。在审查起诉过程中，该区人民检察院将案件退回该区监察委员会补充调查。在该区监察委员会将案件移送人民检察院审查起诉后，张某某依法委托了辩护律师。由于案件被退回某区监察委员会补充调查，监察委员会发函给当地看守所不许张某某的辩护律师会见张某某。

《中华人民共和国刑事诉讼法》（以下简称从《刑事诉讼法》）第170条规定："人民检察院对于检察机关移送起诉的案件，依照本法和监察法的有关规定进行审查。人民检察院经审查，认为需要补充核实的，应当退回监察机关补充调查，必要时可以自行补充侦查。"《监察法》第47条规定：对监察机关移送人民检察院审查起诉的案件，"人民检察院经审查，认为需要补充核实的，应当退回监察机关补充调查，必要时可以自行补充侦查。对于补充调查的案件，应当在一个月内补充调查完毕。补充调查以二次为限"。上述张某某涉嫌行贿的案件就是属于本条规定的人民检察院将案件依法退回监察机关补充调查的情况。这些条款只是规定了人民检察院应当退回监察机关补充调查的理由，但对退回补充调查后可能出现的一系列程序性问题没有规定，相关司法解释也语焉不详。上述案件涉及在人民检察院将案件

---

[*] 申君贵：广西民族大学民族研究中心法学教授。

退回监察机关补充调查后的一些程序性问题,需要进行研究和解决,而且这是在实践中经常会遇到的问题。从上述案件的情况来看,引发笔者对以下问题的思考:(一)监察机关补充调查期间被追诉人的身份和地位问题如何确定?(二)监察机关补充调查期间是否有权发函看守所不许律师会见被追诉人?(三)监察机关补充调查期间对被追诉人已经采取的强制措施如何处理?提出问题就是为了解决问题,本文结合上述案件,在下文中就上述问题一一对应进行探讨。

一、监察机关补充调查期间被追诉人的身份和地位

人民检察院对监察机关移送审查起诉的案件进行审查后,如果认为需要补充核实的,应当退回监察机关补充调查。该规定表明,只要人民检察院认为监察机关移送的案件还需要补充核实相关案件材料,就应当将案件退回监察机关补充调查。尽管法律也规定人民检察院可以自行补充侦查,但由于法律规定对退回补充调查使用的是"应当"一词,而不是"可以"一词,所以,将需要补充调查的案件退回监察机关补充调查就成为必然,人民检察院不能以必要时也可以自行补充侦查为由,不将案件退回监察机关补充调查。这成为人民检察院的程序性义务,不得违反。那么,法律规定人民检察院必要时可以自行补充侦查还有什么意义呢?笔者认为,监察机关移送审查起诉的案件需要补充核实相关材料时,人民检察院应当先将案件退回监察机关补充调查。在监察机关第一次补充调查终结,再次移送审查起诉后,如果还需要补充核实有关材料,人民检察院可以再次退回监察机关补充调查,因为《监察法》明确规定,补充调查以两次为限。也就是说人民检察院可以将案件退回监察机关补充调查两次,但不能超过两次。两次补充调查还没有查清相关事实时,人民检察院就可以自行补充侦查。这就是所谓的"在必要时"。由此分析,可以得出以下结论:凡是监察机关移送审查起诉的案件,人民检察院经审查认为需要补充核实材料的,案件必然要先退回监察机关补充调查。这时,就会出现补充调查期间被追诉人的身份和地位问题。因为监察机关进行的监察调查行为与刑事侦查行为是具有不同性质的行为,监察机关的调查行为不是侦查行为。这是因为监察机关行使的是监察法赋予的对案件事实进行调查的权力,而不是侦查的权力。法律没有赋予监察机关侦查权,因此,监察机关无法行使刑事案件的侦查权。

监察机关补充调查,是指监察机关对人民检察院认为需要补充材料并退回补充调查的案件,依据《监察法》的规定,在原有调查的基础上,再行就需要补充的材料进行收集核实的活动。由于案件是已经移送人民检察院审查起诉的案件,也就是监察机关认为被追诉人的行为构成了犯罪需要移送人民检察院审查是否起诉追究刑事责任,因此,在案件被人民检察院退回补充调查后,被追诉人又成为被调查的对象。这个时候,就涉及被追诉人的身份和地位的问题。比如上述案件中的张某某,她在补充调查期间到底处于什么身份和地位?她是犯罪嫌疑人的身份和地位,还是被调查人的身份和地位呢?笔者认为,被追诉人在监察机关补充调查期间应当属于犯罪嫌疑人身份,依法享有犯罪嫌疑人应有的地位,而不是回归监察调查中的被调查人的身份和地位。理由如下:

(一)案件性质已经发生了根本变化,案件已由监察案件转化为刑事诉讼案件

监察案件是指监察机关根据《监察法》的规定在自己的职权管辖范围之内,对涉嫌违法犯罪的行为进行调查处理的案件。它所查处的案件,既有实施违法行为的案件,也有实施犯罪行为的案件。凡是由监察机关调查处理的案件,都可以统称为监察案件。监察案件并非都会转化为刑事案件。只有那些经过监察机关进行调查,调查终结后认为被调查人的行为已经构成犯罪需要追究刑事责任的案件才可能转化为刑事案件。上述张某某涉嫌行贿一案,某区监察机关已经调查终结,认为张某某构成了涉嫌行贿的犯罪,因此,将案件依法移送某区人民检察院审查起诉。这时,张某某涉嫌行贿一案,已经不再是监察案件,而是已经由监察案件转化为刑事案件。作为刑事案件中的当事人,在审查起诉阶段的身份当然是犯罪嫌疑人。

(二)案件办理程序已经发生了根本变化,办案程序已由监察程序转化为刑事诉讼程序

监察机关将案件移送人民检察院审查起诉后,案件的办理程序,就必须按照《刑事诉讼法》规定的刑事诉讼程序来办理。凡是移送到人民检察院审查起诉的案件,不管是监察机关监察调查终结移送起诉的,还是具有刑事侦查权的机关侦查终结移送起诉的,人民检察院都必须按照《刑事诉讼法》规定的程序对案件依法进行审查。监察机关监察调查的案件,在其将案件移送人民检察院审查起诉之日起,办案程序即由监察调查程序转化为刑事诉讼程序。人民检察院按照《监察法》和《刑事诉讼法》的规定,将案件退回监察机关补充调查,在程序上,也是按照《刑事诉讼法》规定的审查起诉程序所作的决定,仍然受《刑事诉讼法》规定的审查起诉程序的制约。因此,在监察机关补充调查期间,被补充调查人,其身份依然是刑事诉讼程序中的犯罪嫌疑人,而不是监察调查程序中的被调查人。

(三)被调查人的身份和地位已经发生了根本变化,已由被调查人转化为犯罪嫌疑人

监察机关调查终结移送人民检察院审查起诉后,由于监察案件已经转化为刑事案件,此时,被指控犯罪的人,其身份和地位已经发生了根本变化,不再是监察案件中的被调查人,而是刑事案件中的犯罪嫌疑人。根据我国《刑事诉讼法》的规定,对被追诉人的称谓,在人民检察院移送人民法院提起公诉之前,都称之为犯罪嫌疑人,在移送人民法院提起公诉之后才称为被告人。监察机关移送人民检察院审查起诉的案件,自监察机关移送审查起诉之日起,案件正式进入刑事诉讼程序,进入审查起诉阶段。即使在此阶段,人民检察院依法将案件退回监察机关补充调查,案件还是处于审查起诉阶段,并不是完全回归监察调查阶段。上述张某某涉嫌行贿一案,张某某的身份已经不再是监察调查程序中的被调查人,而是刑事案件中的犯罪嫌疑人了,依法享有犯罪嫌疑人所应该享有的一切诉讼权利。

二、监察机关补充调查期间是否有权发函看守所不许律师会见犯罪嫌疑人

在刑事诉讼中,辩护律师会见犯罪嫌疑人,既是辩护律师的一项重要权利,也是犯罪嫌疑人的一项重要权利。我国《刑事诉讼法》第 39 条规定:"辩护律师可以同在押的犯罪嫌疑

人、被告人会见和通信。其他辩护人经人民法院、人民检察院许可,也可以同在押的犯罪嫌疑人、被告人会见和通信。辩护律师持律师执业证书、律师事务所证明和委托书或者法律援助公函要求会见在押的犯罪嫌疑人、被告人的,看守所应当及时安排会见,至迟不得超过四十八小时。危害国家安全犯罪、恐怖活动犯罪案件,在侦查期间辩护律师会见在押的犯罪嫌疑人,应当经侦查机关许可。上述案件,侦查机关应当事先通知看守所。"这一规定表明,辩护律师只有在侦查期间会见危害国家安全罪、恐怖活动犯罪案件的犯罪嫌疑人时,应当经侦查机关许可,会见其他案件中的犯罪嫌疑人,只要持律师执业证书、律师事务所证明和委托书或者法律援助公函就可以会见。根据我国《监察法》的规定,法律没有明确在监察调查期间律师可否会见被监察调查的人。实践中,监察机关是不同意律师会见被调查人的。但在监察机关将案件移送人民检察院审查起诉后,人民检察院退回监察机关补充调查期间,辩护律师能否会见被追诉人?监察机关基本上是不同意会见的。这种做法是否合法、恰当,值得深思。

上述张某某涉嫌行贿一案,某区监察机关调查终结后,将案件移送给了某区人民检察院审查起诉。在移送审查起诉之日起,张某某的近亲属即依法委托某律师事务所律师担任辩护人。由于某区人民检察院经过审查,认为还需要补充核实相关事实和证据,因此将案件依法退回了该区监察机关补充调查。该区监察机关在补充调查期间,直接给羁押张某某的看守所发出公函,不允许张某某的辩护律师会见张某某。这里需要讨论的问题就是,监察机关在人民检察院将案件退回其补充调查期间,是否有权向看守所发出不允许犯罪嫌疑人的辩护律师会见犯罪嫌疑人的公函?笔者认为,在人民检察院将案件退回监察机关补充调查期间,监察机关无权向看守所发出不允许辩护律师会见犯罪嫌疑人的公函。理由如下:

(一)监察机关所发公函不具有合法性

国家公权力机关行使权力,必须基于法律的授权,必须具有合法性。监察机关作为国家公权力机关,其权力的行使必须具有合法依据,必须经法律授权。监察机关行使权力,必须以《监察法》为依据,根据《宪法》和《监察法》的授权行使自己的权力。我国《监察法》第2章和第4章分别规定了监察机关的职责和权限。翻阅全部法律条文,没有哪一条规定监察机关可以向看守所发函不允许犯罪嫌疑人的辩护律师在其补充调查期间会见犯罪嫌疑人。因此,监察机关发出这样的公函不具有合法性依据。

(二)监察机关所发公函具有越权性

监察机关查办的案件,移送人民检察院审查起诉之后,即使被人民检察院退回补充调查,案件的性质也已经转变为刑事案件,案件也进入了刑事诉讼程序。对于进入刑事诉讼程序的案件,必须严格遵守《刑事诉讼法》的规定,切实保障犯罪嫌疑人的一切合法权利。监察机关在补充调查期间,不得超越《刑事诉讼法》的规定,禁止辩护律师会见犯罪嫌疑人。因此,监察机关向看守所发出不允许辩护律师会见犯罪嫌疑人的公函,明显超越了其法定权限,具有明显的越权性。

(三)监察机关所发公函具有侵权性

辩护律师依法会见犯罪嫌疑人,这是我国《刑事诉讼法》赋予辩护律师的一项重要权利,任何单位和个人都不得加以侵犯。不仅如此,请求辩护律师会见,这也是犯罪嫌疑人和被告人的一项重要权利。这种权利的双重性,进一步表明该权利的重要性。监察机关在人民检察院将案件发回补充调查后,直接发函看守所不允许辩护律师会见犯罪嫌疑人,这不仅侵犯了辩护律师的合法权利,也严重侵犯了犯罪嫌疑人的合法权利。因此,具有明显的侵权性。

综上所述,由于监察机关在补充调查期间给看守所发不许辩护律师会见函不具有合法性,且具有越权性和侵权性,因此,为了切实保障辩护律师和犯罪嫌疑人所具有的会见权,应当由国家监察委员会发文强调保护辩护律师和犯罪嫌疑人所具有的会见权,纠正地方监察机关在补充调查期间发函看守所不允许辩护律师会见犯罪嫌疑人的现象继续发生。这是解决该问题的最有效的方法。此外,人民检察院也应该发挥监督作用,监督监察机关的做法,对监察机关在补充调查期间限制辩护律师会见犯罪嫌疑人的错误做法,应当向监察机关发出纠正函件。

三、监察机关补充调查期间对被追诉人的强制措施问题

刑事诉讼强制措施,是指公安机关、人民检察院和人民法院为了保证刑事诉讼的顺利进行,依法对犯罪嫌疑人、被告人采取的暂时限制或剥夺人身自由的法定强制方法。刑事诉讼强制措施是一种具有强制执行效力的诉讼手段,主要目的是为了保证刑事诉讼的顺利进行。刑事诉讼强制措施关联着国家权力和个人权利的内在冲突,涉及惩罚犯罪和保障人权的相互关系。我国《刑事诉讼法》规定的刑事诉讼强制措施有拘传、取保候审、监视居住、拘留和逮捕五种。我国《监察法》第47条第1款规定:"对监察机关移送的案件,人民检察院依照《中华人民共和国刑事诉讼法》对被调查人采取强制措施。"自监察机关将被追诉人涉嫌职务犯罪的案件移送人民检察院之日起,案件正式进入刑事诉讼阶段。在监察调查期间,监察机关一般会对被追诉人采取留置措施。但留置措施不是刑事诉讼中的强制措施,是监察机关根据《监察法》所采取的一种办案措施。监察调查终结后,监察机关认为被追诉人涉嫌职务犯罪,需要依法追究刑事责任,便将案件连同证据材料一并移送人民检察院审查起诉。此时,案件进入审查起诉阶段。与其他刑事案件不同,监察机关移送起诉的案件,不需要经过《刑事诉讼法》规定的立案、侦查阶段。这就会涉及如何对监察机关移送的职务犯罪嫌疑人采取强制措施的问题,也会涉及监察留置措施如何向刑事诉讼强制措施的转换问题。这实际上就是监察机关与人民检察院在强制措施问题上的衔接问题。对于监察机关移送的案件,是否需要对被追诉人采取刑事诉讼强制措施,人民检察院有权根据《刑事诉讼法》规定的强制措施的种类和条件来作出决定。

《刑事诉讼法》第170条第2款规定:"对于监察机关移送起诉的已经采取留置措施的案件,人民检察院应当对犯罪嫌疑人先行拘留,留置措施自动解除。人民检察院应当在拘留后的十日以内作出是否逮捕、取保候审或者监视居住的决定。在特殊情况下,决定的时间可以延长一日至四日。"这一规定解决了监察留置措施与刑事诉讼强制措施的立法衔接问题。根据规定,凡是监察机关采取过留置措施的案件,人民检察院应当先行拘留,留置措施自动解

除。这就是说,先行拘留是人民检察院对监察机关采取过留置措施的案件依法采取刑事诉讼强制措施的前置程序。非经先行拘留,人民检察院不得采取其他强制措施。人民检察院对监察机关采取过留置措施的案件,对被追诉人先行拘留后,应当在十日以内作出是否逮捕、取保候审或者监视居住的决定。特殊情况下,先行拘留的时间可以再延长一日至四日。也就是说,人民检察院对被追诉人先行拘留的时间最长可以达到十四天。先行拘留期满后,人民检察院根据案件情况,被追诉人的犯罪性质和情节,以及《刑事诉讼法》规定的各种强制措施条件,依法决定对被追诉人采取逮捕、取保候审或者监视居住中的哪一种强制措施。

  上述张某某行贿案件,某区人民检察院也是按照《刑事诉讼法》的上述规定,对张某某先行拘留,然后再决定逮捕的。由于案件被退回监察机关补充调查,那么就会产生这么一个问题:对张某某的逮捕羁押措施是否需要进行变更,是否应当撤销逮捕措施,由监察机关回归监察留置措施,重新对张某某采取监察留置措施?笔者认为,在监察机关补充调查期间,如果张某某符合变更强制措施的条件,人民检察院可以依法变更逮捕羁押措施,对张某某采取取保候审或者监视居住措施。那么,有没有必要撤销逮捕措施,由监察机关对张某某重新采取监察留置措施呢?笔者认为,由于案件已经进入刑事诉讼程序,张某某案件已经在性质上发生了根本变化,已经是刑事犯罪案件,人民检察院不能因为案件退回监察机关补充调查而撤销对张某某的逮捕措施。《刑事诉讼法》也没有规定退回监察机关补充调查是撤销逮捕措施的法定情形之一。既然不能撤销逮捕措施,那也就没有必要再由监察机关重新对张某某采取监察留置措施。如果人民检察院在监察机关补充调查期间撤销了对张某某的强制措施,也就是说人民检察院不对张某某采取任何强制措施,监察机关能不能对张某某再次采取监察留置措施呢?我认为,不能。因为张某某的身份已经是犯罪嫌疑人,案件已经进入刑事诉讼程序,只能根据《刑事诉讼法》的规定来加以处理。监察机关要在补充调查期间对张某某采取监察留置措施就没有了法律依据。

监察机关与司法机关案件管辖上的衔接机制研究

邹多品 常永斌 梁继东[*]

摘 要：明确监察机关与司法机关案件管辖上的衔接，是落实国家监察体制的关键步骤。监察机关与司法机关案件管辖的衔接建立在一定法理依据之上，从立法和运行两个视角对现状进行考察，监察机关与司法机关在案件管辖上存在法律依据不足、相关办案职权范围界定的不明晰、相关配套制度设计有缺陷等问题，对此，提出了相应的完善建议。

关键词：监察委 司法机关 案件管辖 衔接

一、监察机关与司法机关案件管辖衔接的逻辑前提：法理依据

监察机关与司法机关是两个具有性质差异的国家机关，监察机关与司法机关案件管辖的衔接不是凭空而论的，两者的衔接存在一定的法理依据。具体包括以下两个方面：

（一）互相配合原则

《监察法》第4条第2款、第3款规定："监察机关办理职务违法和职务犯罪案件，应当与审判机关、检察机关、执法部门互相配合，互相制约。监察机关在工作中需要协助的，有关机关和单位应当根据监察机关的要求依法予以协助。"这一规定，不仅揭示监察机关与相关机关的配合制约，也体现监察机关与司法机关配合衔接机制，包括重大疑难案件提前介入机制、案件移送受理机制、变更强制措施衔接机制、审查起诉衔接机制、移送案件退回补充侦查、调查证据审查等程序规定。

（二）本质属性的同一性

监察机关与司法机关案件管辖上的衔接，主要源自"检察机关作为专门的法律监督机关，监察委员会作为专门的监察机关，均是《宪法》对于两机关法律地位的确认。监察委员会的监察监督与检察机关的检察监督都具有法律监督的权力属性，两者并行于不同的轨迹"[1]。但无论怎样，两者在本质属性上具有同一性，也正是这种同一性，让监察机关与司法机关在案件管辖上的衔接成为可能。

---

[*] 邹多品：安徽省淮南市谢家集区人民检察院党组书记、检察长，四级高级检察官；常永斌：安徽省淮南市谢家集区人民检察院第一检察部，一级检察官；梁继东：安徽省淮南市田家庵区纪检组长。

[1] 王一超：《论〈监察法〉与〈刑事诉讼法〉适用中的程序衔接》，载《法治研究》2018年第6期。

二、监察机关与司法机关案件管辖衔接的现状考察

对监察机关与司法机关在案件管辖衔接的现状进行考察是进一步有效衔接两者的前提,具体包括两个层面:一是立法考察,主要以相关实体法和程序法为视角;二是运行考察,主要以部门职责为视角。

(一)立法考察

从立法上来看,《监察法》第11条第1款第2项规定:"对涉嫌贪污贿赂、滥用职权、玩忽职守、权力寻租、利益输送、徇私舞弊以及浪费国家资财等职务违法和职务犯罪进行调查。"这一职责规定,实际上也是刑事案件职能管辖的规定,即监察委与公安机关及其他刑事案件侦查机关的案件管辖上的分工。但该条也存在职务违法和职务犯罪(即纪法问题)未区分的问题,这一规定中除被刑事法规范的贪污贿赂、滥用职权、玩忽职守、徇私舞弊等的内容外,还规定"权力寻租""利益输送""浪费国家资财"的行为。然而,贿赂犯罪即为"权力寻租",也必然包含"利益输送""浪费国家资财",如果达到情节严重,则属于"滥用职权"的犯罪。因此,这一职责规定所包含的职能管辖规范,逻辑上未对"贿赂犯罪""滥用职权"作出详细的区别,且也未对职务违法与职务犯罪作出适度分离,在实践中妨碍刑事案件管辖分工的清晰性。

(二)运行考察

运行上的考察,主要是以部门职责为视角对监察委与司法机关案件管辖衔接现状的考察。

2018年10月26日,十三届全国人大常委会第六次会议表决通过了关于修改《刑事诉讼法》的决定。第170条规定:"人民检察院对于监察机关移送起诉的案件,依照本法和监察法的有关规定进行审查。人民检察院经审查,认为需要补充核实的,应当退回监察机关补充调查,必要时可以自行补充侦查。对于监察机关移送起诉的已采取留置措施的案件,人民检察院应当对犯罪嫌疑人先行拘留,留置措施自动解除。人民检察院应当在拘留后的十日以内作出是否逮捕、取保候审或者监视居住的决定。在特殊情况下,决定的时间可以延长一日至四日。人民检察院决定采取强制措施的期间不计入审查起诉期限。"通过修改《刑事诉讼法》很好地解决留置案件的衔接,但对于监察委未采取留置措施的案件未能作出相应的规定,亦未对职务犯罪案件在审查起诉(退回补充调查或自行侦查)、审查审判时强制措施的变更作出规定。

三、监察委与司法机关案件管辖衔接机制运转不畅的原因分析

监察委与司法机关案件管辖衔接机制运转不畅的原因分析,主要是建立在对现状考察的基础之上。监察机关与司法机关案件管辖衔接机制运转不畅,存在以下几个方面的原因:

(一) 案件管辖上的法律依据不足

《监察法》第16条规定:"各级监察机关按照管理权限管辖本辖区内本法第15条规定的人员所涉监察事项。"第46条规定:"监察机关经调查,对违法取得的财物,依法予以没收、追缴或者责令退赔;对涉嫌犯罪取得的财物,应当随案移送人民检察院。"从上述规定可以看出,主要是规定监察委调查(侦查)管辖的范围以及监察委调查(侦查)后,移送人民检察院追究刑事责任的规定,至于检察机关是否可以提前介入、监察委移送案件的形式、依据《刑事诉讼法》采取强制措施时间节点、检察机关在审查过程中退回补充调查或自行侦查等多个方面内容均未能作出详细的规定。《刑事诉讼法》通过修正草案之后,第170条第1款规定:"人民检察院对于监察机关移送起诉的案件,依照本法和监察法的有关规定进行审查。"并未作出具体的规定,故导致监察委与检察机关就案件管辖衔接机制的真空状态,首当其冲是法律依据上的不足造成的。

(二) 相关办案职权范围界定的不明晰

《监察法》关于管辖的规定主要是先按公职人员管理权限确定级别管辖,再按辖区确定地域管辖,而《刑事诉讼法》规定的检察院、法院的案件管辖通常是以地域管辖为主的原则,并且要求同级移送,实际上要求侦查(调查)机关移送起诉以及检察机关提起公诉,需符合级别管辖的法律规定。然而,监察委承担职务犯罪调查(侦查)职能后,在级别管辖的协调衔接上可能会出现某种矛盾,由于职务犯罪案件主要有设区的市以上监察委调查,加之职务违法犯罪按管理权限调查的相关规定,级别较高或较为重大的案件,仍将在市以上监察委调查。这会导致逻辑上可能出现,具有很高等级级别的监察机关办理的案件,最后只是交由基层检察院提起公诉,由基层法院来进行刑事审判。

(三) 案件管辖相关配套制度设计上的缺陷

由于法律规定不足,加之在部门职责权限不清晰,导致办案程序衔接产生问题,比如检察院退回补充调查犯罪期间嫌疑人在看守所羁押的是否需要变更强制措施,法院要求庭上质证甚至启动非法证据排除,律师要求调取有关被告人(被调查人)有罪无罪、罪重罪轻的全部证据等,都需要进一步细化的制度规定。

四、监察委与司法机关案件管辖衔接机制的完善

我们探讨监察委与司法机关案件管辖衔接现状及存在的问题,其最终的目的和落脚点,恰是为进一步完善监察委与司法机关的案件管辖衔接机制,具体包括以下几个方面的完善措施:

(一) 关于职能管辖

我们应根据《刑法分则》的规定,结合《国家监察委员会管辖规定(试行)》,首先对于监察委调查(侦查)的一般职务违法和严重的职务违法、职务犯罪进行适度分离、过滤,将一般的职务违法的公职人员由监察委进行党纪政务处分,同时还应明确一般职务违法达到一定条件即转化为职务犯罪案件;其次参照《刑事诉讼法》的规范,对于监察委重点调查的公职人员

严重的职务违法和职务犯罪,即涉嫌贪污贿赂、滥用职权、玩忽职守、权力寻租、利益输送、徇私舞弊、浪费国家资财这七个领域的职务犯罪,做出明确管辖规定。

(二) 关于关联案件的管辖

关于关联案件的管辖的协调,《监察法》第34条第2款规定:"被调查人既涉嫌严重职务违法或者职务犯罪,又涉嫌其他违法犯罪的,一般应当由监察机关为主调查,其他机关予以协助。"采用了"监察为主"管辖原则,与以往司法机关管辖实践和相关规范相冲突,同时还违背一般管辖规律给司法实践造成了困难,特别是近期国家开展打黑扫恶活动,某些公职人员既涉嫌职务犯罪又涉嫌黑恶势力犯罪,采取"监察为主"原则,容易给司法实践造成困难。因此,笔者建议一是对于关联案件,由监察委与公安机关、检察院等具有调查(侦查)职能的机关进行协调,出台解释性文件作出具体规定;二是在今后的《刑事诉讼法》修正草案中,作出"主罪为主"的规定。

(三) 关于级别管辖

关于级别管辖的协调衔接,监察委采用先按公职人员管理权限确定级别管辖,再按辖区确定地域管辖的原则。《刑事诉讼法》规定的是"审判管辖",虽然并不直接约束侦查管辖,但由于法律所规定的同级移送,实际上要求侦查(调查)机关移送起诉以及检察机关提起公诉,符合级别管辖的法律规定。因此,正如有的学者所指出的,应借鉴《刑事诉讼法》对审判管辖的规定对《监察法》中的各级监察机关的管辖范围作出原则规定,否则,就不便实现管辖和案件移送与司法机关的协调衔接。[1]

(四) 关于地域管辖

《监察法》并未明确规定职务犯罪案件的地域管辖问题,仅仅在第16条至第17条对监察机关的行政区划设置作出了规定,因此,对实践中该问题的解决并没有提供相应的法律依据。我们认为,关于地域管辖,其协调衔接也应具体区别对待,这有待于《监察法》的进一步补足。

---

[1] 参见龙宗智:《监察与司法协调衔接的法规范分析》,载《政治与法律》2018年第1期。

职务犯罪调查(侦查)同步录音录像的功能异化及其矫正

张兆松　谷心蕙[*]

摘　要：实行讯问时同步录音录像，旨在解决刑讯逼供问题。但从检察机关、监察机关的实施情况看，同步录音录像不仅没有发挥遏制刑讯逼供的功效，反而成了公诉机关遏制翻供的"杀手锏"。同步录音录像面临性质、证明效力不明确、规范化不足和权利保护不力等问题。同步录音录像制度功能异化之矫正路径是明确同步录音录像的证据性质，确立同步录音录像最佳证据规则，推进同步录音录像的规范化，加强同步录音录像中的权利保护，进一步推进同步录音录像制度的立法化。

关键词：职务犯罪调查　同步录音录像　最佳证据　性质

一、问题的提出

2005年12月，最高人民检察院出台讯问职务犯罪嫌疑人实行全程同步录音录像制度。2012年修正的《刑事诉讼法》和2018年颁布的《监察法》都肯定了同步录音录像制度。但这一制度实施一直步履维艰，尤其是监察体制改革后，这一制度面临诸多挑战。以下几个典型案例足以说明这一点。

【**案例一**】2019年10月22日上午，上海第一中级人民法院原院长潘福仁被控受贿一案，在江西省南昌市中级人民法院公开开庭宣判。法院认为，潘福仁身为国家工作人员，利用职务上的便利为他人牟取不正当利益，单独或与妻子、女婿共同非法收受他人财物，其行为构成受贿罪，受贿数额巨大，依法判处有期徒刑9年6个月，并处罚金人民币200万元。对潘福仁受贿犯罪所得人民币2 808 520元依法追缴，上缴国库。该案曾因潘福仁在看守所和庭审时大呼冤枉——称遭到刑讯逼供，检方查案程序违法，希望法院作出公正判决而被公众所关注。

【**案例二**】2019年8月20日至21日，西安市中级人民法院一审公开开庭审理陕西省榆林市委原书记胡志强受贿一案。西安市人民检察院指控其56项受贿事实，受贿总金额超1亿元，起诉书称，胡志强到案后，如实供述了监察机关已掌握的部分犯罪事实，并主动交代了尚未掌握的其他犯罪事实，认罪态度较好，有悔罪悔过表现，部分涉案赃款赃物已追缴。

---

[*] 张兆松：浙江工业大学法学院教授；谷心蕙：浙江工业大学法学院2018级硕士研究生。

但是,庭审时,面对上亿元的指控,胡志强只承认收受礼金 300 多万元。他还表示,曾遭遇办案人员刑讯逼供。[1] 面对胡的几乎全部翻供,控方最有力的指控手段和最重要的证据应当是监察调查时的讯问同步录音录像。从庭审情况看,显见控方没有出示同步录音录像。

【案例三】 2019 年 10 月 15 日,深圳市龙岗区原区委书记冯现学涉嫌滥用职权罪、受贿罪一案在广州市中级人民法院开庭审理。广州市人民检察院以涉嫌滥用职权罪、受贿罪,对冯现学提起公诉,其中指控冯现学受贿人民币 1 640 万元、1 220 万港元、80 万美元等。冯现学曾在审讯中抗议刑讯逼供,撞墙自杀,致脑震荡。庭审中冯现学否认了全部指控。检察院移送的卷宗共计 43 册,公诉人完成全部的所谓"举证"工作只用了 4 分 45 秒,庭审不到 1 小时。作为一个重大职务犯罪案件、当事人不认罪、律师做无罪辩护的案件,广州中院未传唤被告人到庭,用远程视频且不公开的方式开庭审理,引起司法界和学界的广泛关注和质疑。

上述三位厅级官员的职务犯罪案件中,犯罪嫌疑人在诉讼或庭审中翻供,被指刑讯逼供,按理同步录音录像能充分证明刑讯逼供是否存在以及被告人翻供是否成立。但整个诉讼过程中,未见同步录音录像发挥应有的作用。同步录音录像原旨是规范侦查行为,遏制刑讯逼供。2012 年 3 月 9 日,全国人大常委会提交审议的关于《中华人民共和国刑事诉讼法修正案(草案)》的说明中指出了确立此制度的原因:"为从制度上防止刑讯逼供行为的发生,修正案草案增加了……在看守所内进行讯问和讯问过程的录音录像制度。"由此可见,实行讯问时同步录音录像,首要目标是解决刑讯逼供问题。但从实施情况看,同步录音录像不仅没有发挥遏制刑讯逼供的功效,反而成了公诉机关遏制翻供的"杀手锏"。司法实践中贿赂犯罪案件非法言词证据排除规则存在申请难、启动难、辩护难、认定难和排除难等问题。[2] 如 2010 年至 2015 年间,北京某基层检察院公诉部门共受理贿赂犯罪案件 161 件 190 人,在法庭审理中被告人提出无罪、罪轻辩解的案件共 25 件 35 人。其中被告人翻供的共 15 人,在侦查阶段的有 8 人、起诉阶段的有 5 人、审判阶段的有 2 人。但翻供对被告人定罪没有产生影响,却对被告人量刑产生了实质性影响,无法认定构成"如实供述"以及自首等法定从轻、减轻处罚情节。[3] 以 2014 年至 2016 年上半年温州市中级人民法院开庭审理的受贿犯罪上诉案件为例,案件共计 23 件 24 人,其中翻供率高达 95.8%,即 22 件 23 人均有不同程度的翻供,其中被告人提出侦查阶段认罪供述系侦查人员以刑讯逼供、威胁等非法手段获取的有 11 件 12 人。但最终没有一件被法院认定为非法证据而予以排除。[4] 正视同步录音录像的功能异化,加强矫正机制的完善,不论对于推进法治反腐还是强化人权保障,不无重要意义。

---

[1] 周群峰:《胡志强:省委书记之子官场浮沉》,载《中国新闻周刊》2019 年第 37 期。

[2] 胡嘉金:《贿赂案件非法言词证据排除实务研究》,法律出版社 2018 年版,第 35-66 页。

[3] 罗猛、邓超:《"贿赂犯罪证明模式研究"——以 5 年间 24 件无罪、罪轻辩解未得支持贿赂案为分析样本》,载《中国刑事法杂志》2016 年第 4 期。

[4] 温州市人民检察院课题组:《受贿案件被告人口供可采性研究——以二审受贿案件翻供为视角》,载《浙江检察》2016 年第 8 期。

二、同步录音录像的制度变迁

(一) 同步录音录像制度的初步确立

1998年5月14日公安部颁布的《公安机关办理刑事案件程序规定》第184条规定:"讯问犯罪嫌疑人,在文字记录的同时,可以根据需要录音、录像。"2005年12月1日,最高检通过《人民检察院讯问职务犯罪嫌疑人实行全程同步录音录像的规定(试行)》。最高检于2006年12月4日又印发了《人民检察院讯问全程同步录音录像技术工作流程(试行)》和《人民检察院讯问全程同步录音录像系统建设规范(试行)》,以保障此项工作规范运行。2007年3月9日,最高人民法院、最高人民检察院、公安部和司法部联合颁布的《关于进一步严格依法办案确保办理死刑案件质量的意见》第11条明确规定:"提讯在押的犯罪嫌疑人,应当在羁押犯罪嫌疑人的看守所内进行,严禁刑讯逼供或者以其他非法方法获取供述。讯问犯罪嫌疑人,在文字记录的同时,可以根据需要录音录像。"

(二) 同步录音录像制度的立法确立及完善

2012年修正后的《刑事诉讼法》第121条规定:"侦查人员在讯问犯罪嫌疑人的时候,可以对讯问过程进行录音或者录像;对于可能判处无期徒刑、死刑的案件或者其他重大犯罪案件,应当对讯问过程进行录音或者录像。"立法之所以肯定这一制度,其旨意在于:"这一制度的建立,进一步规范了侦查讯问工作,有利于保证讯问活动依法进行,保障犯罪嫌疑人的合法权利;也有利于固定和保存证据,防止被告人在庭审时翻供,甚至诬告办案人员刑讯逼供,对侦查人员自身也是一种保护。同时,这一规定也将为新设立的非法证据排除制度服务,提供讯问过程是否合法的证明材料。"[1]2012年12月26日,六部委联合颁布的《关于实施刑事诉讼法若干问题的规定》第19条规定:"侦查人员对讯问过程进行录音或者录像的,应当在讯问笔录中注明。人民检察院、人民法院可以根据需要调取讯问犯罪嫌疑人的录音或者录像,有关机关应当及时提供。"随后,中央政法委《关于切实防止冤假错案的规定》(中政委〔2013〕27号)第1条规定:"讯问犯罪嫌疑人、被告人,除情况紧急必须现场讯问外,应当在规定的办案场所进行;犯罪嫌疑人被送交看守所羁押后,讯问应当在看守所讯问室进行并全程同步录音或者录像。侦查机关不得以起赃、辨认等为由将犯罪嫌疑人提出看守所外进行讯问。"最高人民法院2013年10月9日《关于建立健全防范刑事冤假错案工作机制的意见》第8条规定:"采用刑讯逼供或者冻、饿、晒、烤、疲劳审讯等非法方法收集的被告人供述,应当排除。除情况紧急必须现场讯问以外,在规定的办案场所外讯问取得的供述,未依法对讯问进行全程录音录像取得的供述,以及不能排除以非法方法取得的供述,应当排除。"2014年5月26日,最高检颁布了修订后的《人民检察院讯问职务犯罪嫌疑人实行全程同步录音录像的规定》(以下简称《规定》)。2014年9月5日,公安部印发《公安机关讯问犯罪嫌疑人录音录像工作规定》。

---

[1] 郎胜主编:《中华人民共和国刑事诉讼法释义》,法律出版社2012年版,第285页。

两院三部 2017 年 6 月 20 日颁布的《关于办理刑事案件严格排除非法证据若干问题的规定》第 10 条规定:"侦查人员在讯问犯罪嫌疑人的时候,可以对讯问过程进行录音录像;对于可能判处无期徒刑、死刑的案件或者其他重大犯罪案件,应当对讯问过程进行录音录像。侦查人员应当告知犯罪嫌疑人对讯问过程录音录像,并在讯问笔录中写明。"第 11 条强调:"对讯问过程录音录像,应当不间断进行,保持完整性,不得选择性地录制,不得剪接、删改。" 2017 年 12 月 27 日,最高法发布的《人民法院办理刑事案件排除非法证据规程(试行)》中又对同步录音录像的使用、申请、效力等问题作出规定。如第 22 条规定:"法庭对证据收集的合法性进行调查的,应当重视对讯问录音录像的审查,重点审查以下内容:(一)讯问录音录像是否依法制作。对于可能判处无期徒刑、死刑的案件或者其他重大犯罪案件,是否对讯问过程进行录音录像并全部随案移送。(二)讯问录音录像是否完整。是否对每一次讯问过程录音录像,录音录像是否全程不间断进行,是否有选择性录制、剪接、删改等情形。(三)讯问录音录像是否同步制作。录音录像是否自讯问开始时制作,至犯罪嫌疑人核对讯问笔录、签字确认后完毕;讯问笔录记载的起止时间是否与讯问录音录像反映的起止时间一致。(四)讯问录音录像与讯问笔录的内容是否存在差异。对与定罪量刑有关的内容,讯问笔录记载的内容与讯问录音录像是否存在实质性差异,存在实质性差异的,以讯问录音录像为准。"

2018 年 3 月 20 日,全国人大通过《监察法》。《监察法》第 41 条规定:"调查人员采取讯问、询问、留置、搜查、调取、查封、扣押、勘验检查等调查措施,均应当依照规定出示证件,出具书面通知,由二人以上进行,形成笔录、报告等书面材料,并由相关人员签名、盖章。调查人员进行讯问以及搜查、查封、扣押等重要取证工作,应当对全过程进行录音录像,留存备查。"这意味着除了职务犯罪调查对象讯问全覆盖以外,还扩展到对重要取证工作、重要证人审查调查谈话等进行全程录音录像。此后,2019 年 1 月起实施的《中国共产党纪律检查机关监督执纪工作规则》和 2019 年 7 月发布的《监察机关监督执法工作规定》等,明确具体地规定了录音录像的程序要求和违反录音录像规范的程序性后果。

2018 年 10 月 26 日,新《刑事诉讼法》颁布实施。与 2012 年《刑事诉讼法》相比,在同步录音录像问题上新《刑事诉讼法》没有作出新的规定。最高检 2019 年 12 月 2 日公布的《人民检察院刑事诉讼规则》(2019 年 12 月 30 日起施行)第 181 条规定:"人民检察院对于直接受理案件的侦查,可以适用刑事诉讼法第二编第二章规定的各项侦查措施。刑事诉讼法规定进行侦查活动需要制作笔录的,应当制作笔录。必要时,可以对相关活动进行录音、录像。"第 190 条规定:"人民检察院办理直接受理侦查的案件,应当在每次讯问犯罪嫌疑人时,对讯问过程实行全程录音、录像,并在讯问笔录中注明。"第 187 条第 3 款强调:"讯问犯罪嫌疑人时,应当告知犯罪嫌疑人将对讯问进行全程同步录音、录像。告知情况应当在录音、录像中予以反映,并记明笔录。"

三、同步录音录像面临的制度困境

(一) 同步录音录像的性质不明确

实务界的同志认为,同步录音录像不应认定为证据,理由是:该制度设立初衷是为侦查机关规制讯问行为,特别是遏制刑讯逼供而打造的自律工具,最初目的是将其作为一种证据保存方式。讯问嫌疑人同步录音录像作为视听资料,所证实只是取证过程,而不是案件事实本身。"全程同步录音录像作为一种调查记录,不应当被看作法律意义上的视听资料,也不属于其他证据类型,不能直接作为案件的证据使用。"[1]"在现有法律框架内,讯问同步录音录像本身不能作为证明犯罪事实的证据,而以工作性资料对待是适宜的,出庭时,笔录仍是举证质证的法定证据,但当被告人或辩护律师对讯问笔录提出异议或提出讯问过程可能存在刑讯逼供时,录音录像可以作为证明证据合法性的证据使用。"[2]最高检法律政策研究室2014年1月27日《关于辩护人要求查阅、复制讯问录音、录像如何处理的答复》指出:"讯问犯罪嫌疑人录音、录像不是诉讼文书和证据材料,属于案卷材料之外的其他与案件有关的材料,辩护人未经许可,无权查阅、复制。"该答复被视为对这一观点的承认。

另一种观点认为:"无论从形式上看,还是从内容上看,讯问犯罪嫌疑人同步录音录像都属于刑事诉讼证据。"[3]最高法2013年9月22日《关于辩护律师能否复制侦查机关讯问录像问题的批复》指出:"根据《中华人民共和国刑事诉讼法》第38条和最高人民法院《关于适用〈中华人民共和国刑事诉讼法〉的解释》第47条的规定,自人民检察院对案件审查起诉之日起,辩护律师可以查阅、摘抄、复制案卷材料,但其中涉及国家秘密、个人隐私的,应严格履行保密义务。你院请示的案件,侦查机关对被告人的讯问录音录像已经作为证据材料向人民法院移送并已在庭审中播放,不属于依法不能公开的材料,在辩护律师提出要求复制有关录音录像的情况下,应当准许。"这表明最高法是认可讯问录音录像是证据材料的观点的。

即便认为同步录音录像是证据材料,对同步录音录像属于何种证据材料仍存在以下争议:第一种观点认为,讯问犯罪嫌疑人、被告人时制作的录音录像,是以其内容来证明案件真实情况的,属于言词证据。[4]第二种观点认为,从实体意义上看,讯问全程同步录音录像是一种固定保全证据的手段,从程序意义上看则属于视听资料证据。[5]这种观点得到理论界和实务界多数同志的肯定。第三种观点认为,全程同步录音录像所形成的视听资料,在证据性质上应当根据其反映的具体内容来确定:有关职务犯罪嫌疑人承认或者否认自己的犯罪事实的内容,属于犯罪嫌疑人的供述和辩解;如果犯罪嫌疑人有检举、揭发他人犯罪事实

---

[1] 寇桂琳:《准确认识全程同步录音录像的性质》,载《检察日报》2014年2月21日,第3版。

[2] 孙谦:《关于修改后刑事诉讼法执行情况的若干思考》,载《国家检察官学院学报》2015年第3期。

[3] 戴福:《讯问犯罪嫌疑人同步录音录像的证据地位与司法审查》,载《人民法院报》2014年1月2日,第6版。

[4] 陈奇敏:《讯问同步录音录像制度新探》,载《贵州警官职业学院学报》2006年第6期。

[5] 肖志勇、瞿伟:《讯问全程同步录音录像若干问题探讨》,载《中国刑事法杂志》2007年第3期。

的,则属于证人证言;如果侦查人员有刑讯逼供、暴力取证或者威胁、引诱、欺骗等其他非法方法取证的,同步录音录像又成为侦查人员是否构成刑讯逼供、暴力取证或非法取证的物证。[1] 正由于同步录音录像证据性质不明,其证据作用并没有得到最高检的充分肯定。

(二) 同步录音录像的证明效力不明确

在我国,诉讼中提交的证据是否具有证据能力取决于其是否符合法律的规定。现行《刑事诉讼法》并没有对同步录音录像的证据效力作出明文规定,导致这种证据是否具有证据能力、证明力有多大,大家认识并不一致。讯问全程同步录音录像与传统的记录固定方式存在着很大的差异。书面笔录不可能将犯罪嫌疑人所有陈述的内容都记录下来,如果书面笔录与同步录音录像中犯罪嫌疑人的口供存在差异或发生冲突,如何取舍?目前都没有相关的规定,检、法两家的认识也不一样。有的认为:"受到犯罪嫌疑人年龄、性别、文化水平、社会阅历、语言表达能力等因素的影响,其在讯问过程中的口头表达不一定充分体现其真实意思,录音录像的直观性也不一定代表全面客观性,因此,对于讯问笔录和录音录像资料当中出现的不一致,应该辩证地看待,不能简单以录音录像否定讯问笔录,应当根据上下语境,结合其他相关证据加以综合判断。"[2] 如山东省聊城市房管局局长潘洪才受贿、巨额财产来源不明一案,检察机关起诉指控,潘洪才共受贿1 028万元,另有600余万元家庭财产来源不明。开庭之后辩护律师发现同步审讯录像和笔录意思完全相左的地方多达几十处,对此本案检察员、山东省聊城市高唐县检察院副检察长郭吉顺说:"讯问全程同步录像主要用来防止办案人员刑讯逼供的,跟笔录具体内容没有什么关系。我们做笔录是根据案子的具体情况来做的。"[3]

(三) 同步录音录像的规范化不足

1. 选择性录音录像现象比较严重。调查(侦查)实践中,同步录制都是从进入审讯室、开始正式讯问后才开始的。而在正式讯问之前,与被调查人或犯罪嫌疑人的"沟通"过程,并不在同步录音录像范围之内。这就给刑讯逼供、威胁、引诱等非法讯问活动提供了有利的时空条件。被调查人、犯罪嫌疑人被传唤至办案机关后,已处于办案机关及办案人员的控制之下,办案人员有足够的时间、条件让其如实交代后,再送进审讯室,进而按办案意图完成同步录音录像。即使在录制过程出现不利于办案意图的内容,也可以重新录制。

2. 同步录音录像不随案移送。根据《规定》第13条规定,检察机关自侦案件移送审查逮捕、移送审查起诉时,应当将全程同步录音录像资料复制件连同案件材料一并移送审查。2012年11月22日最高检颁布的《人民检察院刑事诉讼规则(试行)》第73条第2款仍规定:"人民检察院直接受理立案侦查的案件,侦查部门移送审查逮捕、审查起诉时,应当将讯问录音、录像连同案卷材料一并移送审查。"但《规定》第13条第2款规定:"移送讯问录音、录像

---

[1] 杨新京:《职务犯罪讯问录音录像中的若干问题探析》,载《国家检察官学院学报》2009年第2期。
[2] 寇桂琳:《准确认识全程同步录音录像的性质》,载《检察日报》2014年2月21日,第3版。
[3] 余东明、姜东良:《当事人表述被篡改,聊城贪腐案惊现最牛"技巧笔录"》,载《法制日报》2009年12月17日。

资料复制件的,侦查监督部门审查结束后,应当将移送审查的讯问录音、录像资料复制件连同案卷材料一并送还侦查部门。公诉部门对移送的讯问录音、录像资料复制件应当妥善保管,案件终结后随案归档保存。"即《规定》并没有要求案件起诉后检察机关要向人民法院移送同步录音录像,司法实践中检察机关移送的仍然是犯罪嫌疑人的书面供述。全国人大常委会法工委对2012年六机关发布的《关于实施刑事诉讼法若干问题的规定》第19条解释称:"用于证明讯问合法性的录音录像不作为证明案件实体事实的证据,也就不必要每个案件都随案移送。"因为"从立法者的角度来看,录音录像资料仅是证明讯问合法性的资料,并非直接用于证明案件事实,全部随案移送并无必要,仅在当人民检察院、人民法院认为有需要调取讯问犯罪嫌疑人的录音或者录像时,有关机关才有及时提供的义务。"[1]由中央纪委、国家监委法规室编写的《〈中华人民共和国监察法〉释义》(以下简称《〈监察法〉释义》)。《〈监察法〉释义》对《监察法》第41条第2款规定的录音录像制度的解释称:"监察机关对调查过程的录音录像不随案移送检察机关。检察机关认为需要调取与指控犯罪有关并且需要对证据合法性进行审查的录音录像,可以同监察机关沟通协商后予以调取。"[2]2019年12月30日最高检颁布的《人民检察院刑事诉讼规则》第76条规定:"对于提起公诉的案件,被告人及其辩护人提出审前供述系非法取得,并提供相关线索或者材料的,人民检察院可以将讯问录音、录像连同案卷材料一并移送人民法院。"但由于该规定是"可以型"规范,在实践执行中就打折扣,甚至出现审判机关要求公诉机关移送同步录音录像,但公诉机关以"在案证据事实清楚,已不需要调取录音录像"为由,拒绝移送同步录音录像。[3]

(四) 同步录音录像中权利保护不力

目前,国家监委、检察机关实行的全程同步录音录像完全是一种权力型的调查(侦查)行为。调查(侦查)讯问中被调查人、犯罪嫌疑人对同步录音录像没有选择使用权,知情权也受到很大限制,签字确认权存在技术障碍,如同步录音录像后要经犯罪嫌疑人签字确认后才能当场封存,但如果录制时间已在6个小时以上,再让犯罪嫌疑人签字确认,势必造成传唤、拘传的时间超过12个小时,与《刑事诉讼法》的规定相冲突。这个问题如何解决?犯罪嫌疑人的签字确认权如何保障?目前尚无良策。此外,《规定》第15条关于"被告人或者辩护人对讯问活动提出异议的,或者被告人翻供的,或者被告人辩解因受刑讯逼供、威胁、引诱、欺骗等而供述的,公诉人应当提请审判长当庭播放讯问全程同步录音、录像资料,对有关异议或

---

[1] 卞建林、陶加培:《论监察法与刑事诉讼法衔接中录音录像制度》,载《中国刑事法杂志》2019年第3期。

[2] 中共中央纪律检查委员会、国家监委法规室:《〈中华人民共和国监察法〉释义》,中国方正出版社2018年版,第194页。

[3] 如中信银行原泉州分行行长李耀东被控受贿340万元,一审历经4次开庭。对于检方的大部分指控,李耀东表示不属实,称有罪供述是在侦查人员的胁迫下做出,请求调取侦查期间的录音录像。主审法官表示,曾向检察院发出调取录音录像证据材料的公函,检察院未予以移交。公诉人则认为,在案证据事实清楚,已不需要调取录音录像。参见王选辉:《中信银行原泉州分行行长受贿一审被判十年,不服判决已提上诉》,https://www.thepaper.cn/newsDetail_forward),访问时间:2019年10月13日。

者事实进行质证"的规定,因无保障性措施,导致该规定形同虚设。如"中国刑辩第一人"田文昌律师在办理浙江省慈溪市人民法院审理的一起涉嫌受贿的职务犯罪案件中,第一次开庭的前两天,在向法庭提交辩方证据时口头提出播放被告人提审讯问全部全程录音录像的申请要求,庭审及庭后再次向法庭提出申请。但公诉人认为,"法律也没有规定要求检察机关要把全程录音录像提交给法庭",最终使本案的全程录音录像无法在法庭上出示和播放。[1]

总之,从检察侦查实践看,"同步录音录像不仅没有发挥出预期功能,而且起到了'漂白'非法证据的反作用。正是在这个意义上,侦查讯问同步录音录像制度的运行,已经偏离了改革的初衷,异化为侦查机关掩盖刑讯逼供的巧妙手段"[2]。监察体制改革后,由于《监察法》明确规定同步录音录像只是"留存备查",职务犯罪案件中,要运用同步录音录像证明监察机关是否存在刑讯逼供问题就更加困难,前述三例就是典型的表现。

四、同步录音录像制度功能异化之矫正路径

(一) 明确同步录音录像的证据性质

1. 在一般情况下,同步录音录像属于犯罪嫌疑人的供述和辩解。犯罪嫌疑人的供述是《刑事诉讼法》规定的八种证据形式之一,立法并没有限制规定嫌疑人供述的物质载体及表现形式。当同步录音录像用于固定讯问口供或证人证言时,其证据形式属于"犯罪嫌疑人、被告人供述和辩解""证人证言"。全程同步讯问录音录像实际上是"犯罪嫌疑人、被告人供述和辩解""证人证言"的录音录像,其本质内容仍然是犯罪嫌疑人、被告人的供述和辩解或证人证言。这种讯问(询问)录音录像资料所起的作用,与讯问(询问)笔录的作用是一致的,录音录像和笔录一样仅仅是一种载体。所以,在一般意义上,同步录音录像是与讯问笔录、书面供词并列的又一种犯罪嫌疑人供述和辩解的表现形式。作为一种固定讯问结果的方法,讯问犯罪嫌疑人同步制作的录音录像,无非是通过这种载体将犯罪嫌疑人的口供加以固定。讯问全程同步录音录像是一种区别于笔录固定言词证据的方法,其证据类型不会因固定方式、载体的不同而发生根本性的变化。

根据我国法定的证据分类,从一般意义上说,同步录音录像不是视听资料。视听资料是指通过录音、录像、电子计算机及其他电磁方式记录储存的信息来证明有关事实的资料。作为法定证据之一,视听资料记录的是待证事实。作为案件发生过程中形成的视听资料,可以准确地再现案件发生时的情景,如录音可以逼真地反映案件发生时的声音,能准确无误地反复重述原来的声音,录像能反复再现案件发生时当事人的形象和活动情况等。同步录音录像证据与视听资料证据所记载的内容与待证事实的关系是不同的:一是记录的时间不同。视听资料证据记载的是待证事实发生时的情况,人们可以通过音像证据直接了解有关情况,

---

[1] 杜萌:《职务犯罪案如何提交全程同步录音录像》,载《法制日报》2010年7月7日,第4版。
[2] 毛立新:《侦查讯问录音录像制度缘何异化》,载《财经》2014年第14期。

如根据实施犯罪当时在现场进行的录音、录像,人们可以直接了解犯罪的过程、与犯罪有关的人和物的情况。同步录音录像资料记载的是待证事实发生后有关物品、场所的状况及言词情况,人们只能根据这些状况表述推断或间接地了解事件发生时的情况。二是手段不同。视听资料可以是为证明某一事实的目的而有意识记录的,也可能是在记录其他内容时无意地录下有证明意义的内容。而同步录音录像资料是在侦查过程中,侦查人员完全有意识地采用技术手段制作的音像资料。三是作用不同。视听资料记载的是案件发生时的真实情况,一般不具有可变性。同步录音录像是对侦查办案过程的一种记载手段,其本质是追求侦查程序的合法性,其记载和反映的实体内容具有可变性。

2. 在特殊情况下,同步录音录像是一种视听资料。所谓特殊情况下,是指当全程同步录音录像用于证明侦查程序的合法性时,其证据形式应为视听资料。讯问全程同步录音录像具有证明侦查讯问程序正当的作用,能够证明侦查人员的讯问手段是否规范合法。由于讯问全程同步录音录像再现了全程讯问过程,不仅记录下了犯罪嫌疑人供述的内容,而且记录下了讯问人与被讯问人的语言语调或神态等供述时的客观情况,为法庭提供了侦查讯问时的完整全貌,如口供是否真实,是否是在自愿的情况下供述,是否存在刑讯逼供、指供、诱供等,从而给法官内心确定口供的真实性提供有力的证据。

(二) 明确同步录音录像的证明效力,确立同步录音录像最佳证据规则

全程同步录音录像对于规范监察机关、检察机关的调查、侦查行为、证据固定具有不可替代的作用,其所形成的音像资料,因其固有的客观记录性、真实再现性而具有其他证据所不可替代的证明力。当它作为证据使用时,应当比侦查人员所归纳整理的侦查笔录具有更高的证明力。录音录像中的内容与讯问笔录不一致有多种成因:① 为保持讯问笔录简洁而进行删减;② 记录人员不自觉的有罪认定倾向;③ 记录人员主观理解错误或有偏差;④ 为不予收集证明被调查人无罪、罪轻的内容而未记录相应部分等。不论出于何种原因,在不一致情形出现时应坚决采用录音录像所反映的内容。录音录像本身就是对讯问过程的一种监督,就是为了减少因讯问不透明导致调查机关对案件信息的垄断,加强对被调查人的合法权益保护。从司法实践看,由于口头语言与笔录书面语言存在着差异,讯问笔录难以做到与同步录音录像完全相符。在对讯问活动只进行书面记录时,由于只对讯问的内容进行记录,对于侦查人员采取刑讯逼供或者威胁、引诱、欺骗等非法讯问手段的情况,不可能作出记录,从而给侦查人员采取刑讯逼供等非法的手段打开方便之门。对讯问的过程实施同步录音录像后,客观记录和再现了讯问的全部过程,真实地反映了讯问中双方活动的完整过程,不仅能够重现犯罪嫌疑人在讯问当时的精神状态和身体状况,而且还能对侦查人员的讯问语言、方式进行固定并能在事后的诉讼中重现,无论是讯问气氛、双方神态、言语声调等等细节,都可以综合判断讯问过程中每一时刻的特定情景。如果侦查人员的讯问笔录与讯问同步录音录像不符的,应当否定的是讯问笔录的证明力。

我国台湾地区相关规定第100条之一第2项明确规定:"若笔录与录音内容不符,其不符部分,不得为证据。"且我国《人民法院办理刑事案件排除非法证据规程(试行)》第22条第4项明确规定:"讯问录音录像与讯问笔录的内容是否存在差异。对与定罪量刑有关的内容,讯问笔录记载的内容与讯问录音录像是否存在实质性差异,存在实质性差异的,以讯问录音录像为准。"国家花费巨资,投入大量人力、物力而建立起来的全程同步录音录像系统最终是为刑事审判、为案件事实的认定服务的。如果该制度仅仅是为监察官、检察官"洗冤"服务,那显然偏离了设置该制度的初衷。既然全程同步录音录像属于犯罪嫌疑人的供述和辩解或视听资料,它是一种比讯问笔录更真实、证明力更强的证据形式,那么,监察机关、检察机关就应当将全程同步录音录像随案移送,并直接在法庭上出示、播放、质证。

(三)推进同步录音录像的规范化

1. 限制讯问地点。修改《规定》中的弹性规定,明确讯问在押犯罪嫌疑人,应当在看守所进行。在人民检察院讯问未羁押的犯罪嫌疑人的,应当在检察院讯问室进行。为了确保录音录像工作的中立性、可靠性,犯罪嫌疑人在押的,录音录像应当由看守所负责,实现侦录分离。

2. 重新界定"全程同步"的含义。监察机关、检察机关在调查、侦查职务犯罪过程中,从被讯问人进入监察机关、检察机关起至离开,对被讯问人实施的每次讯问都应实行全程同步录音录像。所谓全程,是指所有讯问活动都必须有录音录像,讯问地点也不限于办案机关或其审讯室,时间也不限于正式讯问开始后,无论是在现场、途中或"留置点",凡讯必录。录音录像资料要与讯问笔录时间、内容相呼应,从而在时间、空间上实现真正全程"无缝式"客观记录。为确保证据来源合法性并有效固定证据,还可以将讯问被调查人或犯罪嫌疑人实行全程同步录音录像的做法"向前"延伸,要求监察人员和侦查人员在接触被调查对象时就实行同步录音录像,将初核中的调查询问也置于监控之中,防止办案人员在立案之前对被调查对象变相体罚以及出现不文明办案、粗暴执法等情况,以有效规范办案人员的执法行为。

3. 同步录音录像资料的保存。为保证同步录音录像形成的录音录像带母带不必要的磨损,应当同时制作两份,一份作为母带,由录音录像技术人员封存后转交档案管理人员管理,另一份作为证据(以复制件形式保存的录像可以考虑制作为VCD光盘形式以便于使用、保存),日常使用。对母带进行专门管理,是由于母带的保管不仅仅是一个保管问题,而且是一个如何通过严格程序对刑事证据的原始性加以保护的问题,所以,母带不宜由侦查人员自行保管,而应当在制作复制件后,由录音录像技术人员转交侦查机关中的档案管理人员长期保管。在这种保管形式下,当审查起诉和审判阶段对录音录像资料复制件的真实性产生争议时,侦查机关所出示的母带由于其保管程序的完善,可以使母带的证明力不受其他因素的影响。

4. 录音录像资料原则上应当随案移送。有的学者认为,监察机关在职务犯罪调查中,"录音录像在现阶段主要作为自律手段和防范措施,而不是定案的证据资料,因此,规定录音录像资料不随案移送具有正当性和合理性。从刑事诉讼的视角看,普通刑事案件法律尚未要求录音录像资料随案移送,那么对于职务犯罪案件,同样不随案移送录音录像资料是可以理解的"[1]。笔者不同意这一意见。在监察调查程序中讯问、搜查、查封、扣押等重要取证工作获取证据材料合法性的判断最有效的依据是同步录音录像资料,也是国家设立同步录音录像制度的目的之所在。录音录像资料仅监察机关内部"留存备查",不利于加强对监察机关的监督和制约。除案件本身涉及国家秘密外,所有录音录像资料原则上都要随案移送。

(四)加强同步录音录像中的权利保护

1. 明确赋予侦查讯问中犯罪嫌疑人对录音录像的选择使用权。实务界的同志认为:"讯问全程同步录音录像是侦查行为的组成部分,具有职权性和一定的强制性,为了维护社会公共利益和社会秩序,犯罪嫌疑人对是否实行全程同步录音录像只能有知情权,而不具有选择权。不能因为犯罪嫌疑人不同意而不实施全程录音、录像。"[2]笔者认为,为了加强对犯罪嫌疑人合法权益的保护,应当赋予侦查讯问中犯罪嫌疑人对录音录像的选择使用权。1985年加拿大安大略省哈尔顿地区柏林顿警察署规定:"嫌疑人一进入警察署,就被告知会见的过程将被同步录像。如果嫌疑人拒绝录像,录像将被停止,但嫌疑人的拒绝则被录像记录。如果嫌疑人同意录像,录像则马上开始并且整个讯问过程都被录像记录。"为了保证权利义务的一致性,如果犯罪嫌疑人拒绝录音录像,在此后的法庭审理中就丧失了以侦查手段不合法的理由来对抗指控的权利。

2. 切实保障犯罪嫌疑人对录音录像的签字确认权。《刑事诉讼法》第122条规定,讯问笔录应当交犯罪嫌疑人核对、签名。对犯罪嫌疑人在签字确认前要求审阅核对同步录音录像的,检察机关应当同意。对于审阅核对中存在的问题,如全程同步录音录像最长可达10多个小时,如果其要求审阅核对的,其审阅核对的时间可以不包括在法定的讯问时间内。当然,司法实践中,一些地区的检察技术人员针对这一问题想出了一些较好的办法,在实行全程同步录音录像过程中,再提供一个显示屏供犯罪嫌疑人观看。这样,犯罪嫌疑人在接受讯问的同时,可以看到讯问的同步画面和场景,使接受讯问和审阅核实同时进行。使用这一方法,在讯问结束后,犯罪嫌疑人在签字确认前不再要求对同步录音录像审阅核实。

3. 增设被告人及其辩护人申请排除非法证据的同时,依法享有申请司法机关调取有关录音录像的权利。辩护律师有权观看和复制同步录音录像的规定。加拿大在实施录像制度时就规定:"在警署内有专门的警官负责羁押的安全和录像的继续以及设备的保管,以帮助录像的顺利进行。在法庭和检察官办公室配有专门的设备重播录像,以减少录像带的重录。辩护律师被鼓励在法庭或在警署观看录像,如果要求复制,则在支付空白录像带费用后可获得复制的录像带。"《关于办理刑事案件严格排除非法证据若干问题的规定》第22条规定,犯罪嫌疑人、被告人及其辩护人拥有向人民法院、人民检察院申请调取公安机关、国家安全机关、人民检察院收集但未提交的录音录像资料的权利。这一规定,既有利于提升有效辩护能力,又有利于对犯罪嫌疑人、被告人的权利保障,也有利于排除非法证据规则的落实。

---

[1] 卞建林、陶加培:《论监察法与刑事诉讼法衔接中录音录像制度》,载《中国刑事法杂志》2019年第3期。

[2] 阿儒汗:《论讯问全程同步录音录像制度的建构》,载《人民检察》2006年第6期。

(五) 进一步推进同步录音录像制度的立法化

立法不明确是全程同步录音录像面临困境和存在诸多问题的主要原因之一。从世界范围来看,英国《1984年警察与刑事证据法》第60条规定:内务大臣应当制定"关于警察局中的警官对涉嫌犯罪的人的会谈内容进行录音问题的行为守则;并且发布命令要求警察局中的警官对涉嫌实施犯罪的人或有关命令里载明的涉嫌知悉犯罪的人的会谈内容或对进行录音的行为符合当时有效的行为守则的规定",从而拉开了英国对侦查讯问实施同步录音的序幕。近年,英国警察机关根据《录音实施法修正案》的规定,在进行讯问时,除了必须同时制作两盘录音带外,有条件的还要同时制作两盘录像带。据了解,从1999年开始,英国所有的警察机关在进行讯问时,必须同时录音、录像。2002年7月1日生效的《俄罗斯联邦刑事诉讼法典》第189条第4款也规定,在询问过程中,由侦查员主动提出或根据被询问人的请求可以进行拍照、录音和(或)摄像、电影拍照,照片、录音和(或)录像、电影胶片等,材料应归入案卷并在侦查结束后封存。美国、加拿大、澳大利亚等均以法律的形式对侦查讯问录音录像制度予以规定。

为了提升讯问犯罪嫌疑人全程同步录音录像制度的法律地位,有必要在《监察法》《刑事诉讼法》中对有关讯问犯罪嫌疑人部分进行进一步修订,明确监察机关、侦查机关进行同步录音录像的范围,并在相关条文中对同步录音录像的证据性质、证明效力等重要问题作出规定,从而使全程同步录音录像成为侦查讯问程序正当性的保障制度。同时,最高司法机关应当会同有关部门对同步录音录像的相关问题作出较为全面的规定,特别是监、检、法应尽快协商一致,作出统一规定,以免在实践中出现分歧而又无据可依。

结　　语

职务犯罪同步录音录像制度出台已15年,并已得到国家基本法的肯定。但原本作为"从根本上杜绝刑讯逼供等违法办案现象"的制度并未发挥应有的功能,同步录音录像"不仅没有成为遏制刑讯逼供的利器,反而成为检察机关掩盖刑讯逼供的工具",制度功能被严重异化。一项轰轰烈烈出台,且财政耗资巨大的司法工程却收效甚微,乃至走向了制度的反面。如何使"纸面上的法律"(law in paper)变为"行动中的法律"(law in action),仍是我国法治建设中的重大难题。诚如知名刑辩律师毛立新所说的:"侦查讯问同步录音录像制度不是'灵丹妙药',单纯指望它,并不能完全解决刑讯逼供问题。最终,防范和遏制刑讯逼供,要靠司法改革的整体推进,靠中国法治的整体进步。"[1]笔者深以为然。虽然现代技术的进步,使同步录音录像的普及不再困难,但刑讯逼供的有效治理,人权保障理念的树立和独立司法体制的建立才是关键。没有现代法治理念和司法体制的重塑,现代技术的进步和运用完全有可能出现"播下的是龙种,收获的却是跳蚤"的现象,引人深思。刑讯逼供顽疾的治理尚需另辟蹊径和良策。

---

[1] 毛立新:《侦查讯问录音录像制度缘何异化》,载《财经》2014年第14期。

监检衔接之互涉、介入、证据机制的梳理与重构

戚 翔 解传光[*]

摘 要：《刑事诉讼法》修改后，监察调查与刑事诉讼的衔接机制得到了进一步完善，但是职务犯罪公诉工作仍然面临着诸多问题，例如，如何区分监检互涉案件的管辖，能否及如何做好提前介入，如何做好非法监察证据排除等。应进一步加强监检互涉案件的衔接程序立法、增设特别立案程序、明确监察非法证据排除规则等，重构监检衔接模块，实现监检两机关的优势互补。

关键词： 衔接 互涉 介入 证据

随着国家监察体制改革的推进，2018年新修改的《刑事诉讼法》将职务犯罪侦查权转隶给监察委员会的同时，保留了检察机关的一部分自侦权，在司法实践中势必出现两个领域的检监互涉案件。监检衔接问题是目前理论界和实务界关注的热点问题，同时也是一个难点问题。有学者指出，监察委与司法机关之间实现合理有效的协调衔接并非易事，困难之一在于监察委的设立完全是一种"体制创新"，其与司法的衔接是过去未曾遇到的新课题。所谓监检衔接，是指监察机关对职务犯罪的调查活动与检察机关相应的审查起诉活动之间的对接。本文试图对检察机关与监察机关之间的关联案件管辖、提前介入、证据排除等问题作进一步探讨。

一、监检衔接的属性和原则

（一）法律属性

首先，应当明确的是，监察委员会是监察机关，监察权是不同于立法权、行政权和司法权的一种全新的国家权力形态。随着《宪法》的修改和《监察法》的出台，监察机关和监察权作为新生事物，对我国传统理论构成了巨大的冲击。正如学者所言，与纪委合署办公的监察委员会集党纪检查、行政监察和犯罪调查三种权力于一身，已经超出传统理论所能提供的解释框架，对国家机关的权力属性提出了新的理论挑战。依笔者之见，我们应当摆脱西方"三权分立"学说的影响，从历史和现实出发准确把握监察委和监察权的法律属性。实际上，我国当前的国家监察制度兼具传统性和现代性：既是对古代传统监察制度的传承和发展，也是

---

[*] 戚翔：男，江苏省徐州经济技术开发区人民检察院第三检察部员额检察官；解传光：男，江苏省徐州经济技术开发区人民检察院党组成员，第三检察部主任。

推进国家治理体系和治理能力现代化的重要举措。早在我国古代诸法合体、行政与司法合一的背景下,监察领域便已实现了机构、人员和权力的相对独立。在当前构建集中统一、权威高效的国家监察体制的背景下,监察委和监察权的独立性更应该得到进一步的彰显。《宪法》第 123 条规定:"中华人民共和国各级监察委员会是国家的监察机关。"这是对监察委的性质所作的非常明确和清晰的界定。据此,监察权是一种新型的国家权力,它既非行政权,也非司法权。

其次,监察和司法是两个不同的领域,受不同的部门法调整。监察与司法不仅在主体、职能和法律依据等方面有所不同,还在领导体制上存在显著的差异。从领导体制来看,监察委员会通过同级纪委接受同级党委和上级纪委监委的领导,而法院或者检察院则通过同级党委政法委接受同级党委的领导并接受上级法院或检察院的监督或领导。另外,从法律条文的表述来看,《宪法》和《监察法》将监察机关与审判机关、检察机关、执法部门之间的关系界定为"互相配合"与"互相制约",而《刑事诉讼法》却将公检法之间的关系界定为"分工负责,互相配合,互相制约"。之所以监察机关与司法机关之间不存在"分工负责"的问题,就是因为它们分属不同的领域。而司法领域内部的各机关之间则需要依照《刑事诉讼法》的规定进行分工协作。

再次,检察机关无权对监察调查活动实施法律监督。有的学者认为,《宪法修正案》并未改变检察机关的法律监督地位,检察机关依然是法律监督机关,而监察委作为监察机关,其调查措施的适法性当然也属于检察机关的监督内容之一。但是,也有学者指出,尽管从监察体制改革过程中一系列学术讨论来看,监督模式是一种主要观点,但在监察机关与检察机关的关系方面,就理念、立法和实践而言,监督模式似乎并未获得认可。笔者认为,正如上文所述,监察与司法分属于不同的领域,监察委和检察院行使职权的法律依据以及领导体制各不相同,由检察院对监察委行使监督权显然于理不通。由以上分析可见,监检衔接是两个不同性质的国家机关在办理案件上的对接,其宗旨是在监察与司法这两个不同领域之间建立顺畅的案件流转机制。换言之,监察委移送审查起诉是案件进入司法程序的"入口"。在这个意义上说,监检衔接是监察与司法衔接的核心。监察与司法的有效衔接,主要是纪检监察机关调查职务犯罪与检察机关审查起诉的有效对接。

(二) 基本原则

在国家监察体制改革之前,检察机关一并负责对职务犯罪的侦查和起诉,侦诉衔接发生在检察机关内部,协调侦诉关系的依据是《刑事诉讼法》。而在国家监察体制改革之后,不仅对职务犯罪的调查权转由监察机关行使,而且监察调查和审查起诉分别受不同的部门法调整。值得注意的是,《监察法》与《刑事诉讼法》在理念上存在着重大的差异。《监察法》强调"集中统一、权威高效",而《刑事诉讼法》则坚持惩罚犯罪与保障人权相结合、实体公正与程序公正并重、公正优先兼顾效率。据此,监检衔接应遵循明确角色、恪守边界、相互配合、相互制约的四项原则。

二、监检衔接机制面临的若干困境

(一) 监检互涉案件的管辖模糊

在 2012 年最高人民法院、最高人民检察院、公安部、国家安全部、司法部、全国人大常委会法制工作委员会《关于实施刑事诉讼法若干问题的规定》中确定了互涉案件"主罪为主 + 相互配合"的处理原则,而在 2018 年最高人民检察院发布的《关于人民检察院立案侦查司法工作人员相关职务犯罪案件若干问题的规定》(以下简称《侦查规定》)中对监检互涉案件采取的是"更为适宜 + 协商一致"管辖处理原则。而《监察法》确定的是"监察为主"的处理原则。三者对互涉案件的处理原则都存在微妙的差异。《侦查规定》是《监察法》后出台的规定,有学者提出监察机关的这种互涉案件处理原则会导致检察机关作为法律监督机关权威丧失,对司法公正也存在一定的影响甚至损害,也有些学者提出《侦查规定》中所确定的监检互涉案件的处理原则,是对《监察法》中所规定的处理原则的一种补充性规定。笔者认为,这种监检互涉案件处理原则的差异可能会导致实践处理时无所适从,造成司法资源的浪费、工作机制的低效化等一系列问题。

通过对监检互涉案件的立法进行分析发现,无论是检察方面还是监察方面的立法,都仅在互涉案件的立案前,对于立案管辖上的基础性处理原则进行了规定,对于在立案后刑事诉讼的不同阶段的程序衔接如何处理,并没有相关规定。首先,按照互涉案件处理原则进行立案后,程序如何进行衔接没有进行具体的规范。根据互涉案件立案管辖处理原则将案件进行分别立案或并案管辖后,后续程序如何适用;在调查终结或者侦查终结后,在后续诉讼阶段程序如何进行衔接,立法只有原则性规定,缺乏可操作性。其次,在行政公益诉讼中对于互涉案件如何进行处理的问题,立法上虽然确定了检察机关在履行职能过程中发现可以由监察立案调查的案件,应当将线索移送至监察机关,但是对于程序如何衔接,如何协同办案,立法上缺乏具体规定。

(二) 提前介入的实践、法理困境

对监察委员会调查案件的提前介入,是指检察机关针对监察委员会立案调查的刑事案件,应监察委员会的邀请,派员提前介入调查,对案件定性、证据收集、事实认定、法律适用、案件管辖等提出意见和建议,以保证案件顺利进入起诉阶段。

2018 年 4 月,国家监察委与最高检联合发布了《办理职务犯罪案件工作衔接办法》(以下简称《衔接办法》),各地分别出台了相应政策,做了大量实践探索。从这些实践探索的情况来看,检察机关提前介入机制本质上是由监察机关主导、检察机关参与的重大案件决策咨询机制。首先,监察机关掌握是否启动的决定权,检察机关只能应邀参与;其次,提前介入的时间点是案件进入审理阶段,这意味着调查工作已经完成,需要作出是否移送审查起诉的决定;再次,将适用范围限定为"重大、疑难、复杂案件"表明提前介入不宜常态化;最后,检察机关提出的意见由监察机关案件审理部门负责审核处理,对监察机关并无约束力。

提前介入存在法理上的障碍。首先,检察机关提前介入不符合监察法学的基本原理。

目前检察机关提前介入监察调查的做法在很大程度上是简单套用检察机关对侦查活动提前介入的实践经验。其次,提前介入违背"法无授权不可为"的公法原则。目前实务部门将检察机关提前介入环节定性为审查起诉的前置程序。然而,根据《刑事诉讼法》的规定,检察机关在移送起诉后方可行使审查起诉权。

(三)在司法实践中,检察机关对监察证据适用非法证据排除规则还存在不少困惑,不敢排除、不愿排除的观念浓重

1. 检察机关排除非法监察证据无明确的法律依据。虽然《监察法》第33条第3款规定:"以非法方法收集的证据应当依法予以排除,不得作为案件处置的依据。"但是该款只为监察机关自我排除非法证据提供了法律依据,不能作为司法机关在刑事诉讼中排除非法监察证据的依据。同时,修改后的《刑事诉讼法》也没有排除非法监察证据的明确规定,未将"被调查人供述"列入非法证据排除规则的适用对象。

2. 排除非法监察证据无明确的排除细则。《监察法》中并没有提出在《刑事诉讼法》中作为非法证据排除主要对象的"刑讯逼供"一词,但在《监察法》第33条第2款中有如下规定:"监察机关在收集、固定、审查、运用证据时,应当与刑事审判关于证据的要求和标准相一致。"这样是否就可以将《监察法》第40条所表述的情形理解为"刑讯逼供",需要进一步明确。

三、监检衔接存在问题的对策重构

(一)对监检互涉案件处理机制的完善建议

1. 加强对监检互涉案件衔接程序的立法

根据监检互涉案件的特性来制定相关的监察法规。《全国人民代表大会常务委员会关于国家监察委员会制定监察法规的决定》中明确指出,国家监察委员会可以为履行领导地方各级监察委员会工作的职责需要制定监察法规。同时,可通过最高检对监检互涉案件中的处理机制颁布进一步的详细规定。对于监检互涉案件从立法上进行规范和完善,在程序上强化两机关之间协同配合,有利于强化反腐机制的效能,实现整体联动。

2. 构建监检互涉案件线索双向移送机制

检察机关与监察机关之间可以利用信息化平台建立监检案件线索双向移送机制。在这种机制下,监检双方不仅能随时了解互涉案件的侦查、调查或诉讼进度,了解在诉讼中所发现的互涉案件线索,而且能在很大程度上让共同办理的互涉案件的双方进度保持一致性,让互涉案件办理更具有流畅性、协同性。检察机关和监察机关同时也能通过案件线索双向移送机制,相互监督,相互促进。检察机关在行政公益诉讼中发现行政机关公职人员职务犯罪的线索,或者监察机关在办理职务违法犯罪案件中发现行政机关违法履职的线索也可实现双向移送。

3. 构建监检互涉案件立案管辖协商机制

监检互涉案件的处理坚持"更为适宜+协商一致"原则,建立互涉案件管辖冲突协商机制。监察委在立案调查时发现被调查人涉及人民检察院立案侦查司法工作人员的罪名时，一般应由监察委员会为主调查，人民检察院不得再单独立案并予以协助；人民检察院立案侦查时发现司法工作人员涉嫌监察委员会管辖的职务违法犯罪线索的，应及时与监察委员会沟通，一般应由监察委员会为主调查，人民检察院予以协助，特殊情况以适宜为原则，可由监察委并案管辖或者监检分别立案调查、侦查。笔者认为，人民检察院保留的自侦案件的管辖权不具有唯一性，因此，对于其发现的立案管辖冲突的案件，人民检察院应主动与监察委员会沟通协商，由监察委员会统筹，在充分听取双方意见的基础上，应采取哪种处理方式以监察委员会的意见为主。

4. 构建监检互涉案件办案进度协同机制

监检互涉案件在分案处理的情形下，监察委员会与人民检察院分别立案调查和立案侦查，为确保案件侦办效率，应由监察机关统筹，可以在办案过程中采取"去函"或者提请检察机关提前介入等方式，确保调查和侦查工作同步推进。在采取强制措施方面，留置措施和刑事强制措施不能同时采用，对被调查人采取留置措施的不得再适用刑事强制措施。监察委员会和人民检察院分别对各自职务犯罪的事实部分负责调查、侦查，移送审查起诉之前，双方应协同进度，同步分别移送审查起诉，由公诉部门并案起诉。在审查起诉阶段发现互涉案件线索或事实的，以补充调查或补充侦查的方式实现同步起诉。在审判阶段发现互涉案件线索或事实的，应中止审理，经补充调查或侦查后由检察机关补充起诉。

（二）提前介入衔接机制的完善建议

1. 增设刑事立案特别程序

在监察程序与司法程序之间设置"特别立案程序"，可以使审查起诉的启动更加规范，使刑事诉讼程序更加完整。这是因为，从目前职务犯罪案件办理程序来看，刑事诉讼始于检察机关对监察委移送案件的审查起诉。通说认为，"立案作为刑事诉讼开始的标志，是每一个刑事案件都必须经过的法定阶段，并且这一诉讼阶段具有相对独立性和特定的诉讼任务。立案阶段的任务，概而言之就是决定是否开始刑事诉讼程序"。否则，在司法机关尚未决定立案的情况下，监察案件自动转化为刑事案件，被调查人自动转变为犯罪嫌疑人，这在法学理论上很难得到圆满的解释。

2. 实现留置与强制措施的无缝衔接

首先，将"审查决定强制措施"纳入特别立案程序有助于真正实现留置与强制措施的无缝衔接。其次，将"审查决定强制措施"纳入特别立案程序还可以克服目前"先行拘留"制度存在的诸多问题。再次，将"审查决定强制措施"纳入特别立案程序，可以让审查起诉程序变得"名副其实"。此外，"特别立案程序"的确立还可以解决退回补充调查期间的强制措施适用以及辩护人参与的难题。

3. 完善监察机关内部提前介入机制

除了上文提到的替代性解决方案，探索和完善监察机关内部提前介入机制也是一个可行的思路。目前实践中已经开始了这方面的探索。《衔接办法》第5条规定："调查取证工作基本结束，已经查清涉嫌职务犯罪主要事实并提出倾向性意见，但存在重大、疑难、复杂问题等情形的,案件审理室可以提前介入审理。需提前介入审理的,调查部门应在正式移送审理 10 日前提出,与案件审理室沟通,并报双方分管领导批准后实施。调查部门应将相关情况及时告知案件监督管理室。"笔者认为,由监察委内部的案件审理部门提前介入审查调查部门的调查取证工作,不仅是可行的,而且是必要的。

(三)监察证据适用非法排除的难题破解

1. 修改《刑事诉讼法》,明确非法证据排除规则对监察证据的适用效力。明确将被调查人供述这一证据类型纳入非法证据排除的范围,将"调查人员"纳入《刑事诉讼法》第 57 条,与侦查人员并列。明确统一《刑事诉讼法》与《监察法》中关于非法取证手段的表述,《刑事诉讼法》中规定的"刑讯逼供"应当涵盖《监察法》中所表述的"严禁侮辱、打骂、虐待、体罚或者变相体罚"各类非法取证手段。

2. 完善关于办理刑事案件严格排除非法证据的相关规定。根据《监察法》第 33 条第 2 款,监察机关对于证据的审查认定标准依附于刑事审判中关于证据的审查认定标准。因此,非法监察证据的排除也应当遵循《刑事诉讼法》及两高、司法部联合出台的《关于办理刑事案件严格排除非法证据若干问题的规定》等相关司法解释。建议尽快修订完善相关法律法规和司法解释,进一步细化非法监察证据的排除规则。

3. 建立录音录像随案移送制度。《监察法》第 41 条第 2 款规定了录音录像留存备查制度。但当前录音录像只能在监察机关内部发挥一定作用,在后续的司法程序中缺乏非法证据排除的有效手段。为了实现全程录音录像对监察调查行为的有效监督,保障证据审查的实质性,可以在监察程序内建立录音录像备查制度。将其中一份录音录像记录随案移送至检察机关以供审核,从而解决监察证据外部监督的信息来源渠道不畅问题。

监检衔接视野下自行补充侦查问题研究

杨雪松　郑　莉　张　薇*

摘　要：根据《刑事诉讼法》第170条的规定，自行补充侦查是针对监察机关移送案件的一项检察权。虽然《刑事诉讼法》赋予了检察机关自行补充侦查权，但由于实务界对于该权力的性质、定位、价值仍存在一定分歧，且法规层面缺乏细化的指引等原因，自行补充侦查的适用比例较低。如何在职务犯罪案件中运用好自行补充侦查权，与监察机关协作配合，形成反腐合力，是检察机关亟待解决的问题。笔者认为，自行补充侦查权作为侦查权，与监察机关的调查权是补充关系，检察机关应基于该认识，对自行补充侦查制度予以完善、细化，从而更加积极、稳妥地在职务犯罪案件中履行好诉讼主导职责。

关键词：监检衔接　职务犯罪　自行补充侦查

《刑事诉讼法》第170条规定："人民检察院对监察机关移送起诉的案件，依照本法和监察法的有关规定进行审查。人民检察院经审查，认为需要补充核实的，应当退回监察机关补充调查，必要时可以进行自行补充侦查。"该条文是检察机关自行补充侦查的授权来源。而在司法实践中，如何开展自行补充侦查却存在一定困惑，本文拟从自行补充侦查权的实践应用、属性、价值着手，对检察机关自行补充侦查制度的完善做一些粗浅的探讨，以求对监察调查与检察公诉衔接机制的进一步完善有所裨益。

一、自行补充侦查权的实践应用

【案例一】 Z市监察委于2020年2月向Z市检察院移送起诉被告人薛某贪污、受贿案件，起诉意见书认定：2014年2月至2018年10月间，被告人薛某在担任某进出口有限公司总经理（系国家工作人员）期间，利用其选择确定国内供应商、采购价格，决定涤纶丝原料使用单位、受票方及货款结算的职务之便，采用让业务单位虚开成品发票、虚增业务单位成品发票金额等方式，先后利用业务单位某A纺织品有限公司等公司套取某进出口公司多支付的货款共计人民币1281.448357万元；被告人薛某还利用分管负责公司家用纺织品贸易经营管理工作的职务之便，违反国家规定，先后多次收受业务单位某A纺织品有限公司及某B纺织品有限公司所送的回扣、好处费，共计人民币635.338853万元。

强制措施决定阶段，承办检察官依法讯问了薛某，详细告知其权利义务和认罪认罚从宽

---

* 杨雪松：江苏省张家港市人民检察院第二检察部主任；郑莉：江苏省张家港市人民检察院第二检察部副主任；张薇：江苏省张家港市人民检察院第二检察部员额检察官。

等相关政策,薛某自愿认罪认罚,供述稳定,前后一致。后Z市检察院以涉嫌受贿罪、贪污罪,依法对薛某作出逮捕决定。

审查起诉阶段,承办检察官再次开展讯问,薛某突然提出辩解,称其之前供述部分受贿行为是通过收取回扣的方式实现,事实上是让业务单位某B纺织品有限公司虚开发票进而套取公司资金的贪污行为。其解释之前在调查阶段做出虚假供述的原因是担心相关业务单位被追究虚开发票的刑事责任,并指出其手机内有短信可以印证其指使业务单位虚开发票的事实,还供述了虚开发票的开票单位名称。检察机关通过详细审查在案证人证言及客观书证,认为虽然某B纺织品有限公司负责人吴某一直稳定供述称其银行卡上打给薛某的钱款均系业务回扣款,但在缺乏其他客观证据佐证的情况下,目前证据并不能得出双方银行卡上的往来系受贿款而非贪污款的唯一结论。在薛某已经提出有相反客观证据的情况下,需立即调取其手机进行勘查,核实其辩解是否属实。经过开展外围调查工作,发现薛某的手机在其女友处。

针对上述情况,检察机关从紧急性、重要性、便捷性三方面评估,认为若不及时调取薛某手机进行固证,有被篡改甚至灭失的风险,薛某的辩解直接影响部分犯罪事实的定性,而且该院技术部门具有电子勘验资质,足以保障取证效果,该案有自行补充侦查的必要。

该院通过联席会议的形式与监察机关沟通协商,确定由检察机关对薛某手机进行调取勘查。随后,承办检察官制定侦查方案,向警务部门、技术部门分别提出协助请求,明确工作分工,在法警的陪同下,迅速找到薛某的女友,出具《调取证据通知书》,成功调取到薛某手机,当天就提取到薛某所说的短信,印证了其辩解。

因案件出现可能影响事实定性的新证据,需要进一步取证,该院经与监察机关沟通,决定将全案退回监察机关补充调查。退回补充调查期间,某B纺织品有限公司负责人吴某证实到确实有受薛某指使从亲戚张某经营的公司虚开发票到薛某所在的某进出口公司的事实,并表示之前未如实供述的原因是不想让亲戚张某受到牵连。另外,帮助吴某虚开发票的单位负责人张某也印证了上述事实,并提供了资金回流的相关书证。据此,薛某提出的部分事实系贪污的辩解得到了印证。Z市监察委以薛某涉嫌贪污1 402.677 14万元、受贿427.581 203万元再次移送审查起诉。被告人薛某对监察机关变更移送审查起诉的事实表示自愿认罪认罚。

【案例二】Z市监察委于2018年8月向Z市检察院移送被告人徐某涉嫌职务侵占一案,起诉意见书认定:2009年至2014年间,被告人徐某在担任Z市某镇某村主办会计、财务负责人期间,利用其负责集中保管该村集体资金的职务便利,将该村集体资金人民币438 480元非法占为己有。另查明,被告人徐某曾因犯挪用资金罪,于2015年3月被Z市人民法院判处有期徒刑二年,缓刑三年(缓刑考验期为2015年4月12日至2018年4月11日)。

检察机关经审查认为,被告人徐某曾因犯挪用资金罪被判处缓刑,其在缓刑考验期内有无依法实行社区矫正、有无违反《中华人民共和国刑法》第77条第3款规定的行为,直接影响是否要对其撤销缓刑予以数罪并罚,需要调取司法局社会矫正部门的相关材料。

Z市检察机关向Z市监察委提出补证建议,但该委表示被告人徐某在缓刑考验期内的表现不影响认定其职务侵占犯罪事实的成立。检察机关经审查认为,该证据直接影响其缓刑是否撤销、是否适用数罪并罚等刑罚适用问题,有补证必要,后承办检察官自行到司法局调取了相关材料,查明被告人徐某在缓刑考验期内没有实施《中华人民共和国刑法》第77条规定的行为。后Z市检察机关以被告人徐某构成职务侵占罪向Z市人民法院提起公诉,未建议撤销缓刑予以数罪并罚。

上述案例反映出,检察机关运用自行补充侦查权时,在如何把握启动自行补充侦查权的必要程度、取证范围以及在自行补充侦查过程中如何加强与监察机关的配合等方面有着一定的尝试,换言之,这也反映出当前司法实践中存在的困惑,而该问题的解决则需要建立在对自行补充侦查权的权力属性、自身价值探讨的基础上,从制度完善角度逐步予以明晰。

二、自行补充侦查权的属性探讨

自行补充侦查是检察机关在受理监察机关移送审查案件之后,认为需要补充核实,且确有必要由检察机关实施的情况下所开展的补充侦查工作。关于自行补充侦查权的性质,存在"侦查权说""审查起诉权说"两种观点。侦查权说认为公诉环节的自行补充侦查权是侦查权,该学说从我国刑事诉讼法体系出发,认为公诉阶段的补充侦查和侦查阶段的侦查在目的、手段、成果等方面均是相同的,都是为了收集证据材料、查明案件事实、追究犯罪嫌疑人的刑事责任。侦查、自行补充侦查的权力均来源于《刑事诉讼法》,故自行补充侦查是一种侦查权,不会因为行使主体变成检察院而改变其性质。

审查起诉权说认为公诉环节的自行补充侦查是一种审查权,其主要依据是《刑事诉讼法》第170条规定的"需要补充核实的",所以自行补充侦查的落脚点在于"核实"。而检察机关作为法律监督机关,其开展自行补充侦查的目的应该是排除非法证据,核对事实、证据、定性,而不是挖掘事实、证据。

笔者认为,审查起诉权说无法涵盖自行补充侦查权的内涵外延:1. 审查起诉是对现有证据、事实、法律适用等问题的审核,并不会出现新的事实、证据,但自行补充侦查必然存在发现新事实、新证据的可能[1];2. 检察机关自行补充侦查具体表现为检察机关作为取证主体,依据法定程序收集案件证据,其权力来源于《刑事诉讼法》的侦查部分,其程序、效果与侦查权无异,所以本质上还是诉讼活动中的侦查行为,是侦查权的一种表现形式;3. 审查起诉阶段的侦查权服务于审查起诉职能。自行补充侦查的实施能够起到核实相应情况的效果,达到查缺补漏、完善证据体系的目的,也能够发现有利于犯罪嫌疑人的罪轻甚至无罪证据抑或是发现需要排除的非法证据等,从而履行好刑事诉讼的主导责任。所以,自行补充侦查权是围绕着审查起诉目的所开展的一项侦查活动,属于侦查权。

---

[1] 参见陈小炜、吴高飞:《监察体制改革背景下自行补充侦查和退回补充调查关系论纲》,载《西南政法大学学报》2019年第3期。

三、自行补充侦查的价值分析

自行补充侦查权作为检察权的组成部分，对于职务犯罪案件的诉讼具有不可替代的价值，也是实现案件办理三个效果的有力保障。

(一) 有利于增强案件亲历性，发挥制约作用，确保案件质量

监察机关办理案件适用《监察法》，在程序上有别于《刑事诉讼法》。在调查阶段，不存在律师介入、提供法律咨询的问题，也不存在检察机关对程序、实体问题进行监督的问题。案件进入刑事诉讼程序时，就是审查起诉环节。因此，审查起诉环节是从刑事诉讼角度把握案件的起点。而且，目前监检衔接、《监察法》与《刑事诉讼法》的衔接上，仍然有很多空白区域。所以说，检察机关对于职务犯罪案件的自行补充侦查对于案件质量的保障显得更为突出。检察机关通过自行补充侦查，可以走进案件，发现疑问并排除证据隐患，确保全案证据之间相互印证，推理符合逻辑和经验，形成完整的证明链条，保障案件的起诉质量。

(二) 有利于整合监检反腐资源，发挥补充作用，提升案件办理效率

从《刑事诉讼法》第170条的行文来看，检察机关的自行补充侦查在适用顺序上处于退回补充调查之后，但自行补充侦查具有针对性强、灵活性高的特点，可以对监察案件起到补充、强化作用，从而减少不必要的退回补充调查，提高办案效率。假若在审查起诉过程中，仅为了对个别情节、证据进行查证补强，就一律退回监察机关补充调查，则会浪费办案资源，不必要地延长办案周期，不利于犯罪嫌疑人诉讼权力的保障。但若由检察机关从审查起诉视角出发，针对证据的薄弱环节开展侦查工作，可以快速有效地固定证据、解决问题，提升诉讼效率。

(三) 自行补充侦查在特定诉讼活动中具有不可替代性

如上文所述，自行补充侦查权是一项侦查权，但服务于审查起诉职能，在特定的情况下，自行补充侦查具有不可替代性。例如在审查起诉环节，犯罪嫌疑人提出在调查阶段被非法取证的线索时，检察机关作为非法证据排除的责任机关，就不宜将排除工作交由被控诉存在非法取证行为的调查机关来负责，否则可能既起不到排除非法证据的效果，调查结果也无法被犯罪嫌疑人、辩护人、法庭信服。

四、自行补充侦查制度的完善建议

目前制约检察机关自行补充侦查的因素，主要在于法律条文规定得过于笼统，导致检察机关的自行补充侦查只能摸着石头过河，束手束脚。故笔者就自行补充侦查的必要性判断、自行补充侦查范围、自行补充侦查的监检衔接等问题提出建议，以供参考。

(一) 自行补充侦查必要性的判断

根据《刑事诉讼法》的规定，自行补充侦查的启动以"必要"为前提，笔者认为应从紧急性、重要性、便利性三个方面对自行补充侦查的必要性进行综合考量：1. 紧急性，具体为证据若不由检察机关及时调取,可能会灭失或者被篡改,导致相应事实无法查清的。需要说明的是紧急性应当作为首位要素考虑,因为职务犯罪案件原则上仍以监察机关调查为主,只有紧急的情况下检察机关方可直接启动侦查。2. 重要性,证据对于案件事实认定、定性会产生直接影响时,就应当开展收集工作,但监察机关与检察机关分别作为调查机关、公诉机关,在证据把握、法律认识上必然会存在意见不一之处。所以,当监察机关与检察机关在收集证据的重要性、必要性方面存在认识分歧时,检察机关应当履行好主导职责,开展自行补充侦查工作。3. 便利性,近些年来检察机关不断地加大技术方面的投入,并取得了长足的进步,在痕迹鉴定、电子勘验、检查等领域都培养了一批人才,相应的侦查工作由检察机关开展更为便利,能够充分地整合监察、检察资源,保证案件的办理效率。

(二) 自行补充侦查的取证范围

《刑事诉讼规则》第344条列举了检察机关自行补充侦查的范围[1],结合司法实践,笔者认为可以做进一步的细化:1. 对于证人证言、犯罪嫌疑人供述和辩解、被害人陈述个别情节不一致的,可以进一步明确为"关于犯罪经过的主要情节一致,关于动机、手段、财物处置等问题的个别情节不一致的"。这主要考虑到主观证据易变、稳定性差,易出现虚假、失真的情况,从而左右案件的走向,因此对主观证据的自行补充侦查活动应予以限制。2. 针对物证、书证,可以明确为物证、书证等客观证据需要调取、扣押的或者需要鉴定、勘验、检查、补充鉴定、复验、复查的。虽然这样设定超出了《刑事诉讼规则》设立的"补充鉴定"的范围,但考虑到客观证据有稳定性强、真实性高的特点,且前文已经从紧急性、重要性、便利性上同时对自行补充侦查的必要性作出了综合性考量,所以客观证据的自行补充侦查活动可以全部纳入自行补充侦查的范围。3. 增加需要排除非法证据的情形。在审查起诉、审理阶段,针对非法证据的排除,责任主体是检察机关,而且该项工作由检察机关负责方能起到应有效果。4. 增加证人、被害人出庭作证,需要进行庭前复核的情形。庭前复核工作是公诉人针对庭审交叉询问的准备,需要从交叉询问的特点出发,围绕着事实揭示、指控效果、突发情况应对等问题做针对性的准备。由于公诉人是庭审控方的唯一代表,相应的职能也无法被监察调查所替代,所以也应予以明确。

(三) 完善监检协作机制,强化监检配合力度

本文虽然是对自行补充侦查的属性、作用以及制度完善进行探讨,但我们仍应注意到监察权、检察权的定位问题。检察机关在开展自行补充侦查工作过程中,应当与监察机关保持充分、顺畅的沟通,衔接好自行补充侦查与退回补充调查:1. 在启动自行补充侦查程序前,检察机关应当通过联席会议、情况通报会等形式与监察机关进行沟通会商,通报取证原因、

---

[1] 《刑事诉讼规则》第344条规定:"对于监察机关移送起诉的案件,具有下列情形之一的,人民检察院可以自行补充侦查:(一)证人证言、犯罪嫌疑人供述和辩解、被害人陈述的内容主要情节一致,个别情节不一致的;(二)物证、书证等证据材料需要补充鉴定的;(三)其他由人民检察院查证更为便利、更有效率、更有利于查清案件事实的情形。自行补充侦查完毕后,应当将相关证据材料入卷,同时抄送监察机关。人民检察院自行补充侦查的,可以商请监察机关提供协助。"

计划,如果监察机关要求退回补充调查的,应当尊重监察机关意见。2. 在取证过程中,检察机关可以商请监察机关提供协助,对于自行补充侦查所形成的证据可能导致案件事实发生重大变化的,应当商请监察机关一同参与侦查。取证过程中,检察机关也应及时与监察机关沟通取证进展及证据内容,研判好事实及证据的发展。如果经自行补充侦查后,发现案件事实不清、证据不足的,应当全案退回补充调查。3. 在自行补充侦查结束后,检察官应制作自行补充侦查终结报告报检察长审批,并及时将自行补充侦查终结报告附相关证据材料抄送监察机关。

(四)完善自行补充侦查内部监督机制

监察体制改革之前,检察机关的侦查权就饱受质疑,学界认为检察机关既是侦查机关,又是监督机关,在自己监督自己的情况下,无法对侦查行为起到应有的制约。随着反贪、反渎的转隶,这一批评的声音逐渐消失。但是我们要注意到,自行补充侦查作为一种侦查活动,同样也应避免既是运动员又是裁判员,监督不到位的情形。所以检察机关应围绕自行补充侦查建立起完善的内部监督机制。在审批程序上,自行补充侦查应当经检察长同意方能启动,在自行补充侦查结束后,也应当制作自行补充侦查终结报告,向检察长汇报取证结果。在案件质量上,案管作为监督部门,应加强对自行补充侦查工作的流程监控和案件质量评查,重点评查自行补充侦查有无必要,自行补充侦查事项及取得的新证据是否在审查报告中予以明确记载,查封、扣押的涉案财物是否交案件管理部门入库管理,补充侦查的程序是否符合规范要求,有无保障诉讼参与人的诉讼权利等。而检务督察部门应注重对此类案件进行专项督察,重点监察有无侵犯诉讼参与人合法权益、有无徇私情私利滥用自行补充侦查权等情形。

(五)加强检察官侦查能力培养

自行补充侦查的效果取决于侦查能力,在完善制度的同时,还需要进一步提升检察人员的侦查能力才能把制度完善的效果落到实处。检察机关可以通过讲座、研讨会、网络培训等形式,邀请经验丰富的调查人员传授经验,充分互动交流,实现监检培训资源的共享,提升检察人员自行补充侦查能力。对内也要挖掘潜力,从检察一体化出发,建立侦查人才库,发现、培养侦查人才,将侦查、审查经验丰富的检察人员纳入其中,统一调配使用,强化检察机关的侦查力量。

结　语

自行补充侦查权的运用,能与监察体制改革、以审判为中心的诉讼制度改革、司法责任制改革相呼应,突出检察人员的主体责任意识,有利于进一步提高案件质量和实现三个效果的有机统一。因此,检察机关应当进一步完善制度建设,积极加强检察人员的思想认识和侦查能力,在职务犯罪案件的办理中稳步、有序地推进自行补充侦查权的合理运用,为深入开展反腐败工作,推进国家治理体系和治理能力的现代化,作出应有的贡献。

监察检察主体互涉案件管辖问题检视

林艺芳*

摘　要：监察检察主体互涉案件是指案件分属监察机关和检察机关管辖，由于存在人员方面的牵连性需要二机关之间进行衔接协作的案件类型。根据立法规定，此类案件既可以由监察机关进行并案管辖，也可以由二机关进行分案管辖，这是符合职权原则要求的。对于主体互涉叠加事实互涉的案件，更适宜采取并案管辖的做法。对于单纯的主体互涉案件，除非共同行为主体可能面临人身自由限制措施的适用，则更适宜采取分案管辖的做法。在分案模式下，监察机关和检察机关依法应当奉行监察主导原则，此时监察机关"主调查"主要针对的是案件整体流程的把控。

关键词：监察机关　检察机关　主体互涉　事实互涉　职务违法犯罪

一、问题的提出

继"孙小果案"之后，我国今年在刑事司法领域又出现了一起重大犯罪案件，即"内蒙古王韵虹纸面服刑案"。在该案中，又名巴图孟和的王韵虹因犯杀人罪依法被判处有期徒刑15年之后，不仅未在监狱服刑，而且摇身一变成为人大代表。直至因涉嫌贪污罪再次被立案侦查之后，王韵虹"纸面服刑"的情况才被揭发。除了吊诡的案情以外，该案值得关注的另一情节在于，其涉及众多国家公职人员的多种违法犯罪行为。例如内蒙古呼和浩特第四监狱原副监狱长、兼任监狱总局第一医院原副院长的王全仁，在该案中曾多次通过伪造病情鉴定的方式，帮助王韵虹获批保外就医，使之无需在监狱中服刑，构成玩忽职守罪。除此之外，王全仁在此过程中还曾收受王韵虹家属的宴请及财物，构成受贿行为。根据当前立法规定，这两种违法犯罪行为虽由同一主体实施，但前者依法隶属检察机关管辖，后者则属于监察机关管辖，已经形成了所谓的"监察检察主体互涉案件"，而此类案件是目前国家监察体制实施过程中的难点之一。

互涉案件是我国当前管辖领域的一大难题，其针对的是分属不同机关管辖的多个违法犯罪行为。以产生牵连关系的因素为依据，互涉案件一般可以分为主体互涉案件和事实互涉案件，前者是指多个案件之间存在主体上的共同性，而后者则是指多个案件之间具有事实上的牵连性。[1] 监察检察主体互涉案件是随着国家监察体制改革才产生的一种特殊类型

---

*　林艺芳：湘潭大学法学院副教授，博士生导师。
〔1〕　参见闫召华：《论检警互涉案件的侦查》，载《中国人民公安大学学报（社会科学版）》2010年第2期。

的互涉案件。在该项改革之后,监察机关承担着职务违法犯罪的调查工作。与此同时,检察机关虽然面临着人员的转隶和职能的调整,但仍保留一定的刑事犯罪侦查权。根据《中华人民共和国刑事诉讼法》(下文简称《刑事诉讼法》)第 19 条第 2 款的规定,检察机关目前对"诉讼活动实行法律监督中发现的司法工作人员利用职权实施的非法拘禁、刑讯逼供、非法搜查等侵犯公民权利、损害司法公正的犯罪"(下文简称"司法类犯罪"),仍可以进行直接立案侦查。因此,在监察调查和检察侦查的过程中,不可避免地会有某些主体既涉嫌监察机关管辖的职务违法犯罪,又涉嫌检察机关管辖的徇私枉法类犯罪,从而构成二机关之间的主体互涉案件。

从本质上看,监察检察主体互涉案件具有如下主要特征:

一是共同行为主体一般具备公职身份,属于司法工作人员。我国当前监察机关主要管辖国家公职人员涉嫌的职务违法犯罪行为,奉行"以人管辖"原则。[1] 与之相比,检察机关管辖的是司法工作人员利用职权实施的犯罪行为。从这个角度看,如果某一主体依法分别涉嫌由监察机关和检察机关管辖的案件,那么该人员必然具备公职人员身份,且一般情况下是司法工作人员。

二是共同行为主体应分别涉嫌徇私枉法类犯罪以及其他职务违法犯罪。只有当共同行为主体涉嫌多种不同的违法犯罪行为,且分别属于监察机关和检察机关管辖时,才成立二机关的主体互涉案件。需要注意的是,根据我国《刑事诉讼法》第 19 条第 2 款的规定,上述司法类犯罪仅是"可以"由人民检察院立案侦查。从立法技术上看,这似乎意味着此类案件不仅可以由检察机关管辖,还可以由其他机关管辖。由于司法工作人员也属于国家公职人员,上述司法类犯罪也属于职务犯罪的范畴。而监察机关是我国的反腐败专责机构,因此从理论上看监察机关也有权对这些犯罪予以管辖。但是,深究《刑事诉讼法》的立法原意,我国之所以保留检察机关的侦查权,并授权其管辖上述司法类犯罪,目的在于巩固检察机关的国家法律监督地位,尤其是强化其在司法领域的诉讼监督职责。[2] 因而,检察机关对上述司法类犯罪应具有优先管辖权。当某一主体既涉嫌司法类犯罪,又涉嫌其他职务违法犯罪时,应认为其已经构成监察机关与检察机关之间的主体互涉案件。[3]

目前,监察检察主体互涉案件已经被明文规定在《中华人民共和国监察法》(下文简称《监察法》)第 34 条中。尽管如此,从实务角度看,此类案件在实践办理过程中,尤其是管辖方面仍面临着如下难题:一是并案管辖的正当性问题,即二机关在办理此类案件时,可否对

---

[1] 但是,在特殊情况下仍可能管辖非公职人员,例如行贿行为的行为主体可能不具备公职人员身份,再如与公职人员共同实施职务违法犯罪的人员,也可能不具备公职人员身份。参见谢小剑:《监察委员会刑事调查管辖制度初探》,载《湖湘论坛》2019 年第 5 期。

[2] 参见秦前红、王天鸿:《国家监察体制改革背景下检察权优化配置》,载《理论视野》2018 年第 8 期。

[3] 除此之外,监察检察主体互涉案件还可能存在共同犯罪的情况,即共同行为主体所实施的司法类犯罪和其他职务违法犯罪是与他人共同实施的。此时,案件中不仅包含共同行为主体,还包含了仅涉嫌其中一种违法犯罪行为的其他主体。

案件予以合并,统一由监察机关或者检察机关予以管辖。这一问题涉及二机关之间的法定职权设置,是管辖此类案件的第一道门槛。二是并案管辖与分案管辖的适用情形问题,即在个案办理程序中,何种情况下进行并案管辖,何种情况下又进行分案管辖。这是上一问题的延伸,构成管辖此类案件第二道门槛。三是监察机关与检察机关之间的角色分工问题,即在具体调查侦查过程中,何者应承担主调查或者主侦查职责,何者应予以配合。这是管辖此类案件的第三道门槛。下文将结合监察检察主体互涉案件的基本内涵和现实情况,就上述问题一一予以解答。

二、"并案管辖"抑或"分案管辖":职权原则的必要适用

当同一主体涉嫌由不同机关管辖的多种违法犯罪行为时,并案管辖是将这些案件予以合并,由其中的某一机关统一对案件进行办理的做法。就监察检察主体互涉案件而言,并案管辖意味着将共同行为主体涉嫌的司法类犯罪和其他职务违法犯罪合并到同一案件中,由监察机关或者检察机关统一对案件予以办理,另一机关则不参与案件办理过程,或者仅提供必要的技术性协助。与之相反,分案管辖则是将不同行为分别由具有管辖权的机关予以独立办理的做法。就监察检察主体互涉案件而言,分案管辖意味着,检察机关只办理司法类犯罪案件,而监察机关也仅办理其他职务违法犯罪案件,二者在进行监察调查和刑事侦查时是相对独立、分工明确的。

目前,《监察法》第34条并未明确出现"并案"与"分案"的说法。不过,2019年最高人民检察院颁布《关于人民检察院立案侦查司法工作人员相关职务犯罪案件若干问题的规定》(下文简称《检察立案侦查规定》),对该问题予以回答:"经沟通,认为全案由监察委员会管辖更为适宜的,人民检察院应当撤销案件,将案件和相应职务犯罪线索一并移送监察委员会;认为由监察委员会和人民检察院分别管辖更为适宜的,人民检察院应当将监察委员会管辖的相应职务犯罪线索移送监察委员会,对依法由人民检察院管辖的犯罪案件继续侦查。"随后,同年修订颁布的《人民检察院刑事诉讼规则》(下文简称《高检规则》)第17条第2款也作出类似回答。[1]可见,上述司法解释对这一问题采取的是"分而处之"的做法,既可以并案管辖,又允许分案管辖。但是,如果决定并案处理的话,仅能由监察机关予以并案管辖,人民检察院应当将案件移送监察机关。

决定某些案件可否并案或者分案,关键在于各机关之间的职权界限,即应受职权原则的限制。我国曾在多个解释性文件中作出相关规定,以2012年颁布的《最高人民法院、最高人民检察院、公安部、国家安全部、司法部、全国人大常委会法制工作委员会关于刑事诉讼法实施中若干问题的规定》(下文简称《六机关规定》)为例,该文件第3条规定:"具有下列情形之一的,人民法院、人民检察院、公安机关可以在其职责范围内并案处理:(一)一人犯数罪的;

---

[1] 考虑到某些案件可能尚未立案,在初查阶段即决定移送监察委员会并案处理,因此《高检规则》第17条第2款删除了"撤销案件"的规定。

(二)共同犯罪的;(三)共同犯罪的犯罪嫌疑人、被告人还实施其他犯罪的;(四)多个犯罪嫌疑人、被告人实施的犯罪存在关联,并案处理有利于查明案件事实的。"其中,"一人犯数罪"以及"共同犯罪的犯罪嫌疑人、被告人还实施其他犯罪的"这两种情形即可能包含多个机关之间的主体互涉案件。因此,这一规定实质上赋予了人民法院、人民检察院和公安机关对主体互涉案件进行并案管辖的权力。但是,需要注意的是,该规定还为三机关进行并案管辖设置了前提条件,即"在其职责范围内"。[1] 这意味着,各机关都不得超越各自的职权范围办理案件,并案管辖必须以各机关的法定职权为前提。[2] 亦即,管辖权的扩张只存在于不同机关所掌握的相同性质的职权之间,只有当二机关之间的职权性质相同,或者其中一机关的职权可以包含另一机关的职权时,并案管辖才是成立的。[3]

具体到监察检察主体互涉案件,正如前文所述,最高人民检察院出台的司法解释允许此类案件进行并案管辖[4],且仅能由监察机关对案件进行并案管辖,根本原因也在于职权原则的适用。具体而言,监察机关是我国反腐败专责机构,其依法拥有监督、调查和处置三项职权。根据《监察法》的规定,监察机关行使上述职权,尤其是调查权的对象是公职人员涉嫌贪污贿赂、滥用职权、玩忽职守、权力寻租、利益输送、徇私舞弊以及浪费国家资财等职务违法和职务犯罪行为。而依法应接受监察机关监察的对象也限于公职人员以及其他涉嫌行贿犯罪或者共同职务犯罪的涉案人员。相比之下,人民检察院是我国法律监督机关。在监察体制改革之后,人民检察院不再笼统地对所有的职务犯罪行为进行侦查。为了巩固其在诉讼领域的监督地位,目前人民检察院有针对性地管辖诉讼监督过程中发现的司法类犯罪行为[5],即《检察立案侦查规定》中明确列举的十四类罪名。[6]

但是,正如前文所述,检察机关可以直接立案侦查的案件范围显然也可以由监察机关予

---

[1] 类似规定还出现在 2020 年《公安机关办理刑事案件程序规定》第 21 条第 2 款:"具有下列情形之一的,公安机关可以在职责范围内并案侦查:(一)一人犯数罪的;(二)共同犯罪的;(三)共同犯罪的犯罪嫌疑人还实施其他犯罪的;(四)多个犯罪嫌疑人实施的犯罪存在关联,并案处理有利于查明犯罪事实的。"以及 2019 年《高检规则》第 18 条第 2 款:"对于一人犯数罪、共同犯罪、多个犯罪嫌疑人实施的犯罪相互关联,并案处理有利于查明案件事实和诉讼进行的,人民检察院可以对相关犯罪案件并案处理。"

[2] 参见万毅:《解读"并案管辖"四个关键词》,载《检察日报》2014 年 3 月 5 日第 3 版。

[3] 参见谢佑平、万毅:《刑事诉讼牵连管辖制度探讨》,载《政法学刊》2001 年第 1 期。

[4] 此处"最高人民检察院出台的司法解释"指的是上文提及的《检察立案侦查规定》以及《高检规则》第 17 条第 2 款。

[5] 参见朱孝清:《国家监察体制改革后检察制度的巩固与发展》,载《法学研究》2018 年第 4 期。

[6] 检察机关可以立案侦查的十四类罪名具体包括:非法拘禁罪(《刑法》第 238 条)(非司法工作人员除外);非法搜查罪(《刑法》第 245 条)(非司法工作人员除外);刑讯逼供罪(《刑法》第 247 条);暴力取证罪(《刑法》第 247 条);虐待被监管人罪(《刑法》第 248 条);滥用职权罪(《刑法》第 397 条)(非司法工作人员滥用职权侵犯公民权利、损害司法公正的情形除外);玩忽职守罪(《刑法》第 397 条)(非司法工作人员玩忽职守侵犯公民权利、损害司法公正的情形除外);徇私枉法罪(《刑法》第 399 条第 1 款);民事、行政枉法裁判罪(《刑法》第 399 条第 2 款);执行判决、裁定失职罪(《刑法》第 399 条第 3 款);执行判决、裁定滥用职权罪(《刑法》第 399 条第 3 款);私放在押人员罪(《刑法》第 400 条第 1 款);失职致使在押人员脱逃罪(《刑法》第 400 条第 2 款);徇私舞弊减刑、假释、暂予监外执行罪(《刑法》第 401 条)。

以调查。这些罪名是由司法工作人员所实施,而在我国,司法工作人员多具有公务员身份,亦属于公职人员,履行的是国家依法要求的公务行为。另外,这些罪名虽然都与诉讼活动相关联,但也属于职务犯罪的一种。上述十四类罪名依法规定在《刑法》的第238条、第245条、第247条、第248条、第397条、第399条、第400条和第401条。其中第397条、第399条、第400条和第401条都分布在《刑法》的"渎职罪"这一章中,属于典型的职务犯罪行为。而剩下的第238条、第245条、第247条和第248条虽然分布在《刑法》的"侵犯公民人身权利、民主权利罪"这一章,但由于立法要求这些犯罪行为必须具有"损害司法公正"的前提,因此也与职务行为密切相关。由此可见,如图1所示,检察机关所管辖的侦查罪名,实际上在某种程度上也被包裹在监察机关的案件范畴之内,监察机关调查的案件范围与检察机关立案侦查的案件范围之间是包含与被包含的关系。易言之,监察机关管辖检察机关立案侦查的十四种罪名,并未违背并案管辖的职权原则,不会引发不同职权之间的冲突。而相反,由于检察机关的侦查范围远远小于监察机关的调查范围,因此其一般情况下无法并案管辖监察机关管辖的案件,否则极可能导致对国家监察权的侵犯。

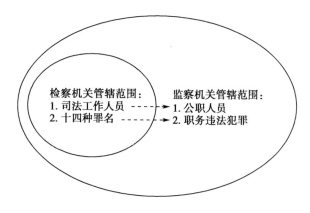

图1 监察机关管辖范围与检察机关管辖范围之间是包含与被包含的关系

正是基于上述理由,最高人民检察院的上述司法解释文件皆肯定监察检察主体互涉案件可以由监察机关进行并案管辖,但并未允许检察机关对此类案件予以并案管辖。

三、"主体互涉"叠加"事实互涉":并案管辖的基本情形

尽管相关司法解释已经明确允许监察检察主体互涉案件既可以采取由监察机关并案管辖的做法,也可以采取分案管辖的做法。但是,上述规定皆未明确何种情形下进行并案管辖,何种情况下进行分案管辖,仅要求检察机关在遇到此类案件时,"应当及时与同级监察机关沟通",经沟通之后再作决定。[1]此种规定颇有"自由裁量"的意味。但是,笔者认为,并案管辖和分案管辖是办理此类案件的入口性问题,如果这一问题无法得到妥善处理,那么将

---

[1] 参见《高检规则》第17条第1款和《检察立案侦查规定》第3条第1款。

极大地危及后续的调查和侦查工作。因此，二机关在沟通的基础上，也应进一步明确并案管辖和分案管辖的基本情形，为办案实践提供指引。如何确定并案管辖和分案管辖的基本情形，那就要联系现实中监察检察主体互涉案件的具体情况了。

正如前文所述，监察检察主体互涉案件的基本特征，一方面是具有共同的行为主体，且该行为主体属于司法工作人员；另一方面共同行为主体分别涉嫌徇私枉法类犯罪以及其他职务违法犯罪。易言之，此类案件并不要求共同行为主体涉嫌的多种违法犯罪之间存在任何联系。但是，探究此类案件的现实情形却可以发现，不少监察检察主体互涉案件的不同违法犯罪行为之间，往往还包含了事实方面的牵连性，具备"事实互涉"[1]的特征。

首先，互涉案件的共同行为主体可能先实施了某种职务违法犯罪行为，随后又实施了与之相关的徇私枉法类犯罪行为。例如甲是某法院的审判人员，在审理某起刑事案件期间，收受被告人乙家属的贿赂，故意违背事实和法律作出枉法裁判，使乙免受法律制裁。在该例中，甲首先涉嫌了受贿罪，依法应接受监察机关的调查。以受贿罪为前提，甲又涉嫌了徇私枉法罪，依法应接受检察机关的侦查。受贿行为和徇私枉法行为不仅具有共同的行为主体，而且二者之间存在事实上的前因后果关系，既主体互涉，又事实互涉。其次，互涉案件的共同行为主体也可能先实施了徇私枉法类犯罪，而后又实施了与之相关的某种职务违法犯罪行为。例如丙作为监管场所的工作人员，违法私放在押人员，之后为了掩饰这一行为，丙又向其上级领导丁进行行贿。在该例中，丙首先涉嫌了私放在押人员罪，依法属于检察机关管辖，随后丙又涉嫌了行贿行为，依法属于监察机关管辖。与前例类似，私放在押人员和行贿行为也不仅具有共同的行为主体，而且二者之间存在事实上的前后关联性，也属于主体互涉和事实互涉兼备的案件。除此之外，互涉案件的共同行为主体还可能围绕某一核心事实而开展多项徇私枉法类犯罪和其他职务违法犯罪行为，多种行为分别与该核心事实之间存在或近或远的关系，导致相互之间具有事实上的牵连性。

由此可见，监察检察主体互涉案件又可以分为两种类型：一是多种违法犯罪行为之间存在事实互涉关系的案件，即"单纯的主体互涉案件"，二是多种违法犯罪行为之间存在事实互涉关系的案件，即"主体互涉叠加事实互涉案件"。这两种案件的管辖模式显然应当有所不同。

就单纯的主体互涉案件而言，由于共同行为主体所实施的司法类犯罪和其他职务违法犯罪之间并不存在实质性联系，案件办理过程中无需就事实和证据方面进行过多交流，其中一案的调查或者侦查也不会对另一案的调查或者侦查产生太多影响。在这种情况下，各机关完全可以分别办理各自管辖范围内的案件。将案件予以合并，不仅对调查侦查缺乏裨益，

---

[1] 应注意，此处所谓的"事实互涉"不同于《刑法》中的共同犯罪。共同犯罪是指二人以上共同故意犯罪，各共同犯罪主体应具有共同的犯罪行为，即各共同犯罪主体的行为都是指向同一目标，彼此联系紧密，形成一个有机的犯罪行为整体。相比之下，"事实互涉"不以同一犯罪行为的构成为前提，而是强调不同案件的事实与事实之间虽然分别构成不同的违法犯罪行为，但是存在某种特定的关联性，使不同机关在办理案件过程中不得不进行相互衔接合作。

而且还可能徒增不少沟通难题。而主体互涉叠加事实互涉案件的情况则有所不同。此类案件中,连接不同案件的关键因素除了共同行为主体以外,还有事实上的牵连性。这意味着,其中某一违法犯罪行为可能是另一违法犯罪行为的原因或者前提条件。将案件予以分别管辖,将可能切断事实之间的关联,不利于分析共同行为主体的主观动机以及行为结果等。另外,案件之间的事实互涉往往与证据共享存在着千丝万缕的联系。监察机关在调查案件过程中,可能需要用到检察机关收集的证据材料,反之亦成立。二机关都需要通过某些证据材料,以证明各自调查侦查的事实。因此,证据的交流与共享显得尤为重要,而只有将案件予以合并,才可能充分实现这一目的。总之,一般而言,单纯的主体互涉案件更适宜进行分案管辖,而主体互涉叠加事实互涉案件则更适宜进行并案管辖。

不过,在此基础上仍需注意,单纯的主体互涉案件进行分案管辖,还存在一定的现实困境。这主要体现在限制人身自由措施的适用上。在我国刑事司法活动中,为了保障诉讼程序的顺利进行,侦查机关有权采取五种强制措施以限制犯罪嫌疑人的人身自由。这五种强制措施分别为拘传、取保候审、监视居住、拘留和逮捕,他们在限权程度上层次分明、互成体系,甚至可以依据必要的程序予以适当转化。而在监察程序中,监察机关对于涉嫌贪污贿赂、失职渎职等严重职务违法或者职务犯罪的被调查人,已经掌握其部分违法犯罪事实及证据,仍有重要问题需要进一步调查,并具有特定妨碍调查情形的,其亦可以对该被调查人采取留置措施,在一定时间范围内限制其人身自由。不过,相较于上述刑事诉讼程序中的强制措施,留置是监察程序中唯一限制被调查人人身自由的措施,其缺乏其他可以与之互成体系、相互转化的措施。并且,无论是在适用前提、具体情形、审批权限或者期限限制等诸多方面,留置也无法完全等同于上述任何一种强制措施。[1]

在此前提下,在监察检察主体互涉案件中,尤其是在单纯的主体互涉案件中,如果监察机关依据《监察法》、检察机关依据《刑事诉讼法》都主张限制共同行为主体的人身自由,那么在分案管辖模式下,究竟应当由监察机关予以留置,还是应当由检察机关采取强制措施呢?这是一个现实难题。易言之,不管共同行为主体适用何种限制人身自由措施,处于哪一机关的控制之下,都极可能给办案工作带来极大不便。如果共同行为主体被采取了刑事强制措施,甚至被关押在看守所,那么监察机关可否以及如何进行会见或者审讯。反之,如果共同行为主体被采取了留置措施,那么检察机关又可否或者如何进行会见或者审讯等。这些问题不仅带来的是办案手续上的不便,还可能引发不同机关之间的扯皮或者推诿。

在这种情况下,"一刀切"地要求单纯的主体互涉案件采取分案管辖模式,似乎也并不可行。监察机关与检察机关也应当依个案情况进行具体裁量。如果共同行为主体已经被监察机关采取了留置措施,且是在接受监察调查的过程中才发现其还涉嫌了其他依法属于检察机关管辖的司法类犯罪,那么将案件统一由监察机关进行并案管辖,也未尝不可。如果共同行为主体已经被检察机关采取了强制措施,且是在接受刑事侦查的过程中才发现其还涉嫌了其他依法属于监察机关管辖的职务违法犯罪行为,那么检察机关可以在与监察机关沟通

---

〔1〕 参见胡铭:《职务犯罪留置措施衔接刑事诉讼的基本逻辑》,载《北方法学》2019年第4期。

的基础上,将案件一并移送监察机关管辖,并解除强制措施,由监察机关依法决定是否采取留置措施。或者检察机关与监察机关也可以在充分沟通并建立合理的协作机制的基础上,对案件进行分案管辖,检察机关在继续侦查司法类犯罪的前提下,将共同行为主体涉嫌的其他职务违法犯罪问题线索移送监察机关,由监察机关依法调查处置。当监察机关需要会见或者审讯该主体时,检察机关应当为其提供协助与便利。

综上所述,主体互涉叠加事实互涉的案件更适宜由监察机关进行并案管辖。而单纯的主体互涉案件,一般情况下应当由监察机关和检察机关进行分案管辖;特殊情况下,尤其是涉及限制人身自由措施的适用时,亦可由监察机关进行并案管辖。

四、"监察主导"对比"主罪主导":监察机关与检察机关的角色分工

根据上文可知,监察检察主体互涉案件可以采取并案管辖和分案管辖两种。在不同管辖模式下,监察机关与检察机关之间的角色分工机制显然也应有所区别。对此,我国《监察法》第34条第2款作出规定:"被调查人既涉嫌严重职务违法或者职务犯罪,又涉嫌其他违法犯罪的,一般应当由监察机关为主调查,其他机关予以协助。"该规定明确了监察机关与包括检察机关在内的其他机关共同构成主体互涉案件时,应遵循"监察主导"原则。

首先应当明确的是,《监察法》的上述规定仅适用于分案管辖模式。一方面,《监察法》第34条第1款规定:"人民法院、人民检察院、公安机关、审计机关等国家机关在工作中发现公职人员涉嫌贪污贿赂、失职渎职等职务违法或者职务犯罪的问题线索,应当移送监察机关,由监察机关依法调查处置。"虽然该规定仅明确了检察机关等向监察机关移送问题线索,且仅针对的是公职人员涉嫌的属于监察机关管辖的职务违法犯罪问题线索的移送,但是在现实办案中,监察机关在调查活动中发现属于其他机关管辖的问题线索时,也常常向对方进行移送。另外,当检察机关发现非公职人员涉嫌的属于监察机关管辖的职务违法犯罪问题线索时,也会将案件移送监察机关。根据各机关的管辖范围移送问题线索,强调的是各机关之间的地位独立、权责清晰,是进行分案管辖的前提条件。而将该款置于监察主导原则的相关规定之前,这意味着监察主导原则适用于分案管辖的模式下。另一方面,只有在分案管辖的前提下,才有研究监察机关与检察机关具体角色分工的必要性。在并案管辖模式下,由于案件都已经移送监察机关统一管辖,检察机关不再插手案件的实质性办理事宜,至多在必要情况下提供技术性协助。因此无需对二者角色的如何分配、孰重孰轻予以讨论了。而在分案管辖模式下,各机关都参与案件的直接办理工作,当需要双方进行协作时,究竟何者应当在这一过程中起主导作用,何者仅起配合协助作用,就值得进一步考虑了。

目前,《监察法》关于监察检察主体互涉案件角色分工机制的上述规定,与我国刑事司法领域的相关规定有所区别。根据立法规定,检察机关与公安机关分别掌握着司法类犯罪案件和其他普通刑事犯罪案件的侦查工作,二者之间也经常发生主体互涉案件。在司法实践中,此种情形一般遵循的是"主罪主导"原则。根据2012年《六机关规定》第1条、2020年《公

安部规定》第30条以及2019年《高检规则》第18条第1款的规定,人民检察院办理直接受理侦查的案件涉及公安机关管辖的刑事案件,或者公安机关侦查刑事案件涉及人民检察院直接受理侦查的案件时,应当将案件移送给对方。在上述情形中,如果涉嫌主罪属于公安机关管辖,由公安机关为主侦查,人民检察院予以配合;如果涉嫌主罪属于人民检察院管辖,由人民检察院为主侦查,公安机关予以配合。可见,决定检察公安互涉案件双方角色分工机制的关键因素是涉嫌罪名的性质。

主罪主导原则以案件办理现实需要为根本出发点,肯定各机关在侦查过程中的不同角色定位,根据案情轻重以及罪名之间的主从关系决定掌握主导权的机关,对于协调各机关之间的职权冲突、提高犯罪侦查效率具有一定的意义,是经过长期检验而行之有效的一种做法。[1] 不过,这种模式也不可避免地存在困境。在实践过程中,犯罪嫌疑人涉嫌的多种罪名,究竟何种行为应当被定义为"主罪",目前相关立法并未给出明确答案,实践中也缺乏统一标准。如果共同行为主体所涉嫌的多种罪名不存在事实上的互涉关系,那么更无从谈及"主罪"与"次罪"的区别了。[2] 另外,随着案件办理活动的持续开展和侦查人员对案件事实认识的不断深入,"主罪"与"次罪"之间的地位也可能发生颠倒。本来被认定为"主罪"的犯罪行为可能不再显得那么重要了,而转变为"次罪";反之,本来被认定为"次罪"的犯罪行为,其重要性也可能逐渐浮出水面,转变为"主罪"。此时,是否应当转变各机关在侦查活动中的角色分工,也是现实难题之一。

相比之下,监察主导原则不存在上述问题,其要求将所有案件都统一由监察机关为主调查,无需就何为"主罪"进行定义,也不涉及"主罪"与"次罪"的转化,可以有效避免不同机关之间因为争抢或者推诿案件资源而发生争执甚至冲突。不过,监察主导原则也有其缺陷。该原则"一刀切"地要求所有情况下都由监察机关为主调查,无形之中给监察机关带来了许多不必要的案件负担。而我国监察机关建立时间不长,人员队伍、内部设施等都不够完善,能否担此重任,还有待考量。另外,一律由监察机关为主调查,会不会导致司法类犯罪案件的办理工作被忽视,共同行为主体或者其他犯罪嫌疑人的诉讼权利受到侵蚀,也值得忧虑。虽然"主调查"不等于管辖权的转移,但是监察机关的调查逻辑与检察机关的侦查手段仍存在较大区别。检察机关会不会因为缺乏话语权,而无法顺利履行自身的侦查职能,甚至对案件办理工作持消极观望态度,也是需要考虑的问题。

可见,无论是主罪主导原则,还是监察主导原则,都无法完美解决监察机关与检察机关在互涉案件方面的角色分工问题。对此,笔者认为,我国应当在继续坚持立法规定的监察主导原则的基础上,准确理解监察机关"主调查"的内涵,并适当吸收主罪主导原则的有益因素。具体而言:

第一,监察检察主体互涉案件仍应坚持监察主导原则,即以监察机关为主调查、检察机

---

[1] 参见何旭光、郑凯:《职务犯罪侦查流程与规范》,中国检察出版社2015年版,第29页。
[2] 参见黄硕:《论职务犯罪与牵连案件的侦查管辖权的权力边界》,载《云南社会科学》2015年第1期。

关予以协助。这是由监察机关的特殊地位所决定的。监察机关是国家反腐败专门机关,其与党的纪律检查部门合署办公,是党内监督与国家监督、党内纪律检查与国家监察的有机统一体,在国家治理体系中占据重要地位。根据《监察法》的规定,检察人员作为国家公职人员,依法属于监察机关的监察对象,当其涉嫌职务违法或者职务犯罪时,也应接受监察机关的监督、调查和处置。在此基础上,由监察机关担任主体互涉案件的主导机关,起主调查职责,可以充分发挥其在公职人员监督管理方面的优势,敦促检察机关及时、适当、合法地完成案件侦查任务,保障此类案件的充分有效处理。

第二,监察机关的"主调查"主要指的是整体流程的把控。正如前文所述,上述监察机关和检察机关的角色分工都是基于分案管辖模式,而分案管辖应主要适用于单纯的主体互涉案件,且共同行为可能不涉及限制人身自由措施的适用。在这种情况下,案件事实的具体调查和证据的具体收集工作对各机关的协作性要求并不高。但是,这并不代表着,在整个案件办理过程中,双方之间可以保持截然分离的状态。监察机关的"主调查"应主要针对的是整体程序的宏观把控,尤其充分发挥其在案件移送审查起诉过程中的主导作用。一般而言,对于主体互涉案件,在调查终结以及侦查终结、移送审查起诉之时,仍需将案件予以合并,统一交给有管辖权的检察机关,以方便后续的起诉和审判工作。此时,监察机关应当对双方的案件办理进度予以把控,当双方都确定完成调查工作或者侦查工作时,将案件材料予以整合,并统一移送承担起诉职能的检察机关。

应注意,监察主导并不意味着检察机关的地位和作用被忽视。在分案模式下,检察机关仍然对自身管辖范围的案件具有侦查权,其应当尽其所能完成案件事实的查明工作和证据的收集工作,保障共同行为人以及其他诉讼参与人在侦查程序中享有各项诉讼权利。此外,监察机关也应重视与检察机关的沟通,涉及具体程序环节的协调、工作手续的办理,以及审查起诉工作的整合时,监察机关应与检察机关保持必要的联系,尊重检察人员的意见和要求,避免案件办理工作中的不必要冲突。

配合与制约：监察调查与检察公诉的衔接

王　敏[*]

摘　要： 监察机关对职务犯罪的调查权是监察权的重要体现。不受监督的调查权阻碍程序法治的实现、侵害被调查人的人权，甚至导致"调查中心主义"出现，与法治建设的内涵背道而驰。检察机关对监察调查权的司法监督符合其法律监督机关的宪法定位。在相互衔接及制约关系中，检察机关应合理利用宪法赋予的法律监督权，确立监察机关重大职务犯罪调查下的检察引导，有条件地准许律师介入，保障被调查人的辩护权，以体现程序法治之价值。

关键词： 调查　监察　公诉　检察

引　言

2018年3月20日，第十三届全国人民代表大会第一次会议表决通过了《中华人民共和国监察法》（以下简称《监察法》）。随着《监察法》的颁布实施，我国监察体制基本确立，国家监察体制改革步入新的发展阶段。监察体制改革后，监察机关获得了查办职务犯罪的权力，创设了不同于《中华人民共和国刑事诉讼法》（以下简称《刑事诉讼法》）的职务犯罪监察调查程序，其不适用《刑事诉讼法》规定的侦查程序。随着《监察法》的贯彻实施，对于职务犯罪而言，"监察机关调查＋检察机关审查起诉"的办案模式逐渐呈现。这一新模式明显区别于那种"侦查机关侦查——检察机关审查起诉"的传统追诉模式，不再是行政纪律调查程序与刑事立案后司法程序的衔接，而是监察调查与检察公诉直接衔接，赋予监察调查证据直接进入刑事诉讼的法律效力。由于《刑事诉讼法》和《监察法》在强制措施、证据制度、实施程序上都有很大的不同，这就要求我们亟须解决监察机关与司法机关配合和制约以及监察调查与刑事诉讼衔接问题。本文拟围绕监察调查与检察公诉衔接过程中的若干问题展开讨论。

一、监察调查权的性质和内容

要实现监察调查和检察公诉之间无缝衔接的目标，首先必须正确认识监察调查权的性质。

---

[*] 王敏：镇江市人民检察院检察官助理。

(一) 监察调查权的性质

在我国监察体制改革的过程中,监察委员会调查权的性质引起了广泛争议,一种观点认为,根据改革决策者的本意,监察委员会是我国的"政治机关",其调查权当然不具有侦查权的性质,该权力只接受《监察法》的规范即可,因此,在对职务犯罪进行调查的过程中,应排除律师参与制度;[1]另一种观点认为,监察委员会的调查权具有侦查权的属性,理由是监察委员会的调查权与侦查权在可以采取的措施及其产生的后果方面极为相似,只是主体由以前的检察院转变成监察委员会。[2]然而,监察委员会调查权的性质之争并没有因《监察法》的通过施行而结束。学界对于监察委员会在政纪调查和党纪调查过程的调查权没有侦查属性没有争议,争议的焦点在于监察委员会对职务犯罪进行调查时,其调查权是否具有侦查的属性?笔者认为,监察委员会的调查权在监察体制改革完成之后,同时具有党纪调查、政纪调查和刑事调查的性质[3],因此,可将其分为一般调查权和特殊调查权。一般调查权针对公职人员的职务违法案件,由于该类行为的违法程度较低,对其进行调查时,一般不采用强制程度较高的调查措施,而是通过谈话、问询的方式进行,所以,可将一般调查权定义为不具刑事侦查权属性的权力;而特殊调查权只运用于职务犯罪案件,由于该类行为的社会危害性大,隐秘性较强,调查人员在调查时,必须采用强制程度较高的调查措施,以便顺利高效地开展调查工作,所以,可将该调查权定义为具有侦查属性的权力,类似于刑事侦查权。

(二) 监察调查权的内容和特点

根据《监察法》的规定,各级监察机关被定位为行使国家监察职能的专责机关,依法对所有行使公权力的公职人员进行监察,调查职务违法和职务犯罪,开展廉政建设和反腐败工作,维护宪法和法律的尊严。监察职权包括监督、调查、处置三项。就监察机关的调查权而言,其是对涉嫌贪污贿赂、滥用职权、玩忽职守、权力寻租、利益输送、徇私舞弊以及浪费国家资财等职务违法和职务犯罪行为进行调查。[4]具体内容主要包括三个方面:

一是调查权的对象是所有行使公权力的公职人员。根据《监察法》的规定,监察委员会的调查对象是"公职人员",不包括机关单位,所以,单位不属于监察委员会职务犯罪调查程序的涉及对象。

二是对七类职务违法犯罪行为的调查权。在这七类职务违法犯罪行为中,根据犯罪行为违法程度的不同,分为一般职务违法行为和职务犯罪行为,相较于职务犯罪行为,一般职务违法行为的违法情节轻微,但根据《监察法》的立法目的,该种行为尽管没有造成严重的危害后果,其主体违反法律规定的行为,同样需要接受监察委员会的调查。

三是监察委员会可以在调查程序中采取多种调查措施。根据是否具有强制性的标准,

---

[1] 马怀德:《国家监察体制改革的重要意义和主要任务》,载《国家行政学院学报》2016年第6期。

[2] 秦前红、石泽华:《监察委员会调查活动性质研究——以山西省第一案为研究对象》,载《学术界》2017年第6期。

[3] 左卫民、安琪:《监察委员会调查权:性质、行使与规制的审思》,载《武汉大学学报(哲学社会科学版)》2018年第1期。

[4] 李奋飞:《"调查——公诉模式"研究》,载《法学杂志》2018年第6期。

调查措施可以分为一般调查措施和特别调查措施。[1]一般调查措施是指监察委员会在调查过程中对被调查人及相关人员采取的普遍性、不具有明显强制性的措施,比如谈话、询问证人、勘验检查、鉴定。特别调查措施,也即具有强制性的调查措施,如讯问、留置、查询、冻结、搜查、调取、查封、扣押、通缉、限制出境。从调查权的性质和内容来看,"国家监察委员会行使的国家监督权,是监督国家公权力依法规范运转,发现、揭露、查处和预防公职人员违法犯罪的执法权力"[2]。这种监察权的集约化行使思维及其实践展开,使我国监察权所蕴藏的无限潜能被有效激发出来,产生了良好的腐败治理效果。

二、监察调查权的潜在风险

我国《监察法》对监察体制改革成果的确认,标志着我国法治反腐体制的形成,为我国反腐法治化和规范化带来了不可估量的价值,集中表现在减少权力运作阻力、实现反腐资源的集约化以及减少由于程序回流或重复调查对调查效率的影响等方面,有利于反腐权力集约化行使、促进高效反腐目标的实现。然而,就像一枚硬币的两面,如果监察调查权的实践运行得不到有效监督和制约,那么它在助推我国法治建设飞跃式发展的同时,也可能成为法治建设的绊脚石。

(一)阻碍程序法治的实现

程序法治是我国法治建设的重要内容。"让人民群众在每一个司法案件中感受到公平正义",是对程序法治与实体正义的共同要求。程序法治的核心是程序正义,主要表现为两个层面:通过正当的法律程序实现诉讼结果的公正性和保障法律实施过程中的正当性与合理性。[3]职务犯罪调查权实践运行的复杂环境,决定了该权力运行面临的潜在程序法治风险。

其一,监察调查涉及职务违法和职务犯罪的界分问题,对二者界限的混淆和法律责任的不当追究,势必阻碍通过正当法律程序实现诉讼结果正当性的目标实现。事实上,在监察调查程序中存在着"四转三"的做法,即将涉嫌严重违纪违法立案审查的情况进行党纪重处分或重大职责调整。这种模糊化或者软化的变通做法,从法律角度而言,直接影响了案件性质和责任承担,操作不当可能会危害程序正义并影响法治反腐的力度和效度。

其二,监察机关在进行监察调查过程中,《监察法》与《刑法》《刑事诉讼法》等的规范性内容难以割裂,监察机关职务犯罪调查势必牵涉监察程序和刑事诉讼程序的衔接以及证据转化等诸多现实问题。如果监察机关职务犯罪调查权的行使忽略不同程序和实体规范的衔接,仅以高效反腐为目标,必然难以保障监察法实施过程的正当性与合理性。概言之,转隶

---

[1] 马怀德:《中华人民共和国监察法理解与适用》,中国法制出版社2018年版,第75-104页。
[2] 吴建雄、李春阳:《健全国家监察组织架构研究》,载《湘潭大学学报(哲学社会科学版)》2017年第1期。
[3] 卞建林:《监察机关办案程序初探》,载《法律科学》2017年第6期。

后的职务犯罪调查权行使必须严格遵循程序法治原则,以防背离我国法治建设的初衷。[1]

(二) 导致"调查中心主义"

从党的十八届四中全会明确提出"推进以审判为中心的诉讼制度改革",近几年的时间里,无论是诉讼理论界还是司法实务部门,对于这一命题都进行了广泛而深入的探讨,甚至在个别地区还通过社会实验形式作出了卓有成效的尝试。其实,相对于我们正在努力推进的"以审判为中心的诉讼制度"而言,中国实际存在着一种"以侦查为中心的刑事诉讼构造"。对于这种"以侦查为中心的刑事诉讼构造",有学者将其简称为"侦查中心主义"。在"侦查中心主义"的诉讼构造中,侦查在"诉讼"中占据主导乃至"中心"地位,并通过案卷笔录对后续的诉讼环节产生直接的控制力,后续的诉讼环节在某种程度上成为对侦查结论的确认。这样,侦查环节的错误就很难被后续的诉讼环节发现和纠正。

正因为如此,侦查被认为是决定被追诉人命运的阶段。特别是在监察体制改革之前,检察机关对职务犯罪案件自己立案侦查、自己决定逮捕、自己提起公诉,审判更是容易成为"橡皮图章"。在监察体制改革之后,检察机关的职务犯罪侦查权基本被转隶至监察机关。尽管监察机关对职务犯罪的调查没有侦查之名,但却有侦查之实,因此,如果在监察机关将案件移送检察机关后,审查起诉和法庭审判均流于形式,这一问题重重的诉讼构造或将得到延续,呈现出"调查中心主义"的格局。

(三) 侵犯被调查人的人权

"人权保障是宪法立法和宪政建设的主要内容,是衡量一国宪政进步与否的重要标尺",而"刑事法治直接影响实践中宪法人权保障原则的实现情况"。当前,监察机关权力运行存在闭合性倾向,监察机关办理监察案件不需遵循《刑事诉讼法》、不允许律师介入监察调查职务犯罪程序等规定,使得职务犯罪被调查人的人权保障未在获得整个国家资源支撑的集合性监察权面前得以彰显。在监察法实施过程中,若以腐败犯罪控制理念主导职务犯罪调查,那么极有可能激活职务犯罪调查权运行所潜藏的人权保障风险。显然,在我国推进监察全覆盖进程中,不能因为监察调查权就将刑事诉讼中的权利保障规定化为乌有。[2] 特别是,在推进刑事辩护全覆盖的制度改革背景下,监察调查职务犯罪案件不应当特立独行而成为众矢之的。

"法与时转则治,治与世宜则有功。"以法治原则为导向,是我国监察体制改革始终遵守的基本原则。法治原则应当成为我国监察权运行不可逾越的藩篱。换言之,监察机关的职务犯罪调查权运行必须遵循法治原则,和其他公权力一样接受监督和制约。否则,它就会成为法治建设的"法外之地",这必然是我国法治建设需要竭力避免的。我国《监察法》的出台既是为了构建法治反腐机制、加大反腐力度,更是为了规范反腐机构及其工作人员履行监察职责和行使监察权力。《监察法》第 53 条、第 54 条、第 55 条分别规定了监察机关要接受人

---

[1] 陈伟、郑自飞:《监察机关职务犯罪调查案件的检察衔接及其制约》,载《湖北社会科学》2020 年第 6 期。

[2] 陈光中、姜丹:《关于〈监察法(草案)〉的八点修改意见》,载《比较法研究》2017 年第 6 期。

大监督、民主监督、社会监督、舆论监督和内部监督,便是最佳例证。

监察体制改革所取得的巨大成绩,仍然无法掩饰监察权运行的潜在风险。否则,我们将会在自我陶醉中欺骗他人。职务犯罪调查权是监察机关监察权的核心组成部分,该权力行使的潜存风险是监察权运行风险防范的核心领域,使其受到有效的监督制约是保障监察权良善行使的关键。对监察机关职务犯罪调查权的监督需要结合该权力的特殊权力属性,在中国特色社会主义法律体系内构建行之有效的监督机制。

三、监察调查与检察公诉的衔接

根据《监察法》第45条的规定:"对涉嫌职务犯罪的,监察机关经调查认为犯罪事实清楚,证据确实、充分的,制作起诉意见书,连同案卷材料、证据一并移送人民检察院依法审查、提起公诉。"从而,移送审查起诉形成了监察调查与刑事诉讼程序的衔接。笔者认为,监察调查与刑事诉讼程序的衔接应当建立在配合与制约的原则之上,即监察机关行使职权应当严格遵守《监察法》和其他法律的有关规定,与司法机关互相配合、互相制约,保证法律得到准确有效的执行。在监察调查与检察公诉的衔接过程中,应当重点发挥检察机关的法律监督职能。[1]

(一) 审查起诉

检察机关应当依法对监察机关移送的案件进行审查,决定是否提起公诉。这既是检察机关与监察机关制约关系的主要体现,也是检察机关履行公诉职能的重要手段。在公诉制度产生之初,即以分权制衡为理论基础,而检察机关作为侦查机关与审判机关之间的楔子,负责刑事追诉之审查,即"实现对侦查权与审判权的双向控制"。检察机关依法独立行使职权,有助于实现《刑事诉讼法》追诉犯罪与保障人权的双重目标,使得对法益之保护贯穿于整个刑事诉讼程序。[2]

《监察法》第11条第3项规定,监察调查的案件移送检察院依法审查、提起公诉,一改草案"移送起诉"的表述,增加"审查"两字,从而肯定了检察院审查起诉的职能。审查起诉是检察机关公诉职能的重要部分,为了保证国家公诉权行使的合法性、统一性和严肃性,检察机关应对监察机关移送案件的事实、证据等进行全面审查,严格把关,以确保公诉质量,同时还应对监察机关的调查活动是否合法进行监督,以实现监察程序与刑事诉讼程序"依法衔接"。

(二) 决定不起诉

《监察法》第47条第4款规定,对监察机关移送审查起诉的案件,作出不起诉决定必须经过上一级人民检察院审批。同时规定,监察机关认为不起诉的决定有错误的,可以向上一级人民检察院提请复议。相较此前《监察法(草案)》所限定的不起诉条件,以及"征求意见+报经批准"的不起诉程序,《监察法》的规定较为妥当,从制度上具体落实了互相制约的原则,

---

[1] 卞建林:《配合与制约:监察调查与刑事诉讼的衔接》,载《法商研究》2019年第1期。
[2] 参见林钰雄:《检察官论》,学林文化事业有限公司1999年版,第17页。

从而确保检察机关能够依法独立行使职权。这不同于对公安机关移送审查起诉案件的处理,对该类案件的不起诉,公安机关有权向作出不起诉决定的检察院复议,对复议决定不服还可以向上一级检察院申请复核。《监察法》之所以不采取"复议+复核"模式,显然是因为不起诉是在上一级检察院审批之后作出。考虑到我国不起诉制度适用情况本身就不理想的现实,检察机关不宜再出台内部的规定或指标对监察案件适用不起诉决定进行特别的约束。

(三) 补充侦查

根据《监察法》第47条的规定,人民检察院经过审查,认为需要补充核实的,应当退回监察机关补充调查,必要时也可以自行补充侦查。修正后的《刑事诉讼法》对于补充侦查亦作出了同样的规定。正如有的学者所言,我国检察机关的补充侦查权并不依附于侦查权,而是公诉权派生出来的应有权力。因此,检察机关的补充侦查权体现了公诉权的本质,本身就具有监督属性,与检察机关承担的法律监督职能具有内在的逻辑联系。

《监察法》第47条规定:"对于补充调查的案件,应当在一个月内补充调查完毕。补充调查以二次为限。"该补充调查仅指退回补充调查,不包括自行补充侦查。这不仅符合现行《刑事诉讼法》的规定,而且能够避免诉讼程序拖延过长。其中,最大难题在于,退回补充调查之后,程序是处于监察调查阶段,还是审查起诉阶段。从《监察法》法条表述来看,其采取"退回补充调查"的词语,显然认为其属于监察调查阶段,正如在审判阶段退回补充侦查不能认为仍处于审判阶段一样。当然,这只是从现有法律规范释义的角度进行的推演,如果从应然角度,将之认定为审查起诉阶段,更有利于保障犯罪嫌疑人的合法权益,但需要法律作出调整。当前部分检察机关内部出台相关规定,禁止检察机关对监察机关移送的案件退回补充调查。这一做法并不妥当,既与《监察法》《刑事诉讼法》的相关规定相背离,又混淆了检察机关与监察机关互相制约的关系,将对检察机关独立行使职权产生不利影响,继而可能损害检察机关法律监督职能之实现。

四、检察机关对监察调查的司法监督

自国家监察体制改革以来,有关监察调查程序如何与刑事诉讼程序进行衔接的话题,可以说一直备受关注。[1] 应当说,对此话题的研究,确实具有重要意义。但是,为确保监察机关对职务犯罪的调查在法治轨道内进行,我们不仅需要研究监察机关与检察机关的衔接程序问题,更应该认真对待两者的制约关系问题。尽管《监察法》没有规定监察机关对职务犯罪的调查活动应受《刑事诉讼法》的规制,但也不能背离其基本精神和基本理念。检察机关作为宪法规定的法律监督机关,也应有权对监察机关调查职务犯罪的行为进行监督。此外,在监察机关调查职务犯罪的环节中律师虽然不能介入,但在后续的审查起诉、审判等环节应充分发挥辩护律师的作用。

---

[1] 参见汪海燕:《监察制度与〈刑事诉讼法〉的衔接》,载《政法论坛》2017年第6期。

(一) 监察调查权的程序规制

虽然,对于监察机关的调查行为还存在着属性之争,但其所包含的权能内容确实与侦查权极其相似。因此,调查权的强制性、主动性、单方性、扩张性、侵犯性以及秘密性等特点,决定了其运行必须受到正当程序的规制。监察机关对职务犯罪的调查除了应遵守《监察法》的规定外,还应受到刑事程序法的规制。程序在现代法治社会中扮演的角色无疑极其重要,甚至在某种程度上构成了现代法治的核心内容。正如美国著名大法官道格拉斯所指出的那样:"《权利法案》的绝大多数条款都是程序性的,这一事实绝不是无意义的,正是程序决定了法治与恣意的人治之间的基本区别。"如果程序是公正、合理、规范的,就能够有效地限制恣意、专断和过度裁量。要使监察机关职务犯罪的调查少受质疑,必须使其在刑事程序的规制下运行。考虑到监察机关在收集、固定、审查、运用证据时,应当与刑事审判关于证据的要求和标准相一致,因此监察机关对职务犯罪的调查至少不应违背刑事诉讼的基本精神和基本理念。而《刑事诉讼法》作为国家的基本法律,应当获得包括监察机关在内的任何国家机关的尊重,只有这样,监察机关的调查结果才能得到检法机关更好的认同。

(二) 监察调查权的检察监督

在新形势下,"对于检察机关而言,只有找准自己的定位,聚焦监督主责主业,提升监督工作的质效,才能担负起法律监督机关的宪法定位"[1]。作为推进国家治理体系现代化和治理能力现代化的重大举措,国家监察体制改革所带来的检察机关职务犯罪侦查权的转隶,无疑对检察机关的职能定位产生重要影响,但并未动摇《宪法》赋予检察机关的法律监督定位。对于那些威胁程序正义的行为,无论出自哪个权能主体,检察机关均有义务借由法律监督职责而加以警戒乃至规制。"如果职务犯罪的调查能够得到检察公诉的引导,不仅可以防止调查权蜕化为一种不受任何外部约束和控制的'法外特权',还有助于减弱因证据排除而引发的程序动荡。"应当承认,在监察机关调查职务犯罪过程中确立检察引导机制,契合检察机关和监察机关在职务犯罪追诉上的共同利益,有利于保障职务犯罪调查权在法治轨道上的良性运作,符合我国高效法治反腐的制度初衷。但是,我们在主张检察机关的法律监督延伸至监察机关职务犯罪的调查领域时,也应对其操作难度有足够的认识。毕竟,无论是从监察体制改革试点运行的情况来看,还是从《监察法》的规定来看,都没有要求监察机关对于需要对被调查人适用强制措施的提请检察院批准逮捕。根据《监察法》的规定,对监察机关移送的职务犯罪案件,人民检察院要依照《刑事诉讼法》对被调查人采取强制措施。因此,检察机关要实现对监察机关的调查进行法律监督,必须严格把好逮捕这一关,以对监察机关的办案质量形成实质影响。

(三) 被调查人辩护权的保障

程序法治原则的核心是加强诉讼中的人权保障。诚如有的学者所言:"人权保障实际上就是要为公权力设定界限,成为制约权力的重要手段。"允许律师介入监察调查是程序法治原则在监察调查中的重要体现。一般认为,刑事诉讼的历史就是辩护权不断扩张的历史。

---

[1] 李奋飞:《检察机关的"新"自侦权研究》,载《中国刑事法杂志》2019年第1期。

一个国家能不能容忍以及能在多大程度上容忍辩护制度和接受辩护人，可以说，在很大程度上反映出这个国家的文明与法治程度。而目前在我国，只有当案件被监察机关移送检察机关审查起诉后，律师才能介入。有观点认为，职务犯罪案件主要涉及行贿、受贿，多数依靠言词证据，这类案件的突破最怕串供、隐匿证据甚至销毁证据。律师介入会影响调查进程，因此要排除这方面的干扰。笔者认为，允许律师介入监察调查具有正当性与必要性，可以结合实际情况有条件地准许律师介入。如可依法设定可能有碍监察机关调查的情形，在有碍调查的情形消失后，律师可以不经许可会见被调查人，且在调查终结前应当许可律师会见被调查人。

（四）证据审查功能的强化

公诉权独立是检察独立的核心内容，而检察独立已成为各国公认的普遍性要求和共同遵循的诉讼活动准则。证据审查是公诉权的主要职责，因而如何保障检察机关对监察调查职务犯罪的证据审查的独立性和有效性，事关检察权的独立行使，也关系到检察机关法律监督职能的发挥。

强化检察机关对监察机关职务犯罪调查的证据审查，需要从犯罪事实是否存在、犯罪罪名及情节等方面着手。检察机关应坚持"证据确实、充分"的标准审查职务犯罪调查证据。对于程序、形式和方式不合法的证据要严格依照《刑事诉讼法》进行非法证据排除，做到庭审前职务犯罪证据审查的实质化。强化检察机关对监察机关职务犯罪调查证据的事后审查，既是实现调查程序和刑事诉讼程序有效对接，依法追究职务犯罪被调查人刑事责任的要求，更是检察机关对监察机关的职务犯罪调查进行法律监督的有效手段。

结　语

监察体制改革尚处于摸索阶段，不可能毕其功于一役，仍然需要长期的研究与不懈的探索。作为新事物，出现问题在所难免，对此我们要有耐心，加以规范引导，在合宪性和合法性的前提下，积极稳妥地推进监察工作，进而实现刑事诉讼程序的整体流畅与和谐，确保全面依法治国背景下监察机关职务犯罪的调查权可以在良性轨道上运行。

监察体制深化改革背景下司法渎职侵权案件的查办与处理

单奕铭*

摘　要：在监察体制改革之前，检察机关反渎职侵权部门负责查办司法渎职侵权案件线索并进行相应处理；监察体制改革之后，司法公职人员的违纪、违法以及渎职侵权犯罪问题均转由监察机关调查、处置。这种职权变化形成了对司法公职人员的全面监督，实现了追责行动与追责效果的统一。但监察机关的调查权使用不当，可能导致更深度的司法腐败。对于不构成犯罪的司法渎职侵权案件，应由监察机关主导处理；对于构成犯罪的司法渎职侵权案件，应当形成对监察机关调查权必要的法律制约。

关键词：监察改革　渎职侵权　调查权　制约关系

目前，我国正处于全面深化国家监察体制改革阶段，新的国家监察体制在有力预防、惩治腐败犯罪的同时，也暴露出一定的问题。在司法领域，查办司法工作人员渎职侵权案件的职权设置发生了根本性的变化，由此导致司法渎职侵权案件的查处面临新问题。本文在分析当前司法渎职侵权查办机制的利弊基础上，提出查办司法渎职侵权案件的权力制约意见。

一、查处司法渎职侵权案件的职权变化

在国家监察体制改革前后，查处司法渎职侵权行为的职权设置和运行结构均发生了较大的变化。

在监察体制改革之前，对于司法诉讼活动中的违法行为，主要由检察机关侦监、公诉、民行、监所等部门进行法律监督；对于涉嫌渎职侵权犯罪的案件线索，由检察机关反渎职侵权部门负责侦查。从法律根据来看，我国《宪法》第134条规定了"人民检察院是国家的法律监督机关"，由此确立了检察机关在国家机构中作为法律监督机关的地位。2004年中共中央转发的《中央司法体制改革领导小组关于司法体制和工作机制改革的初步意见》提出："人民检察院发现或接到反映、举报司法工作人员在办案过程中有枉法裁判、徇私舞弊、以权谋私、刑讯逼供或其他损害当事人合法权益的行为时，应予以受理并进行调查。对涉嫌犯罪的，应依法立案侦查；未涉嫌犯罪的，应移送有关部门调查处理。"由此明确了检察机关对司法渎职侵权行为的调查权、侦查权。实践中，各级人民检察院反渎职侵权部门对于涉嫌犯罪的司法

---

* 单奕铭：河南工业大学讲师。

渎职侵权案件进行侦查。在此阶段，各级纪委在工作中发现的渎职侵权犯罪线索一般也要移交同级人民检察院反渎职侵权部门予以立案侦查。在司法违法行为处理方面，对于不构成犯罪的违纪、违规问题，情节轻微的，一般写出检察建议书，由司法机关内部的纪检部门进行处理；违法情节较重但不构成犯罪的，可能交由同级纪委进行党纪政纪处理。对于构成渎职侵权犯罪的案件，由检察机关反渎职侵权部门立案侦查终结后交本院公诉部门审查起诉。

在监察体制改革之后，新成立的监察机关、原有的检察机关均有权对司法诉讼活动中的渎职侵权行为进行监督，但实际上司法公职人员的违纪、违法、犯罪等问题均转由监察机关负责调查。2018年3月20日第十三届全国人民代表大会第十三次会议通过的《中华人民共和国监察法》（以下简称《监察法》）第11条规定"监察机关对诉讼活动中司法人员涉嫌贪污贿赂、滥用职权、玩忽职守、徇私舞弊以及浪费国家资财等职务违法犯罪活动，依法进行调查。"由此确立了监察机关对司法公职人员实施的渎职侵权行为具有调查权。该法第34条又规定："人民检察院在工作中发现公职人员涉嫌贪污贿赂、失职渎职等职务违法或者职务犯罪的问题线索，应当移送监察机关，由监察机关依法调查处置。如果被调查人既涉嫌严重职务违法或者职务犯罪，又涉嫌其他违法犯罪的，一般应当由监察机关为主调查，检察机关予以协助。"进一步明确了检察机关在履行法律监督职责过程中发现的司法渎职侵权问题，也应交监察机关调查、处置。2018年修订的《中华人民共和国人民检察院组织法》（以下简称《检察院组织法》）结合《监察法》调整了检察机关侦查权的范围。其中第20条将人民检察院"对于直接受理的刑事案件，进行侦查"的职权修改为"对依照法律规定由其办理的刑事案件行使侦查权"。虽然《检察院组织法》保留了检察机关必要的侦查权，但按照现在检察机关的人员配置情况、权力运行结构，已经无法应对日常的渎职侵权案件的侦查工作。而且，即使检察机关负责侦办的渎职侵权案件，如果查证后不构成犯罪的，也面临移送纪检监察机关作出最终处理的问题。

总体而言，在监察体制改革以前，纪委、检察机关对于司法公职人员的监督基本属于"二元分立"的格局，二者在对公职人员违纪、违法的调查和处理上虽有工作联系，但基本上处于各自为政的状态。在监察体制改革之后，通过将检察机关的反贪、反渎部门以及职务犯罪预防部门的人员及其职能转隶至纪委，并由新成立的监察委员会统一行使相应职权，由此形成监察机关查处司法公职人员渎职侵权案件的"一元主导"格局。

二、当前查处司法渎职侵权案件的利弊分析

与监察体制改革之前相比，查办司法渎职侵权案件的职权变化具有明显优势。

其一，这种职权变化的最大优势在于，形成了对司法公职人员职权监督的全覆盖，可以最大限度预防、惩治司法腐败。在监察体制改革之前，虽然检察机关设有专门的反渎职侵权部门，负责在必要时对涉嫌渎职侵权犯罪的司法违法案件进行立案侦查，但容易产生监督上的空白地带。司法渎职侵权案件的成因一般比较复杂，由此导致案情复杂，调查取证难度大，办案阻力大。在办案手段方面，检察机关反渎职侵权部门一般只能通过调阅、审查案卷

材料以核实司法工作人员在诉讼活动中是否存在违法事实,侦查工作基本上以初核、初查为主,对于司法工作人员徇私、徇情的情节难以准确认定,许多案件因为不符合渎职侵权犯罪的法定立案标准而无法得到有效处理。[1] 对于确定已发生损害后果、以事立案侦查的渎职侵权案件,有时候也难以准确厘清责任、开展有效的追责。如此一来,对于在诉讼活动中确实存在违法行为但不构成犯罪的案件,检察机关一般只能采取发出检察建议或者提出纠正违法意见的措施进行法律监督。可以说,检察机关反渎职侵权部门很难真正发挥制约、监督司法渎职侵权的作用。在监察体制改革之后,监察机关作为行使国家监察职能的专门机关,整合了原属于检察机关的反贪、反渎、预防职能和原属于纪委的党纪政纪处分权限,可以对所有行使公权力的司法工作人员进行有效监督。监察机关调查、处置的内容不仅限于司法工作人员实施的滥用职权、徇私枉法等达到渎职侵权立案标准的职务犯罪行为,而是涵盖职务违法行为和违纪违规问题。

其二,这种职权变化的显著优势在于,有利于实现追责行动与追责效果的统一,体现出行为人实施司法渎职侵权行为与其应承担不利后果的一致性。在监察体制改革之前,对国家工作人员违纪问题的党纪处分与对违法犯罪的国法处理是相对独立的,容易产生脱节。在以往的司法实践中,检察机关直接受理的渎职侵权案件线索,基本上是在行使法律监督职能的过程中发现的。由于案件发生在本辖区且涉及司法工作人员,调查者与被调查者同属司法系统,在日常工作中常有往来,人际关系复杂,这导致对于部分案件,尤其是对于违法但不构成犯罪的案件缺乏有效的处理。申言之,对于执法过程中存在渎职侵权行为的司法公职人员,检察机关反渎职侵权部门初查之后认为不构成犯罪的,一般会写出相应的检察建议交司法工作人员所在单位或者督促相关部门予以处理。在此过程中,有些违法违纪问题就会大事化小、小事化无,导致有些不严重的违法违纪问题难以得到及时有效的警示和纠正。这种状况有时会让人民群众产生"司法领域官官相护"的不良印象,造成比较恶劣的社会影响。而在监察体制改革之后,监察机关兼具对司法公职人员职务违纪、职务违法与职务犯罪问题的监督、调查与处置职权。相应地,在对违法违纪人员的追责处理方面,涵盖党纪处分、行政处分、刑事司法追责三个方面,可以区分情况予以适当处置。从司法工作人员"滥权"所造成的潜在影响考虑,对于达到或尚未达到犯罪立案标准的被调查人,均可以及时给予相应处分,有利于及时惩治违法行为,实现实质上的司法公正。具体而言,对于不履行或者不正确履行职责的司法公职人员,有违法行为但情节较轻的,可以谈话提醒、批评教育、责令检查或者予以诫勉;对于违法情节较重、但不构成犯罪的,可以予以相应的党纪政纪处分;对于产生严重危害后果、涉嫌渎职侵权犯罪的,可以在查证属实后移送人民检察院依法审查提起公诉,追究刑事责任。对于负有责任的领导人员,亦可以通过直接问责或者向有权机关提出问

---

[1] 根据2005年《最高人民检察院关于渎职侵权犯罪案件立案标准的规定》,对于常见的滥用职权罪、玩忽职守罪有人身伤亡、直接或间接经济损失方面的要求。对于涉及司法工作人员的徇私枉法罪,民事、行政枉法裁判罪,执行判决、裁定失职罪等均有人身伤亡、直接或间接经济损失以及徇私情、私利的情节要求。司法实践中,大多数涉嫌渎职侵权的案件线索达不到渎职侵权犯罪的立案标准。

责建议的方式落实主体责任。改革前后相比,大大增强了司法领域落实责任的有效性。

辩证唯物主义告诉我们,任何事物都具有两面性。查办司法渎职侵权行为的职权变化,也存在不利之处。一方面,从我国国家机构的设置分析,检察机关是行使法律监督权的法定机关,这种监督侧重的是对"权"的监督,即对所有公职人员,尤其是国家工作人员是否严格依照法律行使公权力、履行法定义务的监督。可以说,检察机关对法律实施的监督是全面的,没有例外规定。从这个角度来讲,对于依照《监察法》行使法定职权的监察机关,检察机关当然具有法律监督职能。但是当前,《监察法》《人民检察院组织法》中并没有明确检察机关作为法律监督机关如何监督制约监察机关的权力运行。而且,《监察法》明确将监察机关与司法机关之间的关系定位是"相互配合,相互制约",这种关系设置明显与检察机关在法律体系中的定位有冲突,而如何相互制约的不明确更使得监察机关调查权的运作产生了权力监督的空白。监察机关在职务违法行为的调查处置方面拥有的这种不被监督的绝对权力,可能影响到司法机关正常履行职能,具有侵犯被调查人合法权利的风险。另一方面,由于监察机关是对"人"的监督的全覆盖,即对全部行使公权力的公职人员以及与公职人员相关的人员履行监督职责,调查权覆盖范围非常大。在监察体制改革之后,司法机关相对于监察机关处于政治上的劣势地位,或者说是处于国家公权力的下游位置。而且,为了保障监察机关行使权力的顺畅性,《监察法》中更是明确规定了"监察机关在工作中需要协助的,有关机关和单位应当根据监察机关的要求依法予以协助"。那么,如果监察机关在工作中以需要协助打击职务违法犯罪为由,强行要求公安机关对相关人员采取强制措施、要求检察机关对被调查人逮捕起诉、要求人民法院对被调查人判处刑罚,很可能损害司法机关正常的司法职能。由于监察机关在对司法公职人员的调查、处置方面享有绝对的权力,如果监察权被不当使用,那么容易导致监察腐败乃至深层次的司法腐败。在当前一些案件的处理上,已然出现了"以罚代刑""纪法混淆"等现象。申言之,任何不受监督制约的权力都面临自身腐败的巨大危险,缺乏有效制约的监察权可能导致深度的监察腐败、司法腐败,进而侵害所有被监督人的合法权益。

三、司法渎职侵权案件查处的权力制约

结合当前查办司法渎职侵权案件的职权设计和利弊状况,笔者认为,对于司法渎职侵权案件的查办与处理大体上可以分为不构成犯罪和构成犯罪两种情形。

(一) 不构成渎职侵权犯罪的情形

一方面,在被调查人不构成渎职侵权犯罪的情况下,应由监察机关主导、决定案件处理。国家推行监察体制改革、实现对公职人员权力监督全覆盖的目的,是要将权力关进制度的笼子,及时锁定、处置渎职、滥权的腐败分子,这也是我国当下反腐败的核心工作。由此,在《监察法》中系统规定了受监察公职人员的范围、监察的手段和相应的处置办法。司法公职人员作为国家工作人员,其履职行为不仅受法律约束,更要接受党纪的直接监督。党的纪律是国家法律的具体化,其适用范围要远远大于国法,其制约程度要高于国法。监察权的内部类型

化配置为针对不同情形适用"党纪"与"国法"奠定了基础,"党纪"与"国法"的衔接又为反腐败目的的最终实现提供了制度保障。[1] 在此背景下,把司法公职人员置于普通党员干部的同等地位予以监督,是在司法领域贯彻党的领导、实现全面法治的必然选择。在当前的体制下,监察机关在整个监督体系中居于中枢地位,其他主体负有协助配合国家监察工作的职责。因此,应当由监察机关主导对司法工作人员渎职侵权线索、问题的调查,并对不构成犯罪但具有违法违纪行为的公职人员作出相应的处置。同时,监察机关作为一个国家机构,必须遵守民主集中制的组织原则。即凡属法律法规、组织纪律规定应当由监察委员会相关负责人集体讨论和决定的事项,必须由集体讨论研究决定。

另一方面,要正确认识检察机关与监察机关在诉讼活动调查权方面的冲突。在监察体制改制之后,虽然检察机关不再作为调查司法渎职侵权案件的主体,但其作为法律监督机关,亦具有调查司法工作人员在诉讼活动中是否合法行使司法权的权力,由此可能产生监察、检察二机关对司法工作人员调查权的混淆。比较而言,检察机关在诉讼监督中的调查,与诉讼活动同步进行。这种诉讼监督的主要作用是确认司法工作人员诉讼过程中是否存在违法开展诉讼活动的情况,如果确认存在违法行为,检察机关一般会根据查实的情况,提出更换办案人的建议或者提出纠正违法意见。检察机关依法行使的诉讼监督职责,其进行的调查和处理属于诉讼过程中的纠错措施,作用在于保障诉讼活动的公正进行。而监察机关的调查往往是在诉讼活动结束后进行的,在调查范围上也不仅限于司法工作人员在诉讼活动中的违法行为,而是包括司法工作人员的廉洁性。纪检监察部门针对诉讼活动开展的调查,属于党纪政纪监督,如果确认司法公职人员存在轻微违法或者违纪行为,那么就可以给予当事人相应的纪律、政务处分。监察机关对轻微违法和违纪行为行使的监督具有纪律处分的性质,作用在于防微杜渐、教育警醒违纪人员。如果检察机关在诉讼监督调查中发现司法公职人员存在违纪问题,应当移交纪委进行处置。

(二)构成渎职侵权犯罪的情形

其一,根据法律规定,对于已然构成渎职侵权犯罪的案件,监察机关对案件中的刑事犯罪部分没有最终处理权限,而是要移送司法机关处理。而其中关键的问题在于,对涉嫌渎职侵权的行为人是否构成犯罪,必须依据案件客观情况予以判断。违纪、职务违法与职务犯罪所对应的腐败程度是逐级递增的,但其评判标准又是相互独立的,对于职务犯罪行为,绝不能以前置的纪律处置、政务处分加以替代。[2] 细言之,监察机关在调查形成案卷之后,必须依据《刑法》规范的规定,从犯罪主、客观构成要件的层面判断行为人是否构成渎职侵权犯罪,而不能根据行为人在调查中的表现作出纯主观的判断。具体实践中,行为人是否构成犯罪,要看其涉及的案件本身是否达到渎职侵权犯罪的立案标准,符合立案标准的必须按照程序予以刑事立案调查。经监察机关调查发现公职人员涉嫌犯罪并调查属实的,应当移送检察机关依法审查、起诉,而不能够越权以党纪代替国法进行处理。从中央纪委国家监委网站

---

[1] 庄德水:《监察委员会有效运行的结构化逻辑分析》,载《理论与改革》2019年第1期。
[2] 刘艳红:《〈监察法〉与其他规范衔接的基本问题研究》,载《法学论坛》2019年第1期。

通报的相关案例来看,一些收受礼金的案件其实已经符合某些犯罪的构成要件,却并没有作为刑事案件移送司法机关处理,这是不合理的。结合监察机关的职能来看,强调"纪律挺在前"、合理运用监督执纪"四种形态"不意味着纪律可以逾越法律,而只是强调通过纪律规范将公职人员的不当行为消灭在前端,最大限度地预防犯罪。鉴于监察机关在反腐败体系中的主导地位,为了防止"灯下黑",对于构成渎职侵权犯罪的案件,应当形成对监察机关职务犯罪调查权的法律制约体系。对于发现时已经产生了重大损害结果、已然达到犯罪标准的渎职侵权案件,不能因被调查人在调查阶段的良好配合表现而通过纪律处置、政务处分的方式代替刑事追责,否则将违背罪刑法定原则和适用刑法人人平等原则。

其二,对于移送司法的案件,司法机关具有最终处理的决定权,监察机关不得随意干涉。国家推行监察体制改革的初衷和目的并非把监察机关塑造成不受丝毫制约的"全能机构",在进一步推进监察工作改革的过程中更要强调法治反腐。作为党的反腐败领导机构,虽然纪委对反腐败工作拥有组织协调的职权,但不得因此违规干预检察机关依法独立行使职权。[1] 由于职务犯罪的司法追究时常涉及较为复杂的证据事实与法律适用问题,对于职务犯罪的刑事追责而言,必须确保刑事诉讼活动的专业化。因此,对于移送司法机关的渎职侵权犯罪案件,监察机关要适应人民检察院的案件审查和人民法院的案件审判要求,以保证职务犯罪案件的法律质量。在《监察法(草案)》征求意见过程中,对于公职人员职务犯罪案件的移送使用了"移交检察机关依法提起公诉"的表述。而检察机关对公诉案件的起诉权属于《宪法》赋予的专有职权。问题在于,要求检察机关"依法提起公诉",而非"审查决定起诉",妨碍了检察机关依法审查起诉功能的展开,不利于保障案件质量。因此有专家学者提议应将"依法提起诉讼"修改为"移送同级人民检察院审查决定"。[2] 正式颁布实施的《监察法》第45条规定了"对涉嫌职务犯罪的,监察机关……制作起诉意见书,连同案卷材料、证据一并移送人民检察院依法审查、提起公诉",明确了检察机关对监察机关移送的职务犯罪案件的审查权。2017年第十八届中纪委第七次全体会议通过的《纪律检查机关监督执纪工作规则(试行)》第42条又作出了"案件移送司法机关后,执纪审查部门应当跟踪了解处置情况,发现问题及时报告,不得违规过问,干预处置工作"的明确规定。有鉴于此,在监察机关将涉嫌渎职侵权犯罪的案件移送检察机关后,检察机关有权依法独立审查后决定是否提起公诉。也就是说,对于监察机关移送审查起诉的案是否提起公诉应当由检察机关决定,并可以根据案件具体情况改变罪名。

其三,对于移送司法机关处理的案件,应当完善司法机关对监察机关职务犯罪调查活动合法性和证据可采信性的审查机制。关于监察机关行使的公职人员职务犯罪调查权的性质,理论上争议较大。虽然有学者认为,监察机关所行使的对职务犯罪的调查权已经溢出了"调查权"的通常内涵,而实质性地成为一种"侦查权"。[3] 但法学理论界普遍认为,监察机

---

[1] 陈光中:《关于我国监察体制改革的几点看法》,载《环球法律评论》2017年第2期。
[2] 龙宗智:《监察与司法协调衔接的法规范分析》,载《政治与法律》2018年第1期。
[3] 熊秋红:《监察体制改革中职务犯罪侦查权比较研究》,载《环球法律评论》2017年第2期。

关的调查权虽然具有侦查权的色彩,但是与检察机关原本的职务犯罪侦查权确实存在差异。[1]监察委员会调查职务违法、犯罪行为所适用的是《监察法》,而非《刑事诉讼法》。监察委员会的调查权不等于侦查权,调查权也不可能受到《刑事诉讼法》的直接约束。[2]这意味着,在办理职务犯罪案件时,监察机关实际上是借助调查权之名行职务犯罪侦查权之实,只是在性质上并没有明确为刑事侦查权,但也因此避开了相关法律的约束,导致其调查活动合法性和证据证明标准的法律约束缺位。从实践来看,监察机关对被调查人以及与案件相关的其他人员可采取的强制性措施比较全面,涵盖了传统的刑事侦查权所具有的针对人身、财物以及隐私的强制措施,这些强制措施的使用必须受到法律的规制。检察机关作为法定的法律监督机关,具有监督所有实施法律的部门是否依法行使职权的权力。结合《监察法》关于人民检察院可以将案件退回监察机关补充调查、必要时可以自行补充侦查以及监察机关可以向上一级人民检察院提请复议的设置来看,在某种意义上是将监察机关办理职务犯罪案件的调查活动和侦查机关的刑事侦查活动同样对待的,这为约束监察机关查办职务犯罪案件的调查权提供了客观依据。因此,对于监察机关调查、移送的职务犯罪案件,人民检察院理应对调查措施的合法性和证据材料的可采信性进行独立审查和判断,从而形成对监察机关依法行使权力的司法制约。

---

[1] 马怀德:《〈国家监察法〉的立法思路与立法重点》,载《环球法律评论》2017年第2期。
[2] 刘艳红、夏伟:《法治反腐视域下国家监察体制改革的新路径》,载《武汉大学学报(哲学社会科学版)》2018年第1期。

司法渎职侵权犯罪留置与刑事强制措施衔接问题研究

王园园 李 乐[*]

摘 要：目前,对留置和刑事强制措施的衔接研究主要集中在监察调查和审查起诉的前后程序的转换上,《刑事诉讼法》修改后赋予了检察机关司法渎职侵权领域的部分侦查权,其中也涉及监察机关、检察机关对相同对象的分别立案所产生的留置和刑事强制措施的选择适用,需要开展相关的调查研究,以更好地指导实践。

关键词：司法渎职侵权 留置 刑事强制措施 衔接研究

修改后的《刑事诉讼法》明确检察机关对部分司法渎职侵权犯罪的侦查权,与该领域监察机关调查权应然产生交叉、互涉。在互涉案件分别办理或者移送其他机关办理的过程中,必然在平行的职务犯罪查办领域产生留置与刑事强制措施相衔接的问题,有必要展开研究以指导实践。

一、留置与刑事强制措施的适用规定

根据《监察法》规定,监察机关为履行职责可以采取谈话、讯问、询问、查询、冻结、调取、查封、扣押、搜查、勘验检查、鉴定、留置等十二项措施,相关规定在"监察权限"章节中。因留置是调查措施中唯一一项剥夺公民自由权的措施,该法对留置的适用条件作了明确的限定,即一是涉嫌贪污贿赂、失职渎职等严重职务违法或者职务犯罪的;二是监察机关已经掌握部分违法犯罪事实及证据,仍有重要问题需要进一步调查的;三是涉及案情重大、复杂,可能逃跑、自杀,可能串供或者伪造、隐匿、毁灭证据或者可能有其他妨害调查行为等情形的。对于留置的期限,该法第43条第2款规定,留置时间不得超过3个月,在特殊情况下,可以延长一次,延长时间不得超过3个月。关于留置后的刑期折抵方面,《监察法》第44条第3款规定被留置人员涉嫌犯罪移送司法机关后,被判处管制、拘役和有期徒刑的,留置1日折抵管制2日,折抵拘役、有期徒刑1日。

相对而言,刑事强制措施则是为了保障侦查、起诉、审判等刑事诉讼活动的顺利进行,司法机关对犯罪嫌疑人、被告人采取的限制其一定程度人身自由的方法,主要包括拘传、取保候审、监视居住、拘留、逮捕等五种。其中,《刑事诉讼法》第67条、第74条、第81条、第82

---

[*] 王园园：江苏省淮安市清江浦区人民检察院第三检察部副主任；李乐：江苏省淮安经济技术开发区人民检察院第四检察部副主任。

条分别就取保候审、监视居住、逮捕和拘留的适用情形予以列明,相应的执行期限最长为37天至12个月不等。因案件事实、证据情况的变化,各刑事强制措施之间也可变更或转换。如被取保候审的犯罪嫌疑人、被告人违反取保候审规定,情节严重的,可以予以逮捕,或逮捕后通过羁押必要性审查发现不需要继续羁押的,可以释放或变更强制措施。因取保候审没有实质上剥夺犯罪嫌疑人或被告人的人身自由,故刑期折抵仅限监视居住、逮捕和拘留三种。

二、留置和刑事强制措施的对比

根据《刑事诉讼法》的相关规定,侦查机关的强制措施从轻到重一共有五种,检察机关在侦查中可以对犯罪嫌疑人采取拘传、刑事拘留、取保候审、监视居住或者逮捕的强制措施。强制措施本质是对被追诉人自由权的干预。通过法条对比,可以看出留置和强制措施的不同特点:

1. 留置的对象不限于涉嫌职务犯罪的人员,还包括涉嫌严重职务违法行为的人员,意味着不构成刑事犯罪的人员也可能被采取留置措施。而刑事强制措施仅限于涉嫌刑事犯罪的人,达不到刑事犯罪标准的人不能被采取强制措施。

2. 留置的时间长于一般的刑事强制措施,正常的逮捕时间为2个月,特殊情况下经过3次批准延长羁押期限的最长是7个月,但留置的起点就是3个月,经过延长可以达到6个月,相当于拘役刑的最长期限。

3. 留置的期限可以折抵刑期,但是留置过程中律师无法介入,整个调查过程是全封闭的。而刑事案件侦查过程中犯罪嫌疑人或被告人有权获得律师的法律帮助。

4. 留置措施实质上剥夺了被调查人的人身自由权,具有明显的强制性和国家强制权力保障。因拘传、取保候审、监视居住没有完全限制人身自由,不存在羁押情形,刑事拘留的期限相对较短,因此留置和刑事强制措施的对比主要指的是留置和逮捕措施的对比。留置的强度和效力类似于刑事诉讼活动中的逮捕。

综上所述,留置是基于监察制度应运而生的一种保障监察调查的限制人身自由的措施,是监察权的重要组成部分。

三、留置与刑事强制措施衔接的几种方式

当检察机关和监察机关对司法人员渎职侵权犯罪案件均有管辖权时,对同一犯罪嫌疑人或者被调查人交叉行使和重复行使同一侦(调)查措施、强制措施在实践中缺乏可操作性,如检察机关和监察机关不可能同一时间对同一物品均实施扣押、对同一犯罪嫌疑人或者被调查人同时实施留置和逮捕。需要注意的是,修改后的《刑事诉讼法》中指定居所监视居住强制措施仅适用于涉嫌危害国家安全犯罪、恐怖活动犯罪的犯罪嫌疑人或被告人,检察机关指定居所监视居住的权力在修改后的《刑事诉讼法》中已经没有相关规定。主要分为三种

情形：

1. 检察机关立案侦查的案件。毫无疑问，检察机关根据案件情况，有权决定对犯罪嫌疑人采取拘留或逮捕等刑事强制措施，由公安机关执行。同时，应当告知犯罪嫌疑人享有的诉讼权利，如实供述自己罪行可以从宽处理和认罪认罚的法律规定。比如检察机关在第一次讯问犯罪嫌疑人或犯罪嫌疑人采取强制措施时，应当告知犯罪嫌疑人有权委托律师作为辩护人，辩护律师可以会见了解案件有关情况、提供法律咨询等，且会见时不被监听。

2. 立案后移送改变管辖的案件。虽然都是对职务犯罪案件进行调查或者侦查，监察机关和检察机关本身仍属于不同的机构，两者之间属性不同。因此，不同于同一类机关之间移送改变管辖的情形，监察机关（检察机关）在立案后又决定移送给检察机关（监察机关）立案侦（调）查的，不论采取留置措施或者刑事强制措施，在移送管辖前都应解除留置措施或者刑事强制措施，再移送管辖。

3. 协商后监察、检察机关分别立案的案件。检察机关应与监察机关协商强制措施的使用，《监察法》第34条第2款明确规定："被调查人既涉嫌严重职务违法或者职务犯罪，又涉嫌其他违法犯罪的，一般应当以监察机关为主调查，其他机关予以协助。"因此，原则上应该适用留置。该种情况的出现源于《监察法》和《刑事诉讼法》所规定的不同强制措施的竞合，在原则采取留置措施的基础上，应根据案件的特点赋予监察机关程序选择权。部分案件可以根据其自身特点由检察机关适用逮捕等刑事强制措施，值得注意的是，在采取留置的情况下，律师不能会见被调查人，在采取刑事强制措施的情况下，律师可以按照《刑事诉讼法》的规定会见犯罪嫌疑人。检察机关和监察机关在协商强制措施使用的时候，应结合案情综合评判选择留置还是刑事强制措施。

另外，值得探讨的是，修订后的《刑事诉讼法》第170条第2款规定监察机关移送起诉的已采取留置措施的案件，人民检察院应当对犯罪嫌疑人先行拘留，留置措施自动解除。在修订前的《刑事诉讼法》中，不需要办理解除强制措施手续的情形有两种，根据《公安机关办理刑事案件程序规定》第159条和第160条规定，取保候审变更为监视居住的，取保候审、监视居住变更为拘留、逮捕的；或者是案件移送审查起诉后，人民检察院决定重新取保候审、监视居住或者变更强制措施的情形。第一种情形，当手段较轻的强制措施被手段较重的强制措施替代时，不需要解除，即原先较轻的强制措施已经自动解除。第二种情形主要是案件进入审查起诉阶段后，检察机关作为后置机关，采取强制措施已经取代了原先的侦查机关，故侦查机关的强制措施自动解除。综合以上，因为强制措施的类型发生了变更或者是决定强制措施的主体发生变化，导致之前的强制措施自动解除。

留置不属于刑事强制措施，分别立案的案件留置和强制措施之间使用上或者转换上能否直接参照上述情形，应分情况讨论。一是对于检察机关已经采取刑事强制措施的案件，监察机关采取留置措施，原先的刑事强制措施自动解除，且双方需做好沟通衔接；二是已经由监察机关采取留置措施的案件，原则上在调查阶段不必也无需转换为刑事强制措施，审查调查结束后，应移送检察机关审查起诉，此时需要按照《刑事诉讼法》的规定先行拘留再考虑刑事强制措施的转换。如果检察机关立案的司法渎职侵权案件已经侦查终结，则直接在审查起诉阶段并案处理,如果还有司法渎职侵权案件在同一或者其他检察机关侦查,原则上应予以逮捕,等待侦查终结移送审查起诉后(应以监委所办案件为主案,直接移送相应的检察机关审查起诉)根据案件具体情况再决定是否变更刑事强制措施。这里有一个现实的逻辑问题,就是监察机关和检察机关分别立案的案件是采取留置的,那么检察机关办案只能视为没有采取任何刑事强制措施,目前还没有相应明确的规定予以规范,建议上级机关应及早研究制定。

虽然留置和刑事强制措施的拘留、逮捕法律来源不同、性质不同,但是都是限制人身自由的措施,监察机关和检察机关在办案衔接中,应注意办案节奏的把握和对涉嫌犯罪可能刑期的预判,防止因撤销案件移送其他办案机关继续采取强制措施造成时间叠加,使得犯罪嫌疑人承担过重羁押,甚至出现刑期倒挂现象。

四、留置措施必要性审查机制的探索与实践

国家建立集中统一、权威高效的监察体系,形成强势的反腐力量,留置措施系严厉的限制甚至可以说剥夺人身自由的措施,但目前明显存在外部监督不足的问题,因此,可以考虑建立留置措施必要性审查机制。

(一)留置必要性审查机制的需求分析

孟德斯鸠曾说过,一切有权力的人都容易滥用权力,这是万古不变的一条经验。要防止滥用权力,必须对权力行使做严格的限制和制约。《监察法》第七章对监察机关和监察人员的监督做了专门规定,监督形式多样,包括人大监督、民主监督、社会监督、舆论监督以及设立内部专门的监督机构等方式。

在留置措施上,《监察法》同样作出了很多制约性的规定,比如,采取留置措施应当由监察机关领导人员集体研究决定。设区的市级以下监察机关采取留置措施,应当报上一级监察机关批准。省级监察机关采取留置措施,应当报国家监察委员会备案。延长留置时间应当报上一级监察机关批准。采取留置措施后应当在24小时内通知被留置人所在单位和家属。以上种种规定都是监察机关自我约束、自我监督的方式,这些规定有助于提升监察机关采取留置措施的效果,也对监察机关调查案件起到一定的监督作用。但是诸如民主监督、社会监督和舆论监督等外部监督方式,不论是监督力度还是监督程序上,都离权力制衡和监督强度有一定的距离,显得刚性不足。人大监督方面,《监察法》规定了听取和审议工作报告、组织执法检查、询问和质询监督等方式。其中,听取和审议工作报告属于柔性监督方式,询问和质询监督主要针对具体事项的纠错监督,组织执法检查可能是最有效的方式,但实践中可能受人员配备等影响存在法律监督力度不足的现实问题。应当将重点放在对监察调查权的监督制约上,特别是加强对留置这一涉及人身自由措施的监督制约的探索。

(二)留置必要性审查的路径分析

留置措施最长可限制人身自由达6个月,为防止不恰当的羁押,从加强被留置人员的权利保障和救济目的出发,除了监察机关内部严格的审批流程外,还可以考虑引入检察机关参

与外部监督。这并非是为检察机关扩权摇旗呐喊,而是因为检察机关作为我国的法律监督机关,让其监督留置措施的实施情况,具备外部的正当性。[1] 具体可从几个方面考量:一是审查程序的启动。区别于羁押必要性审查程序,留置必要性审查程序的启动由监察机关决定,检察机关不得直接介入审查。因留置措施由上一级监察机关批准,从职级对等的层面出发,留置必要性审查也应当由作出批准决定的监察机关对应的同级别的检察机关开展,也即市级以上检察机关,基层检察机关没有相关权限。二是审查范围的思考。现阶段可以考虑部分案件开展留置必要性审查,如涉及行贿的民营企业家、职务犯罪中无国家工作人员身份的共犯等,逐步扩大范围。三是审查方式的限定。检察机关可以通过采取听取办案及作出批准决定的监察机关的意见、单独或者会同公职律师查阅相关案件材料等方式进行审查,然后出具检察意见供监察机关参考。但以上检察意见并非司法审查,既不是对监察机关的监督也不是对监察机关的制约,只是外部参考。

---

〔1〕 参见刘艳红:《程序自然法作为规则自洽的必要条件——〈监察法〉留置权运作的法治化路径》,载《华东政法大学学报》2018年第3期。

监察调查与检察公诉衔接实务问题研究
——以基层检察的视角

顾万炎[*]

摘　要：监察体制改革后监察调查与检察公诉衔接经过近三年的实践，基本已形成稳定的做法，部分做法已形成探索性的规范性文件，但实务中相关环节仍有些新问题不断显现，如非正式提前介入大量出现且缺乏规范、审判机关提前介入、非留置案件缺乏合适的人身强制措施、审查起诉阶段能否变更提前介入意见等问题亟须探讨，本文从基层检察的角度对这些实务问题进行了探讨，以期监察调查与检察公诉更好地衔接并规范运行。

关键词：提前介入　留置　强制措施　变更提前介入意见

一、提前介入

1. 现状及反思

《国家监察委员会与最高人民检察院办理职务犯罪案件工作衔接办法》(以下简称国家监委与最高检《衔接办法》)和《监察机关监督执法工作规定》中都规定了检察机关提前介入职务犯罪调查程序，为提前介入提供了合法性依据。虽然国家监委与最高检《衔接办法》只是规定了国家监察委员会和最高人民检察院在办理职务犯罪案件的衔接程序，其他各级检察机关也是参照该文件执行，部分省市出台了自己的相关规定，如江苏省监察委员会和江苏省人民检察院出台了《办理职务犯罪案件工作衔接暂行规定》(以下简称江苏省《暂行规定》)及《补充规定》，明确规定了相关的衔接程序。在提前介入的司法实践中，普遍存在适用率过高、实施细则不完善以及救济机制不健全等缺陷与不足[1]，随着规范性文件的不断出台，部分老问题得到解决，而一些新问题初露端倪。

适用率过高的情况确实存在，但从司法实践的角度来说，这并不是一个真问题。判断适用率是否过高，可以对比"两反"转隶前检察机关内部刑事检察部门在自侦部门侦查期间的提前介入情况。目前，许多基层检察机关的职务犯罪案件提前介入率达到100%，远远高于转隶前的水平。然而，这是由监察机关与检察机关之间"互相配合、互相制约"的职能定位决定的。相关的衔接办法或规定几乎都规定，是否提前介入由监察机关启动程序，商请检察机

---

[*] 顾万炎：常熟市人民检察院第二检察部副主任。
基金项目：教育部哲学社会科学重大课题攻关项目"推进国家监察全覆盖研究"(18JZD037)；湖北省人民检察院检察理论研究重点课题"检察机关与监察机关办案衔接问题研究"(HJ2018A03)的阶段性研究成果。

[1]　吕晓刚：《监察调查提前介入实践完善研究》，载《法学杂志》2020年第1期。

关派员介入,检察机关在收到书面通知后,"应当及时派员提前介入"。检察机关应监察机关的商请提前介入,提供建议,不只是单向地提供便利和帮助,而是一个对彼此有利的过程。监察机关可以借此提高案件质量,避免案件在后续审查起诉阶段被要求补充调查或增减事实、改变定性等。检察机关也可以借此提前了解案情,并根据提起公诉的证据要求补充和完善证据,提高审查起诉办案效率。提前介入虽然可能拖累监察调查效率、过度耗费检察资源,但相对于其可能获得的效益,这些成本是可以接受的。

根据江苏省《暂行规定》,提前介入的方式包括"查阅案卷材料、听取案件调查人意见、查看讯问同步录音录像等",且"不得参与监察委员会案件调查,不得干涉、妨碍调查工作""严格遵守办案纪律和保密规定",最终"就案件事实证据、法律适用、是否采取强制措施、是否符合移送审查起诉条件等问题形成书面报告""检察机关经研究后应及时向监察委员会反馈"。因此,检察机关的提前介入并不实际参与调查工作,不会实质性地影响被调查人权利义务,对监察机关调查阶段的救济机制也不会造成实质性影响。《江苏省检察机关提前介入监察机关办理职务犯罪案件工作细则》(以下简称江苏省《提前介入细则》)还规定,"与监察委员会的意见存在重大分歧,经协商无法达成一致的,按照分工负责的原则处理",因此也不存在"可能导致监察机关与检察机关职权行使独立性被侵蚀"的情况。

目前在提前介入方面,真正需要引起重视的问题有两个,一是非正式提前介入大量出现,二是审判机关的提前介入。国家监委与最高检《衔接办法》和《监察机关监督执法工作规定》以及其他地方性文件都有类似规定,"重大、疑难、复杂职务犯罪案件在进入案件审理阶段后",方可商请检察机关提前介入。这样规定一方面可以发挥提前介入的功效,另一方面也有利于防止过早介入,影响监察机关独立行使调查权。但司法实践中,由于案件进入审理阶段时,证据收集、固定工作通常已经全部完成,此时再提出补充证据或者完善建议,很可能错过补证最佳时机,或者因细微事实认定发生变化导致大量证据需要推倒重来,致使检察机关提前介入意见不被采纳,难以充分发挥提前介入的作用。因此,司法实践中非正式的提前介入大量出现,即检察机关在案件调查阶段甚至更早阶段就应监察机关邀请而提前介入案件,就法律适用、取证思路发表意见,提供思路,但并没有严格的程序可供遵循。另一个问题是,部分基层监察机关在邀请检察机关介入的同时,也邀请审判机关提前介入。

2. 完善措施

对于非正式介入大量出现的问题,笔者认为既然司法实践有大量需求,必然有其合理性,对此既不能视而不见,听之任之,也不能一堵了之,全面禁止。《宪法》第127条第2款确立了监察机关与检察机关"互相配合、互相制约"的原则。监察机关在案件调查阶段,如果商请检察机关听取案件的法律适用等问题的意见,检察机关一概拒绝,于法无据,同时也与检察机关倡导的承担诉前主导责任的理念不符。同时,大量非正式介入的出现,实质上导致上述规范性文件关于提前介入时点的规定成为一纸空文,也造成非正式介入没有规范可依,处于失控状态。完善的思路有二,一是另行对职务犯罪案件进入审理阶段前的介入制定一套规范,二是将提前介入的时点提前,不设限制,监察机关在案件移送审查起诉前的所有阶段均可视情况商请检察机关提前介入,敏感阶段可以要求介入的检察人员签署保密协议。笔者赞同第二种思路,另行制定一套规定实属没有必要,同时参考检察机关对公安机关侦查案件的提前介入,根据《刑事诉讼法》第7条、第87条以及最高人民检察院、公安部《关于依法适用逮捕措施有关问题的规定》等相关规定可以看出,检察机关可以应邀提前介入侦查活动,时间点可以在提前批准逮捕之前,并没有明确的限制。笔者认为,监察案件初查后进入的违法犯罪调查程序在本质上与刑事侦查活动并无不同,此时的调查活动具有侦查属性,基于侦查、调查、检察公诉同属于大控方的思路,检察机关的提前介入应不受时间点的限制。

至于审判机关提前介入监察机关办理职务犯罪案件的问题,笔者认为审判机关的提前介入对法治公信力的危害极大,应予以明令禁止。虽然《监察法》第4条规定,监察机关办理职务违法和职务犯罪案件,应当与审判机关、检察机关、执法部门互相配合、互相制约,监察机关在工作中需要协助的,有关机关和单位应当根据监察机关的要求依法予以协助,但这并不是审判机关可以提前介入调查的合法依据。相关规范性文件也从未提到,监察机关可以商请审判机关提前介入案件。人民法院作为审判机关,应当保持中立,审判机关的提前介入容易给人造成未审先判的嫌疑,使得被告人和辩护人的辩护权形同虚设,同时也与以审判为中心的诉讼制度改革方向背道而驰。

二、强制措施衔接

1. 现状及反思

通常情况下,进入刑事诉讼程序的案件,犯罪嫌疑人都会被采取特定刑事强制措施,如刑事拘留、取保候审、监视居住、逮捕,被监察机关调查的涉嫌职务犯罪的被调查人被移送审查起诉后也不例外。《监察法》第43条、第45条,《刑事诉讼法》第170条第2款均对监察机关调查结束后如何与检察机关审查起诉环节衔接以及何时采取刑事强制措施、由谁来采取刑事强制措施等问题作出了相应规定。根据上述规定,可以得出以下结论:一是在整个调查阶段尚未终结前,留置措施最多可以一直持续适用6个月,直至监察机关调查终结移送检察机关审查起诉后,检察机关对犯罪嫌疑人作出刑事拘留强制措施决定时留置措施自动解除;二是在监察机关调查阶段,对被调查人适用的强制措施仅有留置一种,留置成为实质上替代刑事拘留和逮捕的强制措施,监察机关对涉嫌职务犯罪的被调查人不适用刑事拘留措施,也不需要再另行提请检察机关对涉嫌职务犯罪的被调查人批准逮捕;三是检察机关受理审查起诉监察机关移送的被留置的职务犯罪案件后,须在审查起诉阶段先后作出两个刑事强制措施的决定,一个是受案时即作出刑事拘留决定,只有先对被调查人决定刑事拘留,才可以与监察机关正式交接被调查人,被调查人的身份也随之转换成为犯罪嫌疑人,从而被移送至看守所羁押;另一个就是作出是否逮捕或者取保候审、监视居住的决定。《监察法》和《刑事诉讼法》作出上述规定,一方面明确通过留置措施取代传统意义上的"双规"措施,这是法治的进步,也是保障人权原则的体现;另一方面留置仅适用于涉嫌严重职务犯罪且情节较重的被调查人,其目的还在于进一步保证职务犯罪案件调查的顺利进行,以确保惩治腐败的实际效果。但《刑事诉讼法》第170条第2款仅对"已采取留置措施的案件"进行了衔接规定,对于未采取留置措施的案件并没有作出明确规定。

关于强制措施的衔接方面,存在职务犯罪案件逮捕比例过高的问题。这固然有检察机关应监察机关要求逮捕或慎重办案等原因,但还有个相关因素也不应被忽视,那就是被调查人留置比例过高。《监察法》第22条规定了适用留置必须同时具备的两个条件,一是监察机关已经掌握其部分违法犯罪事实及证据,仍有重要问题需要进一步调查。二是有下列四种情形之一:涉及案情重大、复杂的;可能逃跑、自杀的;可能串供或者伪造、隐匿、毁灭证据的;可能有其他妨碍调查行为的。可以说规定的留置条件要求还是挺高的,这和《刑事诉讼法》第81条规定的应当予以逮捕的条件有较大的一致性。对有证据证明有犯罪事实,可能判处徒刑以上刑罚的犯罪嫌疑人、被告人,采取取保候审尚不足以防止发生下列社会危险性的,应当予以逮捕:可能实施新的犯罪的;有危害国家安全、公共安全或者社会秩序的现实危险的;可能毁灭、伪造证据,干扰证人作证或者串供的;可能对被害人、举报人、控告人实施打击报复的;企图自杀或者逃跑的。对有证据证明有犯罪事实,可能判处十年有期徒刑以上刑罚的,或者有证据证明有犯罪事实,可能判处徒刑以上刑罚,曾经故意犯罪或者身份不明的,应当予以逮捕。既然《监察法》规定的留置条件和《刑事诉讼法》规定的逮捕条件一致性非常高,那么对于监察机关移送的已采取留置措施的案件,检察机关在是否适用取保候审时就会非常慎重,这可能是职务犯罪案件逮捕比例过高的原因之一。另一方面的原因,在两高三部《关于适用认罪认罚从宽制度的指导意见》于2019年10月28日实施后,人民检察院在办理认罪认罚职务犯罪案件时,一般应当提出确定量刑建议;且人民检察院应当就主刑、附加刑、是否适用缓刑等提出量刑建议。司法实践中,量刑建议的采纳率是绩效考核的重要指标之一。吊诡的是,司法实践中基层法院办理的职务犯罪案件,如果拟判处缓刑,必须经中级人民法院内审同意。因此,在出具是否适用缓刑的量刑建议时,即使基层检察院愿意与人民法院商讨,也没有渠道,因为基层法院根本无法决定是否适用缓刑。在考核的压力下,基层人民检察院对于职务犯罪案件不太愿意出具适用缓刑的量刑建议,连带着也不太愿意对留置的被调查人决定适用取保候审强制措施。

2. 完善措施

在监察体制改革后近三年实践中,从基层数据来看,最初两年几乎所有职务犯罪案件均采取了留置措施,直至2020年因新冠疫情影响看守所收押困难等实际原因,部分地方进行了探索性的尝试。第一种尝试是在调查初期对被调查人采取留置措施,待需要进一步调查的重要问题都取证完毕后,商请检察机关提前介入,在监、检两家取得一致意见,认为被调查人可以采取取保候审强制措施的情况下,由监察机关提前解除留置措施,再移送检察机关审查起诉。如此,检察机关可以以移送时被调查人未被留置为由,不再适用《刑事诉讼法》第170条第2款对犯罪嫌疑人先行拘留,免去送看守所关押的程序,直接决定取保候审,既省去了疫情期间关押的麻烦,也使犯罪嫌疑人免于羁押。第二种尝试是,对于情节轻微、被调查人认罪悔罪态度非常好的案件,全程不适用留置措施,待案件调查完毕后,直接移送检察机关审查起诉,检察机关受理后直接决定取保候审。上述两种探索,反映了司法实践的实际需求,体现了一定的灵活性和对现实的适用性,但无论哪种方式都存在一个共同的问题,即在案件移送检察机关之前必然有一段时间,被调查人处于没有任何人身强制措施的状态,存在被调查人失控而无措施可依的风险。

对于职务犯罪案件强制措施的衔接问题,笔者建议应当从以下几个方面予以完善:一是严格执行留置措施的适用条件。留置条件中比较模糊的一点是"涉及案情重大、复杂的",该条文应该做严格的限制解释。只要在源头上留置措施的适用比例下降了,在检察环节逮捕比例过高的问题也必然会有所缓解。二是在监察机关调查阶段,建立类似于取保候审的措施。目前《监察法》对于被调查人的人身自由仅规定了留置措施,这一措施对应于刑事诉讼过程中的刑事拘留、逮捕强制措施,对应重大、复杂案件或者有重大社会危险性的被调查人,但对于案情简单、社会危险性较小的被调查人却没有相对应的措施,这一立法空白应当及时弥补。在立法到位之前,对于全程没有适用留置的被调查人,宜根据《监察法》第30条对被调查人采取限制出境措施。在司法实践中,对犯罪嫌疑人的取保候审强制措施一般也附有边控措施,有限制犯罪嫌疑人出境的功能。三是取消上级人民法院对下级人民法院是否判处职务犯罪被告人缓刑的内审职能。上下级法院的关系为指导与被指导的关系,不同于检察系统的领导与被领导的关系。虽然是否适用缓刑仅涉及刑法的执行方式,但对被告人的权利具有非常大的实质影响,上级人民法院对下级法院的个案就是否适用缓刑进行内审,实质上剥夺了被告人的上诉权,因此应当予以取消。

三、提前介入意见与审查起诉意见的关系

1. 现状及反思

由于职务犯罪案件提前介入的广泛使用,检察机关在提前介入期间会发表意见,同时鉴于监、检之间"互相配合、互相制约"的关系定位,这就必然引出一个问题——检察机关提前介入意见与审查起诉阶段审查起诉意见之间的关系问题。第一,提前介入意见虽然由介入检察官或办案小组出具,但并非个人意见,而是代表检察机关的整体意见。江苏省《提前介入细则》明确规定,检察官应当根据案件情况和工作情况形成提前介入意见和建议,经人民检察院检察长批准,书面向监察委员会提出。第二,提前介入意见并不具有强制约束力。国家监委与最高检《衔接办法》规定,国家监察委员会案件审理室对最高人民检察院工作小组书面意见审核后,需要补证的,按程序报批后,及时交出调查部门进行补证。即是否听取意见,由监察机关决定。江苏省《提前介入细则》也规定,提出意见和建议后,检察官应当跟踪意见和建议的采纳落实情况,并根据监察委员会的反馈意见,进行会商交流;与监察委员会的意见存在重大分歧,经协商无法达成一致的,按照分工负责的原则处理。第三,检察机关审查起诉意见与监察机关起诉意见不一致时,应听取监察机关的意见。江苏省《暂行规定》规定,对监察委员会移送的案件,检察机关在事实认定、法律适用与监察委员会的起诉意见不一致,可能导致案件处理结果发生较大改变的,应当在提起公诉前向监察委员会通报,并听取意见。在监察机关听取并完全采纳了检察机关提前介入意见的情况下,后续审查起诉意见对提前介入意见的变更,对承办检察官来说尤其显得尴尬。一般情况下,案件移送起诉

后,人民检察院会将案件交由提前介入的检察官办理。江苏省《提前介入细则》强调,承办案件的检察官应当严格依法全面审查案件,不得以提前介入工作代替审查起诉工作,不得将提前介入工作报告意见代替审查起诉意见;在案件事实、证据没有发生重大变化的情况下,提前介入工作报告意见可作为审查起诉的参考;审查起诉意见与提前介入工作报告意见不一致的,应当在案件审查报告中予以说明。审查起诉意见直接照抄提前介入意见固然不可取,但碍于情面或其他理由,在审查起诉过程中明明发现了在事实认定、法律适用方面与提前介入意见不一致的问题,却故意不改正,同样是一个值得警惕的问题,相关的规则应当予以明确。

2. 完善措施

对于提前介入意见与审查起诉意见的关系虽然有些文件已经有相关规定,但一些衔接的原则,尤其是不一致的情况下如何处理的原则还是应当予以明确。一是基于监、检两家分工负责的原则,审查起诉意见与提前介入意见不一致的情况下,检察机关有权力而且应当根据事实和法律提出新的正确的审查起诉意见。这一结论可由最高人民检察院检例第76号指导性案例张某受贿、郭某行贿、职务侵占、诈骗案[1]推导而得出,该指导性案例指出检察机关在审查起诉阶段应不囿于提前介入意见,严格审查,提出审查起诉意见。二是检察机关提出提前介入意见应慎重,并主要围绕监察机关商请的具体问题提出意见。提前介入意见代表的是检察机关的整体意见,且以书面方式出具,应保持一定的权威性,在事实和法律没有发生变化的情况下,后续的审查起诉意见不应当随意予以变更。同时,由于提前介入的检察官时间精力毕竟有限,尤其是基层检察院的检察官一般不可能只专职办理职务犯罪案件,所以要求检察官在提前介入阶段完全按照审查起诉的要求全面审查案件,几乎没有可能,也不现实,因此提前介入的意见应当主要围绕监察机关商讨的具体问题进行。三是审查起诉意见与提前介入工作报告意见不一致的,应当在案件审查报告中予以说明,尤其重点说明发生变化的原因,如证据、法律发生变化,提前介入期间并未涉及相关议题或证据等,并在提起公诉前向监察委员会通报说明理由,并听取意见。如果因提前介入期间,监察机关调查人员对有关事实或证据刻意避而不谈或隐瞒,导致问题未能及时发现,双方应本着开诚布公的原则进行反思和总结,以期在接下来的提前介入工作中予以改进。

---

[1] 详见《最高人民检察院第二十批指导性案例》。

新形势下检察机关自行补充侦查权完善

顾 权 张 荟*

摘 要：审查起诉环节的自行侦查是检察机关在以审判为中心的诉讼制度改革以及监察体制改革背景下需要强化的职能,且检察机关的法律监督职能和客观义务也要求发挥其应有的诉讼价值。当前法律规定对于检察机关适用自行补充侦查情形还不明确,需要从启动情形、在自行侦查过程中把握与侦查(调查)机关的关系、解决好人员机构配备以及对侦查活动的监督制约等四个方面强化对自行补充侦查的完善。

关键词：检察机关 自行补充侦查权 侦查指挥权

本文试图将启动自行补充侦查的情形明确规范,包括新出台的《监察法》实施后,对于职务犯罪案件自行补充侦查的情况,另外对于在自行侦查过程中与侦查(调查)机关的关系处理上结合了笔者所在检察院的典型案例,提出了具体的操作建议,供基层办案实务参考。

一、检察机关自行补充侦查的现状

(一) 退回补充侦查缺乏有效性

根据《刑事诉讼法》第175条之规定,检察机关的补充侦查权能涵盖退回补充侦查权和自行补充侦查权。监察体制改革后,根据《监察法》和《刑事诉讼法》的规定,赋予了检察机关退回补充调查权。从目前对退回公安机关的补充侦查调研看,普遍存在着退回补充侦查流于形式、质量不高的现状。首先,退回决定随意,没有区分哪些案件情形需要退回补充审查,哪些案件可以自行补充侦查。退回补充侦查本是一种补救措施,是程序上的倒流,实践中却变为一种常规程序,有些基层院审查阶段退补率达30%。其次,退回补证消极,司法实践中侦查人员一般将案件移送审查起诉便"大功告成",又会有新的案件侦查,对于退回补证案件往往消极应付,并没有按照补证提纲"对症下药",往往以"情况说明"代替实质性取证,加上与公诉承办人缺乏沟通,很多案件也因此丧失了最佳取证时间;总体退回补充侦查利用率不高,检察机关会利用退补期间变相延长办案期限,对于补侦案件引导跟踪不足;公安机关对于退补案件也基本是用足退补期,踩点报送,未能真正按照以审判为中心的庭审证据要求对待侦查。检侦双方都没有充分利用好退回补侦这一刑事程序提高案件质量和保护当事人权益。

---

* 顾权：南京市六合区人民检察院员额检察官;张荟：南京市六合区人民检察院检察官助理。

(二) 法律规定缺乏操作性

检察机关的侦查权有两类：一类是自侦转隶后保留的部分侦查权，这在《刑事诉讼法》及相关法律中已有明确规定；另一类就是补充侦查权。检察机关的补充侦查权主要存在于审查起诉和一审程序中。《刑事诉讼法》第175条（补充侦查）、第204条第2项（延期审理情形之一），《人民检察院刑事诉讼规则》第380～385条，旧《刑诉法解释》第223条等具体规定了补充侦查权。问题在于，规定中只提到"需要补充侦查的案件可以根据情况退回或者自行补侦"，并无具体的分别适用情形，《人民检察院刑事诉讼规则》中也只能提炼出"犯罪事实不清、证据不足"情形需要补侦，但"犯罪事实不清、证据不足"如何量化也是不清的；且对于自行补充侦查的启动程序、侦查程序、人员安排等也是法律的空白，检察人员更愿意选择规定相对确定且更加简便的退回补侦程序；此外对于监察机关移送的职务犯罪案件，如果需要补充调查或者自行补充调查，肯定不是只适用监察程序，那么《监察法》与《刑事诉讼法》以及相关法律如何衔接也面临着新的需要规范的环节。

(三) 自行补充侦查缺乏积极性

首先，上文也提到，由于法律条文对于使用退回补充侦查与自行补充侦查界限规定不明确，因此在启动选择上，检察机关更多选择退回侦查机关补充侦查，不仅可以延长办案期限，也省去了自行侦查所要具备的人员配备和技术装备等客观条件。其次，在制度设计上，检侦两家在刑事诉讼活动中本是相互配合、互相制约的分工模式，但实际运行中两机关配合过多而制约不足，对于公安机关移送的案件，多采取配合合作态度，对于受理条件不充分的案件往往也先受再退，其实是将退回侦查提纲变成了引导侦查，失去了检侦分工负责与监督制约的意义，自行补充侦查程序被架空。再次，自行补充侦查质量不高，检察人员审查起诉多采用文案审查，对于开展自行补充侦查经验不足，一般补充侦查的案件都需要亲历现场重新获取客观证据，单一的侦查手段和不高的侦查意识，导致自行侦查的效果并不理想。

二、检察机关自行补充侦查必要性

(一) 以审判为中心的刑事诉讼制度改革需要

在以审判为中心的诉讼制度改革背景下，"检察机关就要从指控方的角度承担证明责任，与被告方进行平等的举证、质证和辩论，并承担'举证不能'所引发的诉讼后果"[1]。因此，检察机关应当对侦查阶段所形成的证据材料按照法律程序和证据标准进行全面审查，以保证证据符合庭审实质化要求。但侦查机关在不能提供有力证据的情况下，检察机关必须充分行使自行补充侦查权，实现出庭公诉的目的。例如本院2018年办理的曹某某等四人涉嫌生产、销售伪劣产品案，由于侦查机关前期未注意各嫌疑人参与犯罪时间存在差异，导致四名被告在审查起诉阶段全部翻供。经过两次退回公安机关补充侦查，仍未能补充到实质性证据，不能有效指控犯罪。检察机关果断启动自行补充侦查，重新确定侦查取证方向，最

---

[1] 陈瑞华：《论检察机关的法律职能》，载《政法论坛》2018年第1期。

终在法庭辩论中,有理有据地指控犯罪。

(二) 检察机关监督职能的应有之义

宪法赋予检察机关法律监督职责,检察官的客观义务也要求中立和公正,这是检察官作为法律守护人的角色。相比之下,侦查权兼具司法性和行政性,天然带着主动性和强制性。德国法学家曾指出:"警察官署的行动自始蕴藏侵害民权的危险,而经验告诉我们,警察人员经常不利于关系人,犯下此类侵害民权的错误。"[1]因此,各国刑事司法都很关注对侦查权的监督和制约。检察机关在提前介入和审查起诉环节均可以开展侦查监督,但囿于阅卷审查的局限性和非亲历性,无法直接面对证据和当事人,难以发现监督线索。而自行补充侦查可以更形象直接地对案件事实和证据进行全面审查把握,及时发现和纠正违法侦查行为,有助于完善证据体系,也有助于规范侦查行为,更好地打击犯罪、实现司法的公平正义。

(三) 国家监察体制改革的新形势

随着检察机关自侦部门转隶到监察机关,检察机关需要对自身职能作出新的考量,在不突破宪法法律框架前提下立足公诉主责主业,增强法律监督主动性。审查起诉环节的自行补充侦查就是增强公诉庭审前主动性的重要抓手,可避免一味依赖侦查机关的被动取证,突出国家公诉的主体性。检察机关对职务犯罪的侦查权发生了转移,但对于职务犯罪的侦查(调查)的法律监督职责依然存在,而且内涵更加丰富。《宪法》第127条规定监察机关与检察机关应当相互配合、相互制约,但事实是检察机关处理职务犯罪的权限被极大压缩。从检察机关监督制约的角度看,关键是要让检察机关介入到监察机关的调查过程。《监察法》第47条第3款及《刑事诉讼法》第170条规定的检察机关"在必要时的自行补充侦查权"不仅是为了查明事实、指控犯罪,更是对职务犯罪调查工作的补漏、对违法调查行为的监督和纠正。

三、完善检察机关自行补充侦查的建议

(一) 启动侦查(调查)情形

上文也论述了由于法律和司法解释对于何种情形应适用退回侦查(调查)机关补充侦查(调查),何种情形应由检察机关启动自行补充侦查程序没有明确的规定,因此,完善自行补充侦查程序首先要明确启动该程序的条件。一般而言,如果在审查起诉阶段经过审查发现全案证据已经基本能够证明犯罪事实,只需补充具体细节证据时,因为侦查(调查)机关更加熟悉之前证据,这种情况可以退回侦查(调查)机关补充侦查;对于案件时间较紧,需要尽快收集特定证据的,出于共同追诉犯罪的目标,且侦查(调查)机关更加具有专业性和效率,可以退回侦查(调查)机关补充侦查。

检察机关对于自行补充侦查情形,笔者建议普通刑事案件补充侦查权可以在以下几类情形下启动:(1) 侦查移送的案件可能存在违法侦查行为或保护伞,可能影响案件公正的;

---

[1] 参见龙宗智:《评"检警一体化"兼论我国的检警关系》,载《法学研究》2000年第2期。

(2)侦查机关遗漏可能影响罪与非罪的关键证据;[1](3)较为疑难复杂案件,或者侦查机关与检察机关分歧较大,退回补充侦查难以达到以审判为中心的证据审查标准,需要由检察机关自行取证。对于《监察法》第47条第3款规定的"在必要时可以自行补充侦查"作出扩大解释,可以认为如下情况属于"在必要时":(1)发现移送的证据可能存在非法证据;(2)发现移送的主要证据不能证明案件事实;(3)其他可能影响案件公正定性的情形。在这些情况下,检察机关能够自行开展职务犯罪补充侦查权,以弥补监察机关证据调查不充分的问题。

(二) 与侦查(调查)机关的关系

检察机关在启动自行补充侦查后,侦查机关如何配合协作,即检警关系如何把握的问题是自行补充侦查能否奏效的关键。各国检警关系基本为两种:一种是独立分工型,即警察机关和检察机关分别承担各自的职责并根据需要进行合作,共同开展犯罪追诉活动;二是结合统一型,即强调警察机关与检察机关的集中统一,检察官占主导地位,警察根据检察官的指挥开展侦查活动,"侦查指挥权"大致属于此种类型。大陆法系多采用后者,比如日本和韩国。日本检察官在自行侦查刑事案件方面,不管案件是检察官直接受理的,还是司法警察移送的,检察官对司法警察都有一定的指挥其协助侦查的权限,而且这种指挥权都相当具体。[2]

笔者认为,我国检察机关自行补充侦查程序可借鉴参考"侦查指挥权"的经验,由检察人员与侦查人员共同参与补侦工作,检察机关占主导指挥地位,侦查机关协助配合。首先,刑事案件具有复杂性和突发性,需要自行补充侦查的案件多属疑难复杂,侦查机关具有先进的侦查手段和专业化侦查人员,检察官自行侦查的案件需要侦查人员的协助,从而使侦查活动更加高效、经济;其次,经过审查起诉发现的案件事实之间、证据之间的矛盾等需要查证或排除的,由检察机关主导能够充分发挥补充侦查的查证意图,取得更加直接、明确、证明力强的证据。此外,侦查机关和检察机关均可以行使犯罪侦查权,更有利于发挥国家行使追诉权的主动性,检察官参与指挥侦查活动,有助于更加迅速准确作出是否起诉的决定。

监察委员会作为反腐败监督机关,其权力行使当然也需要正当程序的约束,尤其对于留置这样的限制人身自由的强制措施,一方面在有效反腐过程中占据主动地位,另一方面也增加侵犯人权的风险,由谁来监督留置的措施以及如何监督,成为法治反腐的思考方向。《监察法》确立留置规则之后,既然未对律师介入作出规定,借助律师介入侦查措施的规定来看,其实质在于调取案件材料、提出法律意见,避免强制措施侵犯人权。因此,如果可以探索替代的监督方案,通过强化对留置后监察机关行为的监督,也能够实现人权保障目的。笔者建议由检察机关承担留置的监督角色,检察机关作为我国的法律监督机关,具有宪法上的正当性。而《监察法》确立后面临与《刑事诉讼法》的衔接,监察机关作为职务犯罪的法定调查主体,应当接受类似于侦查活动监督的检察机关的司法监督,且《监察法》第47条第3款规定

---

[1] 徐贞庆:《强化自行补充侦查工作》,载《人民检察》2018年第14期。

[2] 吴良培、崔锡猛:《日本检警关系研究和借鉴》,载《江苏警官学院学报》2010年第6期。

的经人民检察院的自行侦查权,其实已经是检察机关监督权的体现。从监督的时间上看,检察机关的监督不只是常规的事后监督,而是一种动态的过程监督,这样的监督模式类似于律师介入侦查的监督过程,可以为法治反腐的法律制度设计参考。

(三) 机构人员配备及监督制约机制

内设机构改革是现阶段司法改革重点任务之一,主要思路是坚持扁平化管理和专业化建设相结合,整合内部资源,强化法律监督。根据《人民检察院司法警察条例》规定,司法警察可以在检察官的指挥下参与一定程度的检察工作,并为公诉部门提供警务保障。[1] 检察机关在公诉部门开展自行补充侦查时建议配备部分司法警察,在检察官的指导下行使补充侦查的职能。这样既可以缓解公诉部门办案压力大、增加自行侦查人员不具有可操作性的矛盾,又可以利用法警在侦查技能方面的经验优势。况且侦查机关也会派员协助,人员机构配备上不建议单独设立侦查部门。

需要指出的是,检察机关自行补充侦查活动同样需要接受监督制约。笔者认为,自行补充侦查不涉及立案权,只是为了提起公诉所要求的事实证据更加充分。现有条件下的自我监督和外部监督已可以实现对侦查活动的制约。内部监督方面,检察机关设有专门的侦查监督部门,可以对公诉检察官启动的侦查活动进行监督,此外还可以通过指定公诉案件承办检察官以外的检察官担任侦查人员;外部监督方面,后续庭审程序中审判机关的监督,无论是实体还是程序方面,都可以直接启动非法证据排除程序。

---

[1] 参见江伟等:《检察机关自行补充侦查实务难点》,载《人民检察》2017年第24期。

职务犯罪案件审理谈话笔录的证据效力辨析及司法衔接

姚叙峰*

摘　要： 监察体制改革后，纪委监委依法依规取得的证据可以在刑事诉讼中作为证据使用。纪委监委内部承担审核把关、监督制约职能的案件审理部门，依据纪检监察工作程序相关规定，在案件审理阶段其审理人员与被审查调查人谈话形成的笔录应当是讯问笔录，在刑事诉讼中具有证据效力。实务中，审理人员应当适应监察体制改革新要求，围绕审理审核把关职能展开，进行"核查式"的谈话，所形成的讯问笔录作为指控被审查调查人犯罪的证据体系的补充，在必要的时候移送司法机关。

关键词： 审理谈话　讯问笔录　刑事证据

一、问题的源起

监察体制改革后，监察机关履行职能、查办职务犯罪案件遵循的程序规定主要是 2019 年 1 月 1 日施行的《中国共产党纪律检查机关监督执纪工作规则》（以下简称《监督执纪工作规则》）和 2019 年 7 月 10 日施行的《监察机关监督执法工作规定》（以下简称《监督执法工作规定》）。在两个规定中，监察机关查办职务犯罪的程序依照时间顺序区分为初步核实、审查调查、审理。其中初步核实和审查调查由监察机关案件审查调查部门实施，审理由监察机关案件审理部门实施。之所以有此设计，是为了"建立监督检查、审查调查、案件监督管理、案件审理相互协调、相互制约的工作机制"。具体到办案中，《中华人民共和国监察法》（以下简称《监察法》）赋予监察机关对行使公权力的公职人员开展监察时可以采取"12+3"种调查措施，所收集的证据材料可以在刑事诉讼中作为证据使用。其中第 20 条规定了调查过程中，监察机关可以对涉嫌职务犯罪的被调查人进行讯问。根据上述规定精神，监察机关内部承担案件审查调查职能的审查调查室讯问涉嫌职务犯罪公职人员所形成的讯问笔录作为指控犯罪的证据使用没有疑义。问题是，监察机关内部承担案件审核把关职能的案件审理室依据《监督执纪工作规则》的要求，在案件审理过程中与被审查调查人谈话形成的笔录，能否在刑事诉讼中作为证据使用？案件审理阶段的谈话，实务界目前有两种做法：一种是严格依照《刑事诉讼法》对于证据的要求，全面核实被审查调查人的违纪违法事实，用讯问笔录格式

---

* 姚叙峰：南京市江宁区纪委监委案件审理室主任。

形成综合谈话笔录,同时对谈话的过程进行同步录音录像;还有一种做法是仅核实被审查调查人以往笔录内容的真实性和交代的自愿性,不就违纪违法事实进行深入核实,采用谈话笔录的形式。相应地,对于监察机关案件审理阶段谈话形成笔录的证据效力,亦有两种意见,一种意见认为监察机关案件审理阶段依照规定形成的谈话笔录,只要符合刑事诉讼要求的,可以在刑事诉讼中作为证据使用;另一种意见则认为根据监察机关内部划分,案件的审理阶段与案件审查调查阶段是两个独立阶段,审查调查的任务是查明事实,审理阶段的任务是内部审核把关。分工不同导致两个阶段形成材料的效力不同。案件审理部门的职责主要是内部把关,形成的材料具有"对内不对外"的特点,故不能在刑事诉讼中使用。

二、职务犯罪案件审理谈话具有证据效力

笔者认为,有必要赋予职务犯罪案件在审理阶段形成谈话笔录的证据效力。可以从审理阶段谈话笔录的证据特征、发挥独立审理审核把关职能和提升办案效率的现实需要等角度进行分析论证。

(一) 审理谈话形成的笔录符合刑事诉讼证据的特征

证据必须同时具备证据能力和证明力。审理阶段谈话笔录符合《刑事诉讼法》第50条规定的"可以用于证明案件事实的材料,都是证据"的定义,可以归入到犯罪嫌疑人、被告人供述和辩解中。首先,审理阶段的谈话笔录具备证据能力。证据能力解决的是证据材料在法律上允许其作为证据的资格,证据能力的取得以合法性为要件,强调取证的主体、程序、方式等。纪委监委合署办公,《监察法》和《监督执纪工作规则》未有详细规定的可参照党纪相关程序规定。《党的纪律检查机关案件审理工作条例》第2条明确,案件审理工作是对违犯党的纪律的案件的审核处理工作,是党的纪律检查工作的重要组成部分,是检查处理党员或党组织违犯党纪案件的重要环节。事实上,纪委监委内部为保障案件质量而将办案活动区分为审查调查阶段和审理阶段,对外,他们都统一于审查调查职务犯罪这一程序中。可见,审理人员与被审查调查人谈话是纪委监委办案活动的具体体现,谈话所形成的笔录,是纪委监委依照法定程序收集的证据材料,具有证据能力。其次,审理阶段的谈话笔录具有证明力。证明力解决的是证据材料能否证明待证事实及其证明作用的大小。案件审理部门依据《监督执纪工作规则》第55条第1款第(四)项的要求与被审查调查人进行谈话,目的是核对违纪或职务违法犯罪事实、听取辩解意见、了解有关情况,形成的审理谈话笔录详细记载被审查调查人违纪违法的全过程,是能够证明违法犯罪的直接证据,当然具有证明力。再次,审理阶段的谈话笔录应当是讯问笔录。作为纪委监委办理职务犯罪案件的一部分,案件审理阶段的谈话也应当遵循《监察法》。中央纪委、国家监委法规室编写的《〈中华人民共和国监察法〉释义》阐明,《监察法》第19条规定的谈话措施,针对的是立案之前、对有相关问题线索反映,或者有职务违法方面的苗头性、倾向性问题等情形。《监察法》第20条规定的要求作出陈述措施,针对的是立案之后、对有职务违法但尚不构成职务犯罪的被调查人进行。讯问措施则针对立案之后、对涉嫌职务犯罪的被调查人进行。因此,审理阶段的谈话与《监察

法》第20条所规定的讯问措施相符合,所形成的笔录应当是讯问笔录。

(二)赋予审理谈话笔录证据效力是独立审理、发挥审核把关职能的需要

在案件审查调查环节,纪委监委为坚决防止"灯下黑",主动开展自我监督,建立监督检查、审查调查、案件监督管理、案件审理相互协调、相互制约的工作机制。无论是党纪案件还是政务案件,不仅要经过审理程序,还要求"查审分离"。案件审理部门作为纪检监察机关的"关口""出口"和"窗口",应当坚持独立审理,切实发挥好监督制约职能,"敢于、善于"提出不同意见,更要"能够"和"正确"提出不同意见。实现这一切的基础是案件审理部门有能力发现案件真实事实和了解案件的审查调查经过,实现的主要手段是阅卷和与被审查调查人谈话。审理人员与被审查调查人谈话,听取辩解意见、了解情况的同时,其核实的案件事实、了解的审查调查人员是否依法依规开展工作情况在刑事诉讼中作为证据使用,能够有效提升审理谈话的"分量",让审理人员核实案件事实的同时,还能理直气壮地讯问被审查调查人:审查调查过程中是否保障其基本权利、是否依规依法文明讯问、是否如实记录其供述。也只有如此,才更能让审查调查部门慎重对待被审查调查人在案件审理阶段所作的辩解、提出的违规违法取证的证据或证据线索,充分重视审理部门提出的完善补充证据的意见,为构筑"铁案工程"贡献审理的力量。

(三)赋予审理谈话笔录证据效力是提高纪委监委办案效率的需要

质量和效率是我们办案工作始终都在追求的两个目标。在保障案件质量的基础上,可以通过设定科学的程序和顺畅的工作机制来实现办案效率的提升。赋予案件审理阶段谈话笔录在刑事诉讼中的证据效力,能够有效提高纪委监委办案效率。首先,案件审理阶段谈话笔录可以对审查调查证据体系进行补强。案件审理阶段向被审查调查人全面核实违纪违法事实,形成一份综合笔录,再次固定被审查调查人供述的同时,还可以对审查调查工作进行查漏补缺,实现对案件证据体系的补强,也能够让审查调查部门集中有限精力办理其他事务而不再分心。其次,案件审理阶段谈话笔录有助于提高补证针对性。案件审理阶段充分听取被审查调查人的辩解,了解其提出的证明其未违纪违法、有从轻减轻情节、审查调查人员非法取证的证据或证据线索,能够提高审查调查部门补证工作的针对性,提高补证效率。同时,还能更加客观完整地向司法机关呈现指控被审查调查人涉嫌犯罪证据体系的形成过程,增加指控的说服力。再次,案件审理阶段谈话笔录是控方在非法证据排除程序中的证明利器。一方面,案件审理部门发挥审核把关职能,对审查调查部门办案程序、取证方式的合法合规性进行审查、向被审查调查人核实,形成的谈话笔录本身就是一份证明取证合法性的强有力的证据。另一方面,被审查调查人在案件审理阶段接受审理人员谈话,符合"更换讯问人员、转换讯问情境"的特征,能够证明被审查调查人稳定认罪认错,其供述是两高三部《关于办理刑事案件排除非法证据若干问题的规定》第5条确定的"重复性供述排除规则"的例外,从而能够被司法机关采纳。

三、职务犯罪案件审理谈话笔录的司法衔接

既然案件审理阶段的谈话笔录具有证据效力,就可能在刑事诉讼中使用,监察机关就应

当采取积极措施,做好审理阶段的谈话。

(一)紧扣审理职能,对标刑事诉讼要求开展审理谈话

作为案件审理过程中的一个重要环节,审理谈话应当紧扣审理严格把关的职责、监督制约的职能展开,进行"核查式"的谈话。首先,应当对被审查调查人进行充分的告知。告知的内容除了被审查调查人所享有的各项基本权利如提出辩解、申请回避、提出申诉控告、核对笔录等之外,还应当向其告知和解释案件已经进入审理阶段及审理程序的目的和意义;告知其有权申请排除非法证据,并提出相应的证据或证据线索;告知其应当如实供述,同时还应告知其作认罪认错供述的后果。唯有如此,才能充分地展现和确保被审查调查人所作供述的"自愿性"。其次,应当合理设定讯问问题。审理谈话时,除了与被审查调查人核实案件事实这一"规定动作"之外,还应当在全面吃透案件证据的基础上针对审查调查阶段的一些问题进行查漏补缺。更重要的是,还应当就审查调查部门取证活动的合法合规性进行核实。重点了解审查调查部门是否保障其基本权利、是否依法依规文明讯问、是否如实记录、有无给其核对笔录等内容,以充分展现审查调查部门取得证据材料的"合法性"。再次,应当对审理谈话进行录音录像。案件审理部门按照程序法规的要求,依据《监察法》的规定对被审查调查人进行讯问,应当同步录音录像,遵循同步录音录像全程、全面、全部的"三全"原则,刻录光盘备查。

(二)规范审理阶段谈话笔录在司法诉讼阶段的运用

虽然案件审理阶段谈话笔录可以作为刑事诉讼证据使用,但在纪委监委内部,审查调查和案件审理分工终究各有侧重。原则上,向司法机关移送审查起诉时同时移送的应当是审查调查部门所取得的证据材料,具有"核查"性质的审理阶段谈话笔录可不随案移送,作为指控犯罪证据体系的备用而存在。但是在以下两种情形下,应当移送司法机关:一种情形是,纪委监委从完善指控犯罪的证据体系、全面客观反映被审查调查人供述变化过程角度出发,主动将审理阶段谈话笔录随案移送;另一种情形是,司法机关认为确有必要而向纪委监委调取时,比如在非法证据排除程序中,司法机关可以依职权主动要求纪委监委提供审理阶段的笔录,也可以根据犯罪嫌疑人、被告人或其辩护人的申请,认为确有必要时向纪委监委调取,纪委监委应当提供。

(三)强化审理人员内功修炼

赋予案件审理阶段谈话笔录以刑事诉讼证据效力,体现了对审理工作的重视,同时也对审理人员提出了更高的要求,迫切要求审理人员加强内功修炼,适应监察体制改革带来的新挑战。首先,配强配齐审理人员,在保持审理人员相对稳定的同时,选择既有执纪工作经验、又有司法教育背景和司法工作经验的干部充实到审理队伍中。其次,审理人员要锤炼政治能力,提升法治思维,加强业务学习,适应在同步录音录像情境下与被审查调查人开展谈话。再次,纪委监委要落实审理队伍建设各项机制,在人员管理、业务管理方面提出更为积极有效的措施,着力打造出一支忠诚坚定、担当尽责、遵纪守法、清正廉洁的"专业化"审理队伍。

司法渎职侵权案件监检衔接证据转换研究

杨 杨 田 庚[*]

摘 要： 修改后的《刑事诉讼法》保留了检察机关在司法渎职侵权领域的部分侦查权，与监察机关在该领域的职务犯罪查办产生了交叉互涉。双方互相移送案件的类型有两种：一是监察机关将已立案调查的司法渎职侵权案件移送检察机关；二是检察机关撤销已立案侦查的司法渎职侵权犯罪案件后，连同其他职务犯罪线索一并移送监察机关。对于在案件移送中产生的先前获取证据的转换问题，应当遵循分类对待、从严认定、酌情使用的原则，客观证据采取就高不就低的收集标准，言词证据则需要区分不同阶段及证据类型，技术侦查获取的证据转换需要具体考量案件的范围。

关键词： 司法渎职侵权案件 监察机关 检察机关 证据转换

修改后的《刑事诉讼法》对检察机关保留司法渎职侵权领域部分职务犯罪案件的侦查权作出了明确规定。2018年11月24日，最高人民检察院印发的《关于人民检察院立案侦查司法工作人员相关职务犯罪案件若干问题的规定》（以下简称《立案规定》）明确了检察机关具体管辖的14个罪名，包含9个渎职罪名和5个侵权罪名。该规定第三部分"案件线索的移送和互涉案件的处理"[1]和《国家监察委员会管辖规定（试行）》第21条[2]分别规定了检察机关和监察机关查办案件过程中发现适宜由对方办理的线索时应当如何处理。双方相互移送案件有两种可能：一是监察机关将已立案调查的司法渎职侵权案件移送检察机关；二是检察机关撤销已立案侦查的司法渎职侵权犯罪案件后，连同其他职务犯罪线索一并移送监察机关。目前司法实践中对监检衔接的研究主要侧重于监察机关向检察机关移送审查起诉中存在的业务协调和工作衔接，且修改后的《刑事诉讼法》已经作了较为明确的规定，但是学界和实务界对司法渎职侵权领域职务犯罪查办中的监检衔接的研究还不深入，相应的规范性文件还较少。本文拟对监察机关和检察机关立案后彼此移送案件的情况下，对于之前阶段获取的证据能否使用的问题展开分析。

---

[*] 杨杨：江苏省淮安市人民检察院法律政策研究室副主任；田庚：江苏省淮安市中级人民法院民四庭副庭长。

[1] 人民检察院立案侦查本规定所列犯罪时，发现犯罪嫌疑人同时涉嫌监察委员会管辖的职务犯罪线索的，应当及时与同级监察委员会沟通，一般应当由监察委员会为主调查，人民检察院予以协助。经沟通，认为全案由监察委员会管辖更为适宜的，人民检察院应当撤销案件，将案件和相应职务犯罪线索一并移送监察委员会；认为由监察委员会和人民检察院分别管辖更为适宜的，人民检察院应当将监察委员会管辖的相应职务犯罪线索移送监察委员会，对依法由人民检察院管辖的犯罪案件继续侦查。

[2] 在诉讼监督活动中发现的司法工作人员利用职权实施的侵犯公民权利、损害司法公正的犯罪，由人民检察院管辖更为适宜。

一、《监察法》和《刑事诉讼法》关于证据规定的对比分析

（一）证据的概念

《刑事诉讼法》第50条规定："可以用于证明案件事实的材料，都是证据"。《监察法》没有明确规定证据的概念，但是在第25条规定了监察机关可以调取用以证明被调查人涉嫌违法犯罪的财物、文件和电子数据等信息。由此可见，《监察法》中证据的概念为"用以证明违法犯罪的信息"。之所以用"信息"一词，是因为监察机关主要针对职务违法犯罪案件，该类案件特别是贪贿案件在证明上不同于普通刑事犯罪案件，物证、书证等可利用的实物证据较少，而且多属于"无被害人犯罪"，以至于办案机关对犯罪口供、证人证言等言词证据具有较强的依赖性[1]，因此用"信息"一词更为准确。

（二）证据的类型

《监察法》第33条规定："监察机关依照本法规定收集的物证、书证、证人证言、被调查人供述和辩解、视听资料、电子数据等证据材料，在刑事诉讼中可以作为证据使用。"《刑事诉讼法》第50条规定的证据类型有8种，通过对比可以发现，《监察法》和《刑事诉讼法》在证据规定上存在一定的差异：一是名称不同。《刑事诉讼法》中的"犯罪嫌疑人供述和辩解"，在《监察法》中对应"被调查人供述和辩解"，原因在于监察机关办理案件的过程叫"调查"，区别于《刑事诉讼法》中的"侦查"，实际意义是一致的，属于文字上的细小差别。二是证据类型范围不同。《监察法》中只列举了6种证据类型，《刑事诉讼法》中的被害人陈述、鉴定意见和辨认笔录等3种证据类型并没有出现在《监察法》中。《监察法》在6种证据类型后用"等"字，并非是穷尽式的列举，应当视为一种示例性的列举，即属于"等外"等，不代表不存在其他证据类型，更不代表不能作为证据使用，对于上述3种证据类型，虽然《监察法》未一一列举，仍可对照《刑事诉讼法》关于证据类型的规定，赋予其证据资格。三是证据归类标准不同。在《刑事诉讼法》中，视听资料和电子数据是合并归纳在一起，而在《监察法》中，视听资料和电子数据被并列成为不同的证据类型。

（三）证据的使用

《刑事诉讼法》第50条规定："证据必须经过查证属实，才能作为定案的根据。"《监察法》第33条明确了证据使用原则，其中，第1款明确"监察机关收集的证据在《刑事诉讼法》中可以作为证据使用"，解决了证据合法性问题；第2款明确指出"监察机关在收集、运用证据时应当与刑事审判的证据要求标准一致"解决了证据规则问题；第3款明确了非法方法收集的证据应当予以排除，不得作为案件处置的依据，解决了非法证据排除问题。《监察法》没有规定证据必须经过查证属实才能作为定案根据，是因为监察机关不仅要调查职务犯罪，还要调查职务违法、甚至违纪，有时一个案件甚至是违纪、违法与犯罪同步调查，而违纪、违法

---

[1] 参见韩旭：《监察委员会调查收集的证据材料在刑事诉讼中使用问题》，《湖南科技大学学报（社会科学版）》2018年第2期。

和犯罪的立案模式、内部审批程序、调查措施、程序流转、处置方法等均不同。监察机关不仅调查职务犯罪，还行使着违法、违法调查权，不同于以往检察机关职务犯罪侦查的模式，所以不能进行单一的界定。本文所指证据使用主要在刑事诉讼过程中发生，《监察法》主要解决前期调查的问题。基于监察机关收集的证据最终必将在刑事审判中接受检验，该规定也应成为监察机关对证据使用的隐含原则。

二、监检互涉案件证据转换使用的基本原则

《监察法》第4条规定，"监察委员会依照法律规定独立行使监察权，不受行政机关、社会团体和个人的干涉。监察机关办理职务违法和职务犯罪案件，应当与审判机关、检察机关、执法部门互相配合、互相制约。"这说明，监察权区别于行政权与司法权，是一项独立的权力，并由独立的监察机关行使，与人民法院的审判权和人民检察院的检察权相互并列，具有专属性和独立性。南京市建邺区人民检察院副检察长、全国检察业务专家李勇提出了"程序二元　证据一体"的理论模型，即在立案、强制措施等程序性问题上，监察程序与刑事诉讼程序是二元独立的，监察机关办案不直接适用《刑事诉讼法》的程序规定；但在证据问题上，监察机关调查行为所搜集的证据，要符合《刑事诉讼法》的要求，证据是一体的，《监察法》规定不够全面的，实行"未尽事宜参照《刑事诉讼法》"，《监察法》规定得比《刑事诉讼法》更严格的，实行"就高不就低"。[1]虽然该理论模型主要是在解决监察调查和审查起诉的证据衔接，但在监检互涉案件中同样存在证据衔接的问题。尽管《监察法》关于证据概念的相关内容与《刑事诉讼法》的相关规定稍有出入，实践中仍可以直接参照《刑事诉讼法》的相关规定；监察机关的证据类型的"等"是"等外"，这并不意味着监察机关收集的一切材料都可以作为证据使用，还应当与《刑事诉讼法》一致。《监察法》未作明确规定的其他证据，需结合《刑事诉讼法》与司法解释的相关规定，进行具体分析。证据的使用则应采取《刑事诉讼法》查证属实的原则。

（一）分类对待

在监检相互移送的案件过程中，需要从证据的来源以及稳定性等方面来区别物证、书证等客观性证据和犯罪嫌疑人（被调查人）供述和辩解、证人证言等言词证据，对于不同的证据类型，转化的标准也不尽相同。

（二）从严认定

无论是监察机关调查过程中形成的证据，还是检察机关侦查中形成的证据，不能因为适用的法律不一样而要求不一样，尤其是监检互涉案件均系职务犯罪，证据的证据能力和证明力规则应当是统一的，最终都需要经过法庭审判，在法庭上经过质证后方可被采纳。

---

[1] 参见李勇：《〈监察法〉与〈刑事诉讼法〉衔接问题研究——"程序二元　证据一体"理论模型之提出》，《证据科学》2018年第5期。

(三) 酌情使用

案件无论是监察机关移送给检察机关还是检察机关移送给监察机关,接受案件的一方都享有完整的办案权限,可以自由斟酌对之前获取证据的使用,本文研究的是能否使用的原则问题,而不是如何使用的实务问题。中央纪律检查委员会和国家监察委员会法规室编写的《〈中华人民共和国监察法〉释义》指出,这里的"可以作为证据使用",是指这些证据具有进入刑事诉讼的资格,不需要刑事侦查机关再次履行取证手续。

三、几类证据转换使用的具体路径分析

(一) 物证、书证等客观性证据

《刑事诉讼法》和《监察法》都明确了对于证据收集的要求以及需要达到刑事审判需要的标准,且物证、书证本身具有较强的稳定性和可靠性,故双方之前收集的物证、书证在案件移送后可以直接作为证据使用。《刑事诉讼法》第54条规定:"行政机关在行政执法和查办案件过程中收集的物证、书证、视听资料、电子数据等证据材料,在刑事诉讼中可以作为证据使用。"同理,鉴定意见、视听资料、电子证据等其他客观性证据在符合证据能力的,移送后的机关可以作为证据使用。监察机关作为职务犯罪法定的调查主体,性质上不属于行政机关,高于行政机关,行政机关收集的相关证据材料可以作为证据使用,监察机关作为调查职务违法犯罪、行使国家监察职能的专责机关,收集的客观材料当然可以作为证据使用。

值得注意的是,双方证据标准不统一的情况下,法律已作出更高要求的,应按照更高要求的规定执行,坚持"就高不就低"的原则。[1] 如《监察法》在证据收集上的一些规定比《刑事诉讼法》更为严格,其第25条规定:"采取调取、查封、扣押措施,应当收集原物原件",第41条第2款规定调查人员进行讯问等重要取证工作,应当对全过程进行录音录像,留存备查。因此,如果检察机关在收集、调取、扣押证据时,没有收集原物原件,仅仅是拍照或复印,或者取证过程中没有全程录音录像,那么所获取的证据在案件移送监察机关后,不能直接使用,监察机关应当根据《监察法》的规定重新进行收集。

(二) 言词证据应区分不同阶段和类型情形具体分析

本文所指言词证据主要是犯罪嫌疑人、被调查人供述和辩解以及证人证言,应当针对不同情形具体予以分析:

1. 立案前获取的被调查人、犯罪嫌疑人供述和辩解不能直接使用。对于初核阶段的谈话笔录能否作为证据使用的问题,有人认为"监察机关依法形成的谈话笔录具有合法性,具

---

[1] 参见李勇:《〈监察法〉与〈刑事诉讼法〉衔接问题研究——"程序二元 证据一体"理论模型之提出》,载《证据科学》2018年第5期。

有进入刑事诉讼的资格"。[1] 也有人认为"从办理案件的程序来看,监察机关并不比检察机关更为严格、透明,其在立案前取得的言词证据自然也不能直接作为刑事诉讼证据使用,而是要重新收集"。《刑事诉讼法》中关于行政机关收集的证据材料效力的规定意味着立案前收集的言词证据不能作为刑事证据直接使用。言词证据主观性比较强,在没有进入立案程序及权利保障措施下,容易发生变化进而导致证据失真和非自愿性,这与物证、书证的客观性和稳定性截然不同。实践中,侦查机关在刑事立案之前收集的言词证据都需要在立案后进行转化才能够使用。"立案"成为重要的程序标志,刑事立案是启动刑事程序的开关,而监察立案前需要经过线索管理、处置、初核等重要环节,立案在整个监察环节中的位置较为靠后,后续才发现职务犯罪线索,这就要求监察机关在立案后严格按照以审判为中心的证据要求重新收集言词证据。

2. 立案后获取的被调查人、犯罪嫌疑人供述和辩解一般情况下可以直接使用。不论监察机关还是检察机关立案后启动案件移送程序,已经过立案程序。特别是《监察法》要求对被调查人的讯问要全程同步录音录像,取证要求相对严格,该阶段获得的供述在案件移送给检察机关立案时可以直接使用。但是和客观证据的收集相同,如果检察机关在立案后的讯问过程中没有进行全程同步录音录像,其所获得的犯罪嫌疑人供述显然无法达到《监察法》对监察机关开展讯问的要求,在此情况下所获得的供述和辩解不能为监察机关直接使用。

3. 证人证言一般不能直接使用。证人证言主要是传闻证据,适用传闻证据排除规则。职务犯罪大多数依赖于口供和证人证言,甚至直接影响调查人员或侦查人员对案件的判断。[2] 实践中,对证人证言的获取要求没有被调查人员或犯罪嫌疑人供述的要求严格,导致了证人证言的可信度大打折扣,因此,不论是立案前还是立案后改变管辖前获取的证人证言,都不宜在刑事诉讼中直接使用,最多只能作为参考。最终立案调查的监察机关或者侦查的检察机关,应当按照《刑事诉讼法》规定的法定程序重新收集并制作证人笔录。但是对于确有证据证实证人因路途遥远、死亡、失踪或者丧失作证能力,无法重新收集,只要其证言的来源、收集程序合法,并有其他证据相印证,经审查具备证明能力和证明力,可以作为证据使用。

4. 被害人陈述的转化问题。监察机关主要针对职务违法犯罪案件,其中贿赂犯罪案件占主导地位,该类案件属于"无被害人犯罪",在渎职犯罪案件中也有很多案件无被害人,以至于《监察法》在罗列证据类型时没有将"被害人陈述"表述出来。但是,并非监察机关管辖的所有案件都没有被害人,如国家机关工作人员利用职权实施的侵犯公民人身权利、民主权利的犯罪是有明确被害人的。目前在司法实践中不用过于纠结该问题,无论是被害人陈述

---

[1] 向平:《监察机关初核阶段谈话笔录在刑事诉讼中可以作为证据使用吗?》,载"个人图书馆"网,http://www.360doc.com/content/18/0509/21/41393175_752565105.shtml,最后访问日期:2019年10月9日。

[2] 参见任惠华、金浩波:《纪委调查材料司法证据化的困境和路径》,载《湖南警察学院学报》2016年第6期。

还是证人证言形式都不影响证据的效力。

(三) 技术侦查(调查)措施获取的证据转换

技术侦查(调查)措施,是指为了侦破特定犯罪行为的需要,根据国家有关规定,经过严格审批采取的一种特定技术手段,通常包括电子侦听、电话监听、电子监控、秘密拍照、录像、进行邮件检查等秘密的专门技术手段。经过转换形成的证据主要为物证。

《刑事诉讼法》第148条第2款和《监察法》第28条对检察机关和监察机关采取技术侦查(调查)措施都进行了规定。根据《〈中华人民共和国监察法〉释义》的相关解释,监察机关对涉嫌重大贪污贿赂等职务犯罪案件可以采取技术调查措施。所谓"重大",一般要求犯罪数额巨大、造成损失严重等。对于其他重大职务犯罪案件,如确实存在必要,也可以采取技术手段。而《刑事诉讼法》规定,人民检察院可以采取技术侦查措施的范围只有利用职权实施的严重侵犯公民人身权利的重大犯罪案件。这意味着监察机关可以采取技术调查的案件范围远远大于检察机关,检察机关采取技术侦查获取的证据材料移送监察机关可以直接使用,但是监察机关采取技术调查获取的证据材料移送检察机关时应当关注案件范围,司法侵权犯罪领域以外的技术调查证据不能直接移送检察机关。